한국해양전략연구소 총서 104

거꾸로 된 세계

미국과 중국, 그리고 글로벌 리더십을 위한 전쟁 미중관계와 경제안보

번역·각주
강익현
김병규
김진호

The World Turned Upside Down
: America, China, and the Struggle for Global Leadership, Clyde Prestowitz

박영사

번역서 발간 축사

김학준 단국대학교 석좌교수 · (전) 동아일보사 회장

20세기에 들어서서 우리는 갑진년(甲辰年)을 두 차례 겪었다. 1904년의 갑진년과 1964년의 갑진년이 그것인데, 두 사례 모두 우리 민족에게 큰 영향을 끼쳤다.

첫 번째 갑진년에는 러일전쟁이 일어났고, 그다음 해인 을사년(乙巳年)에 러시아가 패전하자 미국의 시어도어 루스벨트 대통령이 러시아와 일본의 대표를 미국으로 불러들여 평화조약을 맺게 하면서 대한제국을 일본에 넘겨주었다. 그 결과는 일제가 대한제국에 강요해 맺게 한 을사조약으로, 이 늑약으로 말미암아 대한제국은 일제의 '보호국'이 되었고, 그때로부터 5년 뒤 일제가 대한제국을 강제로 '병합'했음은 우리가 모두 쓰라린 심정으로 기억하고 있다.

두 번째 갑진년에는 당시 박정희 정부가 일본을 상대로 '국교 정상화'를 굴욕스러운 방식으로 추진하는 데 대한 저항운동이 전국적으로 일어났다. 박정희 정부는 비상계엄령으로 겨우 사태를 장악할 수 있었고, 그다음 해인 을사년에 한일기본조약을 체결할 수 있었다, 이 과정에 미국의 존슨 행정부가 개입해, 동아시아에서 소련과 중공에 대항할 수 있는 반공 체제의 중요한 부분으로 한일 우호 관계가 성립하도록 했다. 역사의 긴 안목에서 볼 때, 첫 번째 갑진년은 비극으로 끝났으나 두 번째 갑진년은 상대적 의미에서 좋은 결과로 이어지는 출발선을 마련했다.

2024년에 들어서서 우리는 이제 두 갑진년에 뒤따른 세 번째 갑진년을 맞았다. 나라 안팎이, 특히 대외환경이 매우 복잡하고 어수선할 뿐만 아니라 위태롭다. 북한의 김정은 체제는 공식적으로 우리를 '같은 동포'로 부르기를 거부하고 '대한민국 것들'이라고 모욕하면서 전쟁해서 '평정'하겠다고 호언장담하고 있다. 동시에 그는 러시아의 전쟁도발자 푸틴에게 무기를 제공하면서 동맹관계를 강화하고 있다. 중국과 타이완 사이의 양안(兩岸) 관계는 전쟁이 일어날 것 같은 분위기를 때때로 보여준다. 만일 그러한 불행한 일이 벌어진다면, 한국과 북한은 각각 어떻게 대응할 것이고, 자연히 남북한 관계는 어떻게 될 것인지 걱정스럽다.

올해 갑진년 11월에는 미국에서 대통령 선거가 치러진다. 누가 대통령이 될 것인지, 어느 당이 승리할 것인지 두고 보아야 하겠으나, 만일 공화당의 트럼프 전 대통령이 승리하면 그의 동아시아정책과 한반도 정책의 향방에 따라 위기가 발생할 것인지, 아니면 평화의 훈풍이 불 것인지 조심스럽게 기다리게 된다.

이처럼 국제정세가 긴박해진 시점에, 미국과 중국의 관계를 중심으로 세계의 미래를 전망하게 하는 좋은 책이 출판되었다. 외우 김진호 교수가 번역을 주도한 클라이드 프레스토위츠(Clyde Prestowitz) 경제전략연구소장의 역저 『거꾸로 된 세계』가 번역 출판된 것은 글자 그대로 시기적절했다.

이 책은 우선 미국의 중국에 대한 정책이 몇 차례 바뀌어 온 역사적 배경과 그 실상을 설명한 데 이어 오늘날 미국과 중국이 글로벌 리더십을 놓고 경쟁을 벗어나 사실상 '전쟁'에 버금가는 심각한 갈등을 벌이고 있는 현황을 분석하고 있다.

저자가 제시한 중요한 논지 가운데 하나는 미국의 정책입안자들과 지식인들이 중국의 본질을 오판했다는 것이다. 예컨대 미국을 비롯한 서방세계가 중국을 지원해 국제화시키면 중국은 민주국가가 될 것이라는 가정이 잘못된 것이었다고 설득력 있게 말한다. 여기서 잠시 떠오르는 것은 마치 서방세계가 중국을 오판했듯, 우리가 북한을 오판했던 것은 아닌지 하는 우려이다.

북한을 지원해주면 북한이 개혁과 개방의 길을 걷고 우리와 더불어 화해와 평화의 길을 걸을 것이라는 한때의 정책적 전제를 심각하게 재고하게 된다.

한국은 미국의 동맹국이면서 중국과도 우호를 유지하는 가운데 여러 방면에서 교류와 협력을 증진하려고 노력하고 있다. 동시에 동아시아에서 전쟁이 일어나지 않고 평화가 유지되기를 기원하고 있다. 이러한 소망을 지닌 한국인에게 이 책은 많은 가르침을 줄 것이다.

중국을 대상으로 하는 기업에서 일하기도 했고, 중국에서 국제정치학을 전공해 베이징대학에서 박사학위를 받은 이후, 한국과 중국의 대학에서 강의 경력을 쌓은 한국의 전형적인 중국 전문가가 유려한 번역에 꼼꼼한 역주(譯註)까지 첨가했기에 독자들의 이해를 크게 돕고 있다. 학계는 물론이고 정계·관계·기업계·문화계 등 여러 부문의 인사들에게 권한다. 우리가 모두 국제정세를 제대로 파악하고 우리의 진로를 제대로 설정해 내년 을사년이 비운의 해가 되지 않도록 하는 데 도움을 줄 수 있는 책이기 때문이다.

김우상 연세대학교 정치외교학과 교수 · (전) 호주 대사(신한국책략 저자)

동아시아 국제관계는 2001년 '9 · 11 테러' 사태 이후 미국의 국가이익 리스트에 지역 패권국가 등장 방지, 대량살상무기(WMD, Weapons of Mass Destruction) 확산 금지, 자유민주주의 시장경제와 자유무역 체제 확신이라는 세 가지 사활적 국익(vital national interest) 외에 테러리즘 척결과 미국 본토의 안보 확보도 추가되었다. 이러한 미국이 주도하는 세계 안보에 미국 국익을 우선하는 정책이 더해진 것이 현시대 초(超) 신현실주의 국제정치경제라 할 수 있다.

국제관계에서 제1~2차 세계대전 기간, 러시아 혁명과 소련의 탄생, 1949년 중화인민공화국의 건국은 강대국 세계정치에 비중 있는 행위자의 출현을 의미한다. 국제사회에서 강대국(패권국)의 탄생과 그 영향력 유지 그리고 대국(도전국)의 경쟁은 국제사회 모든 영역에 영향을 미친다. 과거 미소 대립의 국제사회가 그러하고, 현재 미중의 대립과 미국의 대중 봉쇄정책이 그러하다. 국가 정부는 역사적 사실을 참고하지만, 국제무대 행위체로써 국가는 현실적 국익과 관련된 영향력(억지력)을 더 중시한다. 국가 미래를 준비한다는 점에서 국가는 국제사회에서 힘과 영향력 및 동맹을 통해 그 생명을 더 강하게 유지할 수 있기 때문이다.

미중관계의 현실적 문제란 양국 교류의 역사적 배경에 근거한 대립과 협력 그리고 국가 영향력 유지와 확대를 통한 패권 경쟁에서 생존문제라고 할 수 있다. 이러한 국가전략이란 패권국가가 패권을 유지하기 위해 자국의 장점을 활용하여 도전국의 역량을 약화하는 것과 도전국이 자국의 강점을 활용해 패권국의 약점을 공격하는 현상인데, 이것이 '세력전이' 과정에 드러나는 현상이라 할 수 있다. 즉, 이익의 합리적(공평한) 분배가 아니라, 패권국의 국익과 비전을 기초로 도전국에 취하는 전략에 도전국의 끈질긴 방어와 도전이 국제사회에서 힘의 마찰로 나타난다는 것이다. 국제사회에서 행위체인 국가는 서로 견제하고 경쟁하여 협력하며 변화하며 국제체계(질서)와 체제(현상)를 만드는 것이다. 이러한 국제정세에서 강대국들의 상호작용(interaction) 과정을 정확하게 인식하고 자국에 맞는 전략을 수립하는 일은 주권국가가 성공적으로 국익을 높일 수 있는 전제조건이 된다. 중견국을 추구하는 한국은 강대국들의 국가이익인 외교와 안보 및 통상전략 등 그들의 전략 논리를 잘 파악해야 하는 것이다. 간단히 말해 '지피지기' 해야 '유비무환' 할 수 있고 국가도 발전할 수 있다. 현재 국제정세의 주요 이슈인 미중 패권 경쟁을 제대로 이해하고 한국의 안보와 국익에 도움이 되게 하는 것이 국가를 유지 발전시킬 수 있는 길이다. 국제정치에서도 아는 것은 힘이다.

미중관계의 역사와 그 변화를 오래 지켜본 저자(Clyde V. Prestowitz, Jr.)의 저서(The World Turned Upside Down)는 미국의 전략과 중국의 대응이라는 관점에서 패권국과 도전국의 관계를 변화하는 국제환경 속에서 제대로 이해할 수 있게 해준다. 과거 중국의 개혁개방과 그 발전에 가장 큰 동력이 미국과 국제사회의 지지였다면, 현재 중국은 예상과 다르게 미국과 현존 국제질서에 위협으로 등단했다는 점에 주목할 필요가 있다. 사실 미국의 국익과 세계정치에 '미국에 필요한 중국'을 만드는 과정은 미국에 매우 필요한 현실정치이고 동맹국들의 협력이 필요한 것도 사실이다. 이 전략은 강대국에 대한 도전국 입장에서 패권국의 지위에 오른 미국의 역사적 경험과 축적된 종합국력의 표현이라 할 수 있다. 한국도 이러한 패권 경쟁의 소용돌이를 피할 수는 없는 것이 현실이다. 경쟁과 마찰의 핵심은 국가는 안보(군사와 정보)와 경제 그리고 인재와 과학기술이 발전의 동력이며 무역을 통한 경상흑자가 필요하다는 현실 문제이다. 미국 통상전문가인 저자가 미국의 역사적 경험을 통해 경제와 외교 그리고 안보를 종합적으로 살피며 미중관계를 통찰한 이 서적은 한국 지식인들이 '강대국 정치와 중견국의 길'이라는 주제로 필독할 필요가 있다.

오랜 기간 학계에서 친하게 지내며 교류를 해왔던 김진호 교수가 현실정치에 근거한 이런 책을 번역하고 수정본을 통해 학계 및 교육계에 도움을 주겠다는 것은 지난날 '세력전이' 이론을 기초로 같이 연구하던 것이 도움이 되었을 것으로 믿는다. 이제 같이 은퇴의 나이에 접어들었지만, 더 정진하여 중국과 동아시아 정치 그리고 세계정치를 더 잘 연구하는 학자가 됐으면 하는 마음으로 수정본 출판을 진심으로 축하한다.

진창수 세종연구소 연구위원 · (전) 소장

'거꾸로 된 세계'는 현재 미중관계의 전략적 내면을 역사적으로 잘 설명한 책이다. 이 책에서는 미국의 정책과 기업가들의 활동과 함께 중국 산업의 역사와 리더십의 인식을 소개하고 있다. 현재 복잡하게 연결된 미중관계는 우리의 초미의 관심사이기도 하다.

특히 2024년 올해는 민주주의뿐만 아니라 세계 평화에도 중요한 해이다. 특히 미국 선거의 판도에 따라 미중 전략경쟁과 민주주의 대 권위주의 경쟁에도 중대한 영향을 미칠 것이다. 게다가 중국 나름의 국제정세를 바라보는 셈법이 따로 있어 미중 전략경쟁도 더욱더 심화할 수 있다. 이런 상황에서 한국은 미중관계의 역학에 대한 세밀한 분석과 통찰이 요구된다.

'거꾸로 된 세계'의 설명처럼 미국은 경쟁자가 될 수 있는 중국을 방조함으로써 현재의 어려움이 시작되었다. 우리가 더욱 우려하는 것은 미국의 대외정책이 우왕좌왕하고 있다는 것이다. 앞으로 트럼프가 다시 대통령이 된다면 미국의 고립주의적 외교정책은 더욱더 강화될 가능성이 크다. 트럼프는 일률적으로 10%의 높은 관세, 온난화대책의 파리 협정으로부터의 재이탈, 우크라이나 지원의 중단, 동맹국에게 부담 증가 등으로 지금과 정반대의 외교정책을 모색할 수 있다. 이렇게 되면 우크라이나전쟁에서 러시아의 공세는 더욱더 강화할 것이다. 유럽의 우크라이나 지원도 주저할 수밖에 없는 상황이 도래할 수 있다. 또한 우크라이나전쟁의 상황에 따른 중동의 정세도 요동칠 것이다. 동북아에서도 북한의 공세와 중국의 대만에 대한 개입은 노골적으로 움직일 수도 있다. 민주주의 국가들이 단합하고 세계 안정에 노력해야 할 때 미국의 정책 혼선은 국제관계의 일대 변혁을 가져올 수밖에 없다. 국제관계에서 미국의 신뢰는 추락하면서 주요국을 포함한 군사적 충돌 가능성이 증대할 것이다.

트럼프가 대통령이 되더라도 미국이 연속성을 가질 가능성이 큰 것은 대중 정책이다. 트럼프는 바이든보다 대중 강경정책을 주장하지만, 중국에 대한 견해 차이를 놓고 '매파'와 '비둘기파'를 논하는 것은 의미가 없다. 엔토니 블링컨(Antony Blinken)이 주장한 것처럼 '대중 관계에서 필요할 때는 경쟁하고, 가능할 때는 협력하고, 불가피할 때는 적대적으로'라는 전략을 가져야 한다는 점에서 미국 정계는 컨센서스가 존재한다. 최근 바이든과 시진핑의 정상회담에서 보듯 미국은 대중 정책을 '관리되는 경쟁 구도'로 변화시키고자 했다. 미국은 대중 군사 대화를 유지하고 만일의 경우 핫라인 등으로 대화를 제안한 것이다. 미국이 적대적 경쟁 일변도에서 타협을 모색한 것이다. 자동차의 레이스에 비유하자면 경쟁이 지나쳐 벼랑으로 떨어지는 것을 막기 위해 가드레일(위기관리 체제)을 마련하자는 발상이다. 미국은 군사나 첨단기술 부문에서는 강경한 대중 정책을 유지하지만, 미중 갈등이 통제할 수 없을 정도로 대립이 격화되는 것에는 바람직하지 않다는 인식이다. 따라서 미중관계는 군사적 대결을 관리하면서 첨단기술을 중심으로 사활을 건 대립이 계속될 것이다.

미중관계의 역사를 산업과 경제발전의 측면에서 다룬 책은 많지 않다. '거꾸로 된 세계'는 중국의 경제적 발전과 군사력 강화가 어떻게 중국의 대외전략으로 이어지는지를 잘 설명하고 있다. 중국은 전쟁이 아닌 기술과 같은 핵심 분야에서 중국 주도의 질서를 만들어가는 데 노력하고 있다. 또한, 중국몽과 일대일로 같은 전략을 통하여 글로벌 사회와 동아시아에 대한 공공외교도 더욱더 적극화할 것이다.

앞으로 한국은 국제관계에서 어려움이 가중될 수 있다. 미국 리스크와 함께 중국 리스크도 존재하기 때문이다. 국가생존전략이란 관점에서 변화하는 국제정세를 정확하게 분석하여 전략을 세우는 지혜가 필요하다. '거꾸로 된 세계'는 한국이 미국과 중국을 보는 시야를 확대하는 데 도움이 되는 책이다. 일독을 권한다.

박인휘 이화여대 국제학부 교수 · 스크랜튼대학 학장 · (전) 한국국제정치학회장

18세기 초를 전후로 등장한 근대 국제질서는 몇 가지의 특징적인 보편성과 변화를 동시에 보이면서 지금까지 작동하고 있다. 이 중에서도 국제사회에 존재하는 핵심 강대국의 성격과 대외정책은 국제질서 전반을 규준(規準) 하는 가장 중요한 요소였다. '강대국 정치' 성격을 설명하고 규명하는 일은 당연히 정치 지도자와 관련 연구자들은 물론 일반 시민들의 주요 관심 대상이 되었다.

특히 2차 세계대전 이후 전후 질서에서 소위 과학적 접근법이 국제정치학 연구에 활발하게 수용되면서, 몇 개의 강대국이 존재하는가의 문제, 강대국 간 관계는 어떠한가의 문제, 그리고 일등 강대국과 이등 강대국 사이에는 얼마만큼의 힘의 격차가 있는가의 문제 등과 같은 질문들이 이어졌다.

'미중갈등'은 현재의 국제정치 질서를 설명하는 가장 핵심적인 특징이다. 지금의 미중갈등은 과거에 존재했던 다른 사례들과 비교하여 유사한 측면도 있을 것이고, 또한 차별적인 측면도 있을 것이다. 더구나 아직 미중 사이에 존재하는 소위 '종합국력'의 현실적인 격차를 고려할 때, 미중갈등은 글로벌 영역에서 포괄적으로 전개되기보다는, 동아시아 지역에 한정하여 더욱 치열하게 전개되는 양상을 보인다.

이러한 국내외적으로 중차대한 시점에 미국의 살아있는 외교 거목이자 국가전략 분야의 일인자인 클라이드 프레스토위츠(Clyde V. Prestowitz, Jr.)의 '거꾸로 된 세계(The World Turned Upside Down)'를 국내에서 만나게 되어, 국제정치학을 연구하는 한 사람으로서 매우 기쁘게 생각한다. 또한 강익현 · 김병규 · 김진호 세 전문가의 세련되고 진중한 번역은 국내 독자들의 관심과 궁금증을 정확하게 꿰뚫고 있어서, 이 책에 대한 신뢰감을 더하게 된다. 모두 세 부분으로 구성된 내용을 통해 미국과 중국, 어느 일방의 우월성을 주장하거나 혹은 어느 일방을 비난하는 대신, 미국과 중국, 두 국가가 가지고 있는 국가 고유의 정체성과 종합적인 국가 역량을 체계적으로 설명하면서, 중국을 상대로 어떤 전략을 구상하고 어떻게 구체적인 이익을 확보할 것인가에 대한 상세한 나침판 역할을 제공하고 있다. 이런 의미에서 '거꾸로 된 세계'는 사회 여론주도층들은 물론 일선 기업 현장에서 지구촌을 누비는 산업 전사(戰士)들에게도 유용한 지혜를 제공할 것으로 믿는다.

이 책이 우리에게 소중한 가치를 가지는 또 하나의 이유는 바로 미중갈등의 전망이 한반도 운명과 직결되어 있기 때문이다. 한반도 문제는 미중갈등의 한가운데에 자리 잡고 있다고 해도 과언은 아니다. 북한의 계산에 의하면, 한반도 문제가 남북 간 게임이라는 차원을 넘어 미중간 게임으로 전환될 때, 자국의 생존에 더 유리한 환경을 제공한다고 믿고 있다. 따라서 우리가 미중갈등의 향배를 얼마나 정확하게 예측하고 대비하느냐의 문제는 바로 한반도 문제 해결의 지름길이라는 중요한 의미가 있다.

유상철 중앙일보 중국연구소 소장 · 차이나랩 대표

우선 이 책의 구성이 눈길을 끈다. 크게 세 부분으로 고대 중국의 병법서 『손자(孫子)』에 나오는 유명한 구절 "적을 알고(知彼) 나를 알면(知己) 백 번 싸워도 위태롭지 않다(百戰不殆)."에 따라 내용을 나눴다. 올해 84세의 저자가 레이건 정부에서 시작해 아버지 부시와 클린턴 · 오바마 정권에 이르기까지, 수십 년간 대중 업무에 종사한 미 외교관 출신임을 고려하면 '적'은 중국, '나'는 미국이다. 즉 미국의 대중 필승 전략을 설파한 것이다.

제1 파트 '적을 알라'에서 저자는 중국 공산당으로 대표되는 권위주의 세력이 점진적 강압을 통해 자유세계를 천천히 해체할 위험이 있다고 경고한다. 중국은 전쟁이 아닌 기술과 같은 핵심 분야에서의 우월한 힘 장악을 통해 중국 주도의 질서 구축에 나서고 있다는 이야기다. 이어지는 제2 파트 '나를 알면'에선 저자 특유의 신랄한 화법이 번득인다.

닉슨 전 미 대통령은 생전 인터뷰에서 중국을 가리켜 "우리가 프랑켄슈타인을 만들었을지도 모른다."라고 했다. 저자는 미국에서 누가 이 '프랑켄슈타인 만들기'에 나섰나 문제를 따진다. 얼마 전 타계한 키신저 박사가 첫손가락으로 꼽힌다. 저자는 '중국의 고대 문명에 사로잡혀 이상해진' 키신저가 중국에 양보를 거듭했다고 꼬집는다. 그는 주한 미군 감축을 약속하는가 하면 닉슨에게 마오쩌둥을 황제처럼 대하라고 조언했다.

아버지 부시 대통령은 1989년 천안문 사태 때 중국의 책임을 묻긴 고사하고 중국 지도자 비판 자제에 애를 썼다. 결국 키신저 협회처럼 베이징에 있는 친구 몇 명을 소개해 주고 막대한 수수료를 챙기는 새로운 매판 계급이 미국에 생겨났다고 저자는 비판한다. 중국을 어떻게 상대할 건가? 제3 파트 '백전불태'에서 저자는 먼저 상호주의를 강조한다. 뉴욕타임스가 중국에서 배포될 수 없는데 왜 차이나데일리는 미국에서 유통되나?

공급망 전환도 필요하다. 중국 중심의 글로벌 공급망 유지는 위험하고 비용도 많이 든다는 이유에서다. 저자는 또 미 상장기업과 같은 수준의 감사를 받지 않은 미 거래소 상장 중국 기업은 모두 상장 폐지돼야 한다고 목소리를 높인다. 중국 공산당은 절대 권력을 추구하는 레닌주의 정당으로 항상 투쟁을 앞세운다는 점을 잊지 말자는 말과 함께 말이다.

글로벌 정치경제에서 미중 패권 경쟁의 과거와 현재를 점검하며 미래를 준비하라는 내용이 흥미진진하다.

김현주 세계일보 기자 / 황온중 스카이데일리 논설위원 · (전) 세계일보 논설위원

저자인 클라이드 V. 프레스토위츠 주니어는 50년 동안 아시아와 세계화를 연구하며 이 주제에 관해 여러 권의 베스트셀러를 집필했다. 그는 1982년 중국에 파견된 최초의 미국 무역 사절단의 리더이자 베테랑 미국 무역 협상가이자 미국 대통령 고문이었다. 그리고 현재 경제전략연구소(Economic Strategy Institute)의 창립자이자 회장으로 일하고 있다.

프레스토비츠 주니어는 레이건 행정부에서 상무부 장관의 보좌관을 역임했으며 당시 일본, 중국, 라틴 아메리카 및 유럽 등지에서 미국의 무역 및 투자 협상을 이끌었다. 그는 미국 상무부에 합류하기 전에 미국, 유럽, 일본, 아시아 및 라틴 아메리카 전역에서 활동하는 사업가로 미국 대통령 직속 태평양 무역 및 투자 위원회 부의장을 역임했으며 인텔 정책자문위원회 및 미국 수출입은행 위원으로 활동했다. 그는 미일 관계에 관한 베스트셀러 'Trading Places'의 공동 저자이자 편집인이기도 하다.

'거꾸로 된 세계(The World Turned Upside down)'에서 그는 신자유주의 무역체계에서 미국의 대외정책을 설명하기 위해 미국이 어떻게 부자가 됐는지 역사적 과정을 설명하고 있다. 또한, 중국 역사에서 지도자의 사고와 중국이라는 국가에서 지도자의 위상과 지위 그리고 비전을 역사와 현재 중국을 비교하며 설명하고 있다. 여기에 경제학적으로 어떠한 것이 '따라잡기 전략'이며 후발주자들이 어떻게 고전적 경제이론과 다른 방법으로 경제발전을 이루게 되는지 설명한다.

이러한 과정에서 미국은 어떠한 정책을 펼치며 그 영향력이 어떻게 일본 경제발전을 이루게 하며 아시아 네 마리 용을 만들게 되는지도 설명한다. 그리고 이러한 후발주자들의 경제발전 전략을 설명하고 있다. 이러한 경제발전 과정에서 미국과 중국 수교의 배경과 미국 정치인과 기업인들의 중국에 대한 전략이 어떻게 중국을 발전시켰으며 미국의 중국에 대한 장밋빛 꿈이 중국인들의 의도와는 달랐다는 것을 얘기하며 중국은 처음부터 미국이 기대하던 방향으로 가기를 원하지 않았다는 것을 말한다.

또한, 이러한 중국의 경제적 발전과 군사력 강화가 어떻게 중국의 대외전략으로 이어지며 '중국몽(夢)'과 '일대일로(一帶一路, 육상·해상 실크로드)' 같은 전략이 왜 미국에 위협이 되고 있는지 역사적 사례를 통해 자세히 설명하고 있다. 더불어 중국의 회색지대 전략인 동남아시아와 호주 그리고 캐나다에서의 침투전략을 사례를 들어 설명하고 있다. 공자학원이나 유학생 학자 조직이 어떠한 일을 하며 이것이 어떻게 그 대상 사회와 국가의 능력을 약화하는지 설명하고 있다. 동시에 과학기술력 탈취나 세계에 대한 정보력 강화를 위한 활동이 어떻게 이뤄지고 있는지도 설명하고 있다.

현재 국제사회에서 미국이 중국의 발전을 방조하게 되었으며 이제 중국은 미국의 가장 큰 위협이 된다는 것이다. 글로벌 공급망도 그러하고, 그 과학기술과 군사력 발전과 국제사회에 대한 영향력에 대한 대응에 미국에게 시간이 늦어 보이는 점도 지금이라도 방금 실행해야 한다는 것이다. 국제사회의 변화와 국가의 강대국화는 과학기술과 경제가 기본이 되며 그러한 국가는 강대국으로 성장해왔다는 것을 강조하며 국제화 시대의 경쟁에서 확실한 동등한 무역조건과 국제조약의 준수를 상호 모두 지켜야 한다는 것을 강조하고 있다.

이 책에 대해 천진환 김구재단 부이사장, 전 LG그룹 중국지역본부 사장은 "이 책을 통해 미국의 중국에 대한 분석과 대중전략을 깊이 있게 이해할 수 있고, 역으로 중국의 전략이 어떠한 것인지 이해할 수 있다. 이 책은 경제 강국이 되는 과정과 관련된 세계정치를 이해하면서 현재 국제사회에서 일어나는 안보와 경제 이슈의 핵심을 이해하는 데 도움이 될 것이다."라고 말한다.

강홍구 태평양시대위원회 이사장은 "우리는 싸우자는 것이 아니라 마찰이 있어도 협력하며 공정한 경쟁을 통해 한국의 태평양시대가 아름다운 세계와 부합되는 시기가 빨리 도래하기를 기대한다. 한국의 지성인들이 이 책을 많이 읽고 국제사회와 한국의 상황을 잘 이해했으면 좋겠다."라고 강조한다.

조기용 전 단국대 도서관장(정외과 명예교수)은 "외교사적 측면에서 미중관계를 잘 이해할 수 있는 책은 많이 출판되었다. 또한 중국의 역사와 현대 중국 정부(공산당)에 대한 논고도 적지 않게 출판돼 있다. 그러나 미중 관계의 역사를 산업과 경제발전과 더불어 실제적 사례와 연결해 저술된 책은 흔치 않다. 특히 미국 외교관의 관점에서 미국의 경제발전과 미중 관계의 발전과정을 정치, 경제와 외교, 산업 측면에서 구체적으로 다룬 책은 특히 그렇다. 이러한 측면에서 이 책의 장점이 있다."라고 설명한다.

이정식 ㈜범양사 대표이사는 "이 책은 국제사회의 산업과 경제 및 금융 그리고 기업과 정부의 대외관계를 국제사회를 기초로 이해할 수 있는 책이다. 특히, 생산 산업에 종사하고 중국에서 비즈니스를 해본 사람이라면 앞으로 미중 관계에 어떤 일이 일어날지 쉽게 이해할 수 있도록 도움을 주는 책이다. 이러한 의미에서 산업발전과 경제이익을 극대화하고 국익을 늘리기 위해 정부가 어떻게 국제사회를 이해할 것인가에 대해 이 책은 적지 않은 시사점을 제공하고 있다."라고 추천한다.

대표 역자인 김진호 단국대 정치외교학과 교수는 "국제사회에서 적과 친구의 의미는 국가의 생존과 국가이익에 따라 결정된다고 한다. 이런 측면에서 국가생존 전략이란 변화하는 국제정세에 대한 정확한 판단과 세밀한 계산 그리고 강한 국내 정치 리더십과 국가 외교력에 의해 나온다고 할 수 있다. 물론, 국가 지도부의 경제 및 안보를 포함하는 건설적 정치 행위는 국가생존과 발전의 필수 조건이다. 이런 측면에서 현재 국제정세를 이해하는데 클라이드 프레스토위츠의 연구 결과물은 적지 않은 도움이 될 것이다. 이러한 저자의 결과물을 한국 독자가 '미국이 보는 중국'이라는 주제로 이해하고 '한국이 보는 미국과 중국'에 대한 시야를 확보할 수 있으면 좋겠다."라고 말한다.

김 교수는 중국 베이징대 국제관계학원에서 법학 박사학위를 취득한 이후 타이완 정치대학 방문학자, 홍콩 주해대학 교환교수, 중국 선전대학 방문학자를 역임했다. 전

범양사 수출부 과장, LG건설 대만 법인장으로 활동했고, 현재 단국대학교 정치외교학과 교수이자 아주 홍콩 아주주간(YZZK) 서울 특약기자이자 한국과 중화권, 영어권의 컬럼니스트로 활동하고 있다.

현재 국제사회의 무역전쟁과 미중 갈등과 국제사회의 경제전쟁과 안보 위기를 이해하는 데 도움이 되는 내용이 책에 가득 차 있다. 이 책은 우리가 현재의 국제정세와 미중 관계를 이해하는 데 큰 도움이 될 수 있는 실제적인 책이다.

차 례

PART 03 백전불태(百戰不殆)

서론

서론

사실이 바뀌면, 제 경우 의견을 바꿉니다. 귀하는 어떻게 하십니까?
— J. M. 케인스(John Maynard Keynes)

1991년 냉전에서 승리한 미국과 자유세계 국가들은 행복감의 물결을 경험했다. 그 시대의 지정학적 분위기를 고전적으로 표현한 민주주의와 자유시장 자본주의에 의한 세계정복을 거부할 수 없고 영구적이라고 보고한 프랜시스 후쿠야마(Francis Fukuyama)의 저서 『역사의 종언』도 이때 나왔다.[1]

중국도 예외는 아닌 것 같았다. 중국은 여전히 중국 공산당에 의해 통치되었고, 따라서 계속 스스로 공산주의 국가라고 불렀다. 그러나 중국 공산당은 실용주의자인 덩샤오핑(鄧小平)이 이끌었는데, 그는 "검은 고양이든 흰 고양이든 쥐만 잘 잡으면 좋은 고양이"라는 유명한 말을 했다. 사실 덩샤오핑은 1989년 6월 4일부터 5일까지 베이징 텐안먼(天安門) 광장 및 전국에서 민주화 시위를 벌인 학생들과 노동자들을 학살할 것을 명령했다[베이징 주재 미국 대사관 추산에 따르면 사망자 수는 500~2,600명[2]으로 대부분 사상자는 광장 밖 장안대로(長安大路)에서 발생한 것으로 알려졌다].* 그러나 덩샤오핑

* 1989년 당시 홍콩에서 중국 역사를 전공하던 역자(김진호)는 매일 홍콩섬 빅토리아 공원에서 중국의 텐안먼 민주화 운동을 지지하는 홍콩의 집회를 볼 수 있었는데, 당시 사망자가 나오는 것까지 홍콩 언론에는 보도되었고 관련 책들도 출판되었다. 그러나 1990년 여름 상하이와 베이징에 직접 들어가 중국인들에게 관련 내용을 물어보니 그 내용을 홍콩의 방송처럼 자세히 알고 있는 사람은 없었다.

은 세계 지도자들에게 텐안먼 사태는 단지 중국 국내 정치 문제로 세계는 성장하는 중국 시장에 상품 판매를 위해 또는 중국은 세계 시장 수출상품 생산 거점으로 중국의 초저임금을 각국이 활용해야 한다는 점을 결코 단념해서는 안 된다고 했다.

초기 중국 법인을 설립한 사람 중에 모토로라의 CEO이자 회장인 로버트 갤빈(Robert Galvin, 모토로라 창업자의 아들)이 있었다. 갤빈 회장은 저자에게 텐안먼 사태가 자기 회사에 좋은 기회를 제공했다고 언급한 바 있다. 갤빈은 중국인들이 투자와 기술을 절실히 필요로 했고, 중국 정부는 언론의 악평 때문에 외국 기업을 유치하기 위해 상당한 양보를 기꺼이 할 수밖에 없었다고 했다. 갤빈은 서둘러 베이징을 방문하여 모토로라가 100% 사업 소유권을 유지하는 조건으로 중국 모토로라 공장 설립을 제안했다. 중국 정부의 표준 정책은 중국 파트너들과 합작을 요구하는 것이었지만, 갤빈이 예상한 대로 덩샤오핑과 중국 정부는 모토로라에 예외를 두었고 모토로라는 서둘러 미국 생산시설을 중국으로 옮기기 시작했다. 이에 여타 미국인 사업가와 세계적인 CEO들도 곧 그 뒤를 이어 따라 했다.

당시 서방 정부의 반발도 없었고, 오히려 정반대였다. 클린턴 미 대통령은 '포용정책(engagement policy, 혹은 관여 정책)'을 촉구했다. 클린턴은 당시 중국에 도입되기 시작한 인터넷 검열 가능성에 대해 "젤오(Jell-O: 젤리)를 벽에 못 박는 격"이라며 비웃었다. 이 점에 있어 클린턴은 인터넷이 중국의 자유화로 이어질 것은 생각할 필요도 없는 사실이라고 얘기한 미 무역대표부(USTR)의 샬린 바셰프스키(Charlene Barshefsky)* 대표의 지지를 받았다. 바셰프스키는 "중국 정부가 콘텐츠를 통제할 수 없을 것이며 접근도 통제할 수 없을 것이다. 인터넷은 중국에 엄청난 변화를 가져다줄 것이며, 중국 지도부에 대단한 압력을 가할 것"이라고 언급한 바 있다.[3]

2001년 미국 정부는 중국의 세계무역기구(WTO) 가입을 지지했다. 이 움직임에 찬성하는 핵심 주장은 세계 최대 잠재적 위험은 빠르게 발전하는 중국이 아니라 경제적으로 실패하는 중국이라는 것이었다. 미국과 동맹국들의 이러한 평가는 중국이 '글로벌 시스템에 책임 있는 이해 당사자(a responsible stakeholder)'가 되기를 원한다고 주장한 로버트 죌릭(Robert Zoellick) 전 미국 국무부 부장관(차관)의 표현에 이어 나온 것이다.[4]

저자는 2019년 봄 중국 남부를 여행 중이던 수석 연구 보좌관 조엘 피슐(Joel Fischl)이 저자의 자료 요청에 뒤늦게 답장했을 때를 떠올리게 된다. 피슐이 마침내 마

* 샬린 바셰프스키(1950년 8월 11일 생)는 1997년부터 2001년까지 미국 무역 대표로 재직한 무역 협상가였다. 그녀는 1993년부터 1997년까지 미국 무역대표부 대표로 일했고, 현재 Wilmer Cutler 법률 회사의 파트너이자 Moelis & Company의 고문이다.

닐라에서 이메일을 보냈을 때, 그는 서두를 이렇게 시작했다. "중국에 있는 동안 이메일을 쓰고 싶었지만, 불안했습니다. 중국 체류 중 중국에 어떤 비판적인 글을 썼을지 몰라 자기 검열도 했습니다. 아마도 편집증일 수도 있으나 그때 제 생각은 그랬었습니다. 이러한 글을 썼다는 이유로 중국에 있는 동안 구금될 가능성은 작았으나, 스스로 그러한 상황을 예방하기 위해 고려해야 할 필요성은 높았습니다."라고 말이다.

중국 표준어 구사가 가능한 피슐은 아시아에서 25년간(5년간 베이징과 상하이, 6년간 홍콩과 타이페이를 포함) 거주한 중국 경험의 소유자로, 그는 중국 공산당이 14억 명의 중국인을 가르치는 데 성공했다고 덧붙였다. 그는 "중국이 외부 인터넷을 대체하고 나머지 세계가(중국이) 보는 현실에 대한 대안을 만들었다."라고 했다. 그는 "중국 인민은 중국 공산당이 승인한 '사실'만 얻을 수 있다."고도 했다. "지금 텐안먼 사건에 대해 아는 중국 젊은이는 거의 없으며, 중국 공산당이 사실상 전체 티베트 문화를 소탕하는 데 성공했고 신장성(新疆省, 신장웨이우얼 자치구)의 이슬람교도 위구르족을 위해 설립된 재교육 캠프(프로그램)의 실체를 아는 사람도 거의 없다. 가장 두려운 것은 중국이 중국의 권위주의적인 정부 모델을 다른 독재자들과 억압적 정권에게 수출하는 것뿐만 아니라 정치권력 유지를 돕기 위한 보안 카메라, 얼굴 인식 소프트웨어 등을 태국과 에콰도르와 같은 국가에 전파하고 판매한다는 사실이다. 중국은 느리지만 확실하게 세계의 일부 지역을 자국의 이미지로 재정립하고 있다."고 했다.

중국은 2001년 12월 WTO에 가입할 당시 800억 달러의 대미 무역 흑자(기술적으로는 경상수지 흑자)와 연간 GDP 1조 3,000억 달러 규모의 권위주의 국가였다. 이는 미국 국내총생산(GDP) 10조 5,000억 달러의 1/10이 조금 넘는 규모였다. 미국은 통신, 항공전자, 반도체와 같은 다양한 첨단 기술 산업에서 세계 선두였고, 중국은 신발, 섬유, 철강, 콘크리트 생산에 집중하고 있었다. 바셰프스키(Barshefsky) 미 무역대표부(USTR) 대표와 미키 캔터(Mickey Kantor) 상무장관 등 미 고위 관리들은 의회에서 중국의 WTO 가입을 승인하면 중국의 고율 관세는 크게 줄어드는 반면 미국의 낮은 관세는 바뀌지 않을 것이기 때문에 미국의 무역 적자는 절반으로 줄어들 것이라 했다. 다시 말해, 중국이 모두 양보할 것처럼 보였다. 그 결과로 수백만 개의 새로운 고임금 미국 일자리가 생길 것이라고도 했다.

그 후 20년 동안, 그 예측은 당황스러울 정도로 잘못된 것임이 판명되었다. 미국의 대중 무역 적자는 2018년 거의 4,000억 달러에 달했고 미국 내 500만 개의 일자리 소멸로 이어졌다.[5] 제너럴 일렉트릭(GE) 항공전자 사업부의 사례가 바로 그러하다.

2009년 11월 제너럴 일렉트릭(GE)은 중국 내 GE 항공전자 사업부를 중국국영항공공업집단(AVIC, Aviation Industry Corporation of China)과 조인트 벤처(joint venture)로 합병하고 상하이 본사로 영업부 이전을 발표했다. 언뜻 보기에도 이것은 두 가지 측면에서 이상한 결정처럼 보였다. 첫째, 항공전자 기기는 노동집약적인 제품이 아니고 중국은 과거 항공전자 기기 생산 경험도 없었다는 것이다. 경제학자들에 의하면 이러한 제품은 중국과 같은 저임금 국가보다는 미국과 같이 자본과 기술이 풍부한 국가에서 만들어져야 하는 산업 생산품이었다. 왜냐하면, 항공전자 제품은 작업자의 노동 시간이 그리 많이 필요한 생산과정이 아니기 때문이었다. 둘째, GE의 CEO이자 회장인 제프 임멜트(Jeff Immelt)는 당시 오바마 대통령의 일자리 및 경쟁력 위원회의 위원장이기도 했기 때문이다. 그런 자격을 가진 사람이 첨단 기술과 높은 보수를 받는 일자리를 미국에서 중국으로 보내고 싶어 한다는 것 자체가 이상해 보였다.

그러나 이 어리석은 행동은 일종의 전략적 선택이었다. 2001년 이후 8년 동안 중국의 GDP는 4배로 늘어났고 중국 내 항공 여행 수요는 급증했으며 중국은 자체 항공 산업을 발전시키기로 결정을 내린 것이었다. 중국 정부와 중국 공산당은 이멜트에게 GE가 중국에서 항공전자 제품을 만든다면 중국 내 제품 판매 가능성이 더 커질 것이라고 분명히 밝혔었다. 물론 이는 당시 지배적인 신고전주의적 자유무역 이론, WTO의 규칙과 더불어 영미권 경제학자, 언론인, 무역 관료들의 기대에는 반하는 것이었지만, 일본, 한국, 대만, 싱가포르가 부국이 되는 과정을 지켜봤던 사람들에게는 쉽게 이해할 수 있는 것이었다. 이 국가들은 잠재적으로 대규모 수출 시장이란 맥락에서 규모의 경제와 급속한 기술 발전을 특징으로 하는 산업 영역에서는 토착 역량 개발을 목표로 투자를 보호하고 보조금을 지급하는 산업정책을 통해 소기의 목적을 달성했기 때문이다.

2012년 6월, 중국은 남중국해 스카보로 암초(Scarborough Shoal)를 점령했다. 스카보로 암초는 필리핀에서 약 137마일 떨어진 남중국해에 위치하며, 필리핀은 스카보로 암초가 오랜 어장으로 필리핀 영해 내에 속해 있다고 주장했다(이러한 주장은 추후 헤이그 국제중재재판소에 의해 확인됨).[6] 국제사회 반응이 부재한 상황에서, 중국은 2013년 9월 대형 준설선인 톈진호(天津號)를 스프래틀리 군도[(Spratly Islands) 베트남 명 쯔엉사군도, 중국명 난사군도(南沙群島)]의 쿠아테론 암초[중국명: 화양자오(華陽礁)]로 보냈고, 이후에도 스프래틀리 군도의 피어리 크로스 암초(Fiery Cross Reef)로 파견했다. 이러한 움직임 중 어느 것도 미국의 반응을 이끌지 못하는 동안 톈진호은 2013년 가을에 또 다른 스프래틀리 군도의 다른 섬인 존슨 사우스 암초(Johnson South Reef)에서 중국의 첫 인공섬 건설 프로젝트를 시작했다.

2015년 9월 시진핑(習近平) 중국 국가주석이 버락 오바마 대통령을 방문했을 당시에도 중국은 남중국해에 군사용 활주로를 갖춘 7개의 인공섬을 건설했다. 중국 시진핑 주석은 오바마의 직접적인 요청에 대해 중국이 스프래틀리 군도를 군사화하지 않을 것을 약속했는데, 그는 이것이 오히려 민간 및 재난구호 목적으로만 사용될 것이라고 했다. 그러나 2016년 12월 중순 무렵 중국 군대가 섬에 배치되었고 중국 국방부는 그러한 배치가 완전히 합법적이라고 주장했다.[7]

1980년대 미국은 'F-16'을 기반으로 신형 전투기를 개발하기 위해 이스라엘과 협력했다. 그러나 비용이 증가함에 따라 미국은 이 프로젝트를 포기했고, 이스라엘의 '라비(Lavi)' 전투기는 미완성 상태인 채로 남았다. 몇 년 후 이스라엘은 항공기 계획을 중국에 매각했고, 중국은 'J-10(殲-10)'이라고 불리는 항공기를 선보였다. 'J-10'은 놀랍게도 'F-16'과 비슷했다. 2011년 중국은 미국의 'F-22'와 매우 흡사한 'J-20'을 도입했는데, 이는 중국 국적의 수빈(Su Bin, Stephen Su)이 설계도를 훔쳤기 때문으로, 수빈은 관련 절도죄로 연방 교도소에서 46개월을 복역했다. 그러다가 2014년 중국의 'J-31'이 등장했는데 이 또한 미국의 'F-35'와 매우 흡사한 것으로, 이것도 수빈이 F-35 데이터를 훔쳤기 때문이다.[8] 수빈 외에도 중국은 사이버 해킹을 통해 중국의 군사 장비 계획뿐만 아니라 연방 요원 인물 자료 등 기타 많은 데이터를 집중적으로 수집했다.

중국 시진핑 주석이 밝힌 대로 '중국몽(中國夢, Chinese Dream)'에서 중국은 그 국가가 2차 세계대전과 냉전 이후 미국이 만들어 유지해 온 '글로벌 법치 기반 시스템(global rules-based system)'의 '책임 있는 이해 당사자(responsible stakeholder)'가 되는 것을 의미하지는 않는다. 반대로 과거 중국의 위대함으로 복귀하는 것이다. '중국몽'에서의 중국은 '150년의 굴욕'을 가져다주었던 '아편전쟁(Opium War)'이 시작된 19세기 중반 이전까지 군사, 문화, 기술, 행정, 예술 면에서 단연 세계 최고였던 5천 년 문명의 계승자라고 말한다. 일반적으로 표준 중국어에서 '중국(中國)'의 한자(漢字)적 의미는 문자 그대로 중심에 있는 국가(왕조)를 의미한다. 그리고 '중국몽'은 공물을 요구할 수 있는 책봉 국가와 오랑캐 국가들의 중심에 세계적 패권국을 복원한다는 개념을 떠오르게 한다. 이는 물론 세계 최강국인 미국을 대체하는 것을 의미하며, 마오쩌둥(毛澤東)이 처음 천명한 목표이자, 덩샤오핑(鄧小平)의 "칼을 갈며 칼날의 빛을 숨기고 때를 기다

린다[도광양회(韜光養晦)]"라는 명령으로 강하게 암시된 목표이기도 하다.[9]

그러나 미국은 너무 강력해서 쉽게 또는 직접적으로 대체할 수 있는 국가는 아니다. 중국은 미국에는 간접적으로 접근해야 했다. 그렇게 하는 것이 지난 수년간 중국 대전략(Grand strategy)의 일부였다.

2019년 따뜻한 1월의 오후 4시, 저자는 오랫동안 싱가포르 정부의 최고위 관리를 지냈던 오랜 친구와 함께 술을 마셨다. 아시아에서 중국의 힘과 영향력은 커지고 있어 미국은 물론 역내 국가들이 어떻게 대응해야 하는지에 대해 대화를 나눴다.

미국에 헌신적인 친구인 그를 비롯한 대부분의 싱가포르 지도자들은 남중국해뿐만 아니라 동중국해, 남태평양, 인도양에서도 강력한 미군의 존재를 원하는 실정이라고 그가 설명했다. 또한, 그는 미국이 이 지역에 경제적으로 더 투자하고 지역적으로 통합을 이룰 방법을 찾기를 희망했다. 또한, 싱가포르가 미 해군에게 선박 수리가 가능한 항만과 조선소를 제공하고, 중국의 배타적 주권 주장에 맞서 남중국해를 오가는 모든 선박에 대해 항행의 자유를 유지하려는 미국의 노력을 지지하고 있다는 점을 강조했다. 그리고는 "우리가 당신들을 좋아하고 있는 점을 잘 알고 있지 않으냐."면서 말을 이어갔다.

하지만 또한 우리 모두가 그렇게 하는 것이 점점 더 어려워지고 있다는 사실을 당신도 이해할 필요는 있다. 우리 싱가포르 경제는 보다시피 수출로 살아간다. 우리의 최대 단일 수출품은 관광으로 관광객 대부분은 중국 본토로부터 온 중국인들이다. 그리고 우리의 두 번째 수출품은 좋은 대학과 학위 취득을 위해 오는 학생들을 위한 교육이다. 그런데 이 학생들 대부분이 중국인이다. 게다가, 우리의 세 번째 수출품은 첨단 전자와 기술 장비인데, 이 제품들의 최대 시장 역시 중국이다. 따라서 우리는 하나의 국가이지만 중국에 의존하는 바가 이렇게 큰 상황이다.

대부분 다른 국가의 경우에는 심각한 고려사항이 되지 않겠으나, 중국은 여타 국가들과는 상이하다. 우리는 중국 공산당의 지시에 따라 중국이 수입 자체를 무기화할 수 있다는 점을 알고 있다. 한국 대기업 롯데가 한국에 소유한 땅이 미국 사드(THAAD; 고고도 미사일 방어시스템) 포대 설치에 사용되었다고 하여 롯데의 중국 내 매출이 하루아침에 증발한 일을 기억하고 있다. 만약 베이징(중국 정부)이 우리에게 화가 많이 나는 상황에는 중국 관광객들과 학생들의 흐름을 하룻밤 사이에 마르게 할 수도 있다. 그러면 우리는 극심한 곤경에 처하게 될 것이다. 이러한 이유로 우리는 미국과 중국 중 하나를 선택하도록 강요받고 싶지 않다. 물론 우리는 마음속으로 미국을 선호한다. 하지만 우리의 경제 사정과 먹고사는 문제를 위해 우리는 중국을 대하는 데 있어 조심할 수밖에 없다.

싱가포르에서 다시 호주 시드니로 날아가 호주 주요 은행의 대표를 만났다. 은행 대표는 "우리(호주인)는 1차 대전 당시 영국인들과 함께 싸웠고 특히 갈리폴리(현 튀르키예 이스탄불 서남부 갈리폴리 반도)에서는 호주인 2만 6,000명 이상의 사상자가 발생했었다. 2차 세계대전, 한국전쟁, 월남전쟁, 아프가니스탄과 이라크 등지에서도 호주는 미국과 함께 싸웠다. 하지만, 타이완이 공격(dust-up)당한다면 타이완 해변에서 우리를 찾지 않기를 바란다."라고 했다.

그러면 "왜 안 되느냐?"라는 당연한 질문이 나올 것을 알고, 그는 선수를 치면서 "우리 최대 수출품은 철광석과 석탄이며 대부분 중국으로 간다. 그다음 수출 상품은 교육인데 학생들 대부분이 중국에서 온다. 또한, 우리의 네 번째 수출 상품은 관광인데 관광객들도 대부분 중국인이다. 우리가 중국을 화나게 하지 않게 하려는 이유에 대해 알 수 있을 것이다."라고 했다.

그러한 우려가 기업인과 정부 관리들에게만 영향을 미치는 것이 아니다. 클리브 해밀턴(Clive Hamilton)은 캔버라(Canberra)에 있는 찰스 스터트 대학(Charles Sturt University)의 교수다. 2008년 4월, 베이징 올림픽 성화가 국회의사당 밖 잔디밭을 지나고 있을 때 해밀턴은 많은 수의 중국 학생들이 소수의 티베트(중국 신장)를 지지하는 가두 시위자들에게 떼를 지어 폭력을 가하고 학대하는 것을 목격했다. 8년 후 부유한 중국인들 그들 중 소수가 호주 주요 정당들에 최대 기부자가 되었음을 보여주는 정치 부패 사건이 발생했을 때, 해밀턴은 중국과 호주의 민주주의가 충돌하고 있음을 느꼈다고 했다. 그리고 해밀턴 교수는 이를 주제로 책을 집필하기로 했다. 처음에는 그가 평소에 이용하던 출판사 앨런 & 언윈(Allen & Unwin)에서 출판하기로 했고, 그 출판사는 적극적으로 해밀턴과 계약해 힘을 합해 책을 출판하기로 했다. 그러나 1년 후 조판을 위해 수정된 원고를 보내려 하니 앨런 & 언윈은 중국 정부나 호주 내 중국 공산당을 위해 일하는 세력의 보복이 두려워 계약을 취소한다고 해밀턴에게 통보했다. 그러나 해밀턴에게는 다행스럽게도 뱃심 있는 출판사 하디 그랜트 북스(Hardie Grant Books)가 있었다.[10]

『조용한 침공(Silent Invasion)』* 제하의 해밀턴 교수 책에는 호주에 침투하여 동맹

---

* 『조용한 침공: 오스트레일리아에 대한 중국의 영향력』(영어: Silent Invasion: China's Influence in Australia)는 원래 2017년 11월에 앨런 & 언윈(Allen & Unwin)에서 출간될 예정이었으나, 중국 당국으로부터 소송을 비롯한 보복의 표적이 될 것을 우려하여 출판을 취소했다. 결국

국 미국과 호주를 분리하려는 중국 공산당의 전략이 한동안 괄목할 만한 성공을 거두고 있다는 사실을 극적으로 담고 있다.

그러한 중국의 계획은 2005년 2월 초 캔버라 주재 중국 대사관 직원에 의해 알려졌다. 중국의 복안은 호주를 중국의 변방 지역에 포함시킬 첫 단계로 추진한 사업으로 호주를 중국의 안정적 공급 기지화하는 것이었다. 장기적으로는 "미국과 호주 동맹에 쐐기를 박고", "정치·경제·문화 등 모든 면에서 호주에 대한 포괄적인 영향력을[11] 확보하는 일을 추진"하는 것이었다. 궁극적으로 중국은 경제적 수단을 동원하여 호주로부터 광범위한 경제·군사·인권 문제 등에서 양보를 얻어내려고 하였다. 당시 천용린(Chen Yonglin, 陳用林)이 참모 회의에 참석해 문서를 읽었기에 이것은 모두 사실로 드러났다. 당시 천용린은 시드니 주재 중국 총영사관 '정무 제1비서'였다. 그러나 4개월 후 천용린은 호주에 정치적 망명을 요청했다. 이때, 천용린은 망명을 선택한 호주에 중국이 어떤 생각을 품고 있었는지를 폭로했다.

천용린이 말했듯이, "중국 공산당은 고정된 전략 계획에 따라, 호주와 뉴질랜드를 서방 진영의 약한 고리로 여겨 체계적인 방식으로 침투하기 위해 구조적 노력을 기울였다"라는[12] 것이다. 이러한 중국 공산당의 생각은 개방적인 환경과 중국에서 온 많은 이민자를 고려하고 있었고, 상대적으로 적은 인구 규모에 다문화주의에 대한 포용적 호주의 특성을 활용하여, 차후 중국 공산당의 침투를 인식하고 방어를 한다 해도 그 능력이 약할 수 있는 속성을 가진 국가에 침투하여 전복하는 방법을 테스트해보자는 것[13]이었다.*

중국의 일대일로(OBOR: One Belt One Road 혹은 BRI: Belt and Road Initiative) 프로젝트는 중국이 무역 흑자(주로 미국)로 축적한 3조 달러의 보유 외환을 아시아, 유럽, 아프리카, 나아가 중남미의 모든 주요 거점에 중국과 연결하는 거대한 글로벌 인프라 사업에 지원하는 것을 목표로 한다. 중국 국유기업들은 이미 전 세계 여러 항만, 발전 시설, 파이프라인과 통신 인프라를 전체 혹은 부분적으로 소유하거나 운영하고 있다. 여기에는 그리스의 피레우스(Piraeus), 이스라엘의 하이파(Haifa), 호주의 다윈(Darwin)항과 필리핀의 주요 발전소 그리고 파나마 운하에 인접한 부동산 등도 포함된다.

하디 그랜트 북스(Hardie Grant Books)가 이 책의 출판에 동의하면서 출간되었다. 중국 정부는 2020년 9월 24일 출입국관리법에 따라 이 책의 저자인 클라이브 해밀턴을 비롯한 반중국 성향을 가진 오스트레일리아 출신의 학자 2명에 대해 중국 입국 금지 명령을 내렸다.

* 이러한 중국의 전략은 전통적으로 사용했던 침투를 통해 부지불식간에 영향력이 확대되어 저항할 수 없게 하는 '회색지대 전략'이라 할 수 있다.

이러한 투자는 이미 유럽연합(EU)에도 영향을 미치고 있다. 그런데 주요 글로벌 이슈에 대한 공식 입장을 도출하려면 EU는 회원국들의 만장일치가 필요한 상황이다. 최근 독일과 프랑스 등 주요 회원국들은 EU가 UN에서 중국의 인권 유린을 비난하는 성명을 발표하기를 원했다고 한다.

그러나 EU는 회원국들로부터 만장일치 동의를 얻어낼 수 없었다. 피레우스 항구가 중국 국영기업 소유가 된 그리스가 이의를* 제기했다.[14] "메르세데스 벤츠는 최근 자사 차량에 대한 인스타그램 게시물에 달라이 라마(Dalai Lama)의 인용문을 올린 것에 대해 중국인들에게 사과했다."라고 한다.[15] 철광석, 석탄 및 기타 광물 등을 주로 중국에 공급하는 호주를 보면, 중국의 호주에 대한 투자는 상당했다. 2020년 5월 코로나19 바이러스 기원에 대해 캔버라 측의 국제 조사 요청이 있자, 중국은 세계무역기구(WTO) 회원국으로서 관련 협정을 크게 위반하며 호주산 쇠고기 수입을 급격하게 줄였다.[16]

2018년 3월 1일, 세계화가 중국을 자유화할 것이라는 가정과 그렇지 않다는 현실 사이의 격차가 벌어지면서 오랫동안 세계화를 통한 자유화를 확고히 지지했던 영국의 시사주간지 이코노미스트(The Economist)는 "서방이 어떻게 중국을 잘못 이해했나(How the West got China wrong)"라는 제하의 표지 기사를 게재했다. 이어 2018년 3월과 4월에는 한때 무역 자유화를 옹호했던 커트 캠벨(Kurt Campbell) 전 국무부 차관보가 쓴 유사한 내용의 기사가 포린 어페어스(Foreign Affairs)지에 실린 바 있다.[17] 이러한 글들을 보면 서방 외교정책 기득권자들의 지적 토대가 얼마나 심하게 흔들렸는지를 알 수 있다.

더 충격적인 것은 2019년 11월 17일 중국 우한(武漢)에서 시작된 코로나19 감염 첫 번째 사례가 발견된 사건이었다.[18] 12월 15일까지 전체 감염자 수는 27명이었고, 12월 20일에는 60명으로 증가했다. 12월 30일, 중국 현지의 리웬리앙(Li Wenliang, 李文亮) 의사는 위챗(WeChat, 중국 SNS)을 통해 의사들 그룹채팅방에 감염되지 않으려면 보호복을 착용하라는 내용의 경고 메시지를 보냈다. 2020년 1월 3일, 리웬리앙은 공안(중국 경찰)에 소환되어 "사회 질서를 심각하게 어지럽혔다."라는 내용의 문서에 서명하라는 압박을 받는다. 문서 내용은 "엄숙히 경고한다. 만약 완고한 태도를 고수하고 무례하게 불법적 행위를 지속한다면 재판에 넘겨질 것이다. 이해했는가?"라고 적혀있었다. 문서 하단에는 리 박사가 자필로 "네, 이해했습니다."라는 손글씨가 쓰여 있었다. 리웬

* 그리스 교수와 인터뷰를 해보니 해양 운송 선박업으로 수익을 올리는 그리스에 있어 항만과 해운 선박의 경영은 기업과 국가 수입에 중요한 재원이 되기 때문이라 한다.

리앙은 경찰이 소문을 퍼뜨린 혐의로 조사받고 있다고 한 8명 중 한 사람이었다. 1월 첫째 수 주일 동안 우한(武漢)의 관계자는 감염된 동물과 접촉한 사람들만이 바이러스에 감염될 수 있다는 주장을 계속했었다.

의료진 보호를 위한 어떠한 지침도 발표하지 않았다. 1월 10일 의사 리웬리앙이 기침하기 시작했고, 다음날 발열 그리고 그다음 날엔 입원했다. 1월 말까지 리웬리앙은 상태가 위중했고 죽음을 예감했을 것이고, 잃을 것이 아무것도 없다고 판단한 그는 국가안전국으로부터 받은 자신이 서명한 문건을 중국 최대 마이크로 블로그 사이트인 웨이보(WeChat과 같이 중국에서 가장 많이 사용되는 SNS)에 게시했다. 이로써 중국 대중은 결국 자신들이 직면한 전염병의 존재를 알게 된 것이다. 마침내 1월 23일, 중국 당국은 우한시(후베이성 성도)와 인접 허베이성(북경시는 허베이성 안에 있음)을 봉쇄하기 시작했다. 물론 그때에도 바이러스는 이미 현재와 같이 팬데믹으로 퍼져 나갈 일로에 있었다.

특히 미국을 포함한 많은 국가가 그 살인적인 바이러스에 제대로 대응하지 못했다. 그러나 만약에 중국 관리체제가 리웬리앙의 폭로에 엄중한 처벌로 위협하는 대신 처음부터 진실에 귀 기울이려는 의지가 있었다면 그러한 방식으로 대응할 필요조차 없었을 것이다.

이러한 모든 사태 발전의 결과로 오랫동안 미국이 거룩한 성전으로 간주했던 대중 정책은 더는 성스럽지 않거나 적어도 다시 그렇게 경건하게 숭배하지 않아도 되게 되었다. 그러나 현재까지도 일관된 새로운 전략이 등장하지 않고 있다. 그래서 이 책의 목적은 적어도 그중 하나를 제안하는 것이다.

PART 01

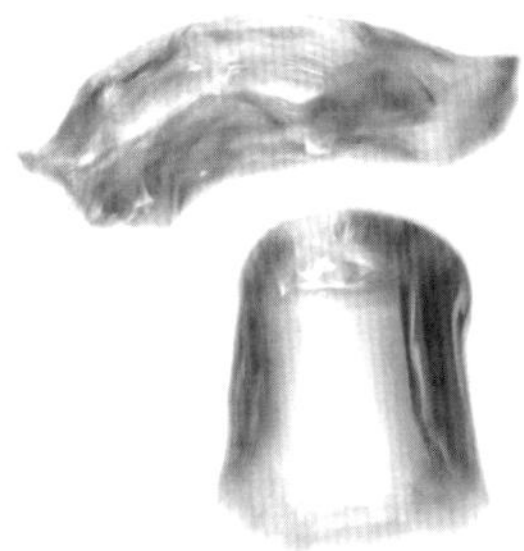

적을 알라(知彼)

손자(Sun Tzu)

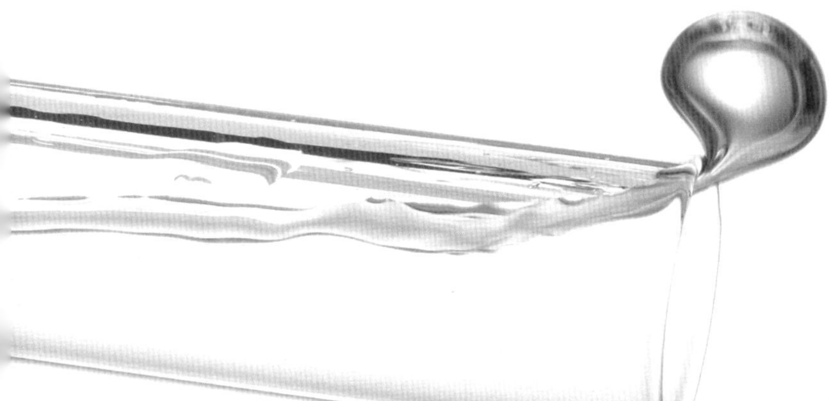

01

'중국몽(中國夢)'의 기원

천하(Tianxia, 天下) - 하늘 아래 모든 땅과 모든 사람이 보편적 질서에 따른다.

1757년 청(Qing, 淸) 제국의 전성기에 건륭제(Qianlong, 乾隆帝)는 이상한 결정을 내렸다. 돌이켜 생각해보아도 그렇게 결정을 내릴 수밖에 없었을 듯도 하다. 당시 영국, 미국, 포르투갈, 네덜란드 등 많은 서양의 항해자(탐험가)들이 무역할 거리를 찾아 중국 항구에 정기적으로 드나들기 시작했다. 건륭제는 중국에 대한 외국인의 제약 없는 접근으로 하늘의 왕조(Celestial Empire, 天朝)가 불리하게 변화할 가능성에 두려웠음이 확실하다. 건륭제는 중국 내 외국인이 주도하는, 특히 서양과 무역은 '광저우 시스템(Canton system)'을 적용토록 했다. 이 협정에 따라 모든 공식 무역은 현재 광저우(廣州) 지역의 공행(Hong, 公行)으로* 알려진 13개 무역 상사협회(guild)를 거쳐야만 했다. 이렇게 제한된 지역을 넘어 황제의 신하들도 외국인에게 중국어를 가르치는 것이 허용되지 않았고, 외국 무역상들은 어떤 자격으로든 여성을 중국으로 데려오는 것도 불허했다.

그러나 광저우 시스템은 과거 왕조의 관행에서 보면 큰 변화였기 때문에 여기서 분명한 의문은 왜 큰 정책 변화가 있었는가이다.

---

* 당시 서구 세력은 광둥성(廣東省)으로 먼저 들어오기 시작하여 많은 표기가 광둥어의 로마자 표기로 기록되었는데, 香港(Xianggang, 향항)이 Hong Kong으로 기록된 것과 같이 공행(公行)도 광둥어 발음 약자인 Hong으로 기록되었다.

고대로부터 2,500년 이상 동안 중국은 극동아시아의 패권국이었으며, 그 자체로 전 세계 패권국이었다. 중국은 당시 제국 중 가장 오랜 제국이었으며, 비할 데 없는 기술과 문화적 성취로 끊임없는 태평성대의 역사를 누려왔다. 로마가 서방의 대제국이었을 때도 중국은 존재했고, 로마, 비잔티움, 신성로마제국, 나폴레옹 시대가 사라진 이후에도 중국은 존속했다.

즉, 중국이라는 국가는 로마, 비잔티움 제국, 신성로마제국, 나폴레옹 시대가 사라진 이후에도 존속했다는 것이다. 1275년 마르코 폴로가 원(Yuan, 元)나라 쿠빌라이(Khubilai) 칸(Qa'an)을 위해 일하러 캄불락(Khanbaliq; 몽골제국의 겨울 수도로 현재 베이징, 元大都)*에 초대받았을 때는 무역에 어떠한 제한도 없었다. 아마도 이러한 이유는 당시 마르코 폴로가 중국의 규모, 정교함, 힘(파워)과 기술 발전에 대한 경외심을 분명히 느꼈을 정도로 중국은 자신감이 있었기 때문일 것이다. 칭기즈칸 치하의 원나라 시절, 대몽골 제국의 일부였던 중국 영토는 사상 최대 규모로 북태평양, 러시아의 상트 페테르부르크(St. Petersburg), 인도 북부, 아라비아반도, 지중해, 흑해 그리고 폴란드와 국경을 마주하고 있었다. 마르코 폴로는 여행하는 동안 유럽 또는 아시아 어느 곳에서도 이렇게 대단한 것들을 본 적이 없었을 것이다.

중앙 왕국(The Middle Kingdom, 中國)

아마도 중국의 관점을 가장 잘 보여주는 지표는 중국이 스스로 붙인 이름인, 즉 중앙 왕국(中國)이다. 이 술어(術語)를 사용함으로써 중국인들은 자기네 왕국(중국)이 세계에서 가장 강하며 가장 중요하며 그 권위가 천하(하늘 아래 모두 세계)의 모든 방향으로 뻗어 나가는 우주의 정확한 중심에 자리하고 있다고 생각했다. 흥미롭게도 중국이 최대 영토와 강력한 권력을 가진 두 왕조는 중국 황제[한족(漢族)]가 아닌 몽골 칸이 통치했던 원(元)왕조와 비 중국계 만주 황제가 통치했던 청(淸) 왕조이었다. 즉, 중국은 가장 위대한 두 왕조 동안 외국인 지도자들에 의해 통치되었다. 다른 한편으로, 중국 문명의 힘은 몽골인과 만주족을 모두 중국화[한족(漢族)문화화]하여야 한다는 생각에 중국 관습과 중국어(중국문자)를 채택하였고, 연례 과거 시험 급제자 중에서 선발된 전통

---

* 원제국은 현재의 북경을 캄불락(Khanbaliq, 元大都)이라고 부르고, 유목민의 특성상 여름 수도를 현재 중국 내 내몽고자치구에 있는 제나두(Xanadu, 上都)로 정해 겨울과 여름을 나눠 지냈다. 겨울 수도 제나두는 단국대 은사 지영재 교수님이 '서정록을 찾아서(고려 익제의 여정)'를 집필할 때 같이 가본 적이 있고, 북경의 캄불락의 토성은 북경 생활에서 자주 지나던 지역이다.

적 중국 관료들이 통치하게 하였다.* 따라서, 원나라와 청나라의 통치자들은 문명적이고 관료적인 의미에서 정복된 자들이었다. 이러한 요인 외에도 중국은 오랫동안 기술 분야의 세계적 지도자였다는 사실이다. 이는 나침반, 종이, 화약, 지폐, 인쇄술, 우편 시스템 등과 같은 핵심 아이템을 중국이 서양에 앞서 발명했다는 것이다. 실제로 15세기 초 환관인 제독[태감(太監)] 정화(鄭和)가 이끈 선단은 콜럼버스의 니나, 핀타, 산타마리아(Nina, Pinta, Santa Maria)호와 같은 뒤에 나온 선박이 왜소해 보일 정도로 강력한 정크선(junks) 선단이었다. 정화 제독은 콜럼버스가 그랬던 것처럼 카리브해상의 상상 속 인도가 아니라 실제 인도와 아프리카, 아마도 호주까지 원정했을 것이다.

천하 만물을 다스리는 세계의 중심에 있는 중국(중앙 왕국)에서는 일부 사람들은 다른 사람들보다 더 직접적으로 통치받아왔다. 황실 측근 사람들은 황제(皇帝)의 계몽을 가장 가까이 받음으로 가장 문명화되었고, 멀리 떨어져 있는 사람들은 계몽이 덜 되었다고 보았다. 계몽의 중심 베이징(北京)에서 거리가 멀어 야만인으로 간주된 사람들에게는 깨달음(문명)이 전혀 존재하지 않다고 여겼다. 그리고 원칙적으로 이들은 모두 궁극적으로 베이징을 통치하는 천자의 신민(臣民)으로 간주되었다.

수 세기에 걸쳐 이 천상의 제국인 중국왕조는 철학적으로 연속해 양극단에 있는 안내 표지에 따라 북극성을 축으로 번갈아 가며 움직였다. 그 첫 번째는 기원전 500년경 주(周)나라의 문화를 춘추전국시대(The Spring and Autumn period) 고대 철학자 공자(Confucius, 孔子)가 구상하고 전파한 유교(儒教)였다. 공자는 모범을 보이고, 연장자를 공경하고, 자신이 하고 싶지 않은 일을 다른 사람에게 시키지 않고[기소불욕 물시어인(己所不欲 勿施於人)], 가족을 국가보다 우선시하고, 물질적 가치보다 도덕적 가치를 우선시하며, 보상과 처벌보다는 관습과 교육으로 다스릴 것을 촉구했다. 이는 매우 개화된 것처럼 들리나, 어떤 종류의 인권이나 민주주의를 긍정하는 것으로 이해해서는 안 된다. 시경(The Book of Odes: 기원전 1000년에서 600년 사이의 305편의 시를 수록한 서적)에서는 "천하의 모든 땅은 황제의 소유이며 바다에 닿는 지역까지의 모든 백성은 황제의 신민이다."라고 했다. '하늘의 아들(天子)'이라는 용어는 이 시기에 생겨났고 사실상 온 땅에 대한 권세를 주장했다.[1]

그러나 시간이 지남에 따라 왕의 권력은 쇠퇴했고 전국시대(The period of the warring states: 기원전 475~221년)로 접어들었다. 전쟁이 계속되고 더욱 흉포해진 사회가 됨에 따라 과거의 인(仁)과 법도(法道)는 야만성과 대량 살육에 자리를 내주었다. 결국

* 중원지역에서 발원한 한족(漢族)이 중국을 이끄는 민족이라는 한족 위주의 이민족 통화를 통한 중국왕조 건설을 의미한다.

진시황(秦始皇)은 기원전 221년 마지막 독립국을 정복하고 중앙집권 아래 통일된 중앙 왕조 국가인 진(Qin, 秦) 제국(empire)을 세웠다. 진나라는 두 명의 황제와 함께 겨우 15년 동안 유지되었으나, 계속하여 2,132년 동안 중국을 통치할 제국 체제를 만들었다(물론 약간의 중단과 변화와 적응 과정은 있었음). 진나라는 오늘날까지 중국에서 이어지는 절대주의(absolutism)적이고 독재(dictatorship)적인 모델을 확립했다.

진시황은 공자를 따를 시간도 없었으며, 대신 법가사상(legalism, 法家思想)을 따랐다. 이는 인간이 순전히 이기심 때문에 행동하기 때문에 옳은 것보다 나쁜 일을 할 가능성이 더 크다는 철학에 기초한다.* 이것이 두 번째이다.

따라서 사람들은 가혹한 처벌의 위협으로 통제되었고, 통치자는 본질적으로 모든 것, 심지어 모든 생각에 대해 절대적인 권력을 가져야 했다. 권력과 통치의 주안점은 부국강병이었는데, 이는 공자의 오래된 교리와는 반대되는 것이었다.[2] 더구나 국가 간 전쟁과 관련하여 새로운 법가사상은 총력전을 요구했다. 법가사상의 신조는 "현명한 군주는 백성들에게 선하게 행동하라고 요구하지 않는다. 대신 나쁘게 행동하는 것을 방지하는 방법을 사용한다."라는 주장이었다. 따라서 진시황은 개인 무기 소유를 불법으로 규정했다. 진(秦) 제국은 귀족과 지주 세력을 약화했고 결국 인구와 노동력 대부분을 구성한 농민들에 대한 직접적인 통제권을 확보했다. 황제의 지시를 어기면 가혹한 처벌을 받았다. 그 이전 시대의 책과 저술은 재검토되었고, 황제가 유용하지 않다고 판단한 것은 불태워졌으며, 이를 저술한 많은 학자는 처형당했다(분서갱유, 焚書坑儒).

이어진 다음 왕조들은 그들의 상황에 필요하다고 생각하는 것, 즉 정권에서 부드러운 선도(선한 정치, 善道) 또는 철권 통치 등 두 가지 철학을 혼합했다. 한선제(漢宣帝: 기원전 73~49년 재위)가 언급했듯이, "한나라는 자체 제도가 있는데, 그 제도는 법가에 바탕을 둔 패도와 유교에 기반한 왕도의 혼합이다. 우리가 어떻게 한 가르침에만 의지할 수 있는가."라고 했다.[3]

어쨌든 중국의 상황에서 천하에서 중국이 할 역할에 관한 두 가지 가르침은 일치했다. 법가사상 추종자들은 "모든 권력이 황제의 수중에 집중되어 있고, 그에게서 나온다."[4]라고 믿었다. 황제의 자비는 동심원의 형태로 빛나는데, 그 빛은 물론 중심이 가장 밝았다. 바로 황제의 궁전과 중국(중심 국가) 그 자체가 가장 밝았다. 그래서 중국에서도 먼 지방에 사는 사람들은 수도권 지역 사람들보다 열등하다고 여겨졌다. 중

---

* 춘추전국시대에 많은 사상이 나오는데 주(周)나라의 통치 철학에 기초를 둔 것이 유교라면 법가사상은 한비자(韓非子), 상앙(商鞅) 등 인물에 의해 나온 중국식 법에 따른 국가 체제 정비와 통치를 의미한다.

국 외곽에는 황제의 자비와 신하들과 사업을 할 수 있는 특권이라는 '선물'로 조공(朝貢)을 바치는 속국들이 위치한 원(중심에서 원형으로 확장되는 동심원)이 있었다. 그리고 동심원 안에서도 때때로 징계가 필요한 다루기 힘든 상대도 있었고, 동심원(同心圓) 밖에는 야만인들의 외부 원(圓)*이 있었다.

공자는 예서(禮書)에서 대통일 또는 대통합을 말하는 대동(great harmony, 大同)을 처음으로 언급했다. 공자는 "하늘에 두 개의 태양이 없는 것처럼 지상에도 두 명의 황제가 있을 수 없다."[5]라고 강조했다. 그리고 공자는 백성을 덕으로 교육하고 군자(통치자)는 도덕적 모범을 보여야 한다고 가르쳤다. 공자는 통치자에 대해 "북극성은 붙박이로 다른 모든 별이 그 주위를 지속하여 움직이는 것" 같아야 할 것이라고 했다.

그러나 진나라의 법가들처럼 공자는 백성이 황제에게 복종 이외 다른 역할을 하도록 제안한 바 없다. 유일한 문제는 황제가 사람들을 때려서 복종시켜야 하느냐 아니면 그들이 황제를 따르기 위한 자유 의지를 발휘하느냐는 것이었다.

새로운 패권(A New Hegemon)

의식적이든 잠재의식이든, 건륭제가 '광저우 제도(Canton system, 公行)'를 시행한 것은 우주에 새롭게 등장한 아마도 걱정스러운 사건이 생겼음을 나타내는 것이었다. 이 제도에 대한 명령을 내릴 당시 청 정부는 거만한 말투에도 불구하고 강함보다는 나약함이 드러났다. 여기서 나타난 새로운 요소란, 중국과 거래하는 외국인이 독특한 문제(청나라의 광저우 제도)에 대한 해결책으로 제시된 것으로 많은 중국인을 괴롭히는 아편이었다. 이는 외국인에게 아주 실로 간단한 해결책이었다. 중국인들은 결제 수단으로 은(銀)을 제외하고는 어떤 것으로도 비단, 차, 도자기 판매를 거부했다. 서방 국가들은 중국인들이 구매할 만한 물건을 최종적으로 확보하기 위해 미국 서부 해안에서 해달을, 하와이섬에서 백단향을, 애팔래치아 산맥에서 인삼을 가지고 왔지만 궁극적으로 중국인들은 믿을 수 있는 유일한 은만을 수출 대금으로 받았다.

결과적으로 은 가격이 오르고 전 세계 은 공급량은 줄어들기 시작했다. 서양인들은 중국과 무역에서 많은 것을 얻을 수 없었을 뿐만 아니라, 무역을 유지하는 데 필요한 은도 부족했다. 특히, 영국 정부와 무역업자들은 계속해서 증가하는 영국의 무역 적자와 중국과의 무역 불균형에 대해 우려하면서 중국인과 실제로 거래할 무언가를

---

* 황제를 중심으로 원(圓)을 그리며 확장하는 전통 중화 세계의 천하 세계 구분법을 의미한다.

찾아 교역을 하기 위한 권리를 더 많이 확보하려 노력했다. 당시 영국은 점점 더 많은 양의 차와 도자기, 비단을 수입하고 있었다. 영국 동인도 회사는 중국 상품 대금을 은으로 지급해야만 했는데 은은 바닥났다. 그래서 무역상은 중국인에게 대량으로 판매할 수 있는 것을 찾아야 했다.

당시 상황과 관련된 두 번째 요인은 무역과 연계된 선박과 장비가 거의 전적으로 서양에서 왔다는 것이었다. 가까이서 이를 지켜본 사람들에게 있어 무역 선박, 항해 기술, 지도, 해도 및 기타 표준 해상 장비는 중국보다 서방에서 더 발전했다는 점을 분명히 알았을 것이다.

유럽과 미국으로 중국 상품을 운반하는 배와 이 선박을 인도하는 데 사용되는 해도(海圖)는 중국이 발명한 것이 아니었다. 중국인은 역사상 처음으로 일부 주요 지식 분야에서 최고가 아니었다는 것을 알게 되었다. 이는 중국에 있어 그야말로 새로운 무엇이었고, 건륭제에게도 그러했을 것이다. 건륭제는 짐짓 봐주는 체하는 태도에도 불구하고 무의식적으로 자신의 약점을 감지하기 시작했을 것이다.

매카트니(Macartney) 미션(mission)

영국 정부는 중국과의 무역 적자를 해결할 목적으로 인도 마드라스[Madras, 현재 인도의 첸나이(Chennai)] 전 총독 조지 매카트니(George Macartney)를 보내 중국 황제를 설득하여 중국 신민(臣民)들이 산업혁명으로 부상하는 영국의 풍부한 물품 중에서 무엇이든 살 수 있도록 하라고 지시했다. 한편 영국의 동인도 회사는 18세기 초부터 아편을 실험해 왔다. 영국은 인도에서 아편을 생산하여 중국 항구 도시의 아편 수입업자에 쉽게 팔 수 있게 운송할 수 있었는데, 초기 시장 조사를 해보니 성장 잠재력이 큰 것으로 드러났다. 그러나 매카트니는 마약 판매가 좋은 생각인지에 대해서는 확신하지 못했다. 매카트니는 쌀이나 공산품과 같은 여타 상품을 선호했다. 어쨌든, 매카트니는 영국과 중국 정부 사이에 직접 통상라인을 구축함으로써 광둥 상인(공항)의 방해를 차단할 수 있었다. 그는 베이징에 상설 대사관을 설립하고 중국 정부와 중국 사회에 대한 정보를 수집하며 무엇이든 알아낼 수 있도록 하라는 지시를 받았다. 마침내 영국인은 중국인들이 구매를 원하는 것이 무엇인지, 또한 이를 광저우 청나라 정부가 허가한 외국상사(公行)와 상인들의 간섭 없이 효율적으로 구매하고 판매할 수 있는 방법을 알게 된 것이다.

매카트니 임무의 최종목표는 영국 과학 기술의 유용성을 입증하는 것이었다. 매카트니는 시계, 망원경, 무기, 직물을 비롯한 당시 첨단 기술을 대표하는 제품을 포함하여 다양한 선물을 들여왔다. 이는 영국 기술력으로 중국인에게 깊은 인상을 심어줌으로써 단순히 은을 대가로 중국 상품을 판매하게 하는 것이 아니라 상호 무역에 대한 욕구를 자극하기 위한 것이었다.

영국 대표단은 1792년 9월 26일 3척의 배를 타고 포트머스(Portmouth)를 출발했다. 10월 초까지 대표단은 카나리아 제도(Canary Islands)에 머물렀는데, 역풍으로 인해 리우데자네이루(Rio de Janeiro)까지 항해해야 했다. 그러는 사이 매카트니는 통풍으로 한 달 동안 앓아 누웠고, 사절단은 12월 17일에야 리우(Rio)를 떠나 1793년 1월 7일 희망봉(The Cape of Good hope)을 돌아 바타비아[지금의 자카르타(Jakarta)]와 마카오(Macau)를 거쳐, 8월 21일 텐진(Tianjin, 天津)을 통해 베이징에 도착했다.

거기에서 일행은 육로로 건륭황제가 거주하는 청더[承德, '열하일기'의 열하(熱河)]*로 이동했다. 첫 번째 협상은 '큰 절(kowtow genuflection)'을 하는 예절 관련 문제였다. 중국인은 메카트니에게 '큰 절'을 요구했지만, 매카트니는 자신의 주권자에게 선물을 바칠 때처럼 고개를 숙이는 것을 제안했다. 중국인들은 선물을 주는 것이 아니라 조공(朝貢)을 바치는 것이라고 했다. 중국인들은 야만인 영국 왕과 하늘 황제의 아들 사이에 어떤 평등 개념도 받아들이지 않았다. 결국 매카트니가 무릎을 꿇는 데(genuflect) 동의했고, 알현(the audience)은 9월 14일 행해졌다. 매카트니는 알현 당시 방문 이유를 묻는 데 대해서 영국 왕이 국가 간 더 많은 상업 거래를 원한다고 답변한다.

황제의 응대는 매카트니의 발언에 대한 오해로 인해 생긴 자긍심 발현의 전형(典型)적 모습이었다. 일주일 정도의 공식적인 선물 제공, 만찬 및 유흥 뒤에 건륭황제는 이렇게 선언했다. "우리는 모든 것이 풍부해 나라 안에 부족한 생산품이 없다. 따라서 우리가 생산하는 것을 교환할 목적으로 그대들 제품을 수입할 필요가 없다."[6] 알현이 끝난 후 사절단을 통해 영국 조지 3세(Geroge Ⅲ) 에게 보낸 서한에서 건륭황제는 유럽인들을 야만인으로 언급하고 지구상 모든 국가가 중국에 종속되어 있음을 언급했다. 서한의 맺음말에서 영국 왕에게 "두려는 마음으로 순종하고 태만하지 말라."는 명령이 있었는데, 이는 제국의 표준적 서한의 끝맺음 표현이었다고 전했다.

---

* 만주족이 건국한 청나라는 원(元)나라 시대의 유목민족과 같이 여름은 초원이 있는 여름 수도(夏都)로 청더 피서산장(承德避暑山莊)을 유지했다.

밤에 지나가는 배들

황제의 거만함은 쉽게 이해된다. 지난 2,000년 동안 중국은 세계 최대 국가로 인구가 많고 가장 부유하고 기술적으로도 최고로 발전된 국가였다. 중국인에 관한 한 세계는 항상 그런 식으로 형성되었다. 물론, 한때 서부에는 로마 제국으로 알려진 대제국이 있었고 나중에는 비잔틴 제국이 있었으나, 동서양 교역을 통해 유럽 지역은 천상의 제국 중국에서 유럽으로 운반되는 비단과 기타 상품의 먼 고객이라는 것을 제외하고는 중국에 영향을 미치지 못했다. 고대 실크로드의 서쪽에 있는 유럽과 같이 앞에서 언급한 것처럼 중국[한(漢)족이 만든 중앙 왕조]은 몽골과 만주족에게 두 번이나 정복당했지만, 문화적 우월성의 영향으로 역으로 외부인을 흡수하면서 이를 중국의 또 다른 확장판으로 만들었다. 물론, 천자(天子)의 소원을 무시하고 천자를 자신 뜻대로 하도록 강요하는 세력은 아시아에서는 없었다.

1270년대 말과 1280년대 초 마르코 폴로(Marco Polo)와 같은 초기 서양 무역상들은 서양이나 중동에서 본 그 어떤 것보다 뛰어난 중국의 규모, 질서, 부, 기술 그리고 문화 발전상에 놀랐다. 그러나 중국인은 중국 너머의 세계에 대한 표현과 개념이 매우 모호했다. 결국, 천하는 '하늘 아래 백성(everyone under heaven)'을 의미하며 중국이 세계이거나 세계가 중국에 속한다는 것을 의미했다. 이에 대해 미국 카네기 재단의 아시아 전문가 애슐리 J. 텔리스(Ashley J. Tellis)는 "중국의 대전략은 통치자들에 의해 어떤 포괄적인 성명으로, 명시적으로 제시된 바 없다."라고 했다. 한(漢)나라 역사가들은 "한나라는 국경이 없다."라고 말했고, 당(唐)나라 칙령은 "황제의 높이는 하늘과 같고 넓이는 땅과 같으며, 황제의 광채는 달과 해와 같고, 정직과 충실은 사계절과 같다."라고 했다. 또 다른 당나라 문서는 "모든 피조물이 세상에 존재하는 한 황제(皇帝)의 양육을 받아야 한다."[7]는 점을 강조했다.

따라서 국가 경계의 개념이 중국에서는 항상 모호했다. 고대 중국에 한동안 만연했던 혼돈은 중국인에게 무질서에 대한 두려움을 크게 불러일으켰다. 장구하게 지속되는 중국의 세계관에서 이러한 무질서를 피할 길은 권력의 축을 중심으로 속국(번속 국가)과 조공국(책봉 국가)으로 조직하는 것뿐이었다. 그러한 권력의 축이 패권(覇權)이 될 것이고, '하늘에 두 개의 태양'이 있을 수 없기에 패권 세력은 세력을 최대한 확장하려는 경향이 있었을 것이다.

쿠빌라이 칸(Kublai Khan)이 세운 원(Yuan, 元) 왕조의 절정기인 1275년 마르코 폴로가 캄불락을 방문했을 때 그를 압도한 것은 바로 이 중앙 왕국 중국(中國)이었다. 당시 원(元) 왕조는 오늘날 중국의 대부분과 외몽고(중국 명칭, 현재 몽골 인민공화국) 및 남부 시베리아를 포함했다. 동시에 원 왕조의 중국은 현재 시베리아, 중국, 중앙아시아, 파키스탄, 아프가니스탄, 이란, 이라크, 터키, 우크라이나, 폴란드의 일부, 루마니아, 한국, 타지키스탄, 키르기스스탄, 몰도바, 쿠웨이트, 우즈베키스탄, 아제르바이잔, 조지아, 아르메니아, 러시아로 이어져 이는 세계에서 전에 본 적 없는 (앞으로도 그러할) 최대 제국이었고, 쿠빌라이 칸(몽골 제국의 제5대 대칸이자 원나라 초대 황제)은 대몽골 제국의 명목상 통치자이자 원나라의 시조 겸 통치자였다.

마르코 폴로에 따르면 중국은 지폐, 비단 옷감, 차 문화, 자기, 나침반, 화약, 난방용 석탄 사용, 연(鳶), 장심도 굴착기(deep drilling)를 발명했으며, 중국의 도시는 세상의 일부인 그 다른 어떤 국가들보다 훨씬 더 크고 비교할 수 없을 정도로 조직화 되어 있었다. 그리고 중국 문화는 한마디로 훌륭했다. 아마도 중국인들은 콜럼버스(Columbus)가 태어나기 오래전에 아프리카, 아라비아, 인도, 인도네시아 그리고 호주까지 함선을 보냈을 것이다.

마지막 왕조(The Last Dynasty)

결국 칭기즈칸의 아들들이 서로 싸우고 영토를 나누면서 원 왕조는 분열되었다. 또 다른 중국 통치자인 명(Ming, 明) 왕조는 원 왕조의 폐허에서 생겨나 1368년부터 1644년까지 통치됐지만, 고대 중국의 영토만큼의 제국을 지배하지는 못했다. 명왕조는 그 후 중국의 북서쪽 지역에서 온 한족(漢族)이 아닌 만주족(滿洲族) 기병에게 침략당했다.

만주족은 약 1683년까지 중국 정복을 완전하게 완료하지 못한 상태에서 청(淸) 왕조[후금(後金): 1616~1636; 대청(大淸): 1636~1912]를 건국했다. 그 후 건륭 황제 치하에서 청나라의 통제권을 아시아 내륙으로 확장하여 역사상 다섯 번째로 큰 제국을 형성했다. 1796년에는 중국, 티베트, 내몽고, 외몽고(현재의 몽골), 러시아를 아우르는 바이칼 호수까지 영역을 넓혔다. 제국은 아무르강[Amur River, 중국 이름 헤이룽강(黑龍江)]의 북쪽에서 훨씬 더 멀리 시베리아로까지 이어졌고, 서쪽으로는 거의 타슈켄트와 카슈미르, 네팔 국경까지 뻗어 있었다. 중국은 쿠빌라이 칸(Kublai Khan)의 원 왕조 동안에만 영역과 영향력이 가장 컸다. 마지막 왕조 청나라(淸朝)의 인구는 4억 명으로 세계에서 가장 많았는데, 이는 원 나라 초기 때의 두 배 이상이었다. 기록상으로 보면 세력은 강대했으나, 실제로는 곳곳에서 곤경에 처해 있었다.

돌이켜보면, 외부 세계와 무역을 제한하고 더욱 신중하게 통치하며 중국에 거주하는 외국인의 수와 활동을 제한하기로 한 1757년 건륭(乾隆) 황제의 결정은 오랫동안 유지했던 중앙 국가 중국의 모습과는 달라진 것으로, 청 왕조는 예상치 못한 어려움에 직면하게 된 것이다.

실제로 매카트니는 중국을 떠난 후 일기로 기록한 다음과 같은 메모에서 이 문제를 정확하게 지적했다. "왕조의 군인들은 비정상적으로 큰 전투에 유능하며 주변 경계에 능한 사관들이 물려받아 150년 동안 바다에 떠 있게 만들어 그 크기와 외형으로 인접국들을 두려움에 떨게 했으나, 이제는 함량 미달 군사들이 갑판 통제를 하게 되면서 군기(軍紀)도 거리가 멀어지게 되었고 함선의 안전도 보장 못할 지경에 이르렀으며, 바로 침몰하지는 않겠으나 한동안 난파선처럼 떠다니다 해안가에서 산산조각 날 것으로 보이며, 배 밑바닥도 너무 오래되어 보수(재건)도 불가능하다."라고 기록되었다.[8]

따라서 건륭제 문서 말미 서명은 역사상 가장 오래되고 최장기간 유지된 제국에 대해 황제에게 중요한 모든 사람이 보기에는 문명과 동의어인 제국을 통치한 자의 자신감을 나타내주는 신호였으나, 청 황제는 천천히 다가오는 새로운 미래가 있는 것을 감지하고 있는 것 같았다.

아편 통치

새로운 거래 확장 대신에 영국 상인들은 더 많은 아편을 중국으로 운송하는 데 온 힘을 쏟았다. 매카트니가 중국 방문 때 영국인들은 매년 중국 시장에 170 파운드(lb, 약 77kg) 상자 4,000개 분량의 아편을 보내고 있었다. 1833년까지 그 수량은 3만 상자로 늘었고 중국 마약 중독자의 수는 400만 명에서 1,200만 명 사이로 추정되었다.[9] 아편으로 인해 중국의 많은 해안 도시들은 황폐해졌다. 1839년 건륭제(1799년 사망)의 아들 도광황제(道光皇帝)는* 빅토리아 여왕(Queen Victoria)에게 아편 무역을 중단할 것을 간청하는 편지를 보냈다. 하지만 답신이 없었다는 사실은 중국 황제의 위신이 얼마나 추락했는지 보여주는 것이고, 이는 건륭제가 두려워 감춰왔던 여러 의혹이

---

* 건륭제(1711~1799년)는 청나라의 제6대 황제(재위 1735~1796년)이고, 도광제(1782~1850년)는 제8대 황제(재위 1820~1850년)이다. 청나라 제7대 황제는 가경제(1760~1820년, 재위 1796~1820년)이다.

무엇인지를 확인시켜줄 뿐이었다.

런던(영국 황실)의 반응이 없자, 도광황제는 필사적으로 외국 정부 보유분을 포함하여 광둥(Canton, 廣東)의 아편 전량에 몰수를 명했다. 중국은 아편을 중국 정부에 넘기는 대가로 무역상들에게 차를 가져가도록 설득했지만, 이에 실패하자 청 황실은 모든 공급품을 몰수하고 외국 선박 봉쇄와 함께 전 상점(아편 상점, 아편 영업 장소) 폐관 명령을 내렸다.

대영제국의 왕립 해군(British Royal Navy)은 이에 대응하여 소함대를 주강(Pearl River, 珠江) 상류로 보내 광저우(廣州) 지역을 점령한 다음 난징(Nan Jing, 南京, 옛 이름은 金陵)을 점령했다. 전투는 경합할 수준이 아니었다. 청나라 군대는 사거리가 130야드(yd, 약 119m), 분당 발사 속도 1~2발의 포를 보유하고 있었고 창과 석궁을 사용했다. 그러나 영국 해군의 포 사거리는 260야드, 분당 발사 속도는 2~3발이었으며 창이나 석궁 같은 것은 쓰지도 않았다.

청나라 해군의 정크 선(중국 범선)은 증기로 움직이는 영국 함선에 의해 옆으로 밀려났고, 영국의 무거운 포탄에 산산조각 났다. 청나라 군대로서는 엄청난 대전투였으나 영국인에게는 훈련과도 같은 것이었다. 전쟁은 1842년 중국이 홍콩섬(Hong Kong Island, 香港島)을 영국에 영구 할양하고 대영제국을 위한 5곳의 조약한 항구[상하이, 광저우, 아모이-샤먼(廈門), 닝보(寧波), 푸저우(福州)]를 개항하도록 강요한 난징(南京)조약 서명으로 끝났다. 이듬해 체결된 두 번째 조약에서는 중국이 영국에 최혜국(MFN) 지위를 부여하고 치외법권 조항도 추가했다(즉, 중국에 있는 영국 시민은 중국법이 아니라 영국법의 적용을 받음). 이어 프랑스도 청 왕조로부터 1843년과 1844년에 비슷한 양보를 얻어냈다.

1856년부터 1860년까지 지속된 두 번째 아편전쟁은 중국 전체에 대한 아편 무역의 일반적인 합법화와 통관 관세 수입 면제를 확보하려는 영국의 지속적인 노력의 결과였다. 이는 당시 영국, 프랑스 및 기타 외세에 의해 만들어진 것으로 당시 외세는 그렇게 할 힘을 가졌기 때문이다. 당시 외세는 힘(무력)을 가졌고 청나라 군대는 그렇지 못했다. 약 80개의 조약으로 정해진 항구가 아편 무역에 개방되었으며, 모든 외세(外勢)의 국민은 중국 전역을 여행할 권리와 치외법권을 얻었다. 이러한 협정은 역사에 '불평등 조약'으로 알려지게 되었으며, 중국은 이를 중국과 그 국민(인민)들에게 큰 굴욕의 원천으로 오랫동안 언급해 오고 있는데, 이는 의심할 여지 없이 사실도 그랬다.*

* 1840년 청 조정이 영국의 아편 판매를 금지하면서 아편전쟁이 시작했다. 결국, 영국 무력에 청이 굴복해 난징(남경)조약이 체결되고 전쟁은 일단락되었는데, 이를 1차 아편전쟁이라 한

유럽인들은 몽골인이나 만주족과 달리 중국을 정복하고 통치하지는 않았다. 청 제국은 세계 역사상 가장 큰 제국 중 하나로 남아 있었고, 청 황제는 1912년까지(1911년 신해혁명으로 1912년 중화민국이 건국되는 때까지) 황제 직위를 유지했다.*

그러함에도 불구하고 하늘의 축복은 물러가는 듯했다. '태평천국 난(Taiping Rebellion, 太平天國之亂 1850~64년)'과 '둔간의 난(Dungan Revolt, 東幹起義, 회민 봉기, 1862~77년)'은 내전뿐 아니라 기근도 동반했다. 이 두 반란으로 전체 2,000만 명이 죽었다. 게다가 1860년대 러시아는 시베리아 전체와 만주 일부를 점령했다. 문제는 외국 야만인의 점령과 간섭만이 아니었다. 제국의 시스템 자체가 점점 작동하지 않게 되었고, 제국은 매카트니가 예견한 것처럼 내부에서 서서히 썩어가는 것이 감지되었다.

이 시기 중국 지도자들은 깊은 자기 성찰을 통해 전통 사상과 과거(科擧) 시험에 기반하여 관료적 규칙을 유지하면서 기술적으로 서양을 따라잡을 방법을 찾기 위해 고군분투했다. 1861년 황제의 외국 무기 구매 동의에 따라 시작된 소위 '변법자강운동(self-improvement movement, 變法自彊運動)'은 서양 기술과 전쟁 수행 방식 습득을 강조했던 개혁운동의 일환이었다.

아마도 가장 중요한 요소는 초기 진(秦) 왕조**가 세워질 당시 법가사상을 연상시키는 새로운 교리로써 제국의 관료사회를 관통했던 유교사상(Confucianism, 儒教思想)을

다. 그러나 1856년 '애로호 사건'을 계기로 영국과 프랑스가 연합해 청나라를 공격하며 다시 전쟁이 일어났고 청 정부는 다시 조약을 체결해야 했는데, 이를 2차 아편전쟁이라 한다. 1차 아편전쟁으로 영국은 홍콩 섬을 할양받고, 광저우·아모이(샤먼)·푸저우·닝보·상하이 등 5개 항구를 개항한다. 그리고 조약에는 개항장에 영국 영사를 주재시키며, 청나라는 전쟁 배상을 위해 영국에 2,100만 달러를 지급하기로 했다. 또한, 공행의 독점무역을 폐지하고 개항된 항구에서는 양국이 합의한 고정 관세를 부과하기로 했다. 2차 아편전쟁은 1856년 10월에 발생한 '애로호 사건'으로 시작되는데, 영국 원정군은 프랑스·미국·러시아와 함께 청 정부에 난징조약의 개정을 협의하자 제의하며 일부 병력은 제1차 전쟁 때처럼 북상하여 베이징 가까이에 이르렀다. 결국 청 정부는 영·프·미·러와 톈진(천진)조약을 맺었다. 그 골자는 베이징에 대사관을 열고 영국에 4백만 냥과 프랑스에 2백만 냥을 배상하며, 기독교를 공인하고 더 많은 항구를 추가 개항한다는 것이며, 이 조약으로 영국은 홍콩 섬 맞은 편 구룡(九龍)반도도 획득한다. 이로써 아편 무역을 합법화하고 공문서에 '오랑캐(夷)'라는 문자를 쓰지 않는 것과 이후 맺어지는 조약은 모두 영어로 쓴다는 것 등이 포함됐다. 한편, 러시아는 이 직후 별도로 아이훈(瑷琿) 조약을 맺어 네르친스크(Nerchinsk) 조약(1689년) 이래 탐내 온 헤이룽강(Amur River, 흑룡강) 유역의 아무르주를 빼앗고 연해주는 공동통치 지역으로 만들었다.

* 청 왕조는 외세의 침략에도 남아있었고, 1911년 신해혁명이 일어나고 마지막 황제 선통 황제 푸이(溥儀)가 퇴위하고 1912년 난징(남경)에서 중화민국이 건국될 때까지 유지되었다.

** 중국 주(周) 왕조 때 제후국의 하나로 주 왕조에 이어 최초로 통일을 완성한 국가(BC 221~BC 207)다. 진시황(秦始皇)이란 진(秦)나라 36대 군주 장양왕(莊襄王)의 아들 정(政)이 BC247년에 13살에 즉위하여 BC221년 전국통일을 이뤄 취한 칭호다.

떨쳐버리면서 재균형을 잡으려고 했다는 점이다. 이는 부국강병을 달성하기 위해 부와 힘(군사력)의 확보에 중점을 두는 것이었다.*

이를 위한 첫 단계는 서양 화기(火器, 무기), 기계, 과학 지식 도입과 적용 그리고 중국 기술자와 외교관 훈련에 중점을 두었다. 외국어, 천문학, 수학을 가르치기 위해 학교가 설립되었고, 외국 신문과 책이 중국어로 번역되기 시작했다. 첫째 목표는 중국 해군력 강화를 위한 병기고와 조선 시설 건설이었다. 그러나 이러한 산업은 주로 정부가 후원하는 것으로 고질적인 비효율성과 형식주의로 인해 큰 어려움을 겪었다. 예를 들어, 레밍턴 스타일(Remington-style)의 후미 장전식 소총 생산은 1871년에 시작되었으나 1873년까지 단 4,000정의 소총만 생산된 것과 같이 조선업도 마찬가지였다. 중국 건조 선박은 유사 영국 건조 선박에 비해 값이 두 배나 비쌌다. 육군과 해군을 재조직하고 재훈련시키려는 노력도 과거제도에 과학 및 수학적 요소를 추가하라는 제안과 비슷한 결과를 낳았다.

1870년대 중반 시작된 두 번째 단계는 부의 창출에 중점을 두었다. 이는 항상 경제적으로 농업에 의존해 온 청 제국을 위해, 해운, 철도, 전신과 같은 이윤 창출 산업 발전의 기념비적인 변화였다. 청 제국 조정은 증기선을 이용한 해운, 카이핑(開平) 광산, 상하이(上海) 면화 공장 및 제국 전신국을 포함해 정부가 감독하는 기업을 설립했다. 이들 기업은 원칙적으로는 민간 투자기업이기는 하지만, 정부 관리의 감독과 정부 보조금 지원으로 운영되었다. 게다가 청나라 정부는 외국 기업과의 경쟁에 있어 보조금을 아끼지 않고 지급했다. 이러한 보조금 도움으로 중국 증기선 해운회사의 선단이 4척에서 29척으로 늘었지만, 중국에 진출한 영국 개인 소유 기업인 자딘 매더슨(Jardine Matheson) 회사는 단 6척만 유지했다.

두 번째 단계의 문제는 중국 관리들 대부분이 외국인과 외국의 모든 것을 무시한다는 점이었다. 던칸 맥퍼슨(Duncan Macpherson: 아편전쟁에 참전한 군인)의 말에 의하면, "그들은 건방지고 잔인하며 위선적인데다, 중국 것을 제외한 다른 모든 것을 경멸하며 자신이 힘이 없을 뿐이라고 생각한다. 진정한 중국인은 스스로 천자 다음으로 세계에서 가장 위대한 사람이라고 생각하며, 중국은 그 무엇과도 비교할 수 없을 정도로 크고 풍요로운 가장 오래된 세계 유일의 국가라고 믿는 것이다."[10]

세 번째 단계에서 청 왕조는 군대 현대화를 하고 정부의 사업에 대한 간섭을 줄이

* 춘추전국시대 노나라의 공자에 의해 유가(儒家)가 나오고 제자백가(諸子百家)들에 의해 많은 사상이 나오지만, 전국시대는 법가(法家)사상을 기초로 한 진(秦)나라에 의해 통일되고, 진나라 멸망 후 유가(유교)에 기초를 둔 한(漢)나라가 등장한다.

는 것과 동시에 섬유 등 경공업 발전을 위해 노력하는 모습을 보였다. 그러나 1885~95년 이 무렵에는 초기 열정이 많이 사라졌다. 1883~85년 베트남을 두고 프랑스와 벌인 전쟁도 보잘것없었다. 1895년 일본은 신중국 해군 함대를 격파하고 타이완, 랴오둥(遼東)반도, 펑후(Penghu, 澎湖)를 일본제국에 편입시키는 한편 한반도도 일본의 세력권에 편입시켰다.*

아편전쟁으로 야만인 영국에게 패배한 것도 굴욕이었지만, 중국인이 난쟁이(倭人)라고 부르는 '일본인'에 패한 것은 청 왕조의 자강(自强) 정책이 중시되던 이후 일이라 더 강한 충격이었다. 천하에 중국인의 우월성은 완전히 사라졌다. 시급한 문제는 중국이 서구 기술과 부를 창출하는 방법을 채택할 수 있는지 여부가 아니라 중국의 통치 시스템이나 국민성에 근본적인 변화가 필요한가 여부였다. 이러한 질문은 중국인의 미묘하지만 강력하고도 중요한 새로운 심리적 변화를 말해준다.

몽골족과 만주족 모두 중국을 정복했고, 청나라가 만주족의 지배 아래 존재했다는 사실을 상기해볼 필요가 있다. 정복당하는 것이 굴욕이라고 생각할 수도 있다. 그러나 굴욕이라는 단어는 원나라와 청나라와 관련해서는 사용된 바 없다. 몽골족과 만주족은 군사적으로는 우세했을지언정 사회 문화적으로는 강하지 않았다. 이들은 결국 중국(중화 문명과 한문화) 시스템을 채택했다. 따라서 중국 문명이 궁극적인 정복자였고 중국인은 몽골족과 만주족의 지배를 받는 상황에서도 우월감을 느낄 수 있었다는 것이다. 그러나 이제 청나라 말기에는 고대 체계가 더 이상 내부적으로든 외부적으로든 작동하지 않았다. 이는 굴욕보다 훨씬 더 파괴력이 있는 것으로 이어졌다. 중국인들은 자기들만의 방식, 원칙에 대한 신뢰를 완전히 잃게 되었다. 손중산(Sun Yatsen, 쑨얏센, 쑨원)**은 중국이 '쟁반에 흩어진 모래(一盤散沙)'[11]에 불과하다고 표현함으로써 당시 중국인들의 느낌을 완벽하게 파악하고 있었다. 이와 관련해 매카트니는 앞서 기록한 완전히 새로운 국가가 되기 위한 배의 밑바닥 개조 필요성에 대해 일기에 남김으로써 그의 예지력을 입증했다.

* 1870년대부터 중국과 일본은 조선과 오키나와(沖繩)를 둘러싸고 대립했는데, 1894년 조선에서 동학농민혁명이 일어나자 청일 양국은 조선에 출병하였다. 일본은 뤼순, 다롄(대련), 랴오둥 반도, 웨이하이(威海衛) 등을 침략하였고, 1895년 시모노세키(下關)조약으로 청나라는 랴오둥 반도, 타이완, 펑후 제도 등을 일본에 할양하고 통상상의 특권을 부여하였다.

** Sun Yatsen은 중국의 초대 대통령 손문(손중산)으로 쑨얏센의 Sun Yatsen은 쑨이셴Sun Yixian(孫逸仙)의 광둥화(廣東話) 발음이다.

낡은 선박의 바닥 개조를 위하여

중국은 20세기 들어 해안에서 좌초, 산산조각이 난 상태로는 낡은 선박의 바닥을 재건할 수 없었다. 20세기 전반기 중국은 기근과 자연재해, 끊임없는 정쟁, 반란과 전란에 시달렸다. 1911년 10월 신해혁명 봉기로 인해 청나라 조정은 몰락했고, 마지막 황제가 1912년 초 퇴위했다. 새로이 선언된 중화민국의 임시 대통령 손중산(Sun Wen, 孫文, 孫中山)은 민족주의, 민주주의와 인민복지(민생주의)를 주장했다. 또한, 그는 중국의 굴욕을 널리 알렸다. "거대한 중국에 4억 명 인구가 있음에도 불구하고 우리는 세계에서 가장 가난하고 약한 국가이며 국제 문제에서 가장 낮은 지위를 차지하고 있다. 다른 인류는 식칼과 서빙 접시라면 우리는 생선과 고기다. 우리는 현재 매우 위태로운 지경에 처해 있다. 진정으로 민족주의를 고취하고 우리 4억 명을 규합하여 강국으로 거듭나지 못하면 우리는 비극에 직면하게 될 것인데, 국권 상실과 민족의 멸망이 그것이다."[12]

손중산은 국민당을 창당했고, 국회 내 다수 의석을 확보했다. 그러나 손중산은 본격적으로 중국을 통치하기도 전에 사망(1925년)했다. 그의 죽음에 제자인 장제스(蔣介石)*는 1925년 지도자의 지위를 확보했고 1930년대 초엔 겉모습만이라도 중국의 통일을 달성하기 위해 황제 퇴위 이후 등장한 군벌들 대부분을 제압할 수 있었다. 저널리스트 시어도어 화이트(Theodore White)는 장제스에 대해 "장제스는 인민들과 함께 그 자신의 인격 전면에 날카롭게 새겨진 치욕의 세기를 공유했다."[13]라고 기술하고 있다. 1931년 일본의 만주 침략, 2차 세계대전, 중국 공산당과의 내전은 장제스의 야망과 노력을 약화했다. 그러나 근본적으로 장제스와 중국 공산당(CCP: Chinese Communist Party)은 국가 시스템 재창조를 위해 유사한 투쟁을 전개했었다.

공산주의자들의 입장

천두슈(Chen Duxiu, 陳獨秀)라는 이름은 오늘날 중국에서도 사람들에게 특별한 의미가 없다. 그러나 천두슈는 대의명분을 가진 저항자였다. 젊었을 때 그는 중국이 다른 국가들과 사활을 건 투쟁을 하고 있다고 인식했고, 빨리 적응하지 못하면 중국이 멸망할 것이라고 믿었다. 그는 중국의 취약점이 문자 그대로 중국 내 가정(家庭)에서

* Chiang Kaishek, 蔣介石, 장카이섹은 장제스의 절강성 봉화현의 고향 언어 발음이다.

시작되었다고 믿었다.

천두슈는 '중국인'들이 "가족만 챙기고 국가는 신경 쓰지 않는다."라고 적었다. 강한 애국심이 없이는 국가가 스스로 방어할 수 없다고 믿었다. 그는 처음에는 손중산의 민주주의 사상에 찬사를 보냈지만, 나중에는 새로운 중국이 엘리트로 구성된 혁명 경비대에 의해서만 존재할 수 있다고 확신하게 되었다. 천두슈는 1921년 7월 21일 중국 공산당 상하이 회의에서* "향후 몇 년 동안 중국 정부가 주도하는 혁명을 해도 서구식 민주주의를 달성할 수 없다."라고 경고했다.[14] 이 회의는 형식상으로 중국 공산당 최초의 대회였다. 그 회의에 마오쩌둥(Mao Zedong, 毛澤東)이라는 청년도 있었다.

코민테른(Comintern)으로 알려진 공산주의 국제운동을 이끌었던 스탈린(Josef Stalin)은 표준 마르크스주의 교리에 따라 중국 도시 노동자 계급에 초점을 맞추라고 신생 중국 공산당에 명령했다. 그 시기 마오쩌둥은 상하이를 떠나 후난성(Hunan, 湖南省) 시골에 있는 자신 집(샹탄, 湘潭)으로 돌아가 있었다. 마오쩌둥은 가장 활동적이고 유능한 정치 세력은 산업 노동계급이 아니라, 고리대금업자인 지주들로부터 고리로 빌린 땅에서 노동하는 분노에 찬 나머지 자발적으로 "봉건 세력을 전복시키려 하는" 우매한 농민들이라는 사실을 발견하고 놀랐다. 마오쩌둥은 바로 농민을 잠재적 중국 혁명 주도 세력으로 보았다. 후난성에서의 경험을 담은 그의 보고서에서 마오쩌둥은 "손중산이 염원한 국가 혁명에 바친 40년 동안 성취하지 못한 일을 농민들은 몇 달 만에 성취했다."라고 언급했다. "혁명은 사람들을 저녁 식사에 초대하거나 수필을 쓰거나 그림을 그리거나 자수를 놓는 것과는 다르다. 그렇게 세련되고 여유롭고 온화하고 올바르고 예의 바르고 절제되며 호의적일 수 없다. 혁명은 봉기이며 한 계급이 또 다른 계급 권력을 전복시키는 폭력 행위이다. 그렇게 하지 않고서는 잘못을 바로잡을 수 없다."[15]라고 했다.

젊었을 때 마오쩌둥은 중국의 분할을 기술한 선전문을 우연히 발견한다. 마오쩌둥은 "유감스럽게도 중국은 예속될 것이다."라는 첫 구절을 읽고 '조국의 미래에 대해 침울함'을 느꼈다고 했다. 마오쩌둥은 "나라를 구하는 것이야말로 모든 인민의 의무임을 깨닫기 시작했음"과 아울러 동시에 광범위한 독서를 통해 고대 법가(法家)의 주장대로 중국을 구하는 길은 강력하고 의지가 반영된 심지어는 무자비하고 폭력적이라 할지라도 그러한 지도력을[16] 통해 중국을 구할 수 있다는 점을 확신하게 된다. 물론 우리는 마오쩌둥의 괄목할만한 경력을 통해 알 수 있듯이 그는 장제스를 무찌르고 조

---

* 현재 중국공산당 전국대표대회라 칭하는 중국 공산당 당대회의 시작을 1921년 7월 상하이에서 열린 공산주의자들의 모임으로 본다. 현재 2022년 10월에 열린 당대회가 제20차 당대회이며, 매 5년마다 전국대표대회가 열린다.

각났던 청 제국의 대부분을 복원하여 중화인민공화국(PRC, People's Republic of China)을 수립하는 데 성공했다.

마오쩌둥은 1949년 9월 베이징 개최 중국인민정치협상회의에서 "인류의 1/4을 구성하는 중국 인민들이 이제는 일어섰다(中國人民站起來了)."[17]라고 언급함으로써 중국 체제의 미래에 대한 물음에 절실하게 구했던 해법을 찾았음을 확신하게 된다.

이 문제가 마오쩌둥에게 패배하여 타이완 망명의 쓰라림을 겪은 정치적 숙적인 장제스에게도 공감을 함께 하게 하는 순간이 있었는지 의문이 드는 부분이다.*

'꿈'과 부흥

그러나 사실상 중국은 제대로 일어서지 못했다. 중국인이 원치 않는 중국 주둔 외국인들은 제거했으나, 중국은 여전히 분열되고 극도로 가난한 나라로 보였으며, 마오쩌둥은 내부적으로나 외부적으로 제대로 작동하는 시스템을 찾아내지 못했다.

---

* 1911년 신해혁명으로 1912년 중화민국이 건국되고, 마지막 황제 푸이의 퇴위로 청나라는 멸망했다. 초대 총통에 오른 위안스카이(袁世凱)는 1915년 12월 12일 홍헌제로 황제의 자리에 올라 다시 봉건제로 회귀한다. 그러나 량치차오(梁啓超) 등이 '호국전쟁'으로 맞섰고 전국에서 호응하면서 열강들도 지지를 철회하자 위안스카이는 궁지에 몰려 황제제도를 취소하고 3달 만에 화병으로 죽는다. 이 시기 중국은 각지 군벌들이 군웅할거 하였고 서방의 간섭도 심했다. 소련은 중국에 영향력을 확대하려고 코민테른의 명령에 따라 공산당이 국민당에 협력하는 방침을 채택했다. 즉, 공산당원들이 당적을 가진 채로 국민당에 입당하는 방식으로 국민당과 합작하게 하였다. 이것을 1차 국공합작이라고 한다. 제2차 국공합작은 1936년 국민당 북동군 총사령관 장쉐량(張學良)과 서북군 총사령관 양후청(楊虎城)이 1936년 12월 12일 돌연 장제스를 체포하고 내전의 정지와 항일투쟁 정치범 석방 등을 요구하는 '서안사변'에 따른 것이다. 같은 달 25일 장제스는 감금에서 해제되어 난징으로 돌아왔고 공산당 저우언라이와 협상을 벌여 공산당을 공식적으로 인정하고 국민당과 공산당이 함께 항일투쟁에 나서기로 합의했다. 이것이 2차 국공합작이다. 그리고 2차 대전이 끝나고 시작된 냉전에서 미국은 국민당과 협력을 했고 소련은 공산당과 연대하게 된다. 1946년 7월 미국의 지원을 받은 국민당이 공산당을 공격하는데 초기에는 미군의 군사 지원으로 국민당이 우세했지만, 정부의 무능으로 대중의 지지를 얻지 못했다. 반면, 마오쩌둥은 토지개혁을 통해 농민의 지지를 얻게 되고 홍군(紅軍, 공산당 군대)은 인민을 위한다는 이유로 '인민해방군'으로 불리게 된다. 결국 1948년 말 공산당 군대가 승세를 잡고 1949년 1월에 텐진과 베이징에 입성한다. 그리고 같은 해 4월 국민정부 수도 난징을 점령하고 연말에는 대부분 본토 지역을 점령하였다. 그리고 1949년 10월 1일 마오쩌둥은 베이징에서 중화인민공화국을 선포하고 국민당은 타이완으로 옮겨 중화민국 타이완 시대를 시작한다. 중국에서 국민당과 공산당의 1, 2차 합작과 내전으로 결렬되는 양당의 전쟁 그리고 제2차 세계대전 후 중국에서 벌어진 국민당과 공산당의 전쟁을 국공내전이라고 한다. 이러한 전쟁도 중국인들이 천하(天下)를 두고 벌이던 천하통일 패권(霸權, Hegemony)개념과 관계가 있다 볼 수 있다.

중국 공산당은 8억 명을 빈곤에서 구하는 데 성공했다는 말을 자랑스럽게 그리고 반복해서 언급한다. 그러나 이는 논점을 많이 빗나가는 얘기다. 1949년 일본은 수도인 도쿄가 여전히 전쟁의 폐허로 남아있던 국가였다. 그러나 20년 후인 1969년에는 일본이 미국에 이어 세계 2위의 경제 대국이 되었고 1979년에는 많은 산업과 기술 분야에서 미국을 앞질렀다. 1949년 대만은 중국 본토보다도 가난했었다. 그러나 30년 후 대만(중화민국)은 '아시아 호랑이(아시아의 용)' 중 하나가 되었다. 1949년 한국은 세계 최빈국 20개국 중 하나였으나 30년 후 한국은 세계를 선도하는 산업 국가로 나아가고 있었다.

1949년~1979년 사이 중국은 대약진 운동에 착수했으나, 이는 사실상 대퇴보(大退步) 운동이었다. 중국 정부는 인민에게 숟가락 등 식기, 공장 내 각종 도구, 농장의 쟁기를 가져와 마당 뒤뜰 용광로에서 녹여 철을 생산하도록 했는데, 이 때문에 농기구가 없어 작물을 심고 수확할 수 없게 되었다. 대기근이 닥쳤고, 추산에 따르면 4,000만 명 이상 많게는 5,000만 명 이상이 사망하는 엄청난 기근에 시달렸다고 한다.* 또한 문화대혁명을 통해 마오쩌둥은 국가의 영혼 자체를 갈기갈기 찢은 거대한 법가사상에 기초한 발작(혁명)으로 중국 문명을 완전히 말살시키려 했다. 중국 공산당이 번영을 이룩하고자 했다면 일본, 대만, 한국을 모방하기만 해도 되었다. 중국이 그렇게 하기를 완강하게 거부한 것은 역사적 오류였다.

그러나 1976년 마오쩌둥이 사망하고 덩샤오핑이 중국 공산당과 국가의 지도자로 부상한 이후에야 중국은 본질적으로 이웃 나라들을 모방하게 되었다.

중국은 일본과 여타 아시아 호랑이(용) 국가들의 발전 방식을 주로 모방함으로써 실제 큰 성공을 거두었고, 마침내 수억 명의 사람들을 빈곤에서 구했다. 그러나 그렇

---

* 문화대혁명(1966~1976년, Cultural Revolution)은 1966년 5월 16일 중국 공산당의 중앙위원회 주석 마오쩌둥의 제창으로 시작되었다. 그는 부르주아 계급의 자본주의와 봉건주의, 관료주의 요소가 공산당과 중국 사회 곳곳을 지배하고 있으니 이를 제거해야 한다고 주장하였다. 또한 중국의 청년 학생들과 민중들이 사상과 행동을 규합해 인민민주독재를 더욱 확고히 실현키 위해 '혁명 후의 영구적 계급 투쟁'을 통해 이런 것들을 분쇄해야 한다고 하였다. 이는 중국 전역에서 벌어진 홍위병의 움직임으로 구체화되었다. 마오가 문혁을 제창하게 된 동기는 노선을 변경한 소련의 잘못된 수정주의가 중공에서도 재연되는 것을 방지하고 중국에서 더욱 이상적인 공산국가를 건설하기 위한 것이라고 공식적으로 천명하였다. 한편, 마오쩌둥 자신이 시도한 대약진(大躍進)운동에서 파멸적인 결과를 빚어 당에 대한 권력과 영향력이 덩샤오핑과 류샤오치에게 넘어가려 하자 극좌적 계급투쟁 형식을 빌려 이를 선회하기 위해 시도한 것이라는 주장도 있다. 1969년 마오는 공식적으로 문혁이 끝났다고 선언하고 학생과 노동 운동가들 일부를 체포하였으나, 사실상 1976년 마오쩌둥의 죽음과 사인방의 체포까지 벌어졌던 일련의 여러 혼돈과 변혁을 통틀어 길게 문혁기간이라고 지칭하는 것이 통설이다.

게 하는 것은 마오쩌둥의 이념을 버리고 '중국 특색 사회주의'라는 기이한 말장난을 하게 되는 결과를 가져왔다. 따라서 계급 투쟁과 노동자의 권리에 대한 마르크스주의 교리에도 불구하고 알리바바 창업자인 마윈과 같은 억만장자 기업가들이 공산당의 어엿한 당원으로 활동하게 된 것이다. 원칙적으로는 잘못된 것이 없겠으나, 중국 공산당이 중국인들의 생활 전반에 대한 통제를 어떻게 정당하게 만들 수 있는지는 의문이 든다.

이에 대한 중국 공산당의 답변은 과거 중국의 치욕을 만회하고 과거의 지위와 영광을 회복해야 할 필요성이 있다는 것이다. 중국 지도자들 연설과 언론매체의 기사는 100년 동안의 굴욕(아편전쟁으로 시작되어 중화인민공화국이 만들어진 약 100여 년간 역사)에 대한 언급으로 가득 차 있다. 그러나 마침내 대내외적으로 작동하고 널리 찬사를 받는 시스템을 우연히 발견한 중국은 더 이상 굴욕감을 느끼거나 충격을 받을 이유가 없게 되었다.

'굴욕'의 외침은 법가 사상에 기반을 두고 권력 장악을 정당화하는 강력한 감정적 도구다. 시진핑(習近平) 중국 국가주석은 '중국몽', 즉 '중국 인민의 위대한 부흥'을 국가 주요 목표로 삼았다. 구체적으로 '중국몽'은 항공기, 반도체, 통신, 인공지능, 생명공학 등 다양한 첨단 산업을 중국이 지배하지는 못하더라도 주도할 수 있는 '중국제조 2025(Made in China 2025)'와 같은 정책을 필요하게 했다. 이러한 산업과 관련 기술 개발을 위해서 중국 정부의 보호와 보조금 지원이 필요했다. 그런데 WTO(세계무역기구)에 따르면, 중국 정부는 광범위한 산업에 있어 지적재산권, 디자인 그리고 기술 데이터 도용에 관여하는 것으로 알려져 있다. 동시에 시진핑은 중국이 권위를 되찾는 일뿐만 아니라 중국이 자신들의 영토와 영해라고 주장하는 모든 곳을 중국 영토로 하는 작업의 중요성을 강조하고 있다. 여기에는 물론 타이완, 티베트, 신장 웨이우얼 지역을 포함하여 사실상 남중국해 전체가 포함된다. 남중국해에서 중국은 간조 시기에 해수면 위로 드러나는 암초 주변에 인공섬을 만들고 군사 기지를 건설했다. 중국은 이전에도 낮은 조류 해수면 위로 솟아오른 암초와 바위 주변 인공섬에 새로운 군사 기지를 건설했다.*

요컨대, 시진핑 치하 중국은 새로운 패권국으로 과거의 중앙 왕국(中國)을 부활시키고자 마음을 굳힌 듯하다.

---

* 중국은 남중국해 분쟁지역 암초를 매립하여 군사기지를 건설하는 것을 포함하여, 대만해협 중간선을 침범하는 것 외에도 일본과 분쟁이 있는 조어도[釣漁島, 대만 명칭 조어대(釣魚臺)], 한국 영토 이어도[Socotra Rock (Reef), 이어도(離於島), 중국 표현 쑤옌자오(蘇岩礁)]에 회색지대 전략을 통해 자국 영토화 하려고 시도하고 있다.

02

신과 같은 공산당

내가 진실로 너희에게 이르노니 만일 너희에게 믿음이 겨자씨 한 알 만큼만 있으면 이 산을 명하여 여기서 저기로 옮기라 하여도 옮길 것이요 너에게 불가능한 것은 없을 것이다.

- 마태복음 17:20

청 제국이 흔들리고 무너지자 중국의 미래 지도자가 될 운명을 타고난 젊은이들이 제국의 위대성을 회복하기 위한 열쇠나 공식을 찾기 위해 전 세계를 누볐다. 손중산은 일본을 거쳐 하와이와 런던으로 갔다. 량치차오(Liang Qichao, 梁啓超), 저우언라이(Zhou Enlai, 周恩來), 장제스(Chiang Kaishek, 蔣介石) 등은 모두 일본에서 공부했다.

그러나 아마도 조국의 미래를 찾는 중국 젊은이 중 가장 많은 수는 프랑스에 유학했었다. 이들 중에는 마오쩌둥의 친구들로 차이허썬(Cai Hesen, 蔡和森), 천이(Chen Yi, 陳毅), 리푸춘(Li Fuchun, 李富春)과 차이창(Cai Chang, 蔡暢)이 포함되어 있었다. 1920년 8월과 9월에 차이허썬은 당시 후난성에 살고 있던 마오쩌둥에게 편지를 보내 중국에서 러시아식 혁명을 준비할 것을 촉구했다. 약간의 시차를 두고 프랑스에 나타난 다른 두 사람은 저우언라이(Zhou EnLai, 周恩來)와 덩샤오핑(Deng XiaoPing, 鄧小平)이었다. 이들은 1912년에서 1927년 사이에 프랑스 과학과 사회적 이상을 중국에 알리고자 했던 파리 무정부주의자 그룹이 후원해왔던 근공검학(勤工儉學: 일하면서 공부하는 프로그램) 운동에 따라 프랑스로 데려온 약 13만 명의 학생과 노동자 중 일부에 지나지 않았다. 1917년 러시아 혁명은 모든 곳에서 젊은 이상주의자들을 선동하고 있었고, 공산주의는 파리의 살롱, 카페, 대학에서 유행했다. 신흥 종교의 탄생과도 같았다.

일부는 서양의 과학과 기술을 구제도와 방식에 접목하여 중국의 해결책을 찾았다. 다른 사람들은 민주주의에서 그 답을 찾았다. 이들은 민주주의를 과학과 기술에 필요한 선결 조건으로 보았다. 그러나 군벌들이 권력을 다투고 중국 내 사정이 계속해서 나빠져 많은 젊은이가 어떤 혁명적이고 근본적 변화만이 국가를 구할 수 있다는 결론을 내리기 시작했다. 이들은 중국이 자구책을 마련하려면 스스로가 거듭나야 한다고 믿기 시작했다.

프랑스로 떠나기 전에 저우언라이는 베이징에서 각오사(Awakening Society, 覺悟社)라는 그룹의 일원이었다. 이 그룹에는 북경대학의 사서장(司書長)인 리다자오(Li Dazhao, 李大釗, 그의 휘하에서 마오쩌둥이 베이징대학 도서관 열람실에서 근무했음)와 신청년 잡지의 창립 편집자 천두슈(Chen Duxiu, 陳獨秀)가 포함되었다. 파리에서 저우언라이는 베이징 각오사에서 만난 장선푸(Zhang Shenfu, 張申府)와 친분을 쌓았고, 1921년 봄 장선푸는 저우언라이를 중국계 국외 거주자로 구성된 프랑스 공산당 세포조직의 일원으로 포함시켰다. 이는 1921년 7월 1일 리다자오와 천두슈가 상하이에서 함께 중국 공산당을 창당하기 전의 일이었다(둘 다 최초 상하이 공산당 회의 13인 회합에 참석하지 못했으며, 당시 마오쩌둥은 참여했으나 지도자급은 아니었음).

저우언라이는 파리에서 당(黨)세포를 조직하는 데 도움을 준 후 베를린으로 이주하여 공산주의 혁명의 전 세계적 확산을 촉진하기 위해 공산주의 인터내셔널(COMINTERN)과 관계를 맺는다. 저우언라이는 1922년 6월에 파리로 돌아와 중국 공산당 유럽지부 창립 위원이 되었다. 또한 그는 공산당 헌장 초안 작성을 도왔고 선전 책임자로 3인 집행위원회에 선출되었다. 이외에도 중국 공산당 잡지인 '홍등(紅燈, Red Light)'을 편집했는데, 당시 17세였던 덩샤오핑을 고용해 등사기 운영을 맡기기도 했다.

새로운 종교

그 배경에는 많은 중국 젊은이들이 적군(赤軍, the Red) 편으로 이동하면서 1919년 7월 소련의 중대한 발표가 있었다. 이는 당시 소련 외무부 차관 레프 M. 카라칸(Lev M. Karakhan)이 제정 러시아의 중국 내 영토와 식민지 특권을 모두 포기한다는 내용의 발표였다.

소련의 이와 같은 발표는 중국이 이전 독일 관할영토를 되찾을 수 있을 것이라 암시했지만, 이는 비밀리 일본에 할양한 '베르사유 평화조약(Treaty of Versailles)'* 협상 때 연합국 지도자들의 발표와는 극명히 대조되는 것이기에, 당시 국가의 미래를 모색하는 데 있어 분투하는 젊은 중국인들에게 소련은 구세주처럼 보였다.**

이러한 움직임은 또한 신생 중국 공산당 내에서 준 종교적 신념과 헌신을 강화했다. 당시 마르크스－레닌주의는 모든 수준의 삶에 대한 완벽한 공식처럼 보이는 것을 만들기 위해 제반 정치 사회 시스템을 초월한 것이었다. 그 이론은 인간의 본성, 선과 악, 인류의 궁극적인 목적과 희망에 대한 핵심 질문을 다루었다. 이는 정치적이자 국가중심적이자 국제적일 뿐 아니라 매우 개인적이기도 한 이론이었다. 우리가 목도하는 바와 같이, 마르크스－레닌주의는 일반적으로 사도 바울, 예수회 신도, 로마 가톨릭교회의 프란체스코회 신도들과 같은 종교적 인물들이나 마틴 루터와 존 칼빈과 같은 개신교 창시자들을 연상시키는 일종의 헌신을 불러일으킬 수 있는 것들이다. 공산주의는 믿는 자들에게 구원을 약속한 것과 같았다. 구원은 개인적인 것이 아니라 머지않은 시기에 도래하는 일종의 사회 문화적 지상낙원이었다. 러시아 혁명과 소비에트 연방의 탄생은 사람이 충분할 정도로 강하게 믿고 그 믿음에 따라 행동한다면 어떠한 기적도 가능하다는 강력한 증거였다. 그러나 공산주의는 사실 기적을 필요치 않았다. 공산주의는 과학적이었다. 카를 마르크스는 역사를 움직이는 법칙을 발견했는데, 새로운 지상낙원을 건설키 위해 필요한 것은 마르크스－레닌주의 법칙과 이론을 해석하고 올바르게 적용하는 것뿐이었다. 이것을 중국 공산당이 시작한 일이다. 그러나 사도 바울이 그리스도에 대한 환상에서 로마 제국 전역에 흩어져 있는 몇 개의 작은 교회를 세우

---

* 제1차 세계대전 전후 처리를 위해 연합국과 관련국 및 독일 사이에서 체결된 평화 협정이다. 미국은 후에 이 조약 비준을 거부하였다. 이 조약은 440조로 된 방대한 내용으로 베르사유 체제라는 국제 질서를 형성하여 제1차 세계대전 후 국제관계를 규정한 중요한 의미를 갖는다. 국제 연맹 규약, 알자스·로렌의 프랑스 할양, 벨기에·폴란드 등에의 영토 할양, 오스트리아의 독립 보장, 식민지 등 독일의 국외 권익 포기, 육·해군의 제한, 징병 폐지, 독일의 전쟁 책임과 배상 의무, 연합국의 라인란트 15년 간 점령 등을 규정하였다. 이 조약의 영향으로 영국, 프랑스 등은 베르사유 체제라는 국제 질서를 형성하였으며, 1936년에 나치 정권이 라인란트 비무장 지대를 무장화함으로써 효력이 상실되었다.

** 중국 공산당사의 기록에 의하면 중국 지식 청년들이 당시 왜 소련 공산당에 의지하게 되는지는 청말 청 정부의 무능과 서구 자본주의에 근거한 제국주의 국가(일본 포함)의 침략 그리고 권위적 국민당 정부에 대한 반발에 농민으로 봉건제에서 벗어나려는 민심의 소망을 종합한 결과라고 말한다. 이러한 이유로 중국 공산당의 중화인민공화국 건국 이념에 반봉건주의, 반제국주의, 반식민주의를 강조하고 있다. 이러한 국가 건국 정신을 기초로 중화인민공화국의 대외관계를 보는 것이 현재 중국 대외관계에도 나오고 있다.

는 과정에서 장애물을 발견한 것처럼 중국 공산당도 그 길(과정) 가운데 있는 바위(장애물)를 마주치게 된다.

처음부터 공산당은 상하이와 여타 지역에 대표를 두고 자금과 지침을 제공하면서 종종 인사 문제에도 관여하는 소련에 크게 의존했다. 1920년대 초 모스크바는 당시 중국 공산당(CCP) 당원에게 손중산과 장제스의 국민당(KMT)에 가입하라고 지시했는데, 이는 당시 국민당은 중국에서 가장 강력한 정치적 지지와 군사 조직을 갖추고 모스크바의 지원도 받고 있었기 때문이다. 소련은 일종의 국민당 웨스트포인트와 같은 황포군관학교(Whampoa Military Academy, 黃埔軍官學校) 설립도 도왔다.* 그리고 장제스는 황포군관학교의 초대 교장으로 임명된다.

모스크바가 중국 공산당에 국민당 내부 침투 지시를 내렸기 때문에 장제스의 최초 부하의 한 명인 저우언라이는 황포군관학교 정치부서에서 일하게 된다. 저우언라이는 국민당 장교와 훈련생들을 정치적으로 세뇌하기 위해 여타 중국 공산당원들 몇 명도 고용한다. 동시에 저우언라이는 광둥(廣東)과 광시(廣西)지역을 담당하는 공산당 서기로 임명되어 소장 계급을 받게 된다.

1926년 7월 장제스는 '북벌(Northern Expedition, 北伐)'을 이끌었고, 이 원정에서 1912년 이래 처음으로 여러 지방 군벌을 토벌함으로써 중국을 대략 통일하여 하나의 정부 아래 두었다. 1927년 장제스는 오랜 본거지인 중국 남부 도시들에서 국민당 세력을 한층 공고히 했다. 장제스는 황포군관학교를 설립하기 전 러시아에서 잠시 유학한 바도 있으나, 소련 및 일반적으로 공산주의자들에 대해서는 강한 반감을 갖고 있었다. 장제스는 "일본인은 피부병에 지나지 않으나 공산주의자는 심장병이다."[1]라고 언급한 바 있다.

중국 공산당은 장제스가 북벌을 시작한 후 세 번(1926년 10월, 1927년 2월, 1927년 3월)에 걸쳐 상하이 장악을 시도했다. 장제스는 1927년 4월 모든 공산주의자를 제거하여 '심장병'을 치유한다는 목표 아래 피의 숙청으로 보복한다. 다음 해에는 일련의 전

* 황포군관학교는 1924년 광둥성 황포강 연안에 있는 중국의 서구식 사관학교로 정식 명칭은 '국민당 육군 군관학교'다. 초기 교육시스템은 소련으로부터 정책적인 지원을 받았다. 이러한 시기 장제스는 본처 아들인 장징궈(蔣經國)도 소련으로 유학 보냈다. 그러나 국민당이 공산당을 공격하게 되면서 장징궈는 귀국하지 못하고 그곳에서 소련 여인과 결혼해 지내다가 다시 국공합작이 일어나면서 중국으로 돌아올 수 있었다. 장징궈는 타이완에서 장제스 사후 총통이 되는데, 이에 1987년 계엄령 폐지와 중국과 대만(양안) 교류인 타이완에 거주하는 중국대륙 출신 노병(국공내전에 참가한 국민당 군인)의 중국 고향 방문 허가를 통한 양안교류의 물꼬를 튼다.

국적인 공산주의 탄압 캠페인을 전개함으로써 도시 내 중국 공산당을 농촌 오지로 몰아냈다. 그러나 이는 나중에 공산주의자들에게 전화위복이 된 것으로 밝혀진다. 마오쩌둥은 일찍이 후난(Hunan, 湖南) 지역에서 농민들이 공산당의 선동이 없음에도 스스로 봉기하여 토지를 장악했다고 지적한 바 있다. 마르크스 이론이 주장한 것처럼 도시 프롤레타리아의 행동이 아니라 지주와 부유 농민에 맞선 빈농들의 혁명으로 미래 중국 공산당이 장악될 것임을 마오쩌둥은 직감했다. 그러나 이러한 사변은 한참 뒤에 일어났다. 1927년과 1928년 당시 중국 공산당은 문자 그대로 행정력이 미치지 않는 두메산골로 떠나야 했고, 중국 공산당은 오지에서 농민과 토지에 의지해 연명하면서 중화소비에트공화국*을 선포하기에 이른다.

1931년까지 장제스는 산간 지역을 대상으로 여러 차례 공산주의자 말살 캠페인을 전개했다. 처음 두 차례 시도는 실패했다. 러시아의 정보력, 자금, 무기로 무장한 공산당 군이 국민당 군을 함정으로 유인했기 때문이었다. 그러나 7월 장제스는 직접 30만의 병력을 이끌고 세 번째 원정을 떠났다.**

두 달 만에 공산군 기지 장시성(Jiangxi, 江西省) 루이진(Ruijin, 瑞金)은 주변 수십 제곱마일 면적이 압박받아 줄어들었고 붕괴 직전에 이르렀다.

그러나 공산당 군대는 살아남게 된다. 1931년 9월 18일 장제스는 난징에서 장시성으로 배를 타고 떠나 궁지에 몰린 공산당 군대에 대한 최후의 일격을 가하고자 했다. 그러나 같은 날 밤 10시 일본은 중국 동북지역 만주(滿洲)를 침공했다. 장제스는 관심을 돌릴 수밖에 없었고 중국 공산당은 살아남아 다음 날 전투 준비를 할 수 있었다.***

당시에는 종교를 가진 사람이라면 신이나 마르크스 모두 중국 공산당 편에 서 있다고 생각해도 무방했을 것이다.

---

* 1931년부터 1937년까지 장시성을 거점으로 성립된 중국 사회주의 정부의 국가로, 중국 공산당과 홍군이 1934년 대장정을 시작하여 이주했지만 이 정부는 명목상 유지되다 1937년 9월 22일 해체되었다.

** 1925년 쑨원 사망 이후 장제스의 공산당 말살 정책과 북양군벌(직예파, 봉천파 등)을 몰아내기 위한 북벌(北伐)이 진행되어 국민당 세력이 북쪽(북경, 베이징)까지 확장된다. 1·2차 북벌에 성공한 장제스는 1931년 국민당 광동정부의 수립으로 마찰을 겪는데, 이때 국민정부가 추진한 것이 3차 북벌이다.

*** 1931년 9월 18일 일본은 류타오후 사건(柳條湖事件)을 조작해 일본 관동군이 만주를 점령하게 하여 중국 침공을 위한 기지로 만들고(만주사변), 1937년 7월 7일 노구교(Lugouqiao, 蘆溝橋, 마르코폴로 다리)사건을 계기로 중·일 전쟁은 전면전으로 이어진다. 중국(국민당과 공산당 모두)은 1937~1945년 기간을 '8년 항쟁'이라고 한다.

그러나 중국 소비에트 공화국의 시민들은 지옥의 첫 번째 구역으로 밀려났다고 상상해도 될 정도였다. 총인구 300만 명, 면적 1만 2,000제곱마일(약 19,312㎢)의 루이진(瑞金)을 중심으로 한 붉은 공화국(공산당 국가)은 대중연설, 식량과 토지 몰수 및 간첩이나 부르주아지 혐의를 받는 당 간부를 숙청하는 작업으로 분주했고, 젊은이들을 징집하여 붉은 군대(紅軍)로 보냈다. 한 가지 아이러니한 것은 저우언라이, 마오쩌둥, 덩샤오핑과 같은 공산당 고위 관리들이 토지를 소유하고 자녀를 대학에 보낸 부유한 가정 출신이라는 점이다. 이들은 공산당 간부가 되지 않았더라면 계급 투쟁, 강제 몰수, 고문 및 살해의 대상이 되었을 부류의 사람들이었다.

이들과 함께 여타 중국 공산당 지도자들은 같은 부류의 사람들을 살해하고 학대하는 것을 정당화할 방법을 찾아야 했다. 이들은 욕설하고 고문과 살인을 저질렀던 바로 그런 종류의 사람들이었다. 그래서 중국 공산당 지도자들은 그들과 다르지만 유사한 사람들을 죽이고 학대하는 묘안을 찾아야 했다. 그래서 이들은 다른 요구 사항이 무엇이든 간에 이로 말미암아 확실히 대의적 정당성과 승리의 필연성에 대한 최고의 믿음을 만들려고 했다. 이들은 산을 옮길 작정이었고 실제 그렇게 할 수 있다고 확신했다.

일본의 개입에도 불구하고 붉은 공화국에 대한 새로운 국민당의 압력은 중국 공산당이 루이진(瑞金)에 머무르는 것을 지극히 위험하게 만들었다. 그래서 1934년 10월, 8만 명의 중국 공산당원이 친족과 부하들과 함께 대장정(Long March, 大長征)을 떠나게 된다. 이들은 중국 남동부를 떠나 서쪽으로 거의 티베트까지 갔다가 북쪽과 북동쪽으로 향했다. 370일 동안, 6,000마일(약 9,656 Km)을 이동한 후에 약 8,000명의 사람이 국민당과 일본군으로부터 안전하고 소련으로부터 필수적인 지원과 보급품 확보가 편리한 소련 인접 옌안(Yan'an, 延安)의 산간 요새 동굴 촌락에 도착했다. 그런데 중국 공산당은 또 다시 일본에 생존의 빚을 지게 되었다. 1937년 7월 7일 일본 관동군이 중국 본토를 침공하면서 장기간에 걸친 중국 국공내전에서 엉성하나마 일시적 휴전을 촉발했고 이로써 심히 훼손된 중국 공산당 군대는 스스로 충전하고 회복할 수 있었다.*

* 공산당의 대장정이란 농촌에서 진행한 토지혁명과 유격전으로 다져진 홍군이 여러 차례에 걸쳐 국민당의 집중 공격을 받았는데, 5차 공격 때 모든 전선에서 패배한 공산당이 국민당군의 포위와 추격을 뚫고 탈출을 시도한 것이 시작이다. 1931년 11월, 장시성 루이진에서 중화 소비에트 공화국 임시정부가 수립되었고, 임시정부의 주석은 마오쩌둥이었다. 1931년 만주사변 발발로 주춤했던 장제스 정부는 1933년 "먼저 국내의 적(공산당)을 일소한 다음 외국의 침략을 막는다."라며 5차 공격을 개시했는데, 결국 정면대결 전술을 펼쳤던 공산당은 거의 모든 전선에서 패배하여 1934년 7월 강서 루이진 소비에트를 포기하기로 했다. 홍군의 주력 10만

그러나 휴식을 암시하는 회복은 연안의 노병들에게는 확실히 생소한 용어로 들렸다. 그곳에서도 숙청, 간첩 사냥, 자아비판, 실수와 심지어는 반역 자백, 고문과 처형이 일상이었다. 장정(長征)으로 장시성을 떠난 8만 중 대부분은 교육받지 못한 농민, 군인, 노동자였다. 행군이 반평등주의적이었기 때문인데, 마오쩌둥과 다른 지도자들은 가마를 타고 이동했고 지도자들은 더 나은 식량을 더 배급받았고 더 좋은 옷을 입었다. 마침내 옌안(延安)에 도착해 남은 자들은 배우고 부유한 가정 출신의 공산당 지도부 비중이 높았다. 이후 일본과 싸우거나 조국의 더 나은 미래를 만들고자 4만여 명의 젊은이들이 옌안으로 향했는데, 이들은 장정에서 죽은 사람들에 비해 더 나은 교육을 받고 이상주의로 가득 찬 상태로 장정에서 지친 이들을 보강하게 되었다.

그러나 이들을 받아들이는 방식은 그들이 기대했던 것과 상당한 차이가 있었다. 이들을 선별하고 훈육하는 방식이란 이들 대부분을 간첩으로 의심하고 취급하는 것이었다. 개별적 글쓰기도 허용되지 않았다. 35세의 왕스웨이(Wang Shiwei, 王實味)가 감히 옌안에 존재하는 특권층에 대한 비판 글을 썼을 때 그는 마오쩌둥의 표적이 되었고, 트로츠키주의[마르크스주의 운동에서 볼셰비즘(Bolshevism)에 대립하는 사조]자라는 비난을 받아 수년간 독방에 감금되었다가 1947년 중국 공산당 옌안 철수 당시 처형당했다.[2] 사실상 새로 합류한 모든 사람은 경험했던 작은 사건에서 접했던 모든 사람과 생각했던 바를 상세하게 말해야 했고, 각자 삶에 대한 완전한 자기 고백서를 작성하는 데 몇 날 며칠을 보내야 했다. 특히 이들은 자신들이 가진 모든 생각, 특히 중국 공산당에 대해 가졌던 모든 나쁜 생각과 자신의 성격과 삶의 모든 부정적인 측면을 실토하도록 요구받았다. 감독자들이 만족하지 않으면 계속해서 글 쓰는 작업을 반복해야 했다. 또는 감독자들은 감시 대상자들의 인성에 더 나쁜 요소들을 기록으로 남길 목적으로 잠자지 못하게 하고, 민감한 신체 부위에 열선 고문과 같은 위협을 가했다. 또한 사람들은 서로 고발할 것을 강요받았는데, 이는 상호 자발적인 의견교환을 하지 못하게 하는 관행 때문이었다. 이렇게 함으로써 이들은 중국 공산당이라는 기계 작동을 완벽한 도구로 만들었다.

이러한 세뇌와 교육은 기존 젊은이들과 새로 온 사람들에게만 적용되는 것도 아

군대는 국민당군의 포위와 추격을 뚫고 기나긴 탈출을 시작했다. 1935년 5월 마침내 양자강(장강)을 건너 부대를 다시 3개로 나눠 국민당군의 추적을 따돌리기 위해 소부대 단위로 이동했고, 1935년 10월 산시성(陝西省, 섬서성) 옌안(延安)에 자리를 잡기까지 국민당군의 봉쇄망을 뚫고 지방 군벌과 싸우면서 11개 성을 통과하는데 18개 산맥을 넘고 17개의 강을 건너 1만 2,500km의 대장정(大長征)을 해냈다.

니었다. 지도부와 간부도 반복적이고 광범위한 자기비판, 자기 포기와 고백에 참여했다. 한때 중국 공산당 최고 관리였던 저우언라이(Zhou Enlai, 周恩來)조차 간첩으로 의심받았다.[3] 1943년 테러 공세 중 마오쩌둥은 국민당이 통제하는 지역 내 대부분의 공산주의 조직이 장제스의 첩자라고 비난했다. 저우언라이는 이러한 조직의 감독이었으나, 일본에 대항하는 연합전선의 하나로 전시 수도인 충칭(Chongqing, 重慶)에서 장제스와 중국 공산당의 연락업무를 맡았기 때문에 그러한 내용은 저우언라이조차 스파이였을 수 있음을 시사한 것이다.* 1943년 6월 15일, 마오쩌둥은 충칭에서 저우언라이에게 복귀를 명령하며 "서둘지 말고, 사람들과 말하는 것을 피하라."라고 했다. 저우언라이가 7월 복귀 때 마오쩌둥이 한 첫마디는 "적진에 마음을 두고 있지 말라."는 것이었다. 저우언라이는 환영 만찬과 11월 정치국 회의에서 조심스럽게 마오쩌둥을 칭송했다. 저우언라이는 닷새 동안 자신이 "중범죄를 저질렀다."[4]라고 인정하는 자기비판을 통해 자신을 낮췄다. 저우언라이 자신과 제멋대로인 여타 지도부들로부터 중국 공산당을 구한 인물은 마오쩌둥뿐이라는 말로 자기비판을 끝맺는다.

저우언라이는 평생 수백 건의 자기비판 글을 썼다. 팔로군 사령관 펑더화이(Peng Dehuai, 彭德懷)도 마찬가지로 길고도 긴 일련의 괴롭힘을 당하는 자아비판 회의를 겪었다.** 결국 마오쩌둥의 2인자가 된 류사오치(Liu Shaoqi, 劉少奇)도 처음에는 옌안의 세뇌 운동에 대해 의구심을 표했지만, 어느 정도 자기비판을 한 연후에는 관점을 바꾸어 마오쩌둥의 방식에 전적으로 헌신하게 되었다.

---

* 장쑤성(江蘇省) 화이안(淮安) 출신으로, 톈진(天津) 난카이 대학에서 학업하고 일본 메이지 대학, 베이징 대학, 알리앙스 프랑세즈 등에서 머물며 활동하였다. 프랑스, 영국, 독일 등 유럽 지역에서 국제공산주의자로 머물기도 하였으며, 1922년에는 중국 공산당 파리지부를 창설하고 귀국한 뒤 1924년 공산주의자 신분으로 황포군관학교(黃埔軍官學校) 정치부 부주임이 되었다. 1934년에는 중국 공산당의 중화소비에트공화국이 공산 혁명 근거지를 이전함에 따라 마오쩌둥 등과 함께 대장정을 주도하였고, 1936년 12월 12일 시안사건 때는 중국 공산당의 대표로 국공합작에 참여하기도 하였다. 1949년 10월 1일부터 1958년까지 중화인민공화국의 초대 외교부장직을 맡았고, 1954년 9월 27일부터는 마오쩌둥으로부터 중국공산당 인민정치협상회의의 주석직을 넘겨받아 1976년 1월 8일 사망할 때까지 재임하였다.

** 펑더화이(彭德懷)는 중화인민공화국의 군인, 정치인이자 중국 10대 원수 중의 한 사람이다. 마오쩌둥과 같은 후난성((湖南省) 출신으로 어려서 양친을 잃고 9세 때부터 노동에 종사하여 어린 시절 광부, 막노동으로 전전하였다. 1916년 탕성즈(唐生智) 군벌의 사병으로 들어갔다가 이후 후난군관강무당(군사학교)에 입학하여 국민당군의 장교가 되었다. 이후 국민당의 북벌에 참가하고 1928년 2월에는 중국공산당에 가입했다. 국공합작 결렬 이후 휘하 부대를 이끌고 후난성에서 궐기하였다가 나중에 마오쩌둥과 주더(朱德)의 세력에 합류했다. 1950년 10월 8일 그는 마오쩌둥의 명령을 받고 중국 명칭 항미원조(抗美援朝, 한국 명칭 6·25전쟁)의 인민지원군 사령관에 임명되어 참전하였다.

여기에서도 종교적 믿음과 실천의 유사함에 놀라게 된다. 다메섹(Damacus) 도상에서 그리스도에 대한 환상을 본 후 사도 바울은 여러 해 동안 아라비아 황무지로 가서 기도하고 스스로 반성하며 하나님과 하나님이 그에게 원하시는 것을 더 잘 이해하게 되었다. 그 이후 로마 세계에서 사역하는 동안 바울은 끊임없이 기도하며 자신의 잘못을 비판했다. 바울은 로마서(7장 16절)의 특히 가슴 아픈 구절에서 이렇게 말한다. "내가 행하는 것을 내가 알지 못하노니 곧 내가 주가 원하는 것은 행하지 아니하고 도리어 미워하는 것을 행함이라. 만일 내가 주가 원하지 아니하는 것을 행하면… 내가 이로써 행하는 자는 내가 아니요, 내 속에 거하는 죄니라." 바울이 예수 그리스도의 가르침에 대한 믿음과 순종의 개입으로 용서를 구하고 중단시키려고 했던 것은 바로 이 죄였다. 기독교 교회는 끊임없는 성찰과 고백, 용서 구함, 신앙 쇄신, 사명에 대한 헌신의 필요성을 가르쳤다.

바울은 스스로 말하기를 "유대인들에게 사십에 하나 감한 매를 다섯 번 맞았다. 한번은 돌에 맞았다. 세 번이나 배가 난파당했다. 나는 넓은 바다에서 위험과 광야의 위험과 이방인의 위험을 당하고 거짓 형제의 위험을 당하였노라(고린도 후서 11장 25절)."라고 했다.

바울은 그리스도의 영 안에서 새로운 남자와 여자를 창조하려고 시도했다. 중국 공산당은 마르크스 레닌주의 정신으로 새로운 남성과 여성, 그리고 새로운 국가 건설을 시도했다. 일을 해나가는 과정에서 고난, 자기 포기, 숙청, 배신 그리고 끊임없는 위험을 고려할 때 저우언라이, 덩샤오핑, 류샤오치(Liu Shaoqi, 劉少奇)와 같은 중국 공산당 핵심 지도자들의 헌신은 역사에 남은 종교인들의 신앙심과 같이 사명의 정당성과 궁극적 성취의 확실성에 대한 믿음이 있었음을 시사한다. 마오주의자(Maoist)의 실천과 목적과 기독교 교회의 실천과 목표 사이에는 상당한 유사점이 있다. 교회는 죄의 고백을 요구한다. 당은 자기비판을 촉구했다. 교회는 죄에 맞서 투쟁하고, 중국 공산당은 케케묵은 사상과 파산한 지혜에 맞서 투쟁했다. 교회는 온전한 헌신, 소박한 삶, 특히 가난하고 약하고 짓밟힌 사람들을 위한 봉사를 요구하는데, 이 모든 것은 정의와 함께 구원받음과 동시에 영원한 평화를 얻기 위한 것이다. 중국 공산당은 지상 천국을 구현할 혁명에 대해 소박함과 더불어 봉사 그리고 헌신을 요구했다. 교회는 역사의 여러 시기에 이단을 폭로하고 근절하기 위해 고문과 테러를 가했다. 마찬가지로 중국 공산당은 아무리 하찮은 이단이라도 이를 적발해내 박멸하려 했다.

불가능한 꿈이 이뤄지다

1945년 8월 15일 2차 세계대전이 끝나자 많은 관측자는 장제스와 국민당이 일본이 점령한 중국 영토 일부를 되찾고 국가 재건 임무를 맡을 줄 알았다. 중국은 서구 열강의 주요 동맹국이었으며 장제스는 프랭클린 루스벨트, 윈스턴 처칠, 조셉 스탈린과 함께 세계 '4대 지도자' 중 한 명으로 인정받았다. 게다가 장제스 치하에서 중국은 유엔 창설 회원국이자 미국과 소련, 영국, 프랑스와 더불어 유엔 안보리 상임이사국이 되었다.

대부분 관측자가 생각 못 했던 것은, 스탈린의 소련과 미국이 장제스와 그의 군대를 심각하게 약화하는 방식으로 각각 움직이거나 행동하는 것이 어려울 것이라는 예상이었다. 1945년 2월 루스벨트와 처칠은 독일 항복 때 소련이 대일본 전쟁에 참전할 것을 요청했고, 스탈린은 이에 동의했다. 1945년 8월 9일, 150만 명의 소련군이 2,700마일(4,345km) 전선을 따라 중국 북부로 진군했다. 소련군은 6일 동안 일본이 항복했을 때도 예정대로 진군을 중단하지 않았다. 대신 소련군은 베이징 100마일(161km) 지점까지 밀고 들어와 광물 자원이 풍부하고 고도로 산업화가 이뤄진 만주 지방을 마오쩌둥과 중국 공산당에게 넘겼다.

장제스의 군대는 일본군에 의해 중국의 남부와 서부로 밀려났고, 미국의 도움 없이는 일본의 항복을 받아내기 위해 만주에 쉽게 접근할 수도 없었다. 미국인들은 스탈린과 마오쩌둥이 무엇을 하고 있는지 이해하지 못하는 것 같았고, 장제스의 일부 정예부대를 만주로 수송하는 것을 돕는 것도 지연시켰다. 11월 초가 되어서야 국민당 군이 만주의 주요 지역을 점령하기 시작했다. 국민당 군은 당시 소비에트가 보급 수송 등을 지원하고 20만 명의 만주 주둔군이 돕는 붉은 군대(공산당 세력, 紅軍)와 싸우게 되었다. 많은 관측자가 놀랍게도 장제스 군대는 대부분의 초기 전투에서 승리했고 1946년 5월 소련군이 마침내 중국을 떠났을 때 국민당은 오히려 쉽게 중국 공산당의 거점이었던 하얼빈을 포함하여 모든 주요 도시와 철도 노선을 쉽게 탈환했다. 소련의 막대한 지원에도 불구하고 마오쩌둥과 중국 공산당은 위기에 처했다.

그러나 중국 공산당은 자신들이 사회주의 공산당이 아니라 단지 농업개혁 정당이라고 말하기 시작했다. 미국의 해리 트루먼(Harry Truman) 대통령은 내전 상황을 회피하기 위해서 마오쩌둥과 장제스를 중재할 목적으로 조지 마셜(George Marshall) 장군을 파견했다. 마셜은 의심할 여지 없이 역사상 가장 위대한 인물 중 한 사람이기는 했지만, 당시 상황은 마셜에게 빛나는 순간은 아니었다. 마셜은 트루먼에게 "마오쩌둥과 긴 대화를 아주 솔직하게 나눴고, 마오쩌둥은 분개하지 않았으며 전적으로 협력할 것을 약속했다."라고 보고했다. 마셜은 계속해서 만주 주둔 중국 공산당 군대는 "느슨하게 조직된 무리에 지나지 않는다."라고도 했다. 그리고 장제스가 막 승리를 맛볼 즈음 마셜은 정전을 종용했다.

1946년 5월 31일에 마셜은 장제스에게 다음과 같은 내용의 서한을 보낸다. 그 내용은 "정부군이 만주 지역에서 지속하여 진군하는 상황과 관련해 본인의 입장이 곤란한 지경에 처해 있음을 거듭 밝히고자 하며… 정부군의 진격, 공격, 추격을 중단하라는 명령을 즉각 하달할 것을 재차 요청한다."라는 것이었다.[5]

현실적으로 선택의 여지가 없었던 장제스는 15일간 휴전에 동의했고, 나중에 마셜은 그 기간을 4개월로 연장했다. 장제스는 미국의 재정 지원이 절실히 필요했기 때문에 마셜의 압력을 견딜 수 없었다. 그러나 결과적으로 중국 공산당은 독일 면적보다 더 넓은 지역에 대한 통제권과 더불어 국경 지역과 소련을 잇는 철도도 확보했다. 더욱이 미국 정부가 장제스에게 전투를 중단하고 마오쩌둥과 협상하라고 압력을 가하는 동안 스탈린은 마오쩌둥의 군대를 훈련 시키며 얄타(Yalta)에서 개최된 3자회담에서 소련이 획득한 여순항[Port Arthur, 뤼순(旅顺)]과 대련(Dalian, 大連)이라는 피난처를 제공했다. 소련은 또한 중국 공산군 훈련과 유지에 도움을 주기 위해 수만 명의 일본 포로를 마오쩌둥에게 넘겼다. 이에 마오쩌둥은 자신의 군 기지를 안락의자에 비유하면서, 러시아는 든든한 등받이로 북한과 몽골을 양쪽 팔걸이로 삼았다.[6]

이는 본질적으로 중국 공산당을 위한 게임이자 설정으로 제대로 맞아들어가는 상황이었다. 장융(Chang Jung, 張戎)은 이를 두고 "마셜의 강권은 아마도 중국 내전의 결과에 가장 큰 영향을 미치는 중요한 결정이었을 것이다. 린뱌오(Lin Biao, 林彪)는 이 휴전이야말로 장제스의 치명적인 실수라는 데 개인적으로 동의했다."라고 기술했다.[7]

마르크스주의가 가짜 과학이라고 어느 누가 그랬는가? 중국 공산당 노병들에게 있어 불가능한 꿈의 실현은 자신들 신념의 진실성과 과학의 건전성을 확인했을 뿐이었다.

비록 마오쩌둥은 1949년 공산당 대회에서 "중국이 일어섰다(中國人民站起來)."라고 말했지만, 일어서겠다는 생각은 중국의 현실과 단순 경제학 논리로 봐도 크게 어긋나는 것이었다. 마오쩌둥은 자신과 중국 공산당이 무언가를 해낼 충분히 강한 의지만 있다면 그것이 실현될 것이라고 상상하는 것 같았다. 마오쩌둥의 첫 번째 목표 중 하나는 중국을 주요 철강 생산국으로 만드는 것이었다. 이를 위해 중국의 모든 인민은 집

뒤뜰 오븐(개인이 만든 철강로)에서 강철을 만들기 시작하라는 지시를 받았다. 인민들은 칼, 포크, 생산도구 등 금속으로 만들어진 모든 것들을 녹여 조강(raw steel, 가공되지 않은 강철)을 생산하도록 권장받았다. 이어진 철강 생산 열풍은 곧바로 역효과를 냈다. 농기구를 녹였기 때문에 더 이상 농사를 지을 수 없었고, 농기구 부족은 파종이 불가함을 의미했다. 이로 인한 기근으로 4,000만 명이 넘는 사람들이 사망했다.

이러한 행위도 또한 숙청과 반역자 및 외국 간첩 색출, 충성심 시험, 자아비판, 당 노선에 대한 영원한 충성 맹세 등을 수반했다. 한 마디로 이는 역사적 재앙이었고 약속의 땅과는 거리가 멀었다. 일부 중국 공산당 지도자들은 이러한 상황을 이해하고 떠안고 가야 할 이유를 제시하려고 노력했지만, 진실한 종교와 관련된 문제는 의심의 여지도 없이 이단으로 보일 수 있고 화형에 처할 수도 있으며, 아니면 적어도 '재교육'을 위해 농장으로 보내질 수 있었다.

마오쩌둥은 중국인의 완전한 개조를 위해서는 오래된 책을 불태워 문명을 재창조하는 것만이 중국을 다시 위대하게 만들 수 있다는 과거 역사와 같은(焚書阬儒) 믿음을 가졌었다. 1966년 마오쩌둥은 이후 10년 동안 나라를 분열시킨 문화대혁명을 일으켰다. 1949년 중국이 "일어나서" 1976년 마오쩌둥이 사망할 때까지 27년 동안 일본과 아시아의 호랑이(한국, 대만, 홍콩, 싱가포르)는 부국이 되기 위한 순조로운 출발을 했으나 중국은 1949년 당시와 같이 빈국이었다.

중국 특색 사회주의

마오쩌둥의 죽음은 주요 지도자의 죽음 그 이상을 의미했다. 이는 믿음의 위기를 초래했다. 1987년대 후반에 이르러 마르크스주의 이념이 부유함과 자유도 가져오지 못하고 공산주의 국가들이 서구에 점점 더 뒤처지고 있는 것이 분명해졌다. 중국 공산당의 전체적인 정당성(正當性)이 위태로워졌다. "왜 공산당이 책임을 져야 하나? 왜 모두가 공산당에 주의를 기울여야 하는가?"라는 질문이 나왔다.(공산당에 대한 불신이 생겨났다)

마오쩌둥의 후계자인 덩샤오핑 시대에는 여러 면에서 위대한 조타수(마오쩌둥)와는 정반대의 길로 나갔다. 그는 책을 많이 읽지 않았고 지식인인 척하지도 않았으며, 확실히 새로운 공산주의를 창조한다는 개념에 결부된 이념을 강조하지도 않았다. 그는 한 가지 일에 전념했다. 온갖 수단을 동원하여 중국을 부유하고 강력한 국가로 되살리는 것이었다. 그는 부유해지는 것은 자랑스러운 것이라고 하면서 계급 투쟁을 없애고 시장 메커니즘으로 돌아섰다. 사실 덩샤오핑은 정확히 이 말을 한 적이 없다. 이것은 덩샤오핑이 처음 중국 경제를 시장화하기 시작했을 때 사용한 문구인 “일부 사람들이 먼저 부자가 되게 하라.”는 뜻인 “랑이부펀렌시엔푸치라이(rang yi bu fen ren xian fu qi lai, 讓一部分人先富起來)”라는 단순화된 선부론(先富論)에 대한 해석이다.

오빌 셸(Orville Schell)은 1984년 그의 저서 『80년대 중국: 부자가 되는 것은 영광스러운 일(To Get Rich Is Glorious: China in the ‘80s)』에서 이 문구를 대중화시켰지만, 오빌 셸 자신도 덩샤오핑이 정확히 그러한 말을 사용하지는 않았다는 데 동의했다. 덩샤오핑은 중국이 부국의 길로 가는 한 일부 인민들이 다른 이들보다 더 빨리 부자가 되는 것에 대해 특별히 신경을 쓰지 않았다. 중국 공산당은 ‘뒤로 돌아’를 했고 점차 시장 메커니즘을 사용하기 시작하며 무역과 대중 투자에 문호를 개방했다.

결국 이것 때문에 두 가지 문제가 발생했다. 하나는 마오쩌둥의 유산을 대하는 방식이다. 마오쩌둥이 잘못을 저질렀는가? 마오쩌둥이 당과 중국 민족을 잘못된 방향으로 인도했나? 그렇다면 덩샤오핑과 모든 당 최고 지도자들도 마오쩌둥과 함께하지 않았던가? 어떻게 당 지도부가 오늘날까지 남아있을 수 있나? 이에 대한 해법으로 “마오쩌둥이 70% 옳았고 30%는 틀렸다[공칠과삼(功七過三)].”라고 덩샤오핑이 결론 내림으로써 마오쩌둥 시대를 공식 평가하게 되었다.

두 번째 문제는 “새로운 정책 방향을 무엇이라고 부를 것인가?”였다. 시장 자본주의라면 이는 사회주의와 완전하게 반대되는 것으로 당 지도부의 정당성이 의심받을 수 있다. 중국 공산당은 의미론적 해법을 찾았다. 새로운 정책 방향은 ‘중국 특색의 사회주의(socialism with Chinese characteristics, 有中國特色的社會主義)’였다. 이는 연속성을 전달하기 위한 것이었지만, 사실상 중국 공산당 독트린으로 민족주의를 지향한다는 점에서 분명한 진전이었다. 이는 덩샤오핑 자신의 견해를 반영한 결정이다. 덩샤오핑은 중국이 과거 위대한 국가와 그 문명을 다시 회복하기를 원했고 시장 메커니즘이 작동을 제대로 한다면 이를 활용할 준비가 된다는 견해였다. 덩샤오핑은 실제 마르크스주의자도 사회주의자도 아니었고 철저한 레닌주의자였다. 덩샤오핑은 사회 요소요소의 지배는 지극히 헌신적이고 고도로 훈련되고 잘 조직된 정치 엘리트들만이 중국을 과거의 영광에 걸맞게 국제관계에 합당한 지위로 회복할 수 있다고 믿었다. 또한 이러한 프로그램을 추진하는 데 있어 책임감 있는 엘리트 그룹(집단)이 무엇보다 국가 더 나아가 사회 전체에 완전한 통제권을 보유하고 있어야 하며, 또한 이를 오랫동안 유지해야 한다고 봤다. 엘리트 그룹은 간첩, 변절자, 특히 우호 세력으로 가장한 적을 항상 경계해야 하며 모든 반대 의견을 억제하는 것을 포함해서 과업을 끝까지 완수해야 한다고 했다.

그런데도 불구하고 덩샤오핑은 문화대혁명과 계급 투쟁을 종식하고 시장과 자본주의 메커니즘을 도입함으로써, MIT 교수 황야성(Huang Yasheng, 黃亞生)이 나에게 중국에서 가장 위대한 자유화 시기라고 말한 그 시대를 열게 했다. 예상외로 덩샤오핑은 정치적 탐색 작업과 함께 특히 젊은 층에서 표현의 자유와 민주주의에 관해 관심을 기울이도록 허용했다. 많은 중국 학자들은 1980년대가 중국의 지난 100년 동안 가장 자유화된 시기였다는 데 동의한다. 이는 희열을 가져왔지만 위험하기도 했다. 결국 1989년 5월과 6월 학생들은 톈안먼 광장에서 민주주의를 요구하면서 민주주의의 여신으로 불리는 자유의 여신상과 같은 조각물을 만들어 시위를 벌였다.

학생운동은 당을 분열시켰다. 자오쯔양(Zhao Ziyang, 趙子陽) 당 총서기는 학생들을 동정하고 당에 그들과 교섭할 것을 촉구했으며 직접 광장에 나와 학생들의 요구를 듣고 의논했다. 그러나 민주주의는 레닌주의자인 덩샤오핑에게는 중국의 미래에 필수적이라고 여기는 공산당 권력을 부식시킬 성질의 것으로 판단됐다.

덩샤오핑은 자오쯔양을 체포, 가택 연금함으로써 2005년 사망할 때까지 16년간 집에 머물게 했다. 덩샤오핑은 인민해방군(PLA)을 끌어들였고, 중국 공산당의 핵심 요소는 인민과는 직접적 관계가 없다는 점을 구체적으로 보여줬다. 인민해방군은 중국 공산당이 소유하고 운영하며 필요시 당을 호위하기 위해서라면 인민에도 맞설 것을 맹세한 조직이다. 1989년 6월 4일 인민해방군은 수십만 명의 학생들에게 발포했다. 당시 사망자 수가 불확실하긴 하나 최소 500명에서 많게는 2,600명에 이르렀을 것이라는 점은 널리 알려진 사실이다.[8] 어떻게 되었던지, 이로써 민주주의와 표현의 자유에 대한 논의에 종언을 고했다. 덩샤오핑은 당과 정부에 검열과 당 노선을 강제할 수 있는 강경파 인사들로 다시 채웠다.

동시에 덩샤오핑은 마오쩌둥의 폭정과 같은 폐단을 회피할 목적으로 당 총서기와 국가주석(당서기와 같은 사람)이 5년 임기를 보내고 5년 더 연임할 수 있으나 그 이상은 불허하는 집단지도체제를 도입했다. 덩샤오핑 뒤를 이어 장쩌민이 10년, 그리고 후진타오가 10년, 이렇게 권력이 계승되었다. 이 시기에 중국은 외국인 투자 확대와 더불어 중국의 세계무역기구(WTO, 2001년 중국 가입) 가입으로 고도 경제성장을 구가하게 되었다.

2001년 중국이 완전한 자유시장 경제가 아니었음에도 불구하고 WTO에 가입하도록 이를 허락한 미국과 여타 경제 강국들은 자유무역의 힘과 민주주의 사상에 대한 강한 확신을 바탕으로 중국에 베팅한 것이다. 그 후 11년 또는 12년 동안은 이것이 사실인 것처럼 보였다. 케리 브라운(Kerry Brown, 영국 King's College 교수)은 1990년대와 2000년대 초반 "중국을 방문하는 사람들은 기업가와 사업가를 정부 관리와 구분하는 것이 큰 스트레스였다고 했다."[9]

중국 공산당의 이념적 헌신과 이상주의적 사명이 사라지면서 유혹의 성벽도 무너졌다. 당원들은 엄청난 부를 창출하는 계약을 체결하고 프로젝트가 시작되는 것을 매일 보았다. 왕샤오펑(Wang Xiaofang, 王曉方)이 그의 소설 『공무원의 노트』에서 언급했듯이, 저임금, 법치주의의 부재, 내부 고발자로부터의 보호는 놀라운 경제성장과 결합하여 중국 공산당을 일종의 "수많은 자회사를 거느린 성공적인 대형 지주 회사로 만들었다."라고 했다.[10] 중국 공산당 관리들은 엄청난 부자가 되었다. 이들 중 가장 유명한 인물이 원자바오(Wen Jiabao, 溫家寶) 전 총리다. 2012년 뉴욕타임스는 원자바오와 그 가족 모두가 억만장자가 되었다고 보도했다.[11]

그러나 이는 중국 공산당의 윤리와 권력 독점에 대한 당의 정당성과 배치되었다. 중국 공산당은 사제들이 면죄부를 팔고 출산 가능한 여성들과 공개 동거하던 중세 로마 가톨릭 성당을 닮아가고 있었다. 1517년 마틴 루터의 종교 개혁이 등장할 때까지 중세 교회의 부패는 교회가 전파하는 믿음과 구원을 잠식함으로써 교회의 도덕적 권위와 현세적 권력을 약화했다. 2012년 중국 공산당도 마찬가지였다.

교회의 경우, 마틴 루터는 독일 비텐베르크(Wittenberg)에 있는 성벽교회 대문에 교회의 부패를 규탄하는 95개 조항을 못 박은 것으로 유명하다. 그에 상응하듯 중국 공산당의 조치는 시진핑(Xi Jinping, 習近平)을 당 총서기 겸 국가주석으로 선출한 것이었다. 시 주석은 항상 당 간부라는 개념을 정치적, 문화적 심지어 영적 사명에 헌신하는 사람들이라고 굳게 믿었다. 시진핑은 자신과 가족이 돈벌이 경쟁에 가담하는 것을 허용하지 않았으며, 간부들이 모범을 보일 것을 꾸준하게 촉구했다. 2013~2018년간 시진핑은 8만 8,000명 이상의 공무원을 부패 혐의로 기소하고 투옥했다. 장쩌민과 후진타오 치하 중국 공산당은 정당성을 경제적 혜택 부여에 두는 경향이 있었다. 그러나 시진핑은 그러한 명분이 중국 공산당의 권력 독점 요구에 치명적일 수 있다고 보았다. 중국 공산당의 절대 권력은 집행 기구로서의 당 그 이상의 존재라는 인식에서 비롯된다. 왕샤오펑은 근본적으로 "당은 신앙 공동체이다."[12]라고 기술한 바 있다. 케리 브라운이 언급하기를 "중국 공산당의 힘은 당에 대한 믿음과 관련하여 정서적 도덕적 힘을 기반으로 하며, 중국 정치 생활에서 당의 특권적 지위가 도전받을 때 중국 공산당은 그로부터 당을 보호하기 위해 더 높은 수준의 합리성과 관련 비전(희망)에 호소할 수 있고, 경제성장은 일개 수단이지 전체 뼈대의 목적이 아니다."[13]라고 언급한다.

중국 공산당 교리에 역사는 목적이 있고 그 결말은 긍정적일 것이라고 주장한다. 이에 따르면 공산당은 실용적으로 자본주의를 이용해도 무방하나 당에 대한 믿음이 요구하는 대로 사용 방법이 변경될 수도 있고 포기될 수도 있다는 것이다. 위대한 '중국몽'(China's Dream, 中國夢)에 대한 시진핑의 비전은 과거 황금시대를 복원하는 것뿐만이 아니라 중국이 주도하여 현대적 황금기를 창조하는 대업이다.

이러한 당과 당의 미래에 대한 비전은, 중국 공산당이 국내외 '악'의 세력을 제압할 목적으로 특별 조치를 할 수 있도록 하는 원동력이 된다. 중국 국내 유사 종교인 파룬궁(法輪功) 단체는 정부 추적을 통해 사실상 박멸되었다. 신장지역 위구르 무슬림들은 강제 수용소에서 '재교육'을 받고 있다. 교회는 해체되어 공격받고 서양사상 교육은 금지되어 있다. 서구의 보편주의와 민주주의제도는 중국 국내외에서 끊임없는 공격을 받고 있다.

시진핑을 중국 반교회 세력의 교황이자 공산당의 수령으로 여기는 신권정치로 생각한다면, 그 목표는 패권을 거머쥔 자가 중국을 지상낙원으로 만든다는 것이다.

조직 및 기능

우리가 이해해야 할 핵심 사항은 중국 공산당이 중국 내 최고 핵심 조직으로 정부보다도 훨씬 더 중요한 기관이라는 사실이다. 오늘날 세계에서 가장 강력한 인물은 미국 대통령이 아니라 중앙군사위 직속 책임자이자 중국 공산당 총서기인 시진핑이다. 인민해방군(PLA)은 중국 정부가 운영하는 것이 아니라 당의 한 조직으로 그 임무는 국가 보호가 아닌 당의 보호임을 알아야 한다. 당 총서기 아래에는 7인의 정치국 상무위원회가 있고, 그 아래에는 상무위원을 포함한 25인의 정치국 위원이 있다. 정치국 위원은 당 중앙위원 371명 중에서 선발되며 중앙기율검사위원회로부터 보고 받는다. 중앙위원회는 전국적으로 성 위원회(31개), 시 위원회(665개), 현 위원회(2,487개), 향 위원회(4만 1,636개), 촌 위원회(78만 개)로부터 보고 받는다. 그리고 당내에는 조직부, 선전부, 통일전선부, 총무부, 중앙정법위, 대외연락부(정확하게 조직부·선전부·통일전선부·정법위원회·감찰위원회·공안부) 등 6개 주요 부서가 있다.

마지막으로 경제, 공안, 농촌 문제, 당 창건, 선전과 사상, 대만 문제, 외교 및 국가 안보 등 여러 부분을 주도하는 기구도 있다.

리차드 맥그리거(Richard McGregor)는 자신의 역저 『중국 공산당(The Party)』에서 전직 중국 외교정책 관료인 다이빙궈(Dai Bingguo, 戴秉國)의 말을 인용하여 "중국의 최고 핵심 관심사는 당의 기본 시스템과 국가 안보를 유지하는 일로서 국가 주권, 영토 보전, 경제발전 등을 비롯하여 이 모든 정책이 중국 공산당 정권 유지의 지속 필요성에 종속된다."라고 기술했다. 중국 정부는 공산당의 그림자에 불과하나 당은 온갖 노력을 기울여 그 권력을 감추고 있어서, 중국과 비즈니스를 하려는 세계 각국 지도자들에 있어서 중국 정부가 '역동적'이라는 허구가 오히려 이해하는데 편리할 수 있다. 그는 이는 "마치 곳곳에 있는 스타벅스가 정치적 발전의 표상인 것처럼 보이듯, 중국도 여타 국가 정부와 마찬가지로 강점과 약점 그리고 이상한 점과 함께 결점도 지닌 채 진화하는 정부를 공산당이 갖고 있는 것같이 가장할 수 있기 때문이다."라고 했다.[14] 그러나 현실적 판단은 중요하다. 중국 공산당이 인사, 프로파간다(선전과 홍보), 인민해방군 등과 같은 핵심 요소를 지배하고 있다는 사실이다.

레닌이 오늘날 여기 살아 있었다면 중국 공산당의 정치 체제 구성 방식을 보고, 자기 생각이 구현된 것임을 즉각 알아차렸을 것이다. 즉 집권당은 국가의 모든 단계에 파고들어 감독해야 한다는 점이 반영되기 때문이다. 상층부 시스템은 가능한 한 중앙집권화가 이뤄져야 하나 하층부는 분권화가 이뤄져 모든 정보는 중앙위원회로 신속하게 상향 보고되도록 해야 한다. 맥그리거는 공산당은 "실질적으로 중앙에서 오케스트라를 지휘하기 위해서 바이올린 연주자인 누가 어느 위치에서 연주하고 누가 엉터리로 연주하는지 혹은 또 불화협(불일치)를 교정하기 위해 어떤 방식으로 어디에 있는 누구에게 그 메시지를 전달해야 하는지 알아야 한다."라고 적고 있다. 중앙위원회는 정치국 핵심 간부들을 임명하는 이사회와 같으며, "정치국 간부는 국가, 경제, 공무원, 군, 경찰, 교육, 사회 조직과 언론매체 등에 대해 공산당의 통제를 확보하는 것이 최우선 과제다. 실제로 정치국의 임무 중에는 중국 그 자체에 대한 개념과 굴욕스럽던 과거 제국으로부터 문명이 다시 탄생하여 강대국으로 재탄생하는 것과 관련해 공식적 설명과 조정(통제)하는 것도 포함된다."라고 한다.[15] 그러나 중앙위원회는 일상적인 세부 사항에 대해서는 관여하지 않는 편이다. 이는 대부분 정부 관리들의 일이며, 관리들은 대부분 당원이기 때문이다.

우리가 중국 상황이 어떻게 돌아가는지 알고자 한다면 한 가지 방법이 있는데,

공식 차량의 번호판을 주시하면 된다. 예를 들어 상하이 당비서 번호는 00001이고 시장은 00002이다. 시장은 일상적인 세부 사항을 처리하고, 당서기는 거시적으로 큰 그림을 감독한다.

당의 비밀은 법과 시민의 손이 닿지 않는 곳에도 있다. 오늘날 중국에서는 일반 시민들이 정부를 고소할 수 있다. 이는 상시 가능한 일은 아니었지만, 오늘날 그 성공 가능성은 희박하다 하더라도 원칙적으로 소송 제기가 가능하다. 그러나 중국 공산당에 대해서는 고소할 대상이 없기에 공산당에 대한 고소는 불가능하다.* 중국 공산당은 그 어디에도 조직으로 등록되어 있지 않기 때문이다. 이에 대해 허웨이팡(He Weifang, 賀衛方)은 "공산당은 법 외에 법 위에 존재한다."라고 말하고 있다.[16] 또한 공산당은 소송을 제기할 수 있는 법률사무소를 통제한다. 맥그리거에 따르면 "전체 중국 변호사의 약 1/3이 공산당원이고 법률사무소의 95%가 당(공산당) 위원회를 두고 있다. 더구나 법관이 되기 위해서는 꼭 법을 공부할 필요가 없으며, 최고인민법원은 법관이 먼저 공산당에 충성하고 그 다음으로 국가에 다시 대중에 마지막으로 법에 충성할 것을 요구한다."라고 한다.[17] 따라서 공산당이 고소당해 그 정체가 드러날 위험성은 없다.

공산당이 존재를 숨기는 또 다른 예는 중앙당교다. 중국 전역에 강의실과 캠퍼스가 있으며 공산당원들은 훈련과 교리 학습에 정기적으로 참석해야 한다. 예를 들어, 상위 4개 학교 중 하나인 상하이 당교(黨校, 공산당학교)는 푸동(Pudong, 浦東) 지구 내 100에이커(122,417평) 크기의 캠퍼스를 보유하고 있다. 중국어로 그 이름은 '중국푸동간부학원(中國浦東幹部學院)'이다. 그러나 영어로는 China Executive Leadership Academy (중국 최고 지도자 아카데미)라고 표기한다. 외부인들이 이 교육시설이 중국의 미래 통치자를 위한 엘리트 양성학교가 아니라 MBA 양성소나 일종의 중견간부 훈련센터로 생각하는 것도 당연하다.

어떤 의미에서 공산당의 역할과 권력이 기독교 교회와 같은 성격으로 보이는 것은 장 밥티스트 알폰스 카아(Jean-Baptist Alphonse Karr)의 유명한 경구인 "더 많이 변화할수록, 더 똑같아진다."라는 것과 같다. 중국 공산당이 전형적 사례다. 전쟁, 혁명, 사회적 실험에도 불구하고 오늘날 중국은 황제 시대의 고대 중국과 크게 다르지 않다. 정치학자 팡닝(Fang Ning, 房寧)이 언급했듯 "중국 정부의 비밀은 모든 모자(관직)가 황제에 의해 통제된다는 점이다. 황제는 모두에게 모자를 벗게 하고 쓰게 할 수도 있다.

---

* 중국 공산당에 대한 문제는 당 중앙기율검사위원에 투서를 통해 진행되는 것이 일반적이지 사법 과정을 통해 진행되지는 않는다.

이러한 시스템이 부분적이라도 변경된 적이 없다고 본다."라고 했다.[18]

싸늘한 분위기

1989년 6월 4일 톈안먼 광장 학살 이후 중국 공산당과 정부는 싸늘한 분위기에 휩싸였다. 덩샤오핑은 자유주의 성향의 당 지도자들을 축출했고 수많은 마오쩌둥주의(모택동 이데올로기) 강경파들이 권력을 잡았다. 덩샤오핑이 시장을 자유화하기 위해 취한 움직임은 이들 공산당 내 보수 세력에 의해 민주주의 사상 만연과 당 규율 및 통제력 상실이라는 비난을 받았다. 그리고 대규모 단속이 이뤄졌다. 당원 4,800만 명 중 약 10%가 조사받고 투옥되거나 해고 혹은 지위가 강등되거나 개인 당적(檔案)에 포함되는 자아 비판서를 작성하도록 강요받았다. 잠재적으로 의심이 가는 일부 당원들은 말뿐 아니라 정신적으로도 공산주의자인지를 확인하기 위해 공산당 당원 자격을 재신청하도록 강요받았다. 톈안먼 사건은 소련 붕괴와 전 세계 공산 사회주의 정권이 퇴조하기 직전 발생했다는 점을 염두에 둘 필요가 있다. 당시 중국 공산당은 겁에 질려 죽을 지경이었다고 한다.

선전 강화 – 국유기업들의 일신

공산당 지도자들이 시장 개혁을 계속할 것인지 아니면 과거의 평등적 사회주의로 회귀할 것인가 여부를 논의하는 동안 중국의 경제성장은 교착 상태에 빠졌다. 이때 다시 한 번 신경제 체계의 윤곽을 잡은 인물이 덩샤오핑이다. 1989년 6월 9일 덩샤오핑은 톈안먼 광장 내 핏자국을 없앤 지 불과 하루 만에 텔레비전에 출연하여 시위자 총살을 명령한 군 장성들과 악수하고 당에 대한 충성심에 감사의 뜻을 전했다. 또한 덩샤오핑은 1980년대의 실수가 경제 해방과 함께 수반되어야 할 이념적, 정치적 교육이 부족했다는 점을 강조했다. 정부 부처와 법원 그리고 군부에 정치(당 사상) 부문이 보강되거나 신설됨으로써 미래 어떠한 반란에 대해서도 조기경보를 내릴 수 있도록 조치했다. 지앙핑(Jiang Ping, 江平, 중국 정법대학 교수) 법학 교수는 "공산당은 모든 주요 기관을 직접 통제할 수 있도록 하기 위해 요소요소에 포진해 있다."[19]고 했다. 중앙선전부가 확대되었고 훨씬 더 많은 예산이 투입되었으며, 경제 개혁이 대중에게 더 잘 전달되도록 하는 방법에 대한 지침이 하달되었다. 중앙조직부는 정부뿐 아니라 모든 곳, 즉 교육기관, 언론매체 그리고 정부 통제하에 있는 모든 기관에 간부들의 충성심을 절대적으로 확보하라는 지시를 하게 된다.

그러나 정확히 어떻게 경제를 운영할 것인가에 대한 질문에 대해서는 여전히 답이 없었다. 경제가 절정을 이룰 당시 7,600만 명의 국유기업 노동자가 일했고, 모두가 평생직장을 일컫는 '철제 의자'에 앉아 의식주와 의료 보장에서의 '철밥통'을 유지하며 임금과 연금이 보장되는 '철통 급여'의 '세 가지 철'의 수혜자들이었다. 국유기업은 그 자체만으로 마을 또는 도시 자체였다. 일부는 자체 우체국, 학교와 병원도 보유했다. 국유기업의 목적은 실제로 투자와 수익을 창출하는 것은 아니었다. 과거 국유기업들은 적어도 생산과 분배 목표 설정 등 중앙 계획 메커니즘이 있었지만, 덩샤오핑의 경제 자유화 이후 이마저도 약화하였고 본질은 정부 세수를 빨아들이는 거대한 스펀지였다.

한 가지 분명한 선택은 단순히 국유기업을 민영화하거나 스스로 경영성과에 따라 침몰하거나 계속 헤엄치게끔 하는 것이었다. 그러나 그러한 흐름은 점점 더 공산당의 통제를 받지 않는 크고 강력한 조직으로의 진화를 가능하게 할 수도 있다. 이는 결국 공산당의 통제를 위협할 수 있게 되고 따라서 상상할 수도 없는 일이 되었다. 당시 공산당은 토론을 반복한 결과 1991년 말 비밀회의를 통해 1만 4,000자의 비밀 선언문을 작성했다. 간단히 말하면, "공산당이 총(군과 경찰)뿐만 아니라 자산과 경제도 장악해야 한다."[20]라는 것이다. 국유 또는 정부 소유의 방대한 기업과 재산은 더 이상 중국 정부의 이름이 아니라 공산당 이름으로 소유가 될 것이다. 그러나 이는 공산당이 책임을 져야 한다는 단점이 있었고, 역행이나 제반 실수에 대한 법적 조치에 공산당이 노출될 수도 있었다. 덩샤오핑의 해법은 단순 그 자체였다. 공산당이 자체적으로 국가 자산에 대해 완전 소유권을 갖지 못하더라도 경영진을 고용하고 해고할 권리를 갖게 한다는 것이다. 즉, 당이 국유기업을 조용히 관리하고 향후 민영화를 지향하는 것이 아니라 생산성과 수익성을 겸비한 기업이 될 수 있도록 당이 경제를 통제하고 증가하는 민간기업들의 공공 부문으로 파급되는 영향에 대해 반대 균형추 구실을 하도록 하겠다는 것이다.

이러한 방대한 사업에 대해 서방측은 많이 잘못 이해했다. 예를 들어, 당시 중국의 경제 사령탑을 맡았던 주룽지(Zhu Rongji, 朱鎔基)는 1998년 조지 H.W. 부시 전 대통령이 중국의 민영화 프로그램이 어떻게 되어 가고 있는지 물어 왔을 때 놀라움을 표시했다. 이에 주룽지는 "중국이 민영화를 하는 것이 아니라, 그저 대형 국유기업을 기업화하는 것뿐이라며 항변했다."라고 한다.

부시는 주룽지에게 윙크하면서 "우리는 무슨 일이 일어나고 있는지 안다."[21]라고 했다. 그러나 부시를 포함하여 서방의 언론, 학계, 정치, 외교정책 그룹 등 기득권 세력은 중국에서 "무슨 일이 일어나고 있었는지"에 대해 전혀 알지 못했다.

이는 사실상 중국 역사에 있어 최대의 변혁이었다. 1991년부터 2001년에 이르기까지 중국 정부는 국유기업에서 5,000만 명을 해고하고 더 이상 고용이나 혜택을 보장받지 못하는 기업으로 1,800만 명을 재배치했다. 은행들은 본질적으로 공무원과 기업인을 위한 현금자동지급기(ATM) 역할을 했는데, 1998년까지만 해도 중국 은행의 대출 중 절반 이상이 회수되지 못했다. 2000년 이전 대출의 약 45%가 채무불이행 상태였다. 은행 개혁에 대한 투자 명목으로 중국 납세자는 6,200억 달러, 즉 2005년 중국 GDP의 약 28%가 넘는 비용을 지급해야만 했다. 이것을 미국 부시 행정부 당시 2008년 가장 논란이 많았던 구제금융계획인 TARP(Troubled Asset Relief Program: 부실 자산 구제 프로그램)가 GDP의 약 5%에 지나지 않았던 사례와 비교해 볼 필요가 있다. 아니면 1997년부터 2007년에 이르기까지 중국 GDP가 성장하여 독일을 넘어섰고 GDP에서 노동자 임금이 차지하는 비율이 53%에서 40%로 하락한[22] 점을 살펴볼 필요가 있다. 중국 경제가 붐을 이루면서 일반 주민의 혜택에 비해 국가에 더 상당한 이득을 가져왔고, 이에 따라 중국 공산당에도 혜택이 돌아갔다는 것이다. 이런 상황에서 미래 원자재와 경쟁이 심화될 수 있는 수요 부문에 주목한 중국 공산당은 당시 현금이 풍부하고 대규모 자본이 있는 국영기업의 해외 진출을 추진하기 시작했다.

그때나 지금이나 중국 공산당은 경제만 적극적으로 통제하고 있는 것이 아니라 주요 기업들도 통제한다는 것이다. 시진핑은 중국 상업계에 대한 통제를 강화했는데, 중국 국유기업들의 역할, 특히 '일대일로 이니셔티브(One Belt and One Road, OBOR)'와 중국 남중국해 인공섬 건설과 관련된 업종은 중국이 주요 해양 국가로 거듭나기 위해 특별히 그 역할이 강조됐다. 이에 따라 그리스의 피레우스, 이탈리아의 트리에스테와 같은 항구 매입 또는 임대, 터키 고속철도 건설, 아프리카·남미·아시아·유럽 및 러시아 등지의 인프라 프로젝트 수행 주체는 주로 중국 국유기업이었다.

게다가 국영기업과 민간기업 사이의 경계는 구별이 불가능하기도 하다. 통신 대기업 화웨이(華爲技術有限公司, Huawei Technologies Co. Ltd)는 산업기술적으로 민간기업이나 창업자이자 CEO는 전직 인민해방군(PLA) 장교였고 지배구조도 단순 분석이 불가능하다.

화웨이는 국가로부터 막대한 보조금을 받고 있으며, 인민해방군과 공산당의 상층부와 매우 긴밀한 관계를 맺고 있다. 이러한 관계는 모든 중국 민간기업들에도 해당된다. 중국 정부는 회사 직원 중 공산당 당원이 3명 이상일 경우 당세포 조직을 만들고 회의를 열어 경영진에 대한 문제 제기가 허용되게 하였다. 중국 공산당이 경영과 관련하여 일정 역할을 해야 한다는 의무 사항은 없지만, 최근 몇 년 동안 사기업에서 공산당 활동은 크게 강조되었다. 법치가 확립되어 있지 않기에 중국 민간기업들은 공산당이 바라는 바대로 조치를 취하도록 비공식적 압력을 받을 수 있다. 예를 들어, 중국의 아마존으로 볼 수 있는 알리바바의 창업자이자 CEO인 마윈(馬雲, Jack Ma)은 정부의 요청에 기꺼이 자신의 알리바바를 국가와 당에 넘길 것이라고 언급한 바 있다. 제프 베조스(Jeff Bezos, 아마존 의장)나 빌 게이츠는 그러한 요청을 어떻게 바라볼지 상상만 할 뿐이다.

주식회사 중국(China Inc.)이 어떻게 작동하는지에 대한 좋은 예는 2007년 세계 최대 광산 업체인 BHP－빌리튼(BHP－Billiton)이 영국－호주 합작 경쟁업체 리오 틴토(Rio Tinto)를 인수하려 했던 입찰에서 찾아볼 수 있다. 중국은 자국이 의존하고 있는 철광석 무역에 있어 독점기업이 만들어질 수 있다는 생각에 입찰을 일종의 위협으로 간주했다. 중국 정치국은 동 거래가 중국 철강 산업에 필요한 철광석 가격 상승을 초래할 것이라고 우려하며 즉시 입찰에 반대키로 했다. 이에 중국 정부는 중국의 주요 알루미늄 회사인 국영 치날코(Aluminum Corporation of China Limited, Chinalco, 中國鋁業股份有限公司)로 하여금 경쟁 입찰에 개입하도록 지시했는데, 그 과정에서 치날코는 회사가 국가 간섭없이 운영되며 모든 경영상의 결정은 독자적으로 이루어지고 있다고 주장했었다. 그러나 치날코 입찰은 중국개발은행에서 조달된 자금으로 진행되고 있었고, 게다가 치날코는 BHP－빌리튼을 결국 입찰 제안에 포기하게끔 만든 국제적 신용경색 문제에도 불구하고 입찰을 유지했다.

그러나 주식회사 중국에서 공산당의 부재라는 허구는 계속된다. 미국 투자 은행들은 모두 국제 투자자들에게 중국 기업에 대한 국가와 공산당의 역할을 제대로 분별하지도 못한 채 주식을 발행하고 있다.

중국 공산당은 중국 내 외국 기업뿐만 아니라 어디에서든 중국 기업이 수행하는 중요한 사업의 뒷배경이 된다. 법치가 부재하기 때문에 중국 내 외국 기업은 괴롭힘을 당하거나 압력을 받고 위협에 노출될 수 있음에도 의지할 곳이 없다. 이러한 회사들의 CEO들은 무엇보다 중국 당국이 그들에게 무엇이든 할 수 있기 때문에 훨씬 더 두려워하는데, 그 정도 차이에 있어 미국, 영국, 벨기에 또는 일본 당국이 할 수 있는 조치는 중국 정부가 하는 조치와는 비교조차 안 된다.

이러한 이유로 기업 CEO들은 중국 공산당의 사실상 인질이며 심지어는 입법부 앞에서 말하거나 글을 쓰거나 증언할 때는 공산당의 대리인이 되기도 한다.

인사 문제

중국 공산당 중앙조직부 본부는 텐안먼 광장에서 불과 0.5 마일(0.8 Km) 남짓 떨어진 거리에 위치하나, 소재를 정확히 아는 사람이 안내해주지 않으면 절대 찾을 수가 없다. 어떤 건물인지, 누가 거주하는지 표시가 전혀 없다. 전화 걸 경우에도 번호 하나만 찾을 수 있다. 지방의 현급 수준 이상의 조직과 관련하여 문제를 보고할 때는 메시지를 남기도록 안내하는 내용의 녹음된 메시지가 나온다. 온라인으로 찾으려 하면 녹음된 메시지와 같은 정보가 있는 웹사이트만 발견하게 된다.

이러한 비밀 유지는 아마 세계에서 가장 강력한 사무실을 숨기려 하는 조치이다. 미국에 유사한 조직이 있다고 가정하면, 이 기구는 모든 행정부 장관, 전체 주지사와 부지사, 전국 주요 도시의 시장, 대법원 판사, 상·하원 의원을 포함해서 모든 연방 규제 기관의 수장, 50대 대기업 CEO, 주요 뉴스 매체의 편집인, TV 네트워크와 케이블 방송국의 사장, 주요 싱크탱크의 우두머리, 주요 대학 총장 그리고 중간 정도의 주요 기관장을 비롯한 이러한 직책을 맡게 된 사람들은 비밀리 심사받아야 하고 인사가 발표되었을 때도 임명 사유에 관해 설명하지 않아도 될 것이다. 그 반대의 경우도 발생할 수 있다. 중요 직위의 인사가 갑자기 강등되거나 해고되거나 심지어 투옥되거나, 최악인 경우에도 비밀리에 수감될 수도 있다는 것이다.

내가 이러한 모든 비밀 유지에 대한 이유를 물었을 때, 조직도에 이름이 걸려 있는 한 고위 관리는 "간부들 모두가 우리가 어디에 있는지 다 알고 있다. 이는 마치 가족이 부모님이 사는 곳을 아는 것과 같다."라고 설명했다.[23]

이 비밀스러운 조직은 모든 고위 공직자와 이들의 정치적 신뢰도 및 업무 성과 그리고 사생활의 특이 사항에 대해 지속해서 파악하고 기록한 파일을 유지하고 관리하고 있다.

공산당 반부패 부서(中華人民共和國最高人民檢察院反貪污賄賂總局)와 함께 중앙조직부는 중요 직책에 대해 지위를 박탈할 수 있는 문제점을 찾아내기 위해 관리들의 동향을 수시로 감시한다. 이는 정부 내 각급 레벨에서도 같이 적용된다. 중앙정부(당중앙

조직부)는 지방정부의 인사를, 지방정부는 소속 시 당국과 그 이하 수준의 인사를 감독한다.

물론 각기 우호적인 인물과 지지자들을 주요 직책에 임명하려는 당 지도부의 요구와 조직부 간에 긴장이 있을 수 있다. 힘 있는 노른자위 직책, 좋은 평가도 받을 수 있고, 특히 수익을 낼 수 있는 자리에 대한 인사는 뇌물 형태의 부패가 발생할 가능성도 있다. 2000년대 들어 10년간 인사 문제와 관련한 엄청난 부패와 조직 내 암투가 발생했다. 한 가지 사례를 들자면 어떤 자는 "조직부 관리로 행세하면서 지방 관리로부터 정부 고위직을 물색해주겠다고 6만 3,000달러를 받았다."라고 한다.[24] 시진핑은 2012년 당 총서기가 된 이후 이와 같은 부패 사건을 해결함으로써 국민적 영웅이 된 것이다. 첫 번째 공약 중 하나가 '호랑이와 파리'를 함께 단속하겠다는 것이었다. 지금까지 120명의 고위 관리, 군, 국영기업의 임원을 포함하여 10만 명 이상이 기소되었다.[25] 특히 중요한 사건은 전 정치국 상무위원이었던 저우융캉(Zhou Yongkang, (周永康)이 유죄 판결을 받고 투옥된 사건이다.*

흥미롭게도 이러한 대대적 중앙통제는 중국 공산당의 발명품이 아니다. 이는 한(漢) 왕조(AD 25–220)까지 거슬러 올라가는 중국 중앙통제의 구조 및 스타일과 흡사하다.

선전 강화

공산당 선전부는 정부의 일부가 아님에도 중국 내 일반 대중이 읽고, 보고, 듣고, 생각하는 모든 것을 통제하는 데 전념하는 거대 관료 조직이다. 1998년 '선전'이라는 말의 진실성과 관련하여 영어권 사용자들이 민감하게 받아들이는 점을 반영하여 영어식 표기를 중국 공산당 '홍보부'로 변경했다. 그러나 중국어는 여전히 선전부로 남아있다. 선전부는 신문, 라디오, TV 방송, 출판, 잡지, 대학, 학교, 간부 훈련, 음악단, 문학

* 저우융캉은 중국 공산당 고위직을 역임하였으나 비리 혐의로 제명된 상하이방 계파의 정치인이다. 한때는 정법위 서기로서 후진타오 시대에 중앙 상무위원의 자리에 앉기도 했다. 2007년 10월, 17차 당대회에서 정치국 상무위원으로 승진하여 중국 공산당 서열 9위이자 사실상의 사법권 총수나 다름없는 중앙정법위원회 서기까지 겸하였었던 중국의 거물 정치인이자 상하이방의 주요 인물 중 한명으로 별명은 '사법·공안의 차르'이다. 하지만 2012년, 정치적 후원 관계로서 자신의 정계 제자나 다름없었던 또 다른 거물 정치인인 보시라이(薄熙來)가 몰락하는 과정에서 그를 구하기 위해 정법위 산하에 있던 중국 인민무장경찰부대를 동원해 사실상의 쿠데타 시도를 했다가 실패하면서 정치적으로 몰락하였고, 이후 2014년 12월 5일, 뇌물수수·기밀유출·문란한 성생활 등의 혐의로 검찰에 송치되면서 사실상 정치 생명이 끝났다.

예술단, 문화 놀이공원 등 본질적으로 중국인들에게 전달되는 모든 정보 제공 매체를 총괄한다. 선전부는 또한 수억 개의 인터넷, 휴대전화 계정을 보유하고 있다.

선전부 소관 업무는 언론매체에 라이선스를 부여하고 언론에 말할 수 있는 내용과 말해서는 안 되는 내용의 관련 지침을 제공하는 것이다. 이는 특히 타이완, 티베트, 국정운영이나 중국 공산당의 권력에 영향을 미치는 모든 민감한 주제를 망라한다. 모든 주요 언론매체 편집장은 선전부 주간 회의에 참석해야 하며, 여기서 언론은 어떤 기사를 강조하고 어떤 기사는 비중을 축소하거나 보도하지 말아야 할 것인지에 대해 지시받는다. 이러한 지시는 당 규율(黨規)에 따라 시행되는데, 모든 언론은 공산당에 충성해야 한다.

외국 언론인들도 면밀하게 감시를 받게 되며 추방되거나 입국이 전혀 허용되지 않을 수도 있다. 이러한 관행은 이제 홍콩으로 확대되는 추세다. 2018년 10월 파이낸셜타임스 베테랑 기자인 빅터 말레(Victor Mallet)의 홍콩 비자 갱신이 거부되었으며, 홍콩에서의 비자 거부 발생 최초 사례가 되었다. 2020년 3월 미국 뉴욕타임스, 워싱턴포스트, 월스트리트저널 기자들은 모두 중국에서 추방됐다. 아마도 중국 공산당은 이 기자들이 중국의 코로나바이러스 전염병에 대해 외부 세계에 알리는 것을 원하지 않았을 것이다. 반면, 선전부의 지침에 따르는 외국 저자(기자)들은 환영받고 좋은 대우를 받는다. 예를 들어 하버드대 교수 에즈라 보겔(Ezra Vogel)은 인기 도서가 된 덩샤오핑의 전기를 집필하여 중국의 영웅이 되었다. 덩샤오핑이 자행한 톈안먼 광장에서의 학생 학살은 중국어판에서는 언급되지 않았다. 이러한 접근 방식은 선전부에 잘 어울리는 업무 스타일이다. 한편, 오랫동안 중국을 지켜본 마이클 필즈버리(Michael Pillsbury)는 최근 중국 입국 비자를 거부당했다. 필즈버리는 『백 년의 마라톤(The Hundred-Year Marathon: China's Secret Strategy to Replace America as the Global Superpower)』을 저술했는데, 이 저서는 중국이 세계 최강대국인 미국을 대체하고 민주 국가가 어디에 있든 신뢰도를 떨어뜨리고 몰아내려는 포괄적 전략을 가지고 있음을 제시한 책이다. 그러한 메시지는 덩샤오핑에 대한 에즈라 보겔의 찬사와는 달리 선전부 내에서 인기가 없었음(감시의 대상이었음)은 물론이다.

대외 업무

중국 공산당이 '공동의 적'인 장제스의 국민당을 물리칠 목적으로 잠재적 동맹 세력이었던, 즉 불만을 품은 군벌부터 소수 민족, 해외 화교에 이르기까지 협력을 유도하려 했을 때인 1924년에 중국 공산당 통일전선공작부(United Front Work Department, 統一戰線工作部, 통전부)가 처음 등장했다.

개념은 아주 간단했다. "적의 적은 현재의 내 친구이다."라는 것이다. 외부 그룹들과의 협력은 중국 공산당을 민주적으로 보이게 만들었고, 이것이 군사 행동, 이념 작업과 동맹 구축과 결합하게 되면서 국민당에 대항하는 데 있어 효과적이라는 것이 입증되었다.

1936년~1945년간 중국 공산당은 일본의 침략에 맞서 국민당과 표면적으로 연합전선을 구축했다. 이렇게 극도로 어색한 유사 동맹은 공동의 적에 대항하는 단결된 모습을 대외에 과시함과 동시에 이를 통해 내부경쟁에서 장기적 우위 확보를 위한 활동을 계속해 나간 사례다. 1945년 일본 항복 후 이러한 연합은 중단되었는데, 중국 공산당이 국민당에 반대할 이유가 있는 중국 내 또 다른 단체와 협력을 재개했기 때문이다. 내전이 중국 공산당의 승리로 끝나자 공산당의 강조점은 이른바 일반 대중 노선에서 계급 투쟁 노선으로 옮겨갔다. 이는 통일전선의 필요성이 많이 감소되었고, 이에 선전부는 '부르주아 이상주의 정치 신념'을 제거하고 계급투쟁 혁명을 통한 변화에 대한 믿음을 심어주기 위한 젊은 지식인 훈련에 집중했기 때문이다.

덩샤오핑은 1979년 당권 장악 이후 통일전선공작부를 재차 활성화하여 경제 개혁이라는 공동의 대의명분을 프로모션하면서 국제사회와 연계도 강화했다. 텐안먼 사건 이후 통일전선공작부는 사건의 심각성을 모호하게 만듦과 동시 외국 관측통들에게 중국의 입장을 정당화하기 위해 국제적인 활동을 했다. 또한 통일전선공작부는 중국 공산당이 홍콩과 마카오를 중국 정부 통제하에 놓일 수 있도록 설계한 '일국양제(One Country Two Systems, 一國兩制)' 슬로건(정책) 홍보에 주도적인 역할을 했다.* 서방의 많은 이들은 소련 붕괴를 냉전의 종식으로 보았지만, 덩샤오핑에게는 통일전선공작부의 역할이 국제적으로 한층 더 중요하게 된 '신냉전'에 대비해야 하는 것이라고 봤다.

---

* 중국이 UN 상임이사국으로 가입한 1971년 이후 중국의 타이완 통일원칙은 일국양제(一國兩制), 하나의 중국 원칙, 분열과 타이완 독립(臺獨) 반대, 외세 간섭 배제를 기본으로 한 양안 간 교류 확대와 타이완의 국제적 고립 유도를 통한 흡수통일의 정책으로 요약할 수 있다. 이 제도는 덩샤오핑이 실제적으로 1978년 중국 공산당 11기 3중전회에서 "사회주의를 핵심으로 하되, 경제체제는 사회·자본주의 두 개를 병행할 수 있다."는 개혁·개방논리로 제시한 것에 근거를 두고 있다. 중국이 홍콩 문제를 영국과 협상하던 1982년 9월 덩샤오핑은 마거릿 대처 영국 총리에게 홍콩 반환 관련 회담을 하면서 일국양제를 제시했는데, 구체적으로 홍콩의 주권 회복과 동시에 중국의 사회주의를 홍콩에 강요하지 않겠다는 제의를 대처 총리가 받아들이면서 홍콩 반환 협상이 진전되었다.

덩샤오핑은 해외 약 6,000만 명의 화교 커뮤니티가 제공하는 '독특한 기회'에 대해 해외 화교들의 도움을 받아 중국이 국제적 고립에서 벗어나고 화교를 '중국의 선전 기지'[26]로 전환함으로써 국제적으로 정치적 위상을 높일 수 있다고 언급했다.

2000년대에 들어 통일전선공작부는 점점 더 광범위한 국제무대에 집중한다. 패브리스 드 피에르부르(Fabrice de Pierreboug)와 미셜 쥬노 카쓰야(Michel Juneau-Katsuya)는 자신들의 저서 『스파이들의 둥지(Nest of spies)』에서 통일전선공작부가 "외국과 관련된 중요 서류 일체를 관리하는데… 여기에는 선전(홍보), 해외 중국 유학생 통제, 중국인 디아스포라와 중국에 동조하는 사람 중에서 공작원을 모집하는 업무도 포함된다."라고 기술했다.

2007년에 공산당은 중국의 해외 소프트 파워(soft power)를 강화하기 위해 통일전선공작부의 예산을 대폭 늘렸다.[27] 2014년 9월 시진핑은 연설을 통해 통일전선공작부와 해외화교사무판공실과 같은 관련 기관들의 중요성을 강조하면서 이들 부처를 완전히 새로운 레벨로 격상시킨다. 시진핑은 마오쩌둥과 같이 통일전선공작부가 "중국 공산당의 마법 무기 중 하나이다."라고 하면서, 이를 통해 "해외 적대 세력을 위축시키기 위한 여러 세력을 통합할 수 있다."[28]라고 했다. 2015년 당시, 시진핑은 통일전선 소조를 이끌어 폭넓은 통일전선 활동의 중요성을 강조함과 동시에 완전히 통제가 가능할 수 있게 했다. 시진핑 치하에서 통일전선공작부의 예산은 약 100억 달러로 증가한 것으로 추정된다.[29]

통일전선공작부의 정확한 목적은 공개적으로 입증하기 어려운 제반 관계를 통해 영향력 행사를 모색하고 소수 민족, 정치문제, 민족 정체성과 같은 민감한 문제에 정교하게 영향을 미치고, 그러한 영향력의 정체를 밝히려는 자들을 편견이라는 비난으로 취약하게 만드는 데 있다. 통일전선공작부는 명확하게 중국 공산당 정책과 연계는 없지만, 그런데도 불구하고 중국 공산당에 동정적인 여론은 촉진하고 비우호적인 여론은 질식, 고립시키려는 노력을 한다.

최근 저자가 조간 워싱턴 포스트(The Washington Post)를 집 앞 차 진입로에서 집어 들었을 때 이 점이 떠올랐다. 신문안에는 중국 차이나 데일리(China Daily) 무료 신문이 끼워져 있었다. 차이나 데일리는 전 세계 공항, 호텔, 사무실 등 어디에서나 볼 수 있는 중국에 초점을 맞춘 영자 신문이다. 즉, 선전부의 기관지다. 어떠한 이유로 집 문 앞에서 차이나 데일리를 접할 수 있게 되었을까? 주문하거나 구독 신청하지 않았는데도 말이다. 워싱턴 포스트가 선물로 준 것인지? 워싱턴포스트지는 분명히 차이나 데일리 사설 내용을 지지하지는 않는다. 이 선전물을 배포하기 위해 워싱턴포스트지에 비용이 지급되었을까? 글쎄, 그럴 수도 있다. 사설에서 표현의 자유와 민주주의를 옹호하는 워싱턴 포스트에 시진핑이 기능을 보강한 통일선전공작부가 비용을 낸 덕분에 나는 차이나 데일리를 무료로 받아보는 것일 수도 있다.

코로나바이러스 대유행 이후 많은 미국인 친구들이 몇 년 동안 소식을 듣지 못한 오랜 중국 내 연락처로부터 편지를 받은 것도 흥미로웠다. 이 편지에는 중국에서 보호 마스크를 보내주겠다는 내용이 포함되었다. 이는 중국 통일전선공작부가 얼마나 철저한가를 보여주고 적극적으로 끌어안는 모습을 보여주는 척도다.

통일전선부의 또 다른 방식은 중국인 유학생 학자 협회(CSSA)와 대학 캠퍼스 내에 설치된 공자센터를 통해 접근하는 것이다. 제임스 지엔화토(James Jian Hua To)는 중국인 유학생 학자 협회(CSSA)가 중국 대사관과 영사관으로부터 상당한 지원을 받고 있다고 지적한다. 미국 조지타운대학 중국인 유학생 학자 협회(CSSA)의 예산 문서에 따르면 2018년 포린폴리시(Foreign Policy)는 이 협회가 중국 정부로부터 연간 예산의 약 절반을 지원받았음을 알 수 있다.[30] 물론 중국이 해외 학생 단체를 지원하는 유일한 국가는 아니지만, 학생들의 정치적 동원은 이들 단체의 전형적인 문화교육 활동 수준을 훨씬 뛰어넘는다. 예를 들어 2017년 2월 UC 샌디에이고 대학이 달라이 라마를 초청하여 졸업식에서 연설하게 했다. 이에 대해 UC 샌디에이고 중국인 유학생 학자 협회는 "학교의 불합리한 행위에 단호히 저항한다면서 강력한 조치를 할 것"을 촉구했다. 중국인 유학생 학자 협회는 샌디에이고에 있는 중국 영사관 측과 협력했으며, 이 건에 대해 "총영사관의 권고를 기다리고 있다."[31]고 주장했다. 테네시대학 중국인 유학생 학자 협회 헌장에 따르면 회원들은 "조국을 열렬히 사랑하고 조국의 명예와 이미지를 보호할 것을 요구한다고 말하면서, 협회 가입을 위해 타이완, 홍콩, 마카오 학생들은 중국의 민족 통일을 지지하고 하나의 중국 원칙을 인정해야 했다."라고 말했다.[32]

스탠퍼드대학 후버연구소가 2018년 발간한 「중국의 영향력과 미국의 이익(China's Influence & American Interest: Promoting Constructive Vigilance)」에서 중국은 "우리의 민주 절차를 약화할 수 있는 문화적, 정보적 영향력을 추구하고 있다."라고 지적하고, 이러한 노력은 "은폐, 강압 또는 부패로 인한 것이다."라는 맬컴 턴불 (Malcolm Turnbull) 전 호주 총리의 관찰 내용을 인용했다. 후버연구소 보고서는 공자학원과 중국인 유학생 학자 협회가 수시로 중국 대사관과 영사관으로부터 직접적으로 지원 받아 미국 대학 내 중국 학생과 미국 교수진의 학문적 자유에 대해 보고하며 서로 협력하는 방법을 모색해왔다고 지적한다. 또한 중국 공산당이 정치적 공격으로 간주하는 행사를 주최하는 미국 대학은 "중국 대사관 소속 외교관들로부터 가중된 압력을 받고 때로는 보복까지 당하고" 있으며 중국 외교관과 기타 단체는 타이완, 티베트, 남중국해와 관련된 미국 싱크 탱크의 보고서 작성 등을 차단하고 미국 기업들이 어떤 형태로든 중국 공산당의 공식 노선에서 벗어나게 되면 이를 단죄하려고 했다고 한다. 경제 스파이 활동, 미국 첨단 기술 기업의 파일 해킹을 통한 절취, 중국 내 조인트 벤처 거래를 통한 기술 이전 강요 등을 뛰어넘어 중국은 미국 첨단 기술 기업에 대한 투자와 미국 대학 실험실의 개방성을 최대한 활용하여 귀중한 신기술을 절도했다.

이러한 중국의 침투는 영향력 확대 모색 정도를 넘어 한층 더 높은 수준으로 감시가 불가능한 형태로 이어지고 있다. 미국의 경제적, 전략적 손실은 점차 계속되서는 안 되는 수준으로, 이는 수많은 미래 첨단 기술 분야에서 글로벌 지배력 상실을 가져올 뿐 아니라 미국의 상업적, 군사적 우위를 약화하고 있다.[33] 이는 비단 미국에 국한되지 않는다. 유사한 활동이 호주, 캐나다, 프랑스, 독일, 일본, 뉴질랜드, 싱가포르와 영국 등지에서도 보고되었다.

이 보고서에서는 또 다른 흥미롭고 중요한 문제인 검열과 자체 검열 문제도 다룬다. 어떤 학자는 이렇게 말한다. "자기 검열을 행하고 있지는 않으나, 그렇다고 매일 논쟁을 벌일 필요도 없다. 논쟁을 벌이면 비자가 끊기거나 거부된다."라고 한다. 또 다른 사람은 "우리 연구소를 보호하는 일과 진실을 말하는 것 사이에 갈등이 있다. 접근이 가능하냐의 문제이거나 '돈' 문제이건 간에 말이다. 공개회의 석상에서 중국에 대해 극단적으로 비판하는 태도를 보이지 않아야 한다는 암묵적인 이해도 있다."라고도 한다. 또 다른 전문가는 "무의식적으로 자기 검열을 하지 않기가 상당히 어렵다."[34]라며 고충을 토로한다.

미국 이외 지역으로는 호주, 캐나다, 뉴질랜드도 통일전선 활동에 있어 눈에 보이는 표적이다. 한 핵심 제보자에 따르면 2004년 8월 중국 대사들과 외교부 관리 회의에서 후진타오(Hu Jintao, 胡錦濤) 당서기는 그 순간부터 호주가 중국이 정의 내린 '전반적 주변부'에 포함되어야 한다고 언급했다고 한다. 중국은 호주, 캐나다, 뉴질랜드 등을 무력화하기 위해 '전반적 주변부'에 속한 이들 국가에 대해 특별한 관심을 기울여왔다.[35]

2005년 2월, 중국 외교부 조우원중(Zhou Wenzhong, 周文重) 부부장은 캔버라에 도착하여 호주 주재 중국 대사관 고위 관리들에게 중앙위원회의 새로운 전략을 설명했다. 조우 부부장은 대사관 직원들에게 단기 목표는 호주를 20년간 중국의 지속적 경제성장을 위해 신뢰할 만한 안정적 공급 기지로 확보해야 한다는 것을 언급했다. 장기 목표는 미국과 호주 동맹에 쐐기를 박아 넣는 것이었다. 조우 부부장은 자신 팀의 과제는 "호주에 대해 경제적 정치적 그리고 문화적으로 모든 방면에서 광범위한 영향력을 확보하는 것이다."[36]라고 했다. 중국은 호주를 미국에 '노(No)'라고 말할 수 있는 서방 국가로 만들기를 희망했다.

이와 같은 태도와 정책이 캐나다에도 적용되었는데, 중국은 캐나다 정치 지도자들에 대한 영향력 행사가 능숙해졌고, 이 때문에 군사 용도로 전용이 가능한 수출 금지 품목의 기술을 보유한 회사를 인수할 수 있게 되었다. 이 사건은 2017년 캐나다 저스틴 트뤼도(Justin Trudeau) 총리가 몬트리올의 'ITF 테크놀로지스'를 한 중국 기업에 매각하는 것을 금지했던, 이전 명령을 뒤집고 군 통신 제품을 생산하는 '노르샛 인터내셔널(Norsat International)'을 중국의 하이테라 커뮤니케이션(Hytera Communications)에 매각하도록 허용하게 설득당했을 때 그 점이 더 명확해졌다.[37]

이는 시드니 주재 중국 총영사관 천용린(Chen Yonglin, 陳用林) 제1비서가 후진타오와 회담에 참석해 문서를 읽었었기 때문에 우리는 의심할 여지 없이 호주 상황을 파악하게 되었다. 그리고 2005년 6월 천용린은 영사관을 나와 호주로 정치적 망명을 요청했으며, 이를 받아들인 호주 측에 "확정된 전략 계획에 따라 중국 공산당은 체계적으로 호주에 침투하기 위해 조직적인 노력을 기울이기 시작했다."라고 설명하면서, 중국은 "호주와 뉴질랜드 양국 모두 중국이 서방의 사슬 중 약한 고리로 간주한다."라고 설명했다.[38]

이어 페어팩스 미디어 조사에서 호주 정치인과 호주 내 화교 커뮤니티를 대상으로 한 중국의 명백한 통일전선부의 작업 내용이 밝혀졌으며, 그 후 호주 보안정보국(ASIO)의 주요 보고에도 그 사례가 언급되었다. 뉴질랜드에서 앤 마리 브래디(Anne-Marie Brady)는 광범위한 중국의 정치적 영향력과 통일전선부에 대한 기록을 남겼으며, 양지엔(Yang Jian) 의원이 중국 정보기관과 연계되어 있음도 시사했다. 파이낸셜타임스는 통일전선부의 핸드북을 인용하여 캐나다에서 자신들이 선호하는 후보자를 선출직에 진출시키는 데 성공했다고 주장하는 내용을 보도한 바 있다.[39]

완전한 팀플레이

이해해야 할 주요 내용은 중국이 완전한 팀플레이를 하고 있다는 사실이다. 모든 것이 다른 모든 것과 연결되어 있다. 독립적으로 연기하는 배우(역할을 하는 사람)들은 없다. 일반적으로 중국을 대할 때, 한 사람이 중국 전체와 거래하는 것인데, 반대로 중국은 전체적으로 망설임 없이 업무를 통합적으로 처리한다. 더욱이 중국팀이란 중국 공산당이라는 단일 주체에 의해 소유되고, 통합적으로 훈련되고, 지도되고, 단련되고, 업무 성과에 따른 보상도 받는다.

닭이 먼저? 알이 먼저?

세계의 자유시장경제, 법치 기반 민주주의에 대한 커다란 도전이란 곧 중국의 게임이 자유세계의 제반 조치나 성명에 무관하게 진행되는 것이라는 점을 이해해야 하는 것이다. 즉, 중국 공산당이 자유세계의 태도와 행동에 따라 정책과 행동을 조정한다는 추측이 자유세계 기득권 인사와 중국 전문가에 의해 알려지기도 하는데, 이는 대부분 난센스다. 전술적인 측면에서는 어느 정도 일리가 있을 수는 있겠으나, 궁극적인 목표에서는 전혀 그렇지 않다. 예를 들어, 핵심기술 산업에서 지배력을 유지하는 것에 대해 자유세계가 강조하고 나서게 되면 해당 산업에서 중국의 자급자족 드라이브를 강화할 뿐이라고 말하는 것도 매우 무의미하다. 중국은 이미 그러한 자급자족 노력을 기울이고 있으며, 늘 그래왔고 앞으로도 항상 그럴 것이기 때문이다. 왜냐하면 그렇게 영향력을 확보하지 못하게 되면, 중국 공산당은 모든 것을 통제하는 중국 공산당의 불멸성이라는 궁극적으로 종교적인 목표를 달성하기 위해 가져야 하는 지위가 약해지기 때문에 이는 공산당 지위(생존)와 관련된 문제이기에 노력을 더 하기 때문이다.

03

전략

인간의 정신 개조가 탱크 생산보다 훨씬 중요하다.
- 조세프 스탈린

중국에 대한 중국 공산당의 국가전략을 생각할 때, 공산당의 뿌리, 오랜 목표와 이를 달성하기 위한 종교와 같은 헌신을 생각하는 것이 중요하다. 호주의 중국 전문가이자 언론인인 존 가노트(John Garnaut)는 최근 기사에서 지난 10년 동안 "경제 개방이 필연적으로 정치적 개방으로 이어지지 않는다는 사실을 받아들여야 했다."면서 "그러한 일이 발생하지 않도록 할 수 있는 능력도 있고 최선을 다하고 있는 정권이 있을 때는 특히 그렇다."라고 했다.[1]

존 가노트는 "정치가 전부는 아니지만, 북한을 제외하면 중국만큼 이념에 단단히 묶인 정치 체제는 없다."라는 점을 강조한다. 이러한 중요한 사실은 중국에 대한 일상적인 논의에서 쉽게 잊혀버리는 경향이 있다. 왜냐하면 민주주의 세계가 쉽게 소화하기에는 너무 생소한 개념이기 때문이다. 서구에서 종교가 심각하게 받아들여졌던 19세기라면 이를 이해하기 더 쉬웠을 것이다. 예를 들어, 윌리엄 맥킨리(William McKinley) 대통령이 "필리핀인들을 높이 세우고 기독교화하는 것이 필요하다."면서, 필리핀 점령 결정에 관해 설명한 바 있다. (맥킨리는 로마 카톨릭이 많은 필리핀이 아시아에서 유일한 기독교 국가라는 사실을 분명히 인식하지 못한 것 같다) 그러나 종교가 더 이상 정치적 담론을 지배하지 않는 오늘날 민주적인 세계에서 이론을 정립하는 자들이 사건과 개념을 세속적인 용어로 기술함으로써 이를 '정상화'하기는 더 쉬울 것이다.

중국에 대해 공산당과 별개의 것이라고 이야기하려는 시도는 중국이 어떠한지, 원하는 것이 무엇인지, 어디로 가고 있나에 관해 고통스러운 논쟁을 회피하는 일종의 방편이었다. 그러나 궁극적으로 이러한 노력은 우리가 완전하게 중국을 이해할 수 있는 기회를 박탈하는 것이 된다.

판단의 관건은, 반대되는 많은 수사에도 불구하고 중국 공산당(CCP)과 중화인민공화국(PRC)을 세운 자들은 국가를 장악했을 당시 과거를 버리지 않았다는 점이다. 오히려 이들은 [스탈린을 통해(via Stalin)] 공산주의에 대한 이해를 고대 중국왕조 체제와 접목했다. 존 가노트(John Garnaut)는 마오쩌둥과 그의 동지들은 "중국 제국의 이야기를 들으며 성장하는 가운데 중국 고전 읽기를 멈추지 않았다."라고 했다. 실제로 마오쩌둥은 침대맡을 중국 고전들로 가득 채웠다. 홍루몽과 삼국지 등 중국 고전은 모두 "중국왕조의 흥망성쇠에 관한 것들로 과거는 물론 심지어 오늘날에도 중국 문학과 역사의 거대 서사시이다."[2] 공산주의 혁명가들은 이러한 스토리들을 자녀들에게도 물려주었다. 혁명 가족의 후손인 오늘날의 '태자당'(太子黨, 특히 시진핑)은 새롭게 공산주의를 정화할 필요가 있음을 설파하면서 왕조 시스템에 심취해 있다.

태자(太子)들의 관점에서 볼 때 중국이 비록 공산당 통제에 있긴 하나 여전히 순환하는 왕조 가운데 있는 것이다. 이러한 시스템에서 정치적 권력을 잃는다는 것은 단순한 실직이 아니라 모든 것을 잃어버리는 것을 의미한다. 중국어로는 '사활을 건 투쟁'으로 "네가 죽어야 내가 산다."[3]로 번역하는 편이 더 나을 것이다. 시진핑과 그의 왕조는 오늘의 현실을 망각하는 순간 자신들의 미래가 과거 몰락한 만주족(청나라) 혹은 명나라* 사람들과 같게 된다고 믿는다.

오랫동안 서방 세계는 이러한 이념적 열망이 서류상으로만 존재한다고 생각하며 위안받는 사이에, 중국 내 14억 명의 인민들은 가족과 공동체를 만들고 관련 지식과 번영을 추구하는 일을 계속해왔다. 그러나 이러한 중국인들의 이념을 진지하게 받아들여야 하는 부분도 있다. 1989년 이래 중국 공산당은 '부정적인 문화 침투'로부터 스스로 방어하는 것을 포함하여 국가보안법 초안으로 '이념 안보'라고 부르는 것을 중심으로 당을 재건해 왔다. 선전과 안보－문(文)과 무(武), 즉 펜과 총은 불가분이라며 시진

---

* 1368년부터 1644년까지 존속한 주원장이 세운 중국 마지막 한족 통일왕조다. 홍무제와 영락제 시기 흥성하다 만력제와 천계제 시기 쇠퇴하기 시작했다. 결국 이자성의 난과 후금의 거듭되는 침략으로 쇠퇴했다. 1662년 경 청나라(만주족)에 의해 멸망하고 말았다.

핑 주석은 2013년 8월 9일 제1차 전국 선전공작회의에서 당 지도부는 “정치인들이 신문사를 운영할 수 있도록” 하고 “과감하게 칼을 보여야 한다.”라고 언급한 바 있다.[4]

그보다 4개월 더 앞서 시진핑의 오른팔인 리잔수(Li Zhanshu, 栗戰書)가 운영하는 당 중앙판공청은 모든 고위급 당 조직에 악명 높은 정치 지침을 보냈는데, 이 ‘9호 문건’은 ‘이념 영역의 현 상태에 관한 코뮤니케’에 포함되었으며, 여기서 “문화 전선에서 사상 전파를 가장 중요한 정치적 과제로 설정했다.”고 한다. 이 문서는 간부들에게 다음과 같이 ‘거짓 트렌드’에 대해 ‘대중적 열정’을 불러일으킴과 동시에 ‘강렬한 투쟁’을 벌여 나갈 것을 지시하고 있는데, 그 내용은 다음과 같다.

1. 서구 입헌 민주주의 — “현 지도력을 약화시키려는 시도”
2. 인권의 보편적 가치 — “당 지도부의 이론적 기초를 약화하려는 시도”
3. 시민 사회 — 당의 사회적 기반을 해체하기 위한 ‘서방 내 반중 세력’의 ‘정치적 도구’
4. 신자유주의 — 미국이 주도한 “중국의 기본 경제 시스템을 바꾸려는 노력”
5. 서방의 언론관 — 뉴스에 대한 마르크스주의적 관점을 공격하고 “우리 이념에 침투할 수 있도록 개방의 틈을 벌리려는” 시도
6. 역사적 허무주의 — 당의 역사를 훼손하고 중국 사회주의의 “필연성을 부정”하려는 시도
7. 개혁과 개방에 대한 의문 제기 — 개혁이 더 진척될 필요성에 대한 논쟁

존 가노트는 “이 문건에는 모호성이 없으며 인민의 당에 침투하여 반란을 일으키고 전복하려는 서구의 음모는 특정 서방 국가의 생각이나 행동에 의한 것이 아니라 이는 하나의 수학적 등식으로 중국 공산당이 존재함에 따라 공격을 받는다고 판단하는 것이다. 어떠한 수용적 태도와 확신을 준다 해도 공산당에게 결코 충분할 수는 없다. 이러한 것도 공산당의 전술이고 계략인 것이다.”라고 했다.[5]

역으로 서구 자유주의의 음모가 없다면 중국 공산당은 존재 이유를 상실하게 된다. 전위 정당을 유지할 필요가 없으며 시진핑은 평화롭게 공산당이 진화하도록 내버려 둘 것이 당연하다. 우리는 이 문서가 사실이라는 것을 알게 되었는데, 이 문서를 인터넷에 공개한 중국 언론인 가오유(Gao Yu, 高瑜)가 체포되었고 자녀가 위협을 받았기 때문이다. 이로써 가오유는 2016년 2월 8일 인터넷 시대에 최초로 문화대혁명 방식의 고백을 한 것이다.[6]

2013년 11월 시진핑은 부분적으로 '서방 국가들이 제기하는 문화에 대한 극단주의 세력과 이념적 도전'에 대응할 목적으로 신설된 중앙국가안보위원회의 수장이 된다.[7] 공산주의 이념(레닌에서 스탈린, 마오쩌둥, 시진핑으로 면면히 내려오는 계보)의 핵심은 공산당이 항상 스스로 자신을 서구 자유주의인 적대적 세력과 끊임없이 투쟁하는 존재로 정의했다는 것이다.

시진핑은 가능한 모든 곳에서 전면적 이념 통제 프로젝트를 촉진하기 위한 관련된 말과 행동을 한다. 2015년 5월 노동절 연설에서 시진핑은 '광범위한 청년 대중'에게 자신의 비전은 "모든 중국인(해외 거주 중국계 후손 포함)이 튼튼한 도시 성곽처럼 하나의 의지로 뭉칠 것을 요구한다."라고 했다. 시진핑은 스탈린과 마오쩌둥이 선호하는 은유를 사용하여 청년 대중은 "자신의 인격을 단련할 필요가 있다."[8]라고도 했다. 1932년 스탈린이 내놓은 공식은 "인간의 영혼을 생산하는 것이 탱크를 생산하는 것보다 더 중요하다."였다.

이 프로젝트에는 어떠한 모호함도 없다. 이 프로젝트는 시진핑이 행하고 말하는 모든 것에 포함되어 있으며, 외부인들에게는 불투명하게 보이도록 설계된 시스템 안에도 존재한다. 시진핑은 공산주의라는 개념이 지난 세기 그 어느 때보다 매력적이지 않은 시기에 공산주의 이념을 더 강하게 추진하고 있다. 그러나 오늘날의 이념은 마르크스주의와 유사성이 거의 없다. 공산당 지도자인 첸윈(Chen Yun, 陳雲)은 "우리는 공산당이며 공산주의가 무엇인지 결정할 것이라고"[9] 했다. 그리고 남은 것은 장기적인 목표를 위해 애국심으로 가장한 권력의 이념일 뿐이다.

시진핑은 이미 인터넷이 사회를 전복시킬 것이라는 전망을 뒤집을 수 있음을 보여주었다. 5년이라는 시간 동안 시진핑은 빅데이터 기술과 인공지능(AI)의 도움으로 인터넷을 민주화 도구에서 통제 도구로 변화시켰다. 유토피아로의 여정은 아직 진행 중이나 반혁명 세력을 물리치기 위해서는 먼저 사이버 세상이 가져온 디스토피아(dystopia)를 통과해야 한다.

이 프로젝트의 과감성이 숨이 막힐 정도라면 그것이 시사하는 바도 그럴 것이다. 우리가 맞이할 도전은 시진핑의 전면적 이념 통제 프로젝트가 중국 내에 머무르지 않을 것이라는 점이다. 이 프로젝트의 실체는 중국 유학생, 여행객, 이민자, 특히 돈과 함께 돌아다닐 수 있게끔 잘 포장된 것들이다. 이것은 중국어로 된 인터넷 채널을 통해 흘러 들어가 세계 주요 언론매체 및 문화 공간을 통해 확산되면서 중국의 점증하는 글로벌 이익과 보조를 맞추며 심지어 그러한 이익이 생길 것이라는 기대를 갖게 한다.

중국의 부상

1979년 당시만 해도 오늘날 중국의 중요성과 시진핑 시대에 대해 중국 밖에서는 상상할 수조차 없었다. 1982년 가을 저자가 처음 본 중국은 충격적이었다. 나는 미국 최초의 중국 무역사절단에 포함되어 말콤 볼드리지(Malcom Baldridge) 장관을 수행하는 상무 차관보 대행으로 중국에 갔었다. 조지 부시(George H. W. Bush) 부통령이 당시 중국주재 미국 대사였으며 미·중관계를 더 긴밀하게 발전시키기 위해 노력했었는데, 무역사절단 방중은 미·중 양국의 무역과 경제 관계 정상화를 위한 조치 중 일환이었다.

우리는 '에어포스 2'*를 타고 상하이 근처 중국 영공에 진입했다. 거기에서 우리 비행기는 우측으로 방향을 틀어 베이징 국제공항에 착륙했다. 그러나 공항이라고 부르기에는 과장이 심한 것처럼 보였다. 저자의 어린 시절 집 근처에 개인 소유 항공기 활주로가 있었는데 그와 유사한 모습이었다. 경비행기인 파이퍼 컵스(Piper J-3 Cub)의 이착륙을 보기 위해 나는 가끔 자전거를 타고 가곤 했다. 베이징 국제공항에는 활주로 한 개와 외양간 같은 탑승구 하나가 있었다. 중국인들이 우리를 베이징으로 데려가기 위해 줄을 섰던 리무진은 러시아산 자동차 질(Zil)의 복제품이었는데, 질 역시 1955년식 캐딜락 복제품이었다. 좌석은 문자 그대로 나무로 되어 있었다.

우리가 베이징으로 진입하는 도로에는 차량이 없었다. 처음에는 중국 정부가 우리 행렬을 위해 교통을 통제했다고 생각했다. 그러나 베이징에 가까워지면서 여전히 자전거 외에는 차량이 없는 것을 보았을 때, 이 나라에는 자동차나 트럭이 전혀 없다는 것을 깨닫게 되었다. 신호등도 없고 5층 이상 건물이 한 두 채밖에 없었다. 모두가 자전거를 타고 검은색 인민복(중산복)을 입고 있었고, 이렇다 할 경제활동도 보이지 않았다.

회의 토론 내용은 너무도 상징적이고 지루할 정도로 기초적이었다. 예를 들어 미국 회사가 베이징에 사무실을 개설하는 방법을 결정하고자 노력하는 과정의 국제 무역에 관한 실제 기본 사항에 대한 대화였다. 분명한 점은 난해한 과학 지식을 논하는 로켓 과학자는 아니었음에도 당시만 해도 역사상 가장 위대한 '경제적 기적' 중 하나에 대해 오디션을 보고 있었다는 것이라고는 상상하지 못했다.

---

* 미국 대통령 전용기인 에어포스 원(공군 1호기)에 대응하여 부통령 전용기로 만든 것이 에어포스 2다.

사실 중국 도착 당시 이미 많은 스타트업 기업이 있었는데, 마오쩌둥 시대 중국의 경제성장은 일본과 아시아의 호랑이에 비해 훨씬 뒤처져 있었지만 성장은 지속되었다. 인적 자본에 대한 주요 투자는 1960년대와 70년대에 이뤄졌다.

또한, 중국 전체 생산의 3/4 이상을 차지하는 국유기업(SOE)이 제조업에 실질적으로 투자했다. 그러나 이러한 생산은 중앙의 계획에 따라 이뤄진 것이었고, 외국 기업은 활동이 금지되어 있었으며 수입은 중국이 자체 생산할 수 없는 원자재에 국한되었다.

자유화를 향한 첫 번째 단계는 집단 농장 소속 농부들이 자유시장에 농작물 일부를 판매할 수 있도록 하는 것이었다. 이로 인한 농업 생산량의 극적인 증가는 농업 자유화를 증대했고, 결국 농민들은 스스로 생산 목표와 노동시간을 결정할 수 있게 되었다. 농부들은 심지어 농장도 소유할 수 있게 되었다. 농업 자유화가 성공하게 되면서 중국 당국은 수출 촉진과 첨단제품 수입을 위해 4개의 경제특구를 설립했다. 중국은 일본의 경제 기적과 아시아 호랑이(용)들의 부상을 목도한 것을 배경으로 선구자적 국가들을 주의 깊게 연구했다. 중국 지도자들은 수출주도 성장의 의미도 충분히 이해했다. 싱가포르 사례를 통해 외국인 투자 확대를 통한 신기술 도입의 의미도 알고 있었다. 경제특구는 외국인 투자자 유치를 위해 세금 혜택을 비롯하여 제반 인센티브(성과급이나 대우)를 받을 수 있었다. 여러 산업 분야에서 중국의 저임금 수준은 당연히 상당한 매력 요인이었다.

경제 개혁이 진행되는 동안 여러 기업의 경제적 통제권이 중앙 정부에서 지방 정부로 이관되었고, 일부 자유시장 관행을 채택할 수 있게 되었다. 주민들 개인 사업이 장려되었고 사업 착수에도 인센티브가 있었다. 정부의 국유기업 폐쇄 또는 처분 조치에 따라 수백만 명이 실직하고 교육과 의료 혜택을 받을 기회를 상실하면서 퇴직해야 했는데, 이 자체가 인센티브로 연결되었다. 수입 장벽도 제거되거나 축소되고 중국 시장에서 외국 제조사들과의 경쟁은 심화되었다. 다양한 개혁 사례가 분석되고, 최고의 성과를 이룬 것으로 여겨졌던 모범 사례는 점차 전국적으로 확대되었다. 덩샤오핑은 이 과정을 "돌을 더듬어 가며 강을 건너는 것"이라고 설명했다.[10]

1980년대 내내 강바닥에 돌들은 고르게 놓여 있었고, 상당히 매끄러워 발가락이나 발뒤꿈치에 멍이 들지 않았다. 중국 경제는 7년마다 두 배씩 성장했다.

텐안먼 사태에 걸려 넘어졌다가 회복

1989년 6월 텐안먼 광장에서 학살이 발생하면서 당시 중국 경제성장률이 4.2%로 하락한 데 이어 1990년에는 3.9%로 떨어졌다.[11] 인민해방군의 개입은 중국 공산당을 구했으나 경제는 구해내지 못했다. 그러나 학살을 애도하던 사람들은 개혁의 실패를 애도하기 위해 모이기 시작했고, 당시 중국 공산당은 누구도 예상치 못한 일행의 도움으로 구원받게 되었는데, 조지 H. W. 부시 미 대통령과 주요 기업 CEO들이 그들이다. 인민해방군이 무력을 사용하여 인명을 살상한 것에 대해 유감을 표시하면서도 부시 대통령은 미국이 "매우 중요한 국가인 중국과 개방적 관계를 유지할 것"[12]을 촉구했다. 추후 부시 대통령은 자신의 주요 목표가 중국의 고립과 소외를 회피하는 것이었다고 언급한 바 있다. 부시는 미국 대사 본국 소환 제의를 거부했고, 오히려 중국의 대미 무역과 관련된 최혜국 지위 제안을 미 의회가 철회하지 않도록 설득했다. 또한, 부시 대통령은 브렌트 스코크로프트(Brent Scowcroft) 국가안보보좌관을 비밀리에 베이징에 파견하여 덩샤오핑으로 하여 여타 국가들이 중국과의 관계를 축소하더라도 미국은 중국과의 외교관계를 유지할 것이라는 점을 확신시켜주었다. 이는 미국이 자국 시장 진출과 관련해 영국, 일본, 독일, 프랑스 등 동맹국에 제공하는 것과 동일한 대우를 중국에도 계속 부여하겠다는 의미였다. 이러한 조치에 대해 부시 대통령은 그간 중국 시장을 학수고대해왔던 비즈니스 라운드 테이블에 참석할 CEO들과 중국 내 미국 상공회의소 주요 회원들의 지지를 받았다.

부시는 추후 자신이 1974년과 1975년 주중 미국 대사로 재직하는 동안 '진정한 중국인'에 대한 감(인식)을 키워나갔다고 설명했다(이 부분은 부시가 정말 그렇게 했는지 미스터리다. 부시는 중국어를 말할 줄도 읽을 줄도 모르고 대사로서 여러 평범한 중국인들과 교류할 수 있는 위치에 있지도 않았다). 부시가 그러한 경험이 없었더라면 훨씬 더욱 강경한 태도를 보였을 것이라고 언급했다. 부시는 당시 아마도 소련에 스파이 거점을 유지하는 데 더 많은 관심이 있었을 것이다. 만약 부시가 강경한 태도를 보였더라면, 혹은 CEO들이 중국 학생들을 대상으로 군사를 동원했던 정권과 거래를 통해 이익을 챙기는 것에 대해 도덕적 불안감을 느꼈더라면 중국 경제는 아주 느리게 회복되었을 것이 분명했고, 오늘날 세계 두 번째 경제 대국이 되지도 못했을 것이다.

1991년 중국 GDP 성장률은 9.2%, 1992년에는 14.2%로 반등했다. 중국 국가 생산에서 외국인 소유 기업이 차지하는 비중은 1990년 약 2%에서 1998년 30%로 급속히 증가했다.

이는 부시의 노선을 따라 대부분 미국인과 외국인 투자가 중국으로 쇄도한 결과였다. 중국 전체 수출에서 외국인 소유 기업이 차지하는 비중은 1990년 10%에서 1998년 거의 50% 수준으로 급증했는데, 주로 미국, 유럽, 일본 기업들이 생산을 중국에서 아웃소싱했기 때문이다. 중국에 대한 외국인 직접투자는 1990년 사실상 제로(0)에서 1992년 200억 달러, 1995년 400억 달러로 늘어났다. 한 가지 결정적 이유는 1990년 중국 내 임금이 월평균 약 50달러에 불과했었는데, 임금 인상도 완만하게 이뤄져 2000년에 이르러서야 100달러가 되었다. 또한, 기업들은 결국 중국이 거대한 시장으로 변모될 것이라 믿고 시장에 조기 진입하기를 원했다. 그러나 이들 기업은 인건비를 줄이고 노조와 환경을 제약하고 공장 내 사고에 대한 책임을 회피하고자 중국으로 생산기지를 이전한 것이었고, 그 다음으로는 중국에 대한 미국의 최혜국대우 조치로 자국인 미국과 여타 선진국으로 재수출하는 데 관심을 두었기 때문이다.

마지막 호랑이(虎), 최초의 용(龍)

중국에서 마오쩌둥 집권 당시 일본과 아시아 호랑이(4마리 용)의 경제 기적을 무시했다면, 덩샤오핑이 집권한 후에는 특히 싱가포르와 일본 연구를 게을리하지 않았을 것이다. 국가라고 하기에는 작은 도시 국가 싱가포르는 두 가지 이유에서 특별한 관심을 받았다. 싱가포르 인구는 중국계가 75%로 민주주의 국가라기보다는 일당제 국가였다. 중국보다 훨씬 더 개방적이고 자유로운 일당제 국가임에도 불구하고 완전히 민주적이지는 않았고 표현의 자유는 합리적인 범위에서 자유가 보장되지만 공개적으로 자유롭게 말하는 데 있어서는 일정 한계가 있었다.

한국 그리고 타이완(대만)이 상당 부분 복제한 일본 모델은 싱가포르 모델과 흡사했지만, 일본은 외국인 직접 투자 처리 방식에 있어 큰 차이가 있었다. 일본은 외국인 투자를 막았었다. 2차 세계대전 후 미국의 완전 점령을 경험한 일본이 극구 원하지 않았던 것이 미국 대기업들의 일본 시장 독점이었기 때문이다. 일본은 외국인 직접 투자에 대해 수많은 장벽을 세웠다. 일본 정부는 자국 기업들이 외국 자본에 팔려 가서는 안 된다는 지시를 내렸고, 일본 기업들도 외국인들이 통제 권한을 갖지 못하도록 복잡한 상호출자 시스템을 만들어내라는 권고를 받았다.

중국 내에서는 외국인이 구매할 수 있는 토지는 거의 없었다. 일본은 IBM의 경우와 같이 IBM사가 제공하는 기술과 제품이 절실히 필요할 때는 예외를 두었지만, 그러한 경우에도 일본 정부는 특정 기술은 일본에서 개발하도록 요구했다.

반도체 산업이 좋은 예다. 텍사스 인스트루먼트(TI, Texas Instruments)는 일본에 공장을 설립하기를 원했고, 당시 일본에는 TI사가 제공하는 기술이 필요했다. 그러나 일본 통상산업성(MITI)은 TI가 소니와 합작 회사를 설립하고 소니가 TI 기술에 접근할 수 있도록 요구했다. 이것조차도 예외적 사례였다. 기본적으로 일본은 외국 기업을 원하지 않았고, 외국인 투자는 일본의 경제 기적에서 작은 역할만 했을 뿐이다. 2차 세계대전 이전에도 일본은 산업 기술 강국이었다는 사실을 기억할 필요가 있다. 전쟁으로 피해가 컸지만 복구할 수 있는 인적 자본과 경험 및 노하우를 갖고 있었다.

이와는 대조적으로 싱가포르는 1965년 독립할 당시 재정적으로도 형편없었고, 인적 자본, 토착 기술 역량, 노하우도 없는 문자 그대로 후진국이었다. 스스로 무언가를 시작하려 해도 신발 끈조차 당겨 맬 수 없을 정도였다. 또한, 외국인 투자자를 끌어들일 만큼의 내수 시장도 없는 데다 외국 기업이 기술과 생산시설을 싱가포르로 이전하도록 강요할 수 있는 권한(매력)도 없었다. 싱가포르의 전략은 외국인 투자를 환영했을 뿐만이 아니라 장기간에 걸친 세금 면제, 토지 무상 제공, 인력 교육비에 대한 정부 지원, 공공요금 가격 인하와 같은 인센티브를 제시함으로써 외국인 투자를 적극적으로 유치하는 것이었다. 싱가포르는 미국, 유럽, 일본에 특사를 파견하여 선진국 기업들이 거부할 수 없는 조건으로 거래를 제안했다.

중국 공산당은 두 모델을 합한 형태를 채택했으나, 싱가포르 모델에 비중을 좀 더 두었다. 일본보다 싱가포르에 가까운 개발 모델로 중국 공산당은 외국인 투자를 환영하면서 투자를 적극적으로 유치해 나가기로 했다. 한국은 가난하고 인적 자본도 없는 상태에서 일본 모델을 선택하여 성공했다. 그러나 중국은 싱가포르의 말에 귀를 기울였고, 이 작은 도시 국가가 중국 내 쑤저우(蘇州) 지역에 자유무역 지대를 운영하는 협정까지 맺었다. 게다가 중국은 싱가포르를 따라 외국인 직접 투자를 끌어들이기 위해 세금, 공휴일 제도, 투자 인센티브, 토지 무상 제공, 근로자 교육 그리고 공공요금 삭감 조치도 취했다.

1999년 저자는 인텔사의 중역들과 함께 중국을 방문했는데, 인텔의 중국 사업 계획을 논의하기 위해 고위층과 중간 관리들을 만났다. 권력 피라미드의 최정상에서 최하위에 이르기까지 회의마다 중국 측의 필수적인 질문은 "중국에 공장을 언제 세울 건가? 중국 내에서 높은(강하고 좋은) 이미지(high image)를 유지해야 한다는 점을 깨닫지 못하는가?"였다('높은 이미지'라는 문구는 때때로 '기술 이전'을 뜻하는 일종의 암호 코드였는데, 법치가 부재한 국가에서 "투자하지 않게 되면 안 좋은 일이 생길 수 있음을 인식하지 못하느냐는 부드러운 위협이었다."). 그 말에는 질문이 불가피하게 뒤따랐는데, "반도체 공장 건설비용이 얼마인가?"라는 것이었다. 우리가 '약 40~50억 달러'라고 대답하자 (오늘날은 배 이상이 된 것이지만) 중국인들은 "그럼 좋다. 토지를 무상으로 제공하겠다. 15년간 세금도 면제해주겠다. 전기 수도 등 제반시설도 반값에 제공하겠다. 근로자 트레이닝(교육) 비용도 부담하겠다. 그건 그렇고 우리가 약 10억 달러의 보조금을 만들어 줄 수도 있는데, 이 점에 대해 어떻게 생각하느냐?"고 말했다. 사실상 꽤 좋은 조건이다. 인텔의 운영 비용은 중국보다 미국에서 훨씬 낮을 것이나(인건비는 반도체 생산 비용의 3~5%에 불과하고, 인텔의 미국 내 제조 시설은 높은 수준과 규모의 경제라는 이점이 있다는 점을 명심할 필요도 있었다), 자본비용을 포함하여 전체 금전적 수익을 살펴보고 제공되는 재정적 인센티브를 추가하게 되면 미국보다 중국에서 생산하는 것이 더 수익성이 있을 수 있다고 주장할 수 있게 된다.

외국인 투자에 대한 대우를 제외하고라도 중국이 기적을 낳은 공식은 여타 모든 아시아의 기적과 비슷했다. 이는 국가 저축률부터 시작되었다. 고속 성장을 위해서는 국가가 신속하게 투자해야 하는데, 투자에는 많은 국내 저축이 필요하거나 외국인 직접투자(FDI) 형태로 자금이 유입되어야 한다. 중국은 FDI 유치를 시도하는 한편 높은 국내 저축률 유지를 목표로 삼았다. 1979년 저축률은 GDP의 약 32%에 해당했고, 이는 대개 정부에 자금을 대고 있었던 국유기업의 수입이었다.[13] 인프라에 투자하기 위해 중국 정부는 실질적으로 저축률을 높여야만 했다. 어떻게 국가가 이를 높일 수 있었을까?

간단하다. 중국도 독일, 일본, 한국, 타이완, 싱가포르와 마찬가지로 소비자 신용대출을 전혀 제공하지 않고(소비자들이 현금을 지급하게 함), 또 소비재 가격을 상대적으로 높게 책정하며 상품에 세금을 부과하는가 하면, 해외로 저축이나 자본 유출을 방지하는 한편 국내 투자할 수 있는 기회를 소수 국영은행으로 제한하여 저축 계좌에는 사실상 이자를 지급하지 않으면서 최소한의 보건 서비스와 교육 및 퇴직 후 혜택을 제공하는 정책을 전개했다. 이러한 방법을 사용하여 중국은 저축률을 GDP의 약 52%까지 끌어올렸다. 이는 제2차 세계 대전 중 미국이 달성했던 것에 필적하는, 최고 수준의 저축률에 속한다.[14] (국가들은 일반적으로 전시에 가장 높은 저축률을 보인다. 중국의 금리를 전시 저축률이라고 부를 수 있다) 오늘날 이 비율은 약 45%로 떨어졌지만, 여전히 매우 높은 수준이다. 지금도 중국은 세계에서 가장 높은 저축률을 유지하는 국가다. 이러한 저축과 FDI가 유입되면서 중국은 로마 시대 이후 어떤 국가보다 더 높은 비율로 투자했다.

항만, 고속철도, 고속도로, 공항, 통신망, 인터넷, 과학시설 등 인프라라고 할 수 있는 모든 것이 최우선 투자 대상이 되었다. 중앙 정부는 지방 정부 및 지방 지도자들에게 투자 할당량을 설정하고 새로운 기반 시설 건설에 할당된 목표를 달성하지 못하는 지도자들의 삶을 불행하게 했다. 다른 기적을 일으킨 경제에서와 마찬가지로 제조업은 투자의 두 번째 주요 대상이었다. 철강, 조선, 섬유, 소비재, 가전제품, 신발, 기계, 공작기계, 단조품, 주물 및 기타 산업은 인프라와 유사한 쿼터로 최우선 투자 대상이었다.

왜 제조업인가? 주요 석유 또는 원자재 생산국을 제외하고 모든 국가는 제조업을 통해 부자가 되었다. 여기에는 19세기 산업혁명을 이끈 영국과 미국, 모든 유럽연합(EU) 국가, 일본도 포함된다. 그 이유는 알기 쉽다. 제조업은 규모의 경제를 제공하는데, 이를 이해하기 위해서는 농업 및 철광석이나 은과 같은 자연 생산산업과 가공(제조) 산업을 비교해 보면 된다. 사업을 확장하다 보면 어쩔 수 없이 원래 땅보다 좋지 못한 토지를 사용할 수밖에 없다. 따라서 농부는 수확량이 가장 좋은 땅에 먼저 심고 다시 다른 곳에도 심지만, 전체 수확량은 토지 면적에 비해 줄어든다. 즉, 농부는 규모의 경제로 높은 수확량을 기대하지만, 더 많은 땅에 심을수록 생산성이 떨어진다. 이러한 상황은 광업에서도 유사한 문제가 일어난다. 탄광의 갱도가 깊을수록 비용이 더 많이 든다. 물론 운이 좋으면 풍부하고 새로운 광맥을 찾을 수 있지만, 그것에 의지할 수는 없으며 점진적으로 덜 풍부한 광석을 더 깊은 곳에서 채굴해야 하는 비용 상승으로 그 수익성도 결국 더 떨어진다.

그런데 제조업의 경우 규모의 경제가 반대로 작용하기도 한다. 예를 들어 자동차 제조의 경우, 공장을 짓기 위해서 대규모 투자가 필요하며 다수 근로자가 공장을 운영해야 한다. 공장에서 자동차를 한 대만 만들면 그 자동차 한 대에 공장 건설비와 노동자 월급 모두가 반영되어야 한다. 자동차를 두 대 만들면 그 부담은 기본적으로 절반으로 줄어들어 자본과 인건비가 절반이 된다(물론 강철, 고무 등 각각의 재료가 여전히 필요하므로 부담이 절반으로 줄어들지는 않는다). 그런데 50만 대의 자동차를 제조하면 자동차 한 대당 비용은 상당히 줄어든다. 이를 규모의 경제라 한다. 더 많이 만들수록 제품 가격은 낮아지고 더 많은 사람이 구매할 수 있게 된다. 일반적으로 개발도상국의 경우 임금 수준이 아주 낮기에 제조업은 특히 매력적이다. 1990년 중국은 제조업 종사 근로자들에게 연간 약 1,000달러를 지급했던 반면에 당시 미국 공장 근로자들은 연평균 약 2만 달러를 받았다.[15] 개도국의 노동력이 적절하게 직업교육만 받을 수 있다면, 선진국에 비해 생산 비용이 훨씬 더 낮아질 수 있다. 그리고 이러한 점이 또 다른 중요한 문제도 해결해 준다.

수출주도 성장

그 문제는 개도국 자체적으로는 제품 수요가 부족하다는 점이다. 규모의 경제는 대량 생산을 필요로 하지만, 모든 생산품을 어딘가에 판매해야 한다. 그러나 가난한 개발도상국에는 구매자가 많지 않은데, 이러한 문제의 해결 방법은 분명히 수출이다. 2차 세계대전 이후 독일, 일본, 아시아의 호랑이처럼 중국은 수출주도 성장으로 알려진 정책을 추구했다. 1990년 중국의 수출액은 약 630억 달러였다. 2000년에 중국의 수출은 2,490억 달러로 증가했는데, 수출은 중국 경제 기적의 세 가지 주요 요인 중 하나가 되었다.[16]

중국이 지속해서 수출 성장세를 유지할 수 있었던 방법 중 하나는 외국 기업은 중국 내 생산품의 일정 비율을 수출해야 한다는 조항을 대중 투자 조건에 포함했기 때문이다. 따라서 코닝 글래스와 같은 회사가 1억 달러 상당의 제품을 중국 내에서 생산한다면 이중 절반 정도는 수출해야만 했다. (또한 중국 정부가 정한 인력만 고용해야 하며, 중국 기업과 합작하여 중요기술을 이전하는 의무를 이행해야 한다)

'따라잡기(catch up)' 전략의 마지막이자 매우 중요한 부분은 교육이었다. 중국은 각급 학교와 대학 시스템에 자금을 쏟아 부었다. 그러나 교육기관이 처음부터 부실했기 때문에(이는 전후 독일과 일본의 경우와 다른 점임) 중국은 수십만 명의 학생을 해외, 특히 미국으로 유학 보냈다. 여기서 또다시 중국은 중국 유학생들에게 비자 발급을 중단하라는 미 의회의 압력에 저항한 조지 H. W.부시 대통령에게 많은 신세를 지고 있다. 이로써 중국은 기술과 경제발전을 뒷받침하기 위한 교육 부문에서도 큰 도약을 할 수 있었다.

세계무역기구(WTO) 가입

1990년대 내내 중국의 경제성장은 미국 투자에 상당 부분 의존했음에도 1990년대 말까지만 해도 미국은 중국에 영구적인 최혜국 지위(MFN)를 부여하지 않았다. 대신,

매년 미국 의회는 최혜국 지위를 1년씩 연장해줬다. 그 이유는 부분적으로 중국이 진정한 시장경제 체제를 갖고 있지 않다고 여겼기 때문이고, 또 다른 한편으로는 한국전쟁과 냉전 당시의 반중 감정이 미국 의회와 일반 대중에 그대로 남아 있었기 때문이다. 1995년 국제무역기구(WTO)가 설립되었을 당시에도 중국은 가입하지 못했다. 이 역시 중국이 아직 시장경제 체제를 갖추지 못했다는 인식에서 비롯되었다. 그러나 연례적으로 미 의회가 투표로 최혜국 지위 연장을 결정하는 것도 번거로운 일이 되었다. 미국 기업들의 중국에 대한 확신이 커져 모든 이들이 최혜국 지위 연장은 당연한 일로 여겼고, 최혜국 지위는 여타 논란이 있는 의회 내 제반 문제에 비해 옷장에 걸쳐놓는 편리한 옷걸이 같은 존재가 되었다. 따라서 클린턴 행정부의 임기 말 백악관은 중국에 대해 최혜국 지위를 영구히 부여하기 위한 협상에 들어갔다. 여타 몇몇 국가는 중국의 WTO 가입을 위해 중국과 협상을 하고 있었고, 클린턴 행정부는 최혜국 지위 협상을 WTO 협상과 결합하여 진행했다.

그 원동력은 중국과 세계의 무역 급성장만이 아니었다. 소련 붕괴 이후 서구를 휩쓴 일련의 행복감이 1991년 크리스마스 시즌과 제대로 맞아떨어졌다.

중국에서 민주주의, 자유시장 경제, 자유무역이 순조롭게 진행되고 있는 것 같았다. 프랜시스 후쿠야마(Francis Fukuyama)의 베스트셀러인 『역사의 종언(The End of History)』은 향후 민주주의와 자유시장이 세계를 영원히 지배할 것이라고 예언했다. 클린턴 대통령은 세계화가 곧 미국화이자 미래라고 주장했다. 더욱이 미국과 세계 외교정책 엘리트들은 중국이 국유 경제 체제를 조속히 해체하고, 미국, EU, 일본을 모방하려는 움직임을 보인다고 확신했다. 주룽지 총리가 중국 내 모든 국유기업을 해체하지는 않는다고 주장했을 때도 시니어 부시 대통령은 주 총리에게 윙크하면서 "무슨 일이 일어나고 있는지 우리는 잘 알고 있다."라고 말했던 것처럼, 서구 지식인들은 중국이 실제 어느 정도 수준까지 와있는지 중국 공산당 지도자들보다 자신들이 더 잘 알고 있다고 확신했었다. 많은 서구 지식인들은 중국 공산당 지배 자체가 가까운 장래에 끝날 것이라고 예견했었다. 덩샤오핑이 구(舊)냉전은 끝났을지 모르지만, 신(新)냉전이 시작되고 있다고 언급한 데 대해 누구도 주목하지 않았다. 덩샤오핑은 무언가를 알고 있었다는 말인가?

정책 입안자, 전문가, 지식인, 자유시장 세계의 기업 지도자들 사이에서 중국은 자기네들처럼 될 수밖에 없다는 절대적인 확신이 생겨났다. 세계화는 텐안먼 사태에도 불구하고 중국을 가차 없이 자유화하고 민주화할 것이라고 봤다. 그래서 미국은 중국에 영구적으로 최혜국대우를 부여하고 WTO 가입도 지지했다.

돌이켜 보면 중국의 WTO 협상은 역사상 가장 큰 잘못(현황을 잘 이해하지 못한 것) 중 하나이거나 역대급 사기 사건 중 하나다. 가입 문제는 일반 미국 국민들과 세계인들에게는 무역 협상으로 제시되었다. 미 무역대표부 대표인 샬린 바셰프스키(Charlene Barshefsky)는 관세 및 기타 무역 장벽에 대해 많이 이야기했으며, 미 의회와 국민을 대상으로 중국을 WTO에 가입시키는 것이 미국과 중국 그리고 세계에 도움이 될 것이라고 주장했다. 서로 윈-윈-윈(win-win-win)하는 거래였다고 바셰프스키는 언급했다. 상당히 정교한 계량경제 모델로 미국의 대중 수출이 급증하는 반면에 중국의 대미 수출은 지난 10년 동안 성장세가 유지되는 수준인 점을 입증했다.

당시 미국의 대중 무역 적자는 약 830억 달러였으며, 상당수 미국 제조업 일자리가 이미 중국으로 가버렸고 미국 기업들은 점차 중국의 저임금 활용을 극대화했다.[17] 그런 상황임에도 불구하고 바셰프스키는 의회와 미국인들에게 중국의 WTO 가입으로 미국의 대중 무역 적자가 반으로 줄어들 것이라고 했다.

그 이유는 중국 내 미국 수입품에 대한 고율 관세가 절반으로 줄어들고 중국 수입품에 대한 미국의 관세는 종래대로 유지되기 때문이라는 것이다. 따라서 제반 양보 조치는 중국에서 나오게 될 것이며, 결과적으로 미국의 대중 수출이 봇물이 터질 것이라고 했다.[18] 바셰프스키만이 그렇게 말한 것이 아니다. 클린턴 대통령, 로렌스 서머스(Lawrence Summers) 재무장관, 매들린 올브라이트(Madeleine Albright) 국무장관도 바셰프스키를 적극적으로 지지했다.

이들은 미국 기업 지도자나 중국과의 무역에 대해 정통한 그 누구와도 문제를 심각하게 논의하지 않은 것 같았다. 아니면 이들이 공모해서 의회와 미국 국민을 속였거나! 사실상 당시 중국 내수 시장은 미국 지도자들이 구상한 대로 미국산 수출품을 소화해낼 만큼 크지 않았다. 그러나 이를 제쳐두고라도 큰 착오는 WTO 가입과 관련된 것으로 실제로는 투자 협상의 성격이 짙었음에도 무역 협상으로 설명한 것이었다. 중국을 WTO에 가입시키고 최혜국대우를 영구적으로 부여함으로써 워싱턴 당국은 미국과 국제적 기업이 대중 투자를 늘리도록 승인한 것이다. 미국 정부는 미국 기업들이 중국으로 생산기지를 옮김으로써 이전에는 미국 내에서 생산했던 제품을 중국에서 생산하여 재수입하는 것이 완벽히 안전할 것이라는 점을 업계에 간접적으로 보장한 셈이 되었다. 백악관에 '중국 앞으로 전진'이라는 팻말을 걸어놨을 수도 있다.

그 증거로 단순 숫자만 확인해도 된다. 10년 동안 중국 경제의 급성장 이후 대중

FDI(외국인직접투자)는 WTO 협상이 진행되면서 연간 약 250억 달러 수준까지 상승했고 2001년 말 중국이 WTO에 가입한 직후 그 규모는 약 360억 달러로 올라갔다.

이러한 도약이 중요한 이유는 중국의 WTO 가입 조건들 때문이었다. WTO 회원 가입에 대한 기대는 1994년 4월 15일 마라케시 선언(Marrakech declaration)에서 명확하게 제시되었는데, 이는 WTO 회원국들이 시장 지향적인 정책을 취하겠다는 약속이었다. 선언에 참여한 국가 중에 어느 회원국도 공정하고 개방적인 다자간 무역 체제를 촉진하는 대신에 국가 주도 경제 체제와 무역 정책을 채택하거나 중상주의를 추구하는 회원국(중국)이 있으리라고는 상상하지 못했다. 각 WTO 회원국은 모든 참가국이 동등하게 세계 시장 개방을 위해 노력할 것으로 기대했었다. 중국과 관련된 여타 WTO 회원국들은 베이징 당국이 국유기업과 중앙 경제지도체제에서 벗어나 국내외적으로 자유시장 경쟁 체제로 근본적으로 전환하려고 전념하고 있는 것으로 파악했다.

예상치 못한 상황 전개

그러나 경제적 열반(Nirvana)으로 가는 과정에서 재미있는 일이 일어난다. 예상대로 된 것이 하나도 없었다. 인생에서 유일하게 확실한 것은 예상치 못한 일이 생긴다는 점을 고려하면 놀라운 일이 아니었을지도 모른다. 어쨌든 재미있는 일이 국제 무역과 중국 정부의 경제 관리 양쪽에서 발생했다.

바셰프스키와 클린턴 행정부가 예측한 것과 다르게 미국의 대중 무역 적자가 떨어지지 않고 반대로 가는 현상이 일어났다. 적자 폭이 2001년 830억 달러에서 2002년 1,030억 달러, 2010년에는 2,740억 달러로 급격히 늘어났다. 2018년에는 4,000억 달러를 넘어섰다. 이는 중국 기업의 수출 증가와 함께 미국 기업들이 생산기지를 중국으로 이전하면서 투자가 급증한 결과다. 미국 기업들은 미국 내 500만 개의 일자리를 줄이는 대신 중국 기반 생산품의 상당 부분을 다시 미국으로 들여왔다. 미국과 기타 지역 소비자들도 중국산 제품의 저렴한 가격에 만족하고 이로써 인플레이션과 금리 통제에 도움이 된다는 점에서만 만족해했다. 그러나 이러한 축복은 좋은 점만 있지 않았다. 미국의 대중무역 적자 폭이 늘어나는 것에 반해서 중국의 대미 무역 흑자는 늘었고 미국 노동자들의 실직도 증가했으며, 중국은 약 1조 달러의 외환보유고를 단시일 내 달성하게 되었다. 중국 수출업체가 달러로 대금을 받으면 중국 중앙은행에 달러를 입금하고 중앙은행은 정해진 환율로 위안화(RMB)로 바꿔 수출업체에 주었다. 중앙은행과 정부는 달러로 자금을 비축하게 되었는데, 이는 사실상 중국 공산당이 관리할 수 있는 막대한 달러를 안겨준 셈이 되었다. 중국은 달러를 벌어들인 수출업자가 자신이 원하는 대로 투자하거나 현지 화폐로 교환할 수 있는 대부분의 다른 국가들과는 다른 환경이었다. 중국은 국가적으로 여전히 개발도상국에 머물러 있었지만 중국 공산당은 세계에서 가장 부유한 정당이 되었다.

미국이 금리 수준을 낮게 유지할 수 있었던 것은 중국이 미 재무부 채권에 투자했기 때문이다. 그러나 그렇게 장기간 저금리를 유지하게 되면 시장은 왜곡되고 금융 사기를 유발할 가능성이 생긴다. 미국에서 일반적으로 모기지 자격이 없는 사람들이 매우 낮은 금리 때문에 자격을 얻을 수 있게 되면서 주택 가격이 치솟았던 것과 같은 일이다.

주택 붐은 규제 완화와 월스트리트의 부패한 금융 관행과 더불어 서브프라임 모기지의 위기로 이어져 2007~2009년 큰 경기 침체를 촉발했고, 많은 사람이 주택뿐만 아니라 평생 모은 돈도 잃었다. 중국과의 무역 협정이 미국 정치 지도자들과 기업 지도자들이 그토록 자신 있게 약속한 대로 윈-윈(win-win)하는 제안이었는지는 분명하지 않다. 미국뿐 아니라 여타 세계 대부분 국가에도 순손실이었을 수 있다.

그러나 우리가 추구하는 목적과 관련하여, 진정 중요한 대목은 WTO 체제하에서 중국이 정·재계 지도자들이 바라는 대로 나아가지 않았다는 점이다. 조지 H. W. 부시는 주룽지 총리가 중국이 완전한 민간 산업 경제로 바뀌지는 않을 것이라고 설명을 했을 때조차도 믿지 않는다고 했지만, 주 총리는 자신이 무슨 말을 하는지 정확히 알고 있다는 사실이 밝혀진 셈이다. 중국 공산당은 국영기업을 완전히 또는 상당 부분 민영화할 의도가 없었다.* 오히려 리차드 맥그리거(Richard McGregor)가 자신의 저서 『중국 공산당(The Party)』에서 언급한 바와 같이 "베이징의 최고 정책 결정자들은 공산당과 국가의 권력을 시들게 두지 않고 오히려 강화해야 할 필요성으로 단합한 것이다. 공산당과 국가가 경제의 사령탑을 통제할 권한을 유지해야 한다는 원칙은 계속 살아 있었다."[19] 주룽지 총리는 자신과 공산당의 의도를 설명하기 위해 "큰 국영기업은 잡고 작은 기업은 놓아줘라(抓大放小: 조대방소)"라는 캐치프레이즈를 만들어냈다. 이러한 구조조정에 따라 중요성이 떨어지는 주변 공기업은 민영화하면서 석유나 통신과 같은

* 개혁·개방을 시작할 당시 중국 대부분 기업이 국유기업이었다. 그러나 개혁을 추진하면서 민자 및 합자기업이 나오기도 했으나, 많은 국유기업은 주식회사 형태로 국영기업으로 전환되었고 현재 민자기업도 여러 제재로 정부의 영향을 받는 상황이 되었다.

주요 공기업은 민영화되지 않았다. 서구의 기득권층 관련자들은 스스로 속일 수 있었을지 모르겠지만, 10년이 지난 중국의 현실은 주 총리의 설명과 점점 더 일치했다.

국유기업(SOEs: State Owned Enterprises)*

2004년 중국 상장 비금융 기업 중 약 70%가 국영기업(국가 소유 지분이 10% 이상으로 정의)이었다. 2012년까지 국영기업의 비중은 부분적으로 소규모 국유기업을 민영화한 결과와 부분적으로는 민간 소유 기업의 급속한 성장으로 인해 그 비율은 약 50%대로 감소했다. 그러나 중국에서 무엇이 국영기업인지 아닌지를 정의하는 것은 쉽지 않은 작업이다. 국영기업 중에서 다수는 정부가 최대 주주로 남아 있음에도 불구하고 민간이 소유권을 갖는 사례도 있다. 또한, 일부 국영기업은 역외 자회사를 설립하여 사업을 중국 정부에서 하는 경우도 국영기업으로 기록되지 않기 때문이다.

따라서 다양한 시장 내 정부의 영향력을 추적하기 위해서는 상당한 탐색 작업을 필요로 한다. 그러나 관건은 이러한 시장에서 정부의 영향력이 매우 중요하다는 점이다. 특히 전략적으로 '사령탑'격인 산업 부문에 있어서는 더욱 그렇다. 오늘날 금융 회사들은 압도적 비율로 공기업으로 남아 있다. 그러나 이러한 특징은 각종 중요 산업에 있어 국가의 압도적 역할이 중요한 일이 되었기 때문이다. 예를 들어 2010년에 정보 전송, 컴퓨터 서비스, 소프트웨어 부문 기업 중 96%가 국가 소유이거나 국가가 상당한 지분을 보유하고 있었던 것과 같다. 발전, 가스, 상수도 부문은 83%가 국가 소유였다. 과학 연구, 기술 서비스 및 지질 탐사 부문은 68% 지분을, 광업 59%, 건설 56%, 임대 및 비즈니스 서비스 54%, 제조 20% 지분을 각각 국가가 보유했다.[20]

2006년 초 국무원 산하 국유자산감독관리위원회(SASAC)는 일부 산업을 전략 산업으로 분류하였는데, 이는 국가가 영향력을 행사하는 기업임을 의미한다. 여기에는 국방, 전력 및 전기배송망, 석유 화학, 통신, 석탄, 민간항공 및 해운 등이 포함되었다. 기간 산업으로 장비 제조, 차량 제조, 정보 기술, 건설, 철강, 비철 금속, 화학, 측량 설계 산업도 국가가 철저하게 관여하는 사업이다.

중국 경제에서 국가 소유와 영향력의 범위를 추적하는 일은 어렵고 복잡한데다 정확하지도 않다. 어떤 숫자이건 간에 의문을 가질 수 있다. 그러나 한 가지 분명한

---

* 사회주의 계획경제에서 국유기업은 국가기업정책의 변화로 국영기업으로 변화하나, 현재 국가 소유기업, 국영기업, 민간기업 모두 정부의 직간접 통제를 받는다고 볼 수 있다.

사실은 국가가 없어진 것도 아니며, 국가 사업의 민영화 계획도 없다는 점이다.

국유, 국영 또는 국가와 밀접하게 연계된 기업들은 유리한 점도 많다. 국유기업들(SOEs)은 은행 자본에 우선적 접근이 가능하고, 대출도 시장보다 낮은 금리를 적용받으며 세제상 혜택도 있고 비(非)국유기업에 비해 상대적으로 유리한 경쟁 환경을 조성해주는 규제 정책의 이점도 누릴 수 있기 때문이다. 그리고 필요시 대규모 자본 수혈도 가능하다. 중요한 것은 이들 기업이 정부의 주요 공급망에 있다는 점이다. 국유기업들은 구조적 변화를 모색하거나, 외국 기업으로부터 기술을 획득한다든지 해외 원자재 확보에도 동원된다. 이러한 기업 대표들에게는 이중 인센티브가 있다는 점도 기억하는 것이 좋다. 이들 기업이 수익을 내는 것이 목표이기는 하나, 기업들의 미래는 공산당 중앙조직부의 결정에 따라 공산당의 제반 목표를 충족시키는 데 주의를 기울여야 한다는 것이다.

중국에서 기업의 이익과 공산당 그리고 정부의 목표 중 하나를 골라야 한다면 당연히 국가와 당의 목표에 초점을 맞춰야 할 것이다. 이는 WTO의 기대와는 상반되는 것이다. 2001년 중국은 정부가 나서 국영기업의 상업적 결정에 직간접적으로 영향을 미치지 않겠다고 WTO 회원국들에 약속했다. 그러나 이것은 국영기업이 처한 현실이 아닐뿐더러 민간기업인 경우에도 전혀 현실과 부합하지 않는다. 모든 주요 기업에는 법과 규정에 따라 경영진이 경청해야 하는 중국 공산당 세포조직이 존재하고 있기 때문이다. 그리고 중국 내 법치가 부재하고 공산당과 정부가 압력을 가할 수 있는 비공식적인 방법이 많다는 점을 생각하면 중국에서 당과 국가에 관심을 기울이지 않을 기업은 없기 때문이다.

해외 진출

밀레니엄이 시작될 때까지 중국 경제는 수출과 외국인직접투자(FDI)가 이끌었다. 대규모 무역 흑자로 인해 외환보유고가 막대하게 늘어났으며, 외환은 대부분 저리의 미국 국채에 투자되었다. 이러한 중국의 흑자는 두 가지 문제를 일으켰다. 첫째, 여러 무역 거래 상대국들에 불쾌감을 안겨 주었다는 것이고, 두 번째는 미국 국채는 안전했어도 대체 투자에서 얻을 수 있는 수익보다 그 수익이 매우 낮았다는 것이다. 또 다른 중요한 문제는 중국의 식량 및 주요 원자재 접근에 대한 우려도 커지고 있었다는 점이다. 게다가 중국은 지금 과거의 굴욕에서 벗어나 세계적으로 부상하는 주요 신흥 강국으로 인정받기를 바라는 단계에 이르렀다는 것이다. 이러한 모든 요인으로 인해 중국 당국은 1999년 '해외 진출 확대' 정책을 채택하여 중국 기업들을 대상으로 해외 투자를 장려하고 나섰다. 중국 국유(국영)기업들은 해외 지사를 설립하고 외국 자산을 사들이고 해외 기업들을 인수함으로써 이러한 정부의 노력을 뒷받침했다. 중국 국영기업들의 정부 정책에 따른 결정이 편리한 경우도 있다. 순수 재정적 기반과 관련하여 해외 사업을 벌이거나 해외 기업을 인수하는 일이 반드시 주주들에게 가장 빠른 기간에 최대 수익을 가져다주는 투자 기회는 아니라는 것이다. 공개적으로 주식이 거래되는 기업들은 그렇게 하지 않거나 적어도 전적으로 그렇게 추진하지는 않는다. 그러나 중국 국영기업들이 '전략적 투자'를 시행하라는 공산당과 정부 방침에 따르는 것은 당연하다. 1999~2000년을 기점으로 그 후 6년간에 걸쳐 중국의 해외 직접투자는 연간 약 10억 달러에서 2006년 약 180억 달러로 늘어났다.

흥미로운 사실은, 그 기간 중국으로부터 외국인직접투자를 받은 OECD 국가들은 자체 회계를 기반으로 보면 실제로는 중국인들이 보고한 것보다 투자 규모가 평균적으로 약 40% 더 높았다는 보고서가 있다.[21] 여기에는 나이지리아 내 석유 탐사의 인프라 건설 및 농업 부문 투자, 수단 내 석유공급 인프라, 라오스의 철도, 관광, 발전 및 건설 부문, 덴마크의 생명공학 산업, 프랑스의 우주산업, 호주와 아프리카 대부분 국가의 원자재 부문 등의 투자가 포함되어 있었다. 11차 5개년 계획(2006~2010년)에 따르면 중국 정부는 자국 기업에 "해외 진출을 심화할 것"을 장려했다. 이는 부분적으로 투기적인 국내 투자에서 벗어나 잉여 자본을 보호하고 더 나아가서는 위안화 환율에 대한 상승 압력을 완화하려는 시도였다. "국가발전개혁위원회(National Development and Reform Commission, 國家發展和改革委員會, 발개위)는 중국 기업이 목표로 하는 해외 천연자원 및 기술 목록을 만들어냈다. 2006~2010년 동안 비금융 부문에 대한 중국의 해외 직접투자는 총 2,166억 달러였다."[22] 레노보(Lenovo)는 IBM의 PC 사업부를 인수했고 북경자동차(국유기업)는 스웨덴의 사브 자동차(Saab Motors)를 인수했으며 중국 지리(Geely) 자동차는 포드(Ford)로부터 볼보(Volvo)를 사들였다. 이는 시작에 불과했다.

2010년 말까지 중국 상무부는 1만 3,000명 이상의 중국 투자자가 178개 국가와 지역에 1만 6,000개의 기업을 설립했다고 발표했다. 총자산은 1조 5,000억 달러를 넘어섰고, 고용 인력은 110만 명에 달했다.[23] "2015년까지 중국으로부터 나간 투자 자금은 약 1,300~1,400억 달러로 약 1,250억 달러의 대중국 투자를 넘어서는 수준이었다."[24] 2016년에만도 중국은 미국에 450억 달러 이상 투자했다.[25]

일대일로(OBOR: One Belt One Road) 프로젝트

시진핑은 선친(시중쉰, 習仲勳)이 마오쩌둥과 긴밀한 관계를 맺은 바 있는 태자당 출신으로 그는 한때 부친의 정치적 강등으로 중국 내 오지의 토굴로 하방(下放)되어 살았음에도 중국 공산당에 대한 충실한 추종자로 성장했다고 그 자신이 이미 밝힌 바 있다.* 시진핑은 자신과 중국 양쪽 모두에 큰 야망을 갖고 있다. 그는 2012년 11월 중국 공산당 총서기에 선출된 직후 중국국립박물관 방문 때 '중국몽'과 '중화민족의 위대한 부흥'을 설파하기 시작했다.

시진핑은 '중국몽' 실현을 위해 중화인민공화국 건국 100주년인 2049년을 목표 완성 날짜로 설정했다. 시진핑의 메시지는 새로운 중앙왕국(the New Central Kingdom)으로 중국의 재부상을 떠올리게 하는데, 사람들은 시진핑의 야망이 자신의 정치적 위상 라이벌이라 할 수 있는 마오쩌둥의 반열에 오르거나 아니면 마오쩌둥을 능가하겠다는 것이라 보고 있다.

2013년 9월 카자흐스탄 방문 연설과 한 달 후 인도네시아 의회 연설에서 시진핑은 '중국몽' 실현을 향한 큰 걸음을 내디뎠다. 시진핑은 당시 '일대일로(One Belt One Road)' 프로젝트라고 칭하며 중국이 마르코 폴로 탐험을 역으로 해나가겠다는 식으로 설명했다. 시진핑이 말하는 '벨트'는 마르코 폴로가 따라갔던 옛 육상 실크로드의 재건이 될 것이고, 시진핑의 '로드'는 중동 무역상들이 이용했던 고대 해상 실크로드의 재구축이 될 것이다. 14세기 마르코 폴로를 포함한 고대부터 중동과 서구 상인들은 중국의 차와 비단, 도자기, 기타 사치품을 획득하여 자신들의 나라로 가져가기 위해 이 두 경로를 오갔다. 시진핑은 이제 중국의 현대적 부를 유럽과 중동으로 운반하기 위해 이러한 경로를 재건하겠다는 제안을 한 것이다. 그리고 2017년까지 원래 비전은 더 발전하여 중남미, 아프리카 그리고 여타 세계 대부분을 포함하여 확장되었다.**

그 규모도 크고 대담했으며, 점차 이를 개선하는 작업이 이뤄졌다. 또한 시진핑은 중국이 전체 또는 적어도 상당 부분의 자금을 조달할 것이라 했다. 중국은 협력 대상국이 특정 형태의 정부여야 한다는 점을 주장하지도 않고, 부패나 소수 세력 처우 문

---

* 시진핑은 1968년 15세 때 부친의 실각으로 산시성 옌안시 옌추완현 옌안역 량지아허촌(陝西延安延川縣文安驛梁家河村)에 하방되어 지식청년(知靑, 知識靑年, 농촌에 가서 지식을 전하며 노동하는 청년)으로 노동을 하였고, 9차례 공산당 가입에 실패하고 결국 10번째 공산당 가입이 허가되어 베이징으로 와서 공부할 수 있는 기회를 얻었다.

** 일대일로(One Belt One Road) 전략(strategy) 혹은 initiative라고 하며, 때로는 Belt and Road Initiative(BRI)라고 표기한다.

제에 관한 난처한 질문도 하지 않으며, 세계은행(World Bank) 자금 지원 프로젝트 또는 아시아개발은행(ADB) 또는 미국 등 서방 국가가 설립한 기타 기관들이 요구한 것과 같은 세부 사항을 트집 잡지도 않았다. 중국은 자금 조달 계약 세부 사항에 신경 쓰지 않아도 되는 조건으로 프로젝트를 추진할 셈이었다. 일대일로 프로젝트는 마치 새로운 마셜 플랜 같았으나, 마셜 플랜과 같이 제2차 세계대전 이후 유럽 재건을 목표로 하기보다 세계 대부분을 재건 또는 건설해나가는 것을 목표로 정했고, 많은 참가국에 있어서는 무료에 가까운 듯 보였다. 일례로 헝가리와 세르비아의 경우 중국은 부다페스트에서 베오그라드까지 고속철도 노선을 건설하고 프로젝트 자금 조달을 위한 차관 제공에 합의했다. 물론 세르비아와 헝가리는 결국 중국에 돈을 갚아야 하겠지만, 일단 프로젝트를 운영하면 대출금을 갚는 데 필요한 수익을 낼 수 있어 모두가 기뻐하는 상황이 전개될 것이라는 가정이 전제되었다.

이러한 컨셉의 탁월성에 대해 시진핑은 존경받아야 한다고 한다. [실제로 이 컨셉을 만들어낸 장본인은 북경대학교 국제대학원장이자 중앙당교 교수였던 왕지쓰(Wang Jisi, 王緝思)였다]*

일대일로(OBOR) 프로젝트는 국제 규범도 위반하지 않고, 또 누구도 공격하지 않는 가운데 지지자와 파트너 국가들을 끌어들였고, 이 과정에서 누구도 소외시키지 않았다. 어떤 면에서 중국이 단번에 미국을 능가하는 세계 강대국으로 만들어진 것처럼 보였다. 로버트 졸릭(Robert Zoellick) 전 세계은행 총재가 제안한 것처럼 중국은 '글로벌 질서의 책임 있는 이해 당사자(본질적으로 미국이 공표한 서구세계 질서에 따르는 행위체)'가 되기보다 자체적으로 중앙왕국(Middle Kingdom) 질서를 수립하기 위해 나선 것이다. 나아가 중국은 막대한 외환보유고를 미국 재무부 채권에 투자하는 것보다 잠재적으로 수익성이 더 높고 확실하며 한층 더 전략적인 방법을 찾아냈고 또 그렇게 했다. 이론적으로는 적어도 일대일로 프로젝트가 결국 중국에 비용이 전혀 들지 않을 뿐만 아니라 미국 국채보다 중국에 더 많은 이자와 이익을 가져와 줄 수 있을 것이라 보았다. 그리고 이 부문에서 중국의 국유기업이 전면에 등장했다.

본질적으로 파산한 그리스 피레우스 항구를 사들이는 문제는 순수 개인 기업일 경우 위험을 감수하려 하지 않는 한 그다지 끌리는 프로젝트가 아닐 것이다. 그러나 필요시 구제 금융을 항상 동원할 수 있는 국가 자원이 가능한 국유 또는 국영기업이라면 그러한 거래가 매력적일 수 있다. 한편으로는 항구를 운영하는 방법에 대해 잘

* 이러한 주장은 중국의 학자들마다 서로 다르게 말하기에, '일대일로'는 시진핑의 정책이기에 '시진핑의 창의'로 보는 것도 좋다.

이해하여 많은 중국 국유 해운회사들을 끌어들여 수익을 올릴 수도 있을 것이다. 또 다른 한편으로 국유(국영)기업이기 때문에 중국 정부가 투자 전략상 긍정적으로 평가하는 한 최상의 수익을 올리지 않아도 되는 측면이 있다.

물론, 전략적으로 이 거래는 중국이 그리스의 재정적 취약성과 이 국가의 유럽연합(EU)과 어려운 관계라는 점, 특히 이들 국가와 독일과 관계를 역이용한 것이다. 항구를 사들이면 중국은 유럽연합 내부에 분열의 고리를 심어 그리스를 동맹으로 중국 편으로 끌어들일 수 있다. 약간의 수익을 내가면서 서구 동맹을 약화할 수도 있다. 그리스는 또한 항구를 업그레이드시키고 중국 해운회사로부터 후원받아 돈을 벌며 투자를 받아 독일 은행에 상환할 자금 일부를 마련할 수도 있으니 득이 된다. 이 사례는 또 다른 중요 포인트가 있음을 보여준다. 중국 자체적으로 인프라 구축이 어느 정도 이루어지고 경제성장이 둔화함에 따라 생산 능력이 잉여로 되는 상황에서 일대일로 프로젝트는 이를 흡수할 수 있는 좋은 방편이 된다는 것이다.

지금까지 중국은 일대일로에 약 3,000억 달러를 투입했다. (이는 중국의 연간 대미 무역 흑자보다 약간 적다. 아마도 미국이 3,000억 달러를 투입했다고 말해도 무방할 것이다)

현재 일대일로 프로젝트와 참여국 리스트는 너무 많아 상세하게 검토할 수가 없을 정도다. 확실히 알기는 어려우나, 어떤 식으로든 140개국 이상이 일대일로 프로젝트에 포함되고 있는 것으로 보인다. 프로그램의 범위와 중요성과 관련된 몇 가지 사례를 들어보면 다음과 같다.

최소 24개 아프리카 국가가 중국 기업(주로 국영기업)과 신규 프로젝트 건설 계약(대부분이 수력 발전소)을 체결했으며, 잠비아가 최대 참여국으로 나이지리아, 앙골라, 우간다, 코트디부아르 등이 그 뒤를 잇고 있다. 중국은 다카르에서 지부티까지 아프리카 횡단 고속도로를 건설하고 다카르와 바카코를 잇는 철도를 재건하고 있다. 중국이 자금을 지원하는 다카르 외곽 경제특구(SEZ: Special Economic Zone)는 중국 업체가 이 경제특구에서 물품을 제조한 후 아프리카 성장 기회법(AGOA: African Growth and Opportunity Act)에 혜택을 받는 세네갈을 통해 미국과 유럽으로 제품을 수출할 수 있게 설계되었다.

지부티의 다목적 항구 도랄레는 국유 물류 대기업 '중국초상국그룹(China Merchants Group, 中國招商局集團)'의 홍콩 자회사가 부분적으로 소유하고 있다. 2017년 중국이 건설한 지부티와 에티오피아 간 철도가 개통되었을 당시 홍콩의 사우스차이나모닝포스트(South China Morning Post)는 이를 두고 '아프리카 역내 중국의 영향력을 높이는 중요한 일보'라고 했다.[26] 바로 그 후에 중국 국방부는 지부티 소재 미군 주둔 캠프 레모니어로부터 불과 수 마일 떨어진 위치에 해군 물류센터를 열었다. 한편 에티오피아는 중국으로부터 아프리카 연합(AU) 본부 건물을 '선물'로 받았다. 그러나 건물 내부에는 화웨이 서버가 설치되어 있었다. 2018년 현지 엔지니어들은 화웨이 서버가 수년 동안 매일 밤 엄청난 양의 민감한 데이터를 중국으로 전송하였고 이를 보완하는 장비로 건물 벽에는 도청 장치가 심어있었다고 했다. 아프리카 연합 측은 서버를 교체하고 새로운 보안 장비를 설치해야 했는데, 아프리카 연합은 중국 화웨이가 시스템 재구축을 돕겠다는 제의를 일축했다.[27]

유럽에서는 중국 기업(주로 국영기업)이 런던 히드로 공항의 9.5%, 툴루즈 공항의 49.99%, 프랑크푸르트 한(Hahn) 공항의 82.5%, 알바니아와 슬로베니아의 일부 공항의 지분 100%를 보유하고 있다. 또한 중국 소유의 뱅커스 페트롤리움은 알바니아 최대이자 유럽에서는 두 번째로 큰 육상 유전 개발 권리를 완전하게 소유하고 있다.[28] 매주 중국 열차가 30차례 독일 내륙 항구인 뒤스부르크에 도착한다. 여기서 라인강을 통해 상품이 유럽 전역에 추가 유통될 수 있도록 선적된다. 뒤스부르크는 유럽의 중앙 물류 허브가 되고 있는데, 중국으로부터 수십억 달러의 보조금을 지원받고 있다.[29]

중국 국유기업들은 또한 포르투갈에 수십억 달러를 투자했는데, 이 회사들은 이전에 포르투갈 국영기업이었던 송배전망 운영업체(REN), 최대 보험 회사, 그리고 여러 병원과 은행을 소유하고 있다. 당시 포르투갈은 막대한 국가 부채로 경제적 어려움을 겪고 있었고 중국은 유럽 국가와 기업(특히 독일과 독일 기업)이라면 하지 않았을 전략적 투자로 포르투갈을 도왔다.[30]

2008년에서 2019년 사이에 중국 국영기업과 민간기업은 유럽 13개국에서 약 2,550억 달러 규모로 678건을 사들이는 거래를 성사시켰다. 이탈리아 타이어 제조업체 피렐리, 아일랜드 항공기 리스 회사 아볼론, 13개 프로 축구팀 등 약 360개 회사를 완전하게 인수했다. 런던은 사재기의 중심지였다. 중국 기업들은 런던과 카나리 워프 금융가에 있는 12개의 오피스 타워도 사들였다.[31]

항구는 중국 국유기업이 선호하는 대상이다. 중국이 유럽에서 지분을 소유하고 있는 항구는 그리스 피레우스, 벨기에 앤트워프와 지부르게, 스페인 발렌시아와 빌바오, 프랑스 덩커크 마르세이유, 낭트, 르아브르, 네덜란드 로테르담 등이다.

옛 실크로드 재현으로 시작된 일대일로 프로젝트는 이제 세계적인 인기를 끌 정도로 유명해졌다. 중남미가 그 사례다. 최근 페루가 추가됨에 따라 현재 19개의 중남미 카리브해 연안 국가가 일대일로 프로젝트에 참여하고 있다. 이는 16~19세기에 걸쳐 중국으로부터 마닐라를 거쳐 아카풀코로 항해했던 복층 범선인 마닐라 갈레온(Galeón, 유럽의 상선) 선단 시대 이후로 볼 수 없는 수준의 경제적 교류다. 중국의 대중남미 투자는 2017년에만도 1,150억 달러에 이르렀고, 시진핑은 투자 규모가 2025년까지 2,500억 달러에 이를 것으로 예상했다. 브라질과 아르헨티나가 최대 투자 대상국가이긴 하나, 미국이 실질적으로 관심이 있는 파나마 사례를 살펴볼 필요가 있다. 2017년 중국-네덜란드 컨소시엄은 파나마 운하의 태평양 입구에 있는 페리코 섬에 크루즈 유람선 항구 건설 계약을 따냈다. 2018년 중국 컨소시엄은 2개의 철도와 6차선 도로, 운하 내 4번째 교량 건설 계약을 확보했다. 차이나랜드브릿지(국영기업이 아님) 회사는 운하의 대서양 입구 근처의 콜론에 컨테이너 부두를 새로이 개발하고 있으며 중국 정부가 파나마의 서부 해안지역 양대 허브인 파나마 시티와 치리키 지역을 잇는 고속철도 건설을 고려하고 있다는 보도도 있는데, 이것이 완공되면 단 2시간 30분 만에 파나마시티와 다비드(David) 사이를 여행할 수 있게 될 것이라고 한다.[32]

브릭스 은행(BRICS Bank)과 아시아 인프라 투자 은행(AIIB)

중국은 이렇게 수많은 해외 프로젝트를 추진하는 가운데, 인프라 투자를 위한 신규 기관을 설치하고 이를 홍보하는 데 적극적이다.

21세기에 들어 세계 경제성장은 특히 브라질, 러시아, 인도, 중국, 남아프리카공화국을 중심으로 이뤄졌다. 골드만삭스의 짐 오닐(Jim O'Neil) 자산운용 회장은 마케팅 전략으로 이들 국가 이름의 첫 글자를 따서 브릭스(BRICS)라는 약어를 만들었는데, 실제 인기를 끌었다. 브릭스는 연례 정상회의, 글로벌 정책 관련 권고와 경고 그리고 신설 은행까지 갖춘 새로운 체제로까지 이어졌다. 2009년 러시아 예카테린부르크에서 열린 브릭(BRIC) 정상회담(남아공이 아직 가입하지 않았기 때문에 'S'가 없음)에서 참여국들은 미국 달러를 대체할 새로운 글로벌 준비(기축) 통화를 만들 것을 촉구했다.

2012년 6월 BRICS(2010년 남아공 가입)는 IMF(국제통화기금) 표결 구조 개혁을 조건으로 IMF의 대출 능력을 확장하기 위해 750억 달러 공동 출자를 약속했다. 그러나 이러한 바람이 즉시 실현되지 않자 2013년 BRICS는 2014년까지 IMF와 세계은행(World Bank)에 필적하는 새로운 금융 기관을 만들기로 합의했다. 그러나 논의는 쉽지 않았다. 세계 최대의 외환 보유국 중국은 1,000억 달러 중 410억 달러를 제공하라는 요청을 받았다. 중국은 그 대가로 경영권을 최대한 확보하고자 했고 중국 내에 은행을 두고 싶어 했다. 그러나 2014년 중반까지 협상이 타결되지 않았다. 2014년 7월 13일 주

말 브라질에서 FIFA 월드컵 결승전이 있었을 때 자본금 500억 달러의 'BRICS 은행'과 언제라도 쓸 수 있는 1,000억 달러 규모의 'BRICS 통화 기금' 설치가 발표되었다. 그리고 중국은 상하이에 본사를 두게 되었다.

그러나 중국에 있어 이 정도로는 성에 차지 않았고 이것은 떠오르는 초강대국에게 적절한 수단이 아니었다. 중국 정부는 2009년 보아오포럼[Boao Forum: 스위스 다보스에서 개최하는 세계경제포럼(WEF) 연례 회의와 대비되는 중국 주관 경제포럼으로 아시아 경제에 초점을 둠] 이후 더 야심 찬 프로젝트를 진행했다.

최초의 충격은 2007~2009년 글로벌 경제위기 이후 중국의 외환보유고를 제대로 활용할 수 있는 더 나은 방안을 찾는 것이었다. 그런 다음 2013년 10월 시진핑 주석은 인도 국빈 방문 때 중국이 IMF, 세계은행, 아시아개발은행의 개혁 지체에 좌절했다면서 중국은 미국과 유럽 그리고 일본의 이익에 따라 상기 국제 금융기관들이 지배되는 경향이 강하다고도 언급한다. 이듬해 봄, 리커창(Li Keqiang, 李克强) 중국 총리는 보아오포럼에서 중국이 아시아인프라투자은행(AIIB: Asian Infrastructure and Investment Bank) 설립을 위해 관련 당사자들과 논의를 진행할 준비가 되어 있음을 언급했다.

아시아개발은행(ADB)은 자체적으로 2010년에서 2020년 사이 아시아 지역 인프라 개발에 얼마나 많은 자금이 필요할지를 예측했다. 중국은 초기에 자본금을 500억 달러로 제안했으나, 2014년 10월 21개 국가(중국, 방글라데시, 브루나이, 캄보디아, 인도, 카자흐스탄, 쿠웨이트, 라오스, 말레이시아, 몽골, 미얀마, 네팔, 오만, 파키스탄, 필리핀, 카타르, 싱가포르, 스리랑카, 태국, 우즈베키스탄, 베트남)를 초청하면서 그 규모를 두 배로 늘렸다. 인도네시아는 한 달 후에 가입했다. 그러다가 놀랍게도 영국 재무장관이 2015년 3월 영국도 가입할 것이라고 발표했다. 미국은 주저하는 것 이상이었다. 미국은 AIIB가 채택하는 대출 기준에 관한 판단을 유보하면서 여타 서방 국가가 AIIB에 가입하지 말 것을 촉구했다. 그러나 영국인들은 그들이 그러한 기준 설정에 영향을 미치기 위해서라도 합류한다고 말했다. 영국의 결정으로 가입은 봇물이 터졌다. 독일, 프랑스, 이탈리아, 한국도 가입했다. 2015년 성탄절에 합의 조항이 발효되었을 때 57개국이 창립 회원으로 참여했다. 산타클로스는 시진핑에 매우 관대했다.

미국은 가입하지 않았지만, 오늘날 AIIB에는 70개 회원국이 있다. 중국이 그렇게 쉽게 자체 질서를 수립할 수 있는데 왜 중국이 '글로벌(서구가 지배하는) 질서의 책임 있는 이해 당사자'가 될 필요가 있겠는가?

중국제조 2025(Made in China 2025)

1998년 상하이 개최 아시아태평양경제협력체(APEC) 만찬 석상에서 저자는 중국 상무부 고위 간부 옆자리에 앉았었다. 중국 고위 관리는 미래 중국은 원자재와 일부 농산품만 수입하면 된다고 했다. 저자인 나는 그 말에 회의적이었다.

미국, 독일과 같은 고도로 산업화된 국가에서도 많은 양의 공산품을 수입한다. 동석한 중국 관리에게 이 점을 언급했을 때, 그는 "중국은 재능도 많고 자원도 많은 국가로 중국은 모든 것을 만들어낼 수 있다."라고 했다. 그러한 예측은 저자의 상상 이상으로 현실이 되었다.

중국 공산당과 정부는 경제 개혁 초기부터 철강, 알루미늄, 기계, 태양광 등 기간 산업을 외국산 수입으로부터 보호하고 저리 대출, 직접적 보조금, 저평가된 환율 혜택을 부여하는 등 일본, 한국과 같은 산업정책을 추진해 왔다. 결과적으로 중국인이 아닌 외부 생산자들에게는 큰 문제를 일으켰고, 결국 중국의 과잉 투자는 막대한 과잉 생산으로 이어졌다는 것이다. 일례로 중국은 현재 전 세계에 철강을 공급할 만큼의 생산 능력을 갖췄다. 일본, 유럽, 미국이 철강 산업을 폐쇄한다 해도 중국은 이들 국가의 국내 수요를 충족시킬 수 있다. 이렇다 보니 중국은 철강을 국제시장에서 원가 이하로 판매하게 되었고 무역 상대국들은 자국 철강 산업이 고통을 받는 가운데 심지어 폐쇄 조치를 하는 등 무역 마찰과 법적 소송으로 이어지는 결과를 낳았다.

새로운 하이테크 산업에서 이런 일이 발생하게 될 경우, 중국이 아닌 여타 국가라면 걸음마조차도 뗄 수 없었을 것이다. 그 사례로 태양광 패널 산업을 들 수 있다. 독일은 일본과 함께 태양광 발전 사업을 조기에 채택하여 2004년에 1기가와트 태양광 발전 용량을 확보할 정도였다. 2000년대 중반 독일은 태양광 패널 제조 기술과 생산에 세계적 리더였다. 그러나 2017년 독일의 마지막 태양광 생산업체인 솔라월드가 파산 신청하면서 제품 생산을 중단했다. 중국은 태양광 패널 대량 생산을 목표로 보조금 지급을 통해 생산을 엄청나게 늘렸으며 세계 시장에 덤핑으로 남는 물량을 쏟아냈다. 미국도 처음에는 독일과 비슷한 경험을 했으나 2012년 오바마 행정부는 중국산 태양광 패널 수입품에 대해 31%의 관세를 부과했고, 2018년 트럼프 행정부는 모든 수입 장비에 30%의 관세를 부과했다.[33] 결과적으로 미국 태양광 패널 산업은 잠시 반등하는 듯했으나 결과적으로 여전히 중국 태양광 산업보다는 확실히 규모가 작다.

중국은 WTO 가입 때 시장 개방과 글로벌 경쟁 체제를 존중할 것임을 약속했지만 중국 정부가 중요 산업으로 판단할 때는 경제산업정책에서 지속하여 이와는 다른 많은 노력을 기울였다.

2006~20년 국가 중장기 계획은 '자주 혁신'을 덩샤오핑의 '개혁·개방' 정책과 동등한 전략적 수준으로 격상시키기로 한 중앙위원회 결정에 따른 것으로, 중국 고유 지적 재산권 및 기술 창출을 겨냥한 제반 법률과 정책 그리고 시행 조치를 수반했다.[34] 이로써 중국에 투자하는 외국 기업은 투자 허가를 얻어야 하는 조건으로 기술을 이전해주거나 중국 내 생산을 승인하는 조건으로 중국 측 합작파트너를 받아들이도록 끊임없는 압력을 받았다.

제너럴 일렉트릭(GE)이 그 사례다. 2011년 초 GE는 항공전자 사업 전체를 중국 국유기업인 중국항공공업그룹(AVIC)과 상하이 합작 벤처기업으로 통합하여 이전한다고 발표했다. 당시 GE의 제프 임멜트(Jeff Immelt) 회장은 오바마 대통령의 '일자리 경쟁력 위원회' 위원장이기도 했다. 그러함에도 불구하고 임멜트 회장은 중국이 해당 분야에서 사실상 능력이 없음에도 불구하고 사업을 미국에서 중국으로 옮기는 것을 주저하지 않았다고 한다. 그 이유는 중국이 성장하는 항공기 시장이기 때문이었다. 또한, 토착 기술 개발에 대해 중국 정부의 관심과 GE의 신규 파트너가 공기업이라면 중국 정부가 충분한 재정 지원을 해 줄 것이고 또 중국이 자국산 제품을 구매하는 경향이 있다는 점도 고려했다.

중장기 계획의 후속 조치로 중국 국무원은 2010년 전략적 신흥 산업의 발전을 가속화 할 방침을 발표하면서 환경 기술, 차세대 정보 기술, 생명공학, 고급 장비 제조, 신에너지, 신소재, 전기자동차 등 7개 부문의 발전에 박차를 가해나가기로 했다.[35] 중국 정부는 국무원 발표 직후 「12차 5개년 국가 전략적 신흥산업 발전 규획」을 통해 우선순위를 정하고 재정과 세제 지원 정책을 권고했다. 궁극적으로 각계각층 정부 지원 대상 기업들의 리스트를 중국 정부가 만들게 됐다. 그러나 리스트에 외자기업은 없었다. 특히 주목되는 것은 미국, 한국, 일본, 유럽 기업들이 세계 반도체 산업을 주도하고 있음에도 불구하고 중국의 2014년 집적회로 산업 육성 계획에는 외자기업의 참여가 저조할 것으로 예견했다.

이 모든 조치는 2015년 5월 국무원의 '중국제조 2025' 계획 발표로 이어졌고, 그 계획은 중국이 10개 전략 산업의 자주적 발전을 목표로 삼되 산업정보기술부(MIIT)가 주관하기로 하는 것으로 결론났다.

계획에 포함된 산업 부문은 첨단정보 기술, 자동화 공작 기계와 로봇 공학, 항공

우주 장비, 해양 공학 장비와 첨단 선박, 첨단 철도 운송장비, 전기 자동차, 전력 장비, 농기계, 신소재, 바이오 제약, 첨단 의료 관련 제품이다.

중국 통신 대기업인 화웨이는 뉴스에 자주 등장하는데, 그 이유는 미국이 화웨이 제공 5G 기술을 세계 각국이 채택하고 있는데 대해 반대하기 때문으로, 이는 어떠한 이유로 화웨이가 미국의 타겟이 되었는지 보여주는 좋은 사례다. 화웨이는 전 인민해방군(PLA) 장교 출신인 런정페이(Ren Zhengfei, 任正非)에 의해 설립되었는데, 명목상으로는 개인 회사이고 종업원들이 지분이 있는 기업이기는 하나 아무도 기업 실제 소유자가 누구인지 모른다. 화웨이의 첫 번째 고객은 인민해방군(PLA)였으며 지금도 여전히 화웨이 비즈니스의 상당 부분을 차지한다. 화웨이는 중국개발은행으로부터 300억 달러의 막대한 신용 대출을 받았고 중국 정부 조달 기관으로부터 특혜를 받고 있다. 화웨이 연구 산업은 중국 정부의 R&D 사업과도 밀접하게 연계되어 있어 정부의 지원을 받고 있으며, 일례로 정부가 외부 인터넷 공급자들로부터 영향력 차단을 위해 방화벽을 세우는 과정에서도 수혜를 입었다. 아마존, 구글, 페이스북과 같은 기업들은 중국 시장에서 배제되었으며, 바이두, 알리바바, 위챗과 같은 중국 복제품이 그 자리를 차지했다. 이 기업들은 모두 중국 정부가 선호하는 통신 장비 공급업체가 어느 업체인지 잘 알고 있었다. 화웨이는 민감한 장소에 도청 장치와 간첩용 장비를 심는 데 관여했으며, 베이징에 소재한 중국 정보기관들과 극히 가까운 관계에 있는 것으로도 명성이 높다.[36] 화웨이는 확실히 중국제조 2025 프로그램의 주요 구성 요소이자 수혜 기업이 될 것이다.

이에 따라 '중국제조 2025(Made in China 2025, 中國製造2025)' 계획은 국제적 논란을 불러일으켰다. 미국, 유럽연합, 일본 등을 비롯한 자유무역 추구 국가들은 중국이 명목상으로 개방을 약속했을 뿐 반세계화와 반자유적 무역 조치를 하는 것이 아니냐며 지적했다. '중국제조 2025'는 부분적으로 트럼프 행정부가 중국에 대한 불공정 무역 시정 조치를 개시하고 유럽연합이 공식적으로 중국을 '전략적 경쟁자'로 지목한 것에 대한 중국의 대응 조치다. 중국의 조치는 무역과 개방, 세계화에 대해 중국이 한 말과 분명히 배치된다. 그러나 이 같은 중국의 조치는, 다른 강대국이 설계한 글로벌 시스템하에서 중국이 '책임 있는 이해 당사자'가 되어 이들을 기쁘게 해주는 데는 거의 관심이 없는 중국 지도자들의 생각과 완전하게 일치한다.

총구(The Gun)

월터 랄에이(Walter Raleigh)경은 “바다를 지배하면 무역을 지배하고, 무역을 지배하는 자는 세계의 부를 지배하며, 결과적으로 세계 전부를 지배하게 된다.”라고 했다.

마오쩌둥이 철칙으로 삼았던 것은 중국 공산당이 총구를 확고히 지배해야 하며 총구가 당을 지배하게 해서는 안 된다는 점이었다. 그러나 중화인민공화국(PRC) 역사 대부분을 보면, 중국 또 중국 공산당은 무력을 충분히 확보할 여력이 없었다. 물론 지금은 더 이상 그렇지 않지만 말이다. 현재 중국은 강대한 무력을 보유할 만큼 여력이 있으며, 해외 투자, 해상운송, 필수 원자재 수입 증가 등 보호해야 할 대상도 많아졌다. 2007년 중국은 자체 궤도 위성을 격추하는 데 성공함으로써 궤도에서 통신 및 스파이 위성 파괴가 가능함을 입증했으며, 인민해방군(PLA) 61398부대를 통해 많은 컴퓨터 시스템을 해킹하여 세계 최고의 기술 및 방산 기업들의 설계도와 청사진, 첨단 무기와 방위 시스템의 세부 사항을 절취 해 갔다. 사이버 범죄 포렌식 전문가인 스티브 만시니(Steve Mancini)는 “적어도 지난 15년간 중국은 지재권 자산을 훔쳐 갔다. 전략적으로 중국은 자신들이 우주의 중심에 서는 것이 정당하므로 자신에게 필요하다고 생각하는 것을 확보하는 데 전념해 왔던 국가다.”라고 했다.[37] 하나의 재미있는 사례는 오리건주 포틀랜드 소재 엘레멘탈 테크놀로지(Elemental Technologies)에 있는 기업은 2015년 아마존닷컴의 인수 대상 기업이었다. 그런데 엘레멘탈 테크놀로지는 캘리포니아 산호세(San José)에 본사를 둔 슈퍼 마이크로컴퓨터 회사(Super Micro Computer Inc.)가 설계한 컴퓨터 서버를 사용했다. 슈퍼 마이크로컴퓨터 회사는 주요 서버 공급업체 중 하나로 부품 상당수를 중국으로부터 조달했다.(중국은 전 세계 핸드폰의 75%, PC의 90%를 생산한다) 인수 협상 중 어느 시점에서 아마존은 의심이 들어 슈퍼마이크로 회사가 사용 중인 일부 마더보드(Mother Board)를 분해할 목적으로 제3자를 고용했다. 아니나 다를까 소형 ‘스파이’ 칩이 포함되어 있었다. PLA가 마더보드에 칩을 설치하도록 하청업체에 지시한 것이었다. 비즈니스위크는 결국 최소 30개 미국 기업과 해군을 포함한 미국 정부 일부의 컴퓨팅 시스템에 같은 칩이 있었음을 발견했다.

문제의 칩은 컴퓨터가 인터넷 연결에서 다른 곳에 있는 익명의 서버와 통신하며 장치의 운영 체제가 익명의 컴퓨터로부터 명령어를 받아들일 수 있게 되어 있는데, 이는 인민해방군의 통제도 받을 수 있다는 것이다. 오바마 행정부와 트럼프 행정부 산하 국가안보회의(NSC)에서 일했던 앤드류 그로토(Andrew Grotto)는 “중국이 그 이상의 침투도 할 수 있는 능력이 있다."라고 했다.[38] 이와 마찬가지로 미국 C-17, MQ-9 리퍼, F-22 랩터, F-35 등의 청사진이 PLA에 의해 절취되어 중국 버전(산)의 동일 무기 제조에 사용되었다.[39] 중국의 해킹 기술은 일류일 뿐만 아니라, 정보 수집은 의심할 여지 없이 그 대상 범위가 넓고 그 어떤 국가보다 고도로 조직화 되어 있다. 중국은 총 한 방 쏘지도 않고 대양해군(Blue water navy)을 단시일 내 조직하여 아시아와 인도 태평양지역 세력 균형에 상당한 영향을 미치고 있는 상태다.

결론은 중국이 이른바 자유주의적 세계 질서에서 틈새시장을 찾을 의도가 없다는 점이다. 오히려 중국은 강대국 지위를 향한 코스(루트)를 설정하는 데 열중하고 있다. 실제 중국이 자유주의적 세계 질서의 '책임 있는 이해 당사자'가 되어야 한다는 미국의 요구는 중국 당국의 귀에는 짐짓 거만하게 들릴 수 있다. 이는 중국이 자유세계와 직접적 갈등을 추구한다는 의미가 아니라, 자유세계가 중국의 목표 달성을 쉽게 저지하지 못할 것임을 암시하는 것이다. 중국은 전쟁으로 독자 질서를 구축하는 대신에 손자(Sun Tzu)의 충고에 따라 주요 부문인 투자, 기술, 특정 분야의 지배 등 핵심 분야에서 우월한 힘을 확보함으로써 자신만의 질서를 조성하려 할 것이다. 요컨대 중국 공산당과 그 국가는 끊임없는 압박을 통해 또 약점을 최대한 공략함으로써 목표를 달성하고자 한다. 가공할 만한 전략이다.

04

위협

황제 시진핑의 중국은 관망을 끝냈다.
– 케빈 러드(Kevin Rudd) 전 호주 총리

이 세계를 향한 가장 중요한 질문은 중국 공산당 및 국가의 전략과 미래 비전을 다른 국가들에 주의를 기울이게 하거나 방어적 대응이 필요한 위협을 알아차리게 어떻게 문제를 제기하는가다.

아마도 이 질문에 대한 해답을 찾는 작업의 첫째 관문은 중국 공산당과 국가의 기본 지도 원칙(지침)이 무엇이며 이러한 원칙이 결국 세계 인구의 약 20%를 구성하는 중국인에게 어떻게 적용되는가를 알아보는 것이다. 중국 공산당은 레닌-스탈린주의 전통을 가진 공산당이기 때문에 세상의 많은 사람이 인권이라고 부르는 내용을 혐오하고 권력의 모든 수단을 장악해야 한다고 주장하며, 공산당 노선은 반대 의견이나 언론의 자유를 용납하지 않는 가운데 법치주의 개념을 거부하며 신과 마찬가지로 공산당이 법 위에 있다고 주장하는 것이다. 중국에서 뉴스, 사설, 논평은 선전이라고 부르는 것이 더 정확하다. 우리는 중국 인터넷은 강력한 만리방화벽 뒤에 있으며 공산당 노선과 강력하게 일치하는 정보를 대중이 이용할 수 있도록 하기 위해 심하게 검열된다는 점을 알고 있다. 안면 인식 기술과 추적 기술을 통한 정부의 주민 감시가 만연해 있는 것에 대해서도 우리는 잘 알고 있다.

중국인들은 각각 자신의 공적 행위에 대해 매월 '사회적 신용' 점수를 바로 받게 된다.

잘 알려지지는 않으나 엄청난 의미를 내포하고 있는 것은 중국 대중이 세계에서 최고로 사찰과 감시를 많이 받고 있다는 점이다. 사실, 외부에서 볼 때, 중국 공산당이 대중을 가장 위험한 적으로 본다는 결론을 내려도 무방하다. 중국은 이전 장에서 살펴본 바와 같이 군사력 증강보다 내부 사회 보안에 훨씬 더 많은 예산을 지출하고 있다. 2017년 중국 국내 보안 예산은 약 1조 3,000억 위안(약 1,970억 달러)인 반면 국방 예산은 1조 위안(약 1,700억 달러)을 조금 넘는 수준이다. 중국의 국내 보안 비용 지출을 미국이 치안 등 비슷한 활동에 지출하는 비용과 비교하기 위해 중국의 보안 예산(중국이 수행하는 모든 일을 미국에서 했을 때 치러야 하는 비용)을 '구매력 기준'으로 바꿔 보면 중국은 3,490억 달러를 지출하는데, 미국은 실제 1,650억 달러를 지출하고 있어 중국이 미국의 2배 이상이나 많다.[1]

2009년 전직 국가안전부(MSS) 간부였던 리펑즈(Li Fengzhi)는 중국 국내 보안 문제에 그렇게 막대한 비용을 지출하는 이유를 설명했다. 그는 국가안전부는 "공산당 지배체제 유지를 위해 중국 인민을 통제하는 것이 가장 중요한 임무다."라고 말한다.[2] 당시 국가안전부는 기독교 교회와 파룬궁(Falun Gong, 法輪功, 중국 내 수백만 명의 회원을 보유한 기체조와 영적 심신 수련 단체)과 같은 종교 단체를 탄압하고 모든 종류의 문화 모임을 차단하며 중국인들이 외부 소식을 제대로 알지 못하도록 인터넷 사용을 막기 위해 검열에 전력했다. 심지어 중국 공산당에 좋지 않은 영향을 미칠 수 있다면 중국 국내 사건에 대해서도 국내 중국 사람들조차 알지 못하게 한다.

2009년 이후 중국의 국내 보안 조치는 기하급수적으로 증가했다. 인터넷에서 사전 한 권을 채울 수 있을 정도로 많은 단어와 문구가 사용 금지되어 있는데, 여기에는 불멸, 시대에 역행, 무제한 리필, 파란 옷을 입은 여기자, 하늘에서 보낸 위인들, 노예 제도, 1984, 곰돌이 푸, 뻔뻔한, 노벨상 등의 단어를 포함하여 수십만 개, 심지어는 수백만 개가 될 수도 있다.(검열은 공산당에 나쁜 이미지를 일으킬 수 있는 모든 단어를 포함함) 이러한 단어들이 인터넷에서 떠오르지 않게 하려면 상당한 노력이 필요하다.

검열관들이 얼마나 열심히 일해야 하는지, 그리고 얼마나 많은 검열이 필요한지 상상해볼 필요가 있다. 중국 내 몇몇 사람들이 나서서 2019년 봄 홍콩에서 거의 200만 명이나 되는 홍콩(중국)인들이 반정부 시위를 벌이고 있다는 사실을 알지 못하게 했으니 말이다.

홍콩에 친척이 있는 광저우(廣州)나 심천(Shenzhen, 深圳, 선전)에 사는 사람들은 약간의 지식을 불가피하게 얻을 수 있다. 그러나 상하이와 베이징에 거주하는 약 4,300만 명(이것은 등록된 거주인이고 실제는 더 많음) 중에 홍콩에서 발생한 사건을 알고 있는 사람의 수(확실히 알고 있는 사람의 수)는 놀라울 만큼 적다. 평범한 중국인들에게 이와 관련된 최우선 순위의 보안 문제는 베이징 사람들이 어떤 이야기도 듣지 못하도록 막는 것이었으나, 반대로 중난하이(中南海) 사람들은 듣고 싶어 하는 이야기였다. (중난하이에는 중국 공산당 최고 지도자들의 사무실과 거주지가 있다. 미국 내 권위의 중심인 백악관과 같은 곳으로, 이곳 중국인들은 역으로 홍콩 상황을 알고 싶어한다는 것임)

더구나 중국 정부는 인공지능(AI) 같은 기술로 권위주의 통제 수단을 강화하고 있다. 홍콩 정부의 범죄인 인도 조치에 항의하기 위해 행진한 거의 200만 명의 홍콩 시민 중 대다수는 홍콩과 중국 본토를 정기적으로 오가는 친척과 친구가 있다. 안면 인식 기술이 이들을 식별하는 데 사용되고 있다는 충분한 근거가 있다는 점은 그들에게 공포가 된다. 앞에서 언급한 바와 같이 카메라와 AI 분석은 중국 각지에서 찾아볼 수 있을 정도가 되었다. 시민들이 무단 횡단하거나, 직장에 지각한다든지 공과금을 체납하거나 조퇴하거나 기타 수십 가지에 달하는 위반 행위를 하는 모습이 포착되면, 이 사람들의 사회적 신용 점수는 깎이게 될 것이다. 이렇게 점수가 깎이게 되면 휴가 기일 손실과 실직, 특정 학교, 병원 및 기타 기관에 대한 접근 권한을 상실하게 되는 등 그 벌점은 다양하다. 어떤 위반 사실이 없는 사람들조차 자신들이 지속적으로 모니터링되고 있다는 사실을 알고 있다.

비둘기 작전(Operation Dove)으로 알려진 새로이 개발된 방식은 새로 위장한 드론을 하늘에 띄워 광범위한 지역을 감시한다. 드론이 새와 너무도 닮아 실제로 새를 속게 해서 때로는 새들이 드론 무리에 합류하기도 한다. 또 다른 새로운 방식은 기업 근로자들에게 헬멧을 착용케 하여 뇌세포를 검사하여 분노, 우울증, 불안 그리고 기타 강한 감정 등을 파악하여 기업 책임자들에게 경각심을 심어 주기도 한다는 것이다.

또한 중국 공산당이 집중적으로 감시하는 대상은 신장 지방의 무슬림 위구르족과 티베트의 장족 불교신자들이다. 특히 신장위구르자치구 사람들은 세뇌 캠프라고 해야 맞을 곳에 수백만 명의 사람들을 가둬 놓고 있다. 캠프에서는 기도나 무슬림 복장 착용이 허용되지 않는다. 남자는 수염을 기르면 안 되고, 여자도 머리 스카프(히잡)를 쓰면 안 된다. 수용자들은 관습적으로 먹는 음식이나 부르는 전통 노래도 금지되어 있다. 이들은 지속적인 관찰과 교육을 받는다.

관리들은 신장 주민들을 모니터링하며 수용소로 보낼 사람들과 조사를 받을 사람들을 식별한다. 그리고 석방된 사람들을 예의 주시한다. 목표는 "집권 공산당에 절대 도전하지 않을 세속 시민으로 신장 주민들을 변모시키는 것"이다.[3] 신장지역 경찰들은 안드로이드 운영 체제 기반의 스마트폰으로 어떤 주민이 비정상적으로 오랜 기간 해외에 체류하거나 이상할 정도로 많은 양의 전력을 소비한다거나 하는 등의 의심스러운 행동을 하는 것을 스마트폰 앱을 통해 체크한다. 이 앱을 통해 신장지역 경찰은 스마트폰 사용을 중단한 사람이나 집으로 돌아올 때 현관문을 사용하지 않기 시작한다든지 아니면 다른 사람 차량에 주유를 한 사람들을 식별해낼 수 있다.

놀랍지도 않은 사실은 공개 대화와 사상을 통제하려는 이렇게 엄청난 노력에 따라 우리가 서방에서 저널리즘이라고 부르는 것이 중국 내에는 사실상 존재하지 않는다는 점이다.

장웬민(Zhang Wenmin, 張文敏)은 한때 중국에서 가장 파워가 센 언론인 중 한 명이었다. 이 여기자는 경찰의 만행, 잘못된 유죄 판결, 환경 재해를 폭로했다. 그러나 이제는 다시 목소리를 내기 위해 고군분투하고 있다. 경찰은 장웬민 기자의 정보원을 위협하고 당국은 기자의 소셜 미디어 계정을 폐쇄하였고, 이로써 장 기자는 그동안 모은 저축으로 생활을 이어가고 있다. "언론의 자유를 위한 공간이 너무 제한되어 있다."라면서, "이제 독립 언론인이라고 말하는 것조차 위험하다."라고 말한다.[4]

장웬민 기자와 같은 언론인들이 공적 책임성을 지켜왔는데, 일례로 멜라민 성분의 분유로 아기들이 차례로 병들거나 정부의 후원을 받는 매혈 스캔들과 같은 사건을 폭로했던 것들이다. 이제 중국 언론은 의문을 표시하는 모든 목소리를 상실했다. 비평가들은 이 같은 상황을 '완전 검열 시대'라고 칭한다. 시진핑은 언론 매체의 사명이 '긍정적 에너지' 전파라면서 "당을 사랑하고 당을 보호하며 당에 봉사해야 한다."라고 했다. 부패 정치인들을 인터뷰(사건 조사) 후 1년 이상 경찰에 의해 구금된 쓰촨성(四川省) 출신의 리우후(Liu Hu, 劉虎) 기자는 "정부가 시민들을 무지하게 만들었고 대중의 눈을 멀게 했으며, 귀는 듣지 못하게 만들고 입은 말하지 못하게 만들었다."라고 했다.[5]

국가안보

공산당과 국가가 외부로부터 제기되는 국가안보 문제를 본격적으로 다루려는 이유는 영구적 잠재 위협이 국내 중국인들로부터 나온다는 인식에서 비롯된다. 좀 더 쉽게 말해 당과 국가가 자국민을 그렇게 두려워한다면 통제할 수 없는 외국인에 대해서는 얼마나 더 두려워할지 상상해 볼 필요가 있다.

시진핑 총서기 겸 국가주석은 그러한 의문에 대처하기 위해 '중국몽'과 위대한 중국 인민(중화민족)의 부흥을 성취하기 위해 일종의 운동을 시작할 필요가 있다고 했다. 즉 중국을 강성하게 만들기 위해 "강한 군대가 없다면 중국은 안전하지도 강할 수도 없다."라고 했다.[6] 중국의 국가 이념으로 기본이 되는 이념은 마르크스-레닌주의-마오이즘을 거쳐 중국 특색의 사회주의로 이어지는데, 이는 사회주의가 부르주아 자본주의 세력과의 영원한 투쟁과 갈등을 겪고 있다는 신념에 근거한다. 따라서 인민해방군은 중국이 아니라 중국 공산당의 군대이며 그 임무는 무엇보다 먼저 중국 공산당 보호임을 잘 알아야 한다. 따라서 공산당이나 인민해방군에 대한 모든 위협은 자동으로 중국 국가에 대한 위협으로 정의된다. 이는 1989년 6월 4일 톈안먼 광장에서 극적으로 입증되었으며, 공산당은 인민해방군 조직과 전략에 정보를 지속하여 제공하고 있다. 따라서 인민해방군은 인민무장경찰(최신 장비로 무장된 치안을 담당하는 군인과 같은 경찰)을 통해 국내 질서와 평온을 유지하면서 중국의 대외 치안도 책임지게 하고 있다. 동시에 인민해방군은 중국의 급속한 경제성장과 더불어 군대가 보호해야 할 이익이 더 커지면서 이같이 보호 조치를 취하는데 지출할 훨씬 더 많은 자금이 지급되면서 주요 세력으로 성장했다.

세계정세에 대한 시진핑의 견해와 중국이 어떻게 대응해야 하는지에 대한 견해는 2015년 5월 '중국 군사 전략(China's Military Strategy)'이란 글로 제대로 전달된다. 즉, "패권주의, 권력 정치, 신개입주의 등으로부터 제기되는 새로운 위협 등으로, 권력, 권한 그리고 이익의 재분배를 놓고 국제사회에서 벌어지는 경쟁은 더욱 격렬해지는 경향이 있다. 테러 활동은 점점 더 증가하고 우려할 만하다. 민족, 종교, 국경, 영토 분규 등 큰 이슈들은 더욱 복잡하고 그 변동성이 더 커졌다. 소규모 전쟁, 분쟁 그리고 위기 사태는 일부 지역에서 빈발한다. 따라서 세계는 여전히 지역 분쟁의 즉각적이고도 잠재적인 위협에 직면해 있다."라는 내용들이 그것이다.[7]

2003년 봄 미국의 이라크 침공 이후 인민해방군은 전쟁 교리, 장비 및 조직의 업그레이드를 급히 모색해 왔다. 2015년 말 시진핑은 인민해방군을 미군과 경쟁할 수 있도록 한층 더 날렵하고 무서운(인정 없는) 전투 기계로 만드는 것을 목표로 하는 광범위한 개혁을 통해 상황 변화에 대처했다. 현재 인민해방군은 220만 명의 현역 군인과 50만 명의 예비군을 보유함으로써 미군의 현역 군인 약 120만 명과 예비군 약 80

만 명을 훨씬 능가한다. 그러나 시진핑이 진정으로 원했던 것은 인민해방군, 특히 해·공군력과 기타 전략사령부의 현대화였다.

이를 위해 인민해방군 사령부를 변경하고 재조직하였으며, 군대는 일신되고 급성장 과정에 있다. 여기에는 해군(PLAN), 공군(PLAAF), 우주 전략 로켓군(PLA 로켓군), 전략 지원군(PLA 사이버 정보 해킹, 기술 획득을 목적으로 하는 군대)이 포함되어 있다. 중국 최초의 항공모함인 랴오닝함은 공식적으로 인민해방군 해군 함대에 추가되었다. 다른 항공모함은 아직 이름이 정해지지 않은 상태에서 해상에 떠 있으며 세 번째 항모는 건설 중이다.* 중국은 결국 6척의 항공모함을 건조할 것으로 추정된다. 이는 미국 항모의 보유 대수의 약 절반으로 인민해방군 해군(중국 해안 경비대와 해양 민병대도 포함)은 이미 496척의 군함과 132척의 보조 함정(한층 더 보강될 예정)과 해군 예비군용으로 추가 200척이 더 있다.

여기에 더해 중국 공군(PLAAF)은 세계 최대의 수송기를 제작 중이며, 앞서 언급했듯이 중국은 미 전투기 청사진을 해킹하여 미국의 첨단 F-16, F-22 랩터, F-35와 매우 흡사한 최첨단 제트 전투기를 만들어냈다. 중국은 대륙간탄도미사일과 중거리 미사일도 보유하고 있으며 초고속 수중 드론과 극초음속 미사일도 만들고 있다. 이 글을 쓰고 있는 2020년 5월 현재 언론은 남중국해에서 중국의 대함 미사일 실제 사격 테스트를 보도하고 있다. 이 테스트는 남중국해를 통과하는 모든 이들에게 중국이 위험하다는 사실을 무시한 데 대한 확실한 경고다. 마지막으로 반드시 짚고 넘어가고 싶은 것은 중국이 우주 전쟁 무기 개발에 앞장서고 있으며 강력한 사이버전 전략과 기술을 보유하고 있다는 점이다.

오랫동안 중국은 세계를 대상으로 자국 영토 외에는 군사 기지를 건설하지 않겠다고 주장해왔다. 그러나 2015년 초 시진핑은 이 정책을 변경했다. 시진핑 특사단은 인민해방군 지부티에 소재한 해군 기지(2017년 7월 개소) 건설 문제와 관련하여 소말리아와 협상을 시작했다. 이와 관련 사우스차이나모닝포스트(SCMP)는 이것은 "중국이 인도양을 가로지를 수 있는 해상 전력을 구축하기 위한 결정적 조치였다."라고 보도했다. 이 신문은 중국군 부대가 수에즈 운하 남쪽 입구 근처 아덴만에 걸터앉는 식으로 배치되는 것이라 덧붙였을 수도 있다. 표면상 목적은 해적 퇴치 작전을 수행하는 것이라지만, 일본, 인도, 베트남, 한국 등의 해상운송도 관찰할 수 있게 되기 때문에 이들 국가 일부는 중국이 해병대를 400% 늘린다는 보도가 나오는 것과 관련하여 우려를

* 첫 번째는 랴오닝함, 두 번째는 산동함, 세 번째는 푸젠함이고 현재 네 번째 항공모함을 건조 중이다.

표명했다. 이 신문은 “중국이 홍콩으로부터 스리랑카를 지나 파키스탄까지 그리고 일대일로 전략 중 해양 진출 정책으로 투자하는 인프라를 건설해주고 있는 아프리카까지 ‘진주 목걸이’ 형태의 전략을 추구하고 있어 인도양 전역에 걸쳐서도 추가 시설이 들어서는 것도 가능하다.”라는 내용도 추가 보도했다. 사우스차이나모닝포스트의 후속 보도에 따르면 중국군 파병 부대 규모는 1만 명 정도일 것이라고 한다.[8]

1996년 3월 미국 클린턴 대통령은 중국이 타이완을 위협하던 당시 2척의 항공모함을 보내 타이완해협 순찰을 지시했다. 그때 인민해방군은 공격은 차치하고 항공모함을 찾아내는 것조차 어려워했다. 위험한 상황은 지나갔고 평화가 찾아왔다. 그러나 오늘날 상황은 사뭇 다르다. 미국이 타이완해협을 두고 소위 다양한 워 게임 또는 시나리오 계획에 의한 훈련을 실시해 보면 미군은 중국이 자체 제조한 항공모함과 함께 배치한 미사일 장착 수상함, 무음 잠수함과 잠수함 공격 어뢰 등에 직면하여 항상 반드시 ‘승리’하지는 못할 수도 있다는 것이다.

남중국해 전쟁에서 ‘승리’하기 위해 중국이 미군을 완전하게 패배시킬 필요는 없다는 점을 이해하는 것도 필요하다. 미국이 개입하기 주저할 정도로 전쟁에 막대한 비용이 들도록 만들 수만 있으면 되기 때문이다. 일부 분석가들은 중국이 이미 그러한 능력을 갖췄다고 믿고 있다. 뉴욕타임스에 따르면 미 인도·태평양 사령관 필립 S. 데이비슨(Philip S. Davidson) 제독은 2018년 3월 미국 상원에서 “중국은 이제 모든 시나리오에서 미국과 전쟁을 하지 않고도 남중국해를 통제할 수 있다.”라고 증언했다. 실제로 데이비슨 제독은 중국을 ‘대등한 경쟁자(peer competitor)’로 기술했는데, 중국이 무기 대 무기 싸움에서 미국에 이기는 것이 아니라 전략적으로 지리적 환경을 이용하고 상대적으로 저렴한 대함·대공 미사일을 개발하며, 소위 민간 소비재 제조업체를 전략적 목적에 맞게 조정함으로써 무기 제조업체 역할도 겸하게 하는 등으로 ‘융합’ 정책을 구사한다고 했다. 사실상 모든 중국 기업은 전략 무기’ 생산업자로 간주될 수 있다. 데이비슨 제독에 따르면 “미래 중국과의 충돌에서 미국이 승리할 것이라는 보장은 없다.”라고 했다.[9]

동일 맥락에서 호주의 글로벌 정책 분석가인 휴 화이트(Hugh White, 호주국립대 교수)는 2019년 7월 14일 가디언지에 “호주는 남태평양에 중국이 군사 기지를 건설하는 상황에 대비해야 한다.”[10]고 했다. 중국은 머지않아 세계 정상급의 가공할 군대를 보유하게 되고 미군에 비해 우위를 보일 수도 있는 수준이라는 것이다.

휴 화이트는 계속해서 “이러한 상황으로 미루어 볼 때 과연 중국이 그러한 군사력으로 무엇을 할 가능성이 있느냐는 질문에 이르게 된다."라고 했다.

일단 중국이 영유권을 주장하면, 중국 것이 된다(Once claimed, Always Chinese)

물론 중국은 중국 영토에 대한 공격이나 침해에 대해, 또는 세계적 해운과 식량, 석유 및 기타 필수 원자재의 생산지(자)와 같이 중대 이익으로 정의하는 모든 것에 무력을 동원하여 억지하려는 의도가 있다. 이에 더해 중국은 두 가지 다른 정책의 우선순위가 있다. 첫 번째는 옛 청나라 당시 조각난 영토들을 재결합하고 중국을 아시아 어쩌면 세계에서 헤게모니(주도권)를 장악할 강국으로 부활시키는 것이다. 두 번째는 제2차 세계대전 이후 미국과 동맹국들이 수립한 자유주의 세계 질서를 권위주의 정권에 더 유리하게끔 법과 평화적 판결보다는 권력관계에 기반한 글로벌 거버넌스 체제로 대체하는 것이다.

베이징 당국은 1950년 티베트 침공과 함께 청나라 지도를 재구성하기 시작했다. 티베트가 역사적으로 오랜 기간 중국의 일부가 아니었다는 사실은 마오쩌둥에게 무의미했다. 사실 티베트는 오래전부터 독립 국가였다. 티베트는 칭기즈칸에 의해 정복되지도 않았으며, 쿠빌라이칸에 의해 원나라에 통합되지도 않았다. 티베트는 청 제국의 느슨한 책봉 국가가 되었지만, 중국 본토에 완전하게 편입되어 청나라 정부가 관리했는지는 달라이 라마와 같은 일부 사람들에 의해 여전히 논쟁 중이다. 청나라 멸망 후 티베트는 완전한 독립을 회복했다. 그러나 청나라와의 느슨한 유대 관계와 티베트의 약한 군대는 중국 공산당이 티베트를 '양도할 수 없는 중국 영토'라고 주장하는 데 필요한 원인이 되었다. 달라이 라마를 인도로 탈출하게 만든 1959년 반란은, 1962년 티베트(시장, 西藏)와 중국의 신장(新疆) 지방의 통합되는 영토에 대한 소유권을 둘러싼 상반된 주장으로 중국이 인도와 잠시 전쟁을 벌이는 상황으로 이어진다. 휴전 선언은 되었지만, 근본적 갈등은 해결되지 않았다. 인도와 새로워진 인민해방군 사이에는 아직 상당한 무력 충돌 가능성이 남아 있다.*

---

* 티베트는 청 왕조 초기 라마교 황모파(黃帽派)가 지배권을 장악하였으며, 청 태조 누르하치가 그 지배자에게 달라이 라마라는 칭호를 부여했다. 또한, 건륭제(乾隆帝)는 달라이 라마의 권력기관으로 '가샤(티베트 지방정부)' 조직을 정하고 구루카족이 침략하자 군대를 파견하여 물리치기도 했다. 그러나 18세기 후반부터는 영국이 그리고 그 뒤를 이어 러시아가 티베트를 자신의 세력권으로 만들려 했다. 청조의 멸망을 이끈 1911년 신해혁명 후 중국 국민당 정부는 1930년부터 이곳에 관리를 파견하고 1934년 라싸 멍짱(蒙藏)위원회 주티베트 사무소를 설

신장 지방은 수 세기 동안 여러 정복자가 다스렸다. 신장은 청나라 때인 1755년경까지 중국의 공식적인 일부가 되지도 않았다. 청나라가 멸망한 이후 신장은 신생 중화민국에 느슨하게 연결되어 있었지만, 제2차 세계대전 중에는 대부분 소련이 점령하고 있었다. 모스크바의 지원으로 1944년에 동투르키스탄공화국이 되었었다. 이러한 상황은 1949년 10월까지 지속되었고, 당시 마오쩌둥(중국 공산당) 군대는 신장이 청나라에 부속되었던 지역으로 곧 중국 일부임을 뜻한다면서 이 지역을 차지했다.

신장의 사례는 몽골에 대한 흥미로운 의문을 제기한다. 몽골도 역시 청나라의 일부였으나 1911년 청 왕조가 무너지면서 독립을 선언했고, 소련의 도움으로 1921년에 완전한 독립을 이룩했다. 몽골은 1989년까지 소비에트 일부분으로 남아 있었는데, 당시 몽골은 나름 평화 혁명을 통해 시장경제에 기반을 둔 다당제 시스템을 구축했다.* 중국은 당시 몽골을 중국에 통합하기 위해 소련과 전쟁을 벌일 준비가 되어 있지 않았으나 오늘날 몽골은 중국에 대한 경제적 의존도가 높고 중국 공산당이 상당 부분 침투한 상태다. 베이징이 어느 날 중국군을 파견하여 청나라 지도의 빈 곳을 채우기로 하더라도 전혀 놀라운 일이 아닐 것이다. 만약 그렇다면 러시아가 감히 개입할지는 알 수 없다. 아마도 베이징은 이미 몽골을 조종(콘트롤)하고 있어 추가 무력 개입을 불필요하게 만들 정도이나 몽골이 중국에 공식 편입되게 되면 중난하이에서 볼 때 확실히 지도의 모양새는 더 좋아 보일지도 모른다.(중국의 영향력이 더 커질지 모른다)

다른 두 영토의 운명은 여전히 불안정하다. 홍콩(Hong Kong, 香港)은 1차 아편전쟁 이후 1842년 청나라 정부에 의해 영국에 영구 할양되었다. 구룡(九龍)은 2차 아편전쟁 후 1860년에 역시 영구 양도되었다. 그 후 1898년에 영국은 협상을 통해 신계(New Territories, 新界) 지역에 대한 99년 임차권을 얻었다. 1997년 임대 기간이 만료되

치하여 종주권을 유지하려 했다. 티베트는 제2차 세계대전 때 중립을 지키며, 종전 후 독립 정부를 구성하려 했으나 1949년 중국 대부분을 장악한 인민해방군이 1950년 10월 침공하여 점령하였다. 그리고 양측은 1951년 5월 중국의 종주권과 티베트의 자치권을 인정하는 17개 항의 평화협정을 체결하였다. 1959년 티베트 라싸에서는 제14대 달라이 라마를 지도자로 내세운 대규모 반란이 일어났는데, 이 반란은 수많은 희생자를 낸 채 실패했다. 그리고 달라이 라마와 그의 추종자들은 히말라야를 넘어 인도 북부 다람살라에 정착하게 된다.

* 1911년 신해혁명으로 청나라가 붕괴하자 몽골은 당시 몽골 불교의 수장인 젭준담바 호탁트(Jevzundamba Khutagt)를 왕으로 추대하는 입헌군주제 국가로 독립을 하였지만, 1919년 중화민국(中華民國)에 의해 독립이 철폐되었다. 이후 1921년 러시아 소비에트의 지원을 통해 사회주의혁명에 성공하여 1924년 세계에서 2번째로 사회주의 국가인 몽골인민공화국을 수립하였다. 몽골은 1990년 시장경제체제의 도입과 민주주의 체제로의 전환 이전까지는 다시 구소련의 영향력 아래 놓였다. 그러나 중화민국(타이완) 역사에는 오랜 기간 몽골이 자국 영토로 표기되곤 했다.

면서 홍콩과 구룡(九龍, 구룡반도)이 신계로부터 독립적으로 유지되는 것이 불가능하다고 본 영국은 홍콩을 중국에 온전히 반환하는 데 동의했다. 그러나 영국은 덩샤오핑이 처음 제안한 협정, 즉 홍콩이 50년 동안 '높은 수준'의 독립을 향유하는 '일국양제(One Country Two Systems, 一國兩制)' 모델을 두고 협상했었다. 이에 따라 홍콩 특별행정구는 중국에 통합되는 일부로 만들어졌으나, 2047년까지 50년 동안 언론의 자유, 인권, 법치주의(본질적으로 영국법)를 보장하는 자체의 미니 헌법(홍콩특별행정구 자치 행정법)에 따라 통치되기로 했다.

2019년 홍콩 사람들은 그 50년이 되기도 전에 시스템이 베이징 당국에 의해 말살될 위험에 처해 있다는 점에 점점 더 우려하고 있음이 분명해졌다. 홍콩 700만 시민 중 최대 200만 명이 시위를 벌임으로써 캐리 람(Carrie Lam) 홍콩 행정장관은 중국과 범죄인 인도 협정을 보류시켰다.

시위대는 그녀의 퇴진과 홍콩 입법부 의원들에게 직접 투표할 수 있도록 요구했다. 1989년 텐안먼 광장에서 일어난 것도 비슷한 시위였다. 한때 베이징에서 자국민에게 그랬던 것처럼 당시 시진핑과 중국 공산당이 홍콩에 인민해방군을 동원했다면 극도로 당혹스럽고 큰 비용이 들었을 것이다. 중국 공산당은 홍콩에서 200만 명의 사람들이 중국 공산당에 반대하는 시위를 벌이는 것도 당혹스러웠을 것이다. 사실, 이러한 집단 시위는 부끄러운 일 이상이었다. 그것은 중국의 부상이 불가피하다는 이야기를 훼손했고, 국제적으로 긍정적인 이미지를 투영했던 베이징의 능력도 약화시켰다.

실제로, 중국 정부는 홍콩의 중국 정부에 대한 민주적 반대 시위가 골칫거리였는데, 그것은 중국이 국가보안법을 통과시켜 50년 약속한 일국양제를 위반하고, 사실 그 협상을 무효화하고 홍콩을 또 다른 중국 도시로 만든 것이 원인이었다. 이로써 오랫동안 자유 홍콩으로 간주했던 미국으로부터 특별 무역 조치를 해지당하는 일도 생겼다. 내가 2020년 5월 말에 이 글을 쓰는 시점에도 중국은 타이완과 중국 본토 재통합에 대한 형식적 요구에 '평화적'이라는 단어를 삭제했기 때문에 상황은 극도로 긴장되어 있는 상태였다.

지금까지 중국 지도에서 가장 중요한 영토는 타이완이었다. 수년 동안 하나의 중국 개념에 대한 광범위한 국제 합의도 있었다. 타이완은 그 일부이지만 베이징 당국의 지배를 받지는 않았다. 이 공식은 1972년 닉슨 대통령과 마오쩌둥 주석 사이의 회담에서 나왔다. 당시는 미국이 중국 공산당의 군사적 침략으로부터 타이완을 방어할지가 분명하지 않았다.*

---

* 하나의 중국 원칙(一個中國原則, One China policy or One China Principle)은 중국 대륙과

많은 관측통은 베이징이 대만 침략을 하기까지 '상당한 시간'이 걸릴 것이고, 이 때문에 닉슨과 키신저는 신경 쓰지 않아도 될 것이라고 봤다. 여하튼 닉슨은 중국과 공식 외교관계를 수립하지 않았다. 그것은 1979년 1월 1일 지미 카터 대통령에 의해 이루어졌다. 그 여파로 미국 의회는 1979년 4월 10일 '타이완 관계법'을* 통과시켰다. 미국은 타이완이 공격받는 경우 무기와 심지어 군대를 제공함으로써 타이완이 스스로 방어할 수 있는 능력을 보장할 것을 약속했다. 낙관적 기대는 국경을 넘는 무역과 투자가 점차 두 나라의 평화로운 정치적 통합으로 이어질 것이라고 생각하는 것이다. 그러나 지금까지 그렇게 되지 않았다.

대신, 타이완은 강력한 민주주의와 번영하는 자유시장 경제를 발전시켰다. 타이완은 중국 본토와 경제적으로 깊은 관계를 맺고 있지만 정치적으로는 더 멀어지고 있다. 더 중요한 것은 타이완의 새로운 인구는 더 이상 중국인이 아니라 타이완 사람이며 중국 공산당의 중국과 정치적, 사회적, 문화적으로 통합되는 데 관심이 없다는 것이다.**

이러한 상황 발전은 항상 중국 공산당에 대한 저주에서 시작되었으며 특히 시진핑의 '중화민족의 위대한 부흥'이라는 '중국몽'과 배치되는 것이다. 그러나 베이징 당국은 타이완의 효과적으로 독립을 추진하는 것으로 보이는 조치나 정책에 단호히 반대해왔다. 1996년 봄 타이완의 리덩후이(Lee Teng-hui, 李登輝) 총통이 미국을 방문한 연

홍콩, 마카오, 타이완은 나뉠 수 없는 하나이고 따라서 합법적인 중국의 정부는 오직 하나라는 원칙 또는 이데올로기이다. 중국은 외교전략으로 수교국에게 이것을 인정하는 것을 원칙으로 해왔다. 이외에 양안 사이에 체결된 92컨센서스(1992 Consensus, 九二共識)라는 것은 중국과 타이완 양측이 1992년 11월 중국해협양안관계협회와 타이완해협교류기금회를 내세워 합의한 양안 관계의 원칙으로 '하나의 중국'을 인정하되, 양측이 각자 해석에 따른 명칭을 사용하자는 것이 골자다.

* Taiwan Relation Act는 1979년 4월 10일에 제정된 미국의 국내법으로 미국은 1978년 12월 미·중 공동성명에 의해 다음 해 1979년 1월 1일 이후 중국(중화인민공화국) 정부를 정식으로 승인하고 외교관계를 수립하였지만, 이 공동성명 중에는 미국과 타이완 간에 문화·통상 등에 관한 비공식 관계를 유지하는 내용이 있다. 이것에 의해 제정된 것이 본래 법으로 타이완의 자위에 필요한 무기와 군사기술의 제공, 타이완의 미국에 존재하는 자산에 관한 소유권 및 당사자적격(適格)의 승인 등이 규정되었다. 중국은 이것에 대해 '2개의 중국'을 사실상 인정한 것이라고 반발하고 있다.

** 과거 장제스, 장징궈 시기 타이완은 외성인(장제스와 같이 중국에서 들어온 중국인)과 내성인(명청 시대 중국 대륙에서 대만으로 들어와 대만 토착 중국인이 된 대만인)으로 분류했고, 리덩후이와 마잉주 시대는 신대만인(대만에서 태어나 자란 외성인 자녀들)이란 용어를 첨부했다. 그러나 외성인 인구의 감소와 민진당 영향력의 확대 및 타이완 토착화 및 중국의 타이완에 대한 압력은 결국 '타이완 중국인'이 '타이완 사람(대만인)'이라는 표현으로 중국 본토의 중국인과 분류하는 모습으로 나타나고 있다.

후에 베이징은 본토 해안 포대를 동원하여 타이완을 포격함으로써 분노와 반대 의사를 표명했다. 포격 규모가 엄청나 미국 클린턴 대통령은 항공모함 전단을 타이완해협으로 급파했다. 항공모함 전단 중 한 대가 타이완 해역을 항행했고, 다른 그룹은 끝에서 이를 지켜보았다. 그리고 세 번째 팀이 필요시 지원을 위해 접근해 오면서 인민해방군은 한발 물러섰고 포격을 중지했다.

그러나 인민해방군은 신형 개량 미사일을 지속해서 설치했고 현재 가공할 만한 정도이기 때문에 과연 어떤 미국 대통령이 타이완해협에 항공모함을 파견할 수 있을지는 의심스럽다. 미 해군에 대한 위험은 교전뿐만 아니라 심지어 타이완 접근을 차단할 수 있는 능력을 보유한 중국 청해 해군(중국은 바다와 강에 모두 해군이 있어, 청해해군이란 대양해군을 의미)에 의해서도 가중된다.

만약 시진핑이 타이완을 완전한 중국 통제하에 두게 되면 시진핑은 의심할 여지없이 마오쩌둥과 대등하거나 아마 그보다 더 중요한 지도자로 역사에 남을 것이다. 한동안 시진핑은 성공할 것처럼 보였다. 이는 타이완 경제가 중국 본토와 견고하게 통합되었기 때문인데, 중국 본토에는 약 75만~100만 명의 타이완 사람이 거주하며 타이완의 본토(중국 대륙) 투자만도 약 1,500억 달러에 이르고 타이완 수출의 약 40%가 본토로 가는 실정이기 때문이다.[11] 통일전선선전부는 베이징에 우호적인 타이완 정치인들의 부상을 돕기 위해 타이완 선거에 개입하는데도 전력하고 있다. 그러나 아이러니하게도 국민당(대륙에서 옮겨 타이완에 정착한 '반공대륙'을 주장하던 정당)은 친중국 정당으로 발전해갔다.*

---

* 타이완 민진당(DPP, Democratic Progressive Party)은 2000년 첸수이벤(陳水扁)에 이어 마잉주(馬英九)에 정권을 내준 후 다시 2016년 차이잉원(蔡英文)에 의해 집권당으로 타이완을 통치하고 있다. 민진당은 미국 및 민주 세력과 연합하며 반중국(공산당) 전선을 펴고 있으며, 반대로 장제스의 국민당은 중국과 교류 확대 및 현상 유지에 주력하고 있다. 1986년 이전까지 중화민국(타이완)은 국민당 일당 통치체제였으며, 이외에 중국 청년당, 중국 민주사회당이 관제 야당인 연립정당으로 인정되었다. 이를 3당 훈정(訓政)이라 하는데, 다른 정당은 결성도 허락되지 않고 인정되지도 않았다. 당시 타이완 전역에 계엄령이 시행 중이고, 국민대회, 입법원(한국의 국회) 선거도 1969년부터 치러졌다. 타이완에서 중국 청년당과 민주사회당은 기반이 별로 없었는데, 3당 훈정에 대하여 결사반대를 표방하는 세력들이 한데 모아 만든 것이 민진당(민주진보당)의 시초다. 당시 이들은 당외(黨外)라는 별칭으로 분류되었는데, 중국 국민당과 중국 청년당과 중국 민주사회당이 독점하는 정치권밖에 존재하는 세력이란 뜻이다. 1975년 장제스가 사망하고 이후 부총통 옌자간(嚴家淦)에 이어 행정원장 장징궈(蔣經國)가 총통으로 취임하면서 당외 세력에 대한 통제가 어느 정도 약해졌다. 이때 당외 세력은 연합정당처럼 활동하며 1977년 지방선거에서 22명의 지방의원 당선자를 냈고 지자체장도 일부 낼 수 있었다. 당외 세력은 당국의 통제에 맞서기 위해 격렬한 저항운동을 했고 1979년 12월 10일 세계 인권 선언일을 기념해 가오슝(高雄)시에서 메이리다오(美麗島)라는 잡지 회사가

그러나 홍콩의 시위는 타이완에 큰 영향을 미쳤다. 독립을 지지하는 중화민국(타이완)의 차이잉원(Tsai Ingwen, 蔡英文) 총통은, 베이징 당국이 경쟁 상대를 강력하게 지지했음에도 불구하고 2020년 초 압도적인 표 차로 재선에 성공했다. 물론 이는 대부분의 타이완 사람과 민주주의를 지지하는 사람들에게 위안이 되었다. 반면에 인민해방군(PLA)에 의한 공격과 침략의 위험성은 높아졌다. 2020년 2월 10일 인민해방군(PLA)은 타이완해협 중간선을 침범하여 훈련했고, 타이완 전투기들이 침공에 대비, 출격하는 사건이 발생했다.

시진핑이 타이완을 평화적으로 영토 회복할 수 없다고 인식하면 최종적으로 타이완을 침공하여 점령함으로써 문제를 해결하려는 결정을 내릴 수도 있다. 그 확률은 높지 않으나, 최근의 중국 내 움직임을 보면 안일하게 과소평가할 수도 없다. 만약에 베이징 당국이 대대적인 군사 공격을 가할 국제사회의 대상이나 지역이 있다면 그곳은 당연히 타이완이 될 것이다. 그런데 타이완은 해상운송 등과 관련하여 남중국해와 밀접한 관련이 있다.(타이완 해협의 안보는 동북아와 동남아를 잇는 물류에 치명적 역할을 함)

남중국해

물론 남중국해는 중국이 통제를 위해 끊임없이 노력하고 있는 지역이다. 중국의 경우 남중국해는 항상 공격, 침략 그리고 해상 봉쇄에 취약한 상태에 있는 지역이다. 오늘날 싱가포르 인근 믈라카 해협(Melaka strait)을 거쳐 오는 해상운송으로는 적어도

민주화 시위를 주도했다. 이에 타이완 당국이 헌병과 경찰관을 총동원해 무력으로 진압하는 '메이리다오 사건'이 발생하여 주도자 스밍더(施明德), 황신제(黃信介), 뤼슈롄(呂秀蓮)을 비롯한 8명이 반란죄로 기소되었다. 스밍더는 무기징역, 황신제는 징역 14년, 뤼슈롄 외 나머지가 징역 12년을 선고받는다. 메이리다오 사건 이후 민주화 운동가들은 세를 규합하여 국민당에 더 강하게 맞서며 세력화를 논의했다. 이 결과로 나온 것이 바로 민주진보당(민진당)으로 1986년 9월 28일 타이베이의 원산대반점(타이베이 그랜드 호텔)에서 당외 활동가 132명이 모여 창당한 것이다. 장징궈는 1987년 7월 전격적으로 계속 유지되던 계엄령도 해제했으나 민진당은 총통 직선제를 촉구하며 물러서지 않았고 1989년 활동이 합법화된 상태에서 입법위원 선거에서 27%의 득표로 20석의 의석을 얻고 동시에 치러진 지방선거에서 38%를 득표, 타이베이현(현 신베이시)과 가오슝현을 확보했다. 이어 1994년에 열린 타이베이 시장 선거에서는 천수이볜이 당시 현직 시장이던 국민당 후보 황다저우(黃大洲)를 누르고 최초로 야당 출신 시장으로 당선되었다. 이러한 정치과정을 거친 민진당은 2000년 총통 선거를 앞두고 '타이완전도결의문(타이완 미래 결의문)'을 채택하고 "타이완은 독립국가이지만 국호는 중화민국을 유지한다"라는 현상 유지의 의지를 천명해 민진당을 불안하게 보던 중도층을 민진당 쪽으로 끌어왔다. 그리고 민진당의 천수이볜을 총통 후보로 내세워 선거를 치른 끝에 당선되면서 사상 처음으로 정권 교체에 성공했다.

타이완 못지않게 중국의 중요한 생명선이다. 남중국해가 중국의 강력한 통제하에 놓이게 되면 중국의 타이완에 대한 압박이 훨씬 수월할 것이다. 반대로 미 해군이 남중국해를 자유롭게 항행할 수 있는 한 중국은 미국의 세계 지배 헤게모니에 도전자로 부상하는 것이 사실상 불가능할 것이다. 따라서 베이징 당국이 남중국해에서 광범위하게 영유권을 주장하고 또 남중국해의 주요 군도에 대한 통제권을 확립하는 한편 이 섬들을 군사화시키고 있는 이유는 놀라운 것이 아니다. 그 이유는 중국이 남중국해 섬들에서 미 7함대와 여타 미 해군 함정을 축출할 수 있기 때문이다.

남중국해는 세계 해상운송의 약 1/3을 담당하며 석유 및 기타 주요 원자재가 오가는 주 동맥인 동시에 한국, 일본, 필리핀, 타이완, 베트남, 태국, 말레이시아, 캄보디아, 인도네시아는 물론 중국 생산 공산품 수출에도 이용되는 해로다.[12] 거의 20억 명의 인구가 의존하는 사활이 걸린 해로인데, 수심이 낮아 썰물 때만 파도 위로 떠오르는 섬을 비롯해 소규모 섬과 암초로 가득 차 있다.

1959년 호주합동정보위원회(Australia's Joint Intelligence Committee)에 제출한 브리핑 기록에는 "장기적으로 중국 공산당이 난사군도(남사군도, 남중국해 한가운데 무리 지어진 암초와 작은 섬)를 군사적으로 개발한다면 중국은 영해와 영공을 침범당했다는 구실로 국제 해상운송과 항공로에 문제를 일으킬 수 있는데, 심지어는 때에 따라 항공기를 격추할 수도 있다… 그러나 여기서 서방은 항의 시위 이외에 할 수 있는 일이 거의 없다."라고 기록되어 있다.[13] 이는 당시 기록으로 남아있는 우려 사항이었을 뿐, 그 후 50년간 남중국해는 미 7함대와 하와이 진주만에 있는 태평양 사령관(Commander in Chief Pacific: CINCPAC)의 완전한 보호 아래 있는 미국의 호수와 같았다.

그러나 2012년 시진핑이 당서기 겸 국가주석에 오르면서 중국은 이들 섬에 눈을 돌리기 시작했다. 중국에서 거의 2,000마일 떨어져 있고 필리핀, 베트남, 말레이시아에 훨씬 더 가깝다는 사실에 신경 쓰지도 않는다. 베이징 정부는 1945년 국민당 정부가 이 섬 중 일부에 대한 일본의 항복을 받아들인 후 1946년에 중국이 아닌 중화민국이 처음 그은 남해 9단선(Nine-dash line)*을 지적함으로써 관심을 정당화하기 시작했다.

* 구단선(Nine-dash Line)은 중국이 남중국해 주변을 따라 자의적으로 획정한 9개의 해상경계선을 말한다. 이 선들을 이으면 영어의 알파벳 U자 형태를 이루므로 'U선형' 또는 소가 혀를 늘어뜨리고 있는 형상이라 하여 '우설선(牛舌線)'이라고도 칭한다. 남중국해는 중국·베트남·필리핀·말레이시아·브루나이·타이완 등에 둘러싸인 반폐쇄해(半閉鎖海)로서 아시아와 태평양을 잇는 해상 무역의 중심이자 석유·가스 등 천연자원이 풍부하게 매장된 지역이다. 이에 따라 1950년대 이후 주변 국가 간에 남중국해에 있는 동사군도(프라타스군도)·시사군도(파라셀군도)·난사군도(스프래틀리군도)·중사군도(메이클즈필드뱅크) 등 4개의 군도에 대한 영유

이 선은 사실상 남중국해 전체가 중국 소유임을 보여준다. 오늘날 이것은 타이완 정부가 베이징과 동의하는 몇 안 되는 문제 중 하나이다.

2009년 경제적인 이유로 말레이시아와 베트남이 UN에 대륙붕에 대한 경계를 확장할 것을 신청할 때까지 이 선은 눈에 띄지도 않았다. 그러나 중국은 말레이시아와 베트남이 요청한 일부 지역을 포함하는 오랫동안 무시된 점선을 자신의 영역으로 가리키기 시작했다. 이 지역과 관련된 국가들은 국제적 지원을 호소했고, 미국 국무장관 힐러리 클린턴(Hillary Clinton)이 응답했다. 그녀는 나중에 '아시아로의 회귀'(The Pivot to Asia)*로 알려지게 된 미국 외교정책의 전환을 계획하고 있었으며, 2010년 7월 하노이에서 열린 ASEAN 정상회의에서 남중국해를 미국의 국익과 관련된 지역으로 선언했다. "미국은 강압 없이 다양한 영토 분쟁을 해결하기 위해 모든 당사국들간 협력적 외교 절차를 지원했다. 미국은 무력 사용이나 위협에 반대한다."라고 했다. 이에 중국의 양제츠(Yang Jiechi, 楊潔篪) 외교부 장관이 "중국은 대국이고 다른 나라는 소국이며, 이는 사실이다."라고 말한 얘기는 너무 과한 부분이 있다.[14] 2011년 10월 Foreign policy(외교정책 저널)에서 힐러리 클린턴은 "향후 10년 동안 우리는 시간과 에너지를 어디에 투자할 것인지 현명하고 체계적으로 진행해야 한다."고 했다. 그리고 향후 10년 동안 가장 중요한 과제 중 하나는 아시아·태평양지역에서 외교, 경제, 전략 및 기타 투자를 크게 늘리는 일이다."라고 했다.[15]

한 달 후, 버락 오바마 대통령은 호주 의회에서 아태지역을 최우선시하여 약 1,500명의 미국 해병대원을 호주 북부의 다윈 항구(Darwin Port)에 영구적으로 주둔시킬 것이라고 언급했다.[16]

중국은 이에 주목했다. 중국은 1988년 필리핀 대륙붕에 있는 수비 암초(Subi Reef)를 점령하고 레이더 기지를 건설하면서 해양에서 주권을 주장하기 시작했다.

중국은 1995년 필리핀 배타적경제수역(EEZ) 내 간출지(LTE: Low tide elevation)인 미스치프 암초(Mischief Reef)도 점유했다. 미국은 필리핀과 상호 안보 조약을 맺어 섬을 방어하기로 했지만, 부시 대통령이나 클린턴 대통령은 이에 대해 어떠한 움직임이나 소리조차 내지 않았다.[17] 그리고 2011년 2월 중국 호위함 동관(Dongguan)호가 잭

권 분쟁이 지속되어 왔다.

* 'The Pivot to Asia'는 2011년에 힐러리 클린턴 미 국무장관이 외교전문지 <포린폴리시>에 '미국의 태평양시대'라는 기고를 통해 선언했다. 2000년대 이후 이라크와 아프가니스탄 전쟁 등 중동에 집중해 온 미국이 외교·군사정책의 중심을 아시아로 이동시키겠다는 뜻으로, 이는 아시아·태평양지역에서 중국을 견제하기 위한 전략이다.

슨 환초(atoll 산호섬) 근처의 필리핀 어선에 세 발의 총격을 가하고 그들에게 그 지역을 떠나라고 명령할 때까지는 이 문제는 불거지지 않았다. 그해 5월 베트남은 중국해상 순시선이 베트남 해안 근처에서 베트남 석유와 가스 조사선의 케이블을 절단했다고 주장했다. 그리고 6월에는 베트남과 계약을 맺은 또 다른 측량선의 케이블이 끊어지는 일도 벌어졌다. 베트남은 "중국의 행동이 중국의 9단선 주장을 실현하기 위해 이 지역을 분쟁지역화하려 한다."라고 문제를 제기했다.[18]

2012년 4월 필리핀해군 정찰기는 오랫동안 필리핀 어부들이 임시 거처로 사용했으며 필리핀의 배타적 경제 수역(EEZ) 내에 있는 스카보로 모래톱(Scarborough Shoal) 주변에서 중국 어선을 식별해 냈다. 모래톱의 석호(Lagoon)의 소유권 분쟁은 7월 18일 중국 선박이 모래톱 석호를 가로질러 장벽을 설치하여 필리핀 선박의 진입을 차단할 때까지 계속되었다. 아이러니하게도 7월 13일 인민해방군 해군의 악명 높은 미사일 호위함이 필리핀 팔라완섬에서 불과 60해리(약 111km) 떨어진 하사 하사 모래톱(Hasa Hasa Shoal)에서 좌초되었다. 11월에 중국은 필리핀 정부에 중국 해안 경비대가 스카보로 모래톱을 영구적으로 보호할 것이라고 알려왔다. 미국의 제안에 따라 필리핀은 2013년 1월 중국을 상대로 UN 상설중재재판소에 분쟁 해결을 요청하는 중재 소송을 제기했다. 그러나 중국은 재판소의 관할권 판결을 인정하지 않았다. 재판소는 중국의 협조 없이 소송을 진행했다.

이 모든 작전이 진행되는 동안 중국은 수입된 필리핀 바나나와 기타 과일에 대해 통관검사를 지연시켰다. 과일은 부두에서 통관되지 못한 채 썩었고, 중국 수입업자들은 대금 지급을 거부했다.

동시에 중국은 큰 움직임을 보였다. 스카보로 모래톱이 폐쇄되자마자 중국선박중공업집단(China State Shipbuilding Industry Corporation)은 나중에 일부 난사군도*에 나타날 구조물의 도면을 포함하여 암초 위 인공섬에 대한 청사진 초안을 자사 웹사이트에 게시했다. 이 웹사이트는 모두가 열람할 수 있었지만 워싱턴은 그것을 놓쳤거나 일부러 침묵을 지켰다.

2013년 5월, 3척의 중국 정부 선박과 함께 30척의 중국 어선이 필리핀의 큰 섬인 팔라완 바로 옆에 있는 아유진 모래톱(Ayungin Shoal)에서 발견되었다. 며칠 후 중국 전함이 필리핀 해병대가 점령한 인근 암초를 선회했다. 필리핀은 "우리의 영토를 방어

* 스프래트라 군도(Spratly Islands)는 남중국해의 남부 해상에 있는 군도(群島)이며, 이를 중국에서는 난사군도(南沙群島)라 부르는데, 남쪽에 있는 모래 섬들이라는 의미이다. 현재 여러 인근 국가들의 영토 분쟁 지역으로 영어 표현인 스프래틀리 군도라고 부른다.

할 것"이라는 성명을 발표했다.[19]

9월에 중국은 또 다른 교묘한 시도를 했다. 중국이 준설선 톈진호(天津號)를 쿠아테론 암초(Cuarteron Reef)로 보냈고 톈진호는 미국 스파이 위성과 기타 감시망에 뚜렷하게 나타났다. 3주 동안 준설선은 아무 일도 하지 않고 그저 날씨를 즐기는 듯 떠다녔다. 이후 위성 이미지는 피에리 크로스 암초(Fiery Cross Reef)에서 톈진호가 보였지만, 다시 아무 일도 하지 않고 있었다. 다시 말하지만 워싱턴이나 다른 주요 정부들은 상황을 눈치채지 못하는 것 같았다.

준설선은 해저 퇴적물을 부수어 암초에 버려 만조에도 수면 위로 떠 오르는 저지대 인공섬을 만들었다. 톈진호은 시간당 4,530m³의 퇴적물을 쌓을 수 있었다. 물론 이런 작업을 통해 인근의 모든 해양 생물은 파괴되고 이 지역은 수년 동안 완전히 죽음의 구역이 되었다. 그러나 실제로 중국은 어업을 위해 거기에 있었던 것이 아니다. 12월에는 톈진호를 필리핀, 브루나이, 말레이시아 인근 난사군도의 존슨 사우스 암초(Johnson South Reef)와 남중국해의 요충지에 준설작업을 하러 보냈다.

4개월 만에 톈진호는 항구와 함께 11헥타르(110,000㎡)의 땅을 만들었고, 중국 전함은 경계를 서고 있었다. 2015년 여름까지 존슨 사우스 암초는 4,000야드(3,658m) 길이의 활주로와 2개의 헬기 착륙장, 레이더 탑 그리고 10개의 위성 통신 안테나를 갖추었다. 시진핑은 중국이 남중국해에서 만들고 점령한 섬을 '군사화'할 의도가 없다고 주장했다. 그러나 그가 사용한 군사화라는 용어의 의미는 명확하지 않았다. 분명한 것은 스카보로 모래톱과 관련하여 유엔이 필리핀에 유리한 결정을 내렸음에도 중국은 존슨 사우스 암초와 같은 방식으로 다른 여러 섬에 시설을 갖추게 했다는 것이다. 여기에는 피에리 크로스(Fiery Cross), 미스치프 암초(Mischief Reef), 스카보로 모래톱(Scarborough Shoal), 우디섬(Woody Island, 트리톤(Triton), 트리 섬(Tree Island), 타이핑섬(Taiping Island)및 엠보이나 섬(Amboyna Cay)이 포함된다.* 중국 정부는 미래에 다른 일도 있을 수 있다고 암시했다. 로드리고 두테르테(Rodrigo Duterte) 신임 필리핀 대통령이 중국과 긴밀한 관계를 발전시키는 중요한 이유는 미국이 이것에 대해 아무것도

* 타이완(중화민국)은 국공내전으로 대만에 후퇴하기 전인 1940년대에 남중국해 11단선을 처음 주장했고, 지금도 이를 공식 입장으로 내세우고 있다. 중화인민공화국 정책은 그나마 같은 공산국가인 베트남과의 관계를 고려해 2단을 줄여서 지금의 9단선으로 줄어든 것이다. 현재 타이완은 스프래틀리에서 타이핑다오(太平島)와 바로 옆의 하나와 아래 부분에 하나 이렇게 3개를 실제 점유 중이고 이들 사이에 있는 암초도 차지하고 있다. 타이핑다오는 남중국해에서 가장 면적이 큰 자연도서다. 그래서인지 비행장을 건설하고, 정규군인 해병대를 배치하는 등 나름 공을 들이고 있다.

할 의지가 없거나 무능했다고 판단했기 때문이다.

시진핑과 오바마 사이의 백악관 회담에 이어 양제츠 대사(후에 중국 외교부장과 국무위원 역임)는 "남중국해 항해는 보장된다."라고 말했다.[20] 그러나 주의 깊게 듣는 사람들은 그가 말한 것을 이해하기 어려울 것이다. "힐러리 장관, 내가 당신에게 중국은 대국이고 다른 나라들은 소국이라고 말하지 않았습니까?"와 연관하면 알 것이다.

총 한 방 쏘지 않고 중국은 남중국해에 대한 철권 통치를 확립했다. 이는 산호섬들을 일순간 날려버리고 중국과 미국 간의 대규모 군사 충돌이 일어나기 전까지는 풀 수도 없을 것이다. 그러나 중국도 미국도 그러한 충돌을 원하지 않기 때문에 남중국해는 사실상 중국의 호수가 되어가고 있다. 이 사건은 남태평양과 인도양과 같이 중국이 중요하다고 생각하는 세계 다른 지역에서도 일어날 전조로 받아들여야 한다.

남중국해에서 전투력이 거의 없던 작은 전초기지가 이제는 전투기와 폭격기를 모두 수용할 수 있는 비행장을 갖춘 거대한 기지가 되었다. 전함을 침몰시키고 수백 마일 떨어진 항공기를 격추할 수 있는 미사일이 설치되었다. 이것은 필리핀, 인도네시아, 베트남 또는 말레이시아를 대항하는 데 필요한 것보다 훨씬 더 강한 화력을 의미하며, 최종적으로 중국이 미국에 세력균형 변경을 목표로 삼을 수밖에 없다는 것을 의미한다.

2017년에 그것이 분명해지지 않았더라도, 2019년 중국이 남중국해에서 중거리 및 대함 미사일을 시험하면서 모든 선박에 시험 발사 지역을 피하라고 경고한 내용을 보면 이것은 부인할 수 없는 사실이다. 데이비슨 제독은 2019년 2월 12일 미국 의회에서 "중국은 이제 미국과의 전쟁을 제외한 모든 시나리오에서 남중국해를 통제할 수 있게 되었다."[21]라고 말했다.

이런 변화는 엄청난 의미를 내포하고 있다. 중국이 동아시아와 동남아에서 패권을 확고히 하기 위해서는 여러 단계가 필요하다. 중국은 중국과 함께 가는 길이 최고라는 것을 역내 모든 국가에 알려야 하는 것이다. 이는 남중국해를 가로지르는 연간 5조 달러 이상의 해상운송이 본질적으로 중국의 통제하에 있음을 전 세계에 알리는 것과 같다.[22] 그렇게 되면 미국 동맹국들은 미국이 오랫동안 태평양에서 전진 방어 기지로 정의했던 제1 열도선*(일본, 센카쿠 열도, 타이완, 필리핀)을 방어해줄 수 있을지에 관해 의문을 갖게 될지도 모른다. 아마도 가장 중요한 것은 일본에 관한 영향일 것이다.

---

* 제1 열도선(First Island Chain, 제1도련): 제1 열도선(第一列島線) 및 제2열도선(第二列島線)은 중화인민공화국의 군사 전략상 개념으로, 전력 전개의 목표선이자 대미 방위선이다. 제1 열도선은 과거 중화민국 시기 설정한 것이다.

일본과 센카쿠 열도

타이완에서 북동쪽으로 뻗어 있고 오키나와(Okinawa)에서 남쪽으로 이어지는 류큐(Ryukyu) 열도 바로 아래에 있는 무인도 센카쿠(Senkaku)*제도는 일본이 실제 관리하고 있지만, 오랫동안 도쿄와 베이징 사이의 분쟁 지역이었다. 이 지역은 18세기 중국 것으로 여겨졌으나, 1895년 청일 전쟁 결과 일본은 타이완 섬과 부속 도서인 이 지역을 함께 점령했다.

미국이 제2차 세계대전 후 일본을 점령했던 당시 이 섬들은 오키나와(沖縄県, Okinawa Prefecture) 일부로 미국에 의해 관리되었고, 1972년 미국이 오키나와를 일본에 반환한 후 섬들은 자동으로 오키나와와 함께 일본의 통치하에 들어갔다.** 그러나 중국은 1978년 저우언라이 총리와 일본 총리 다나카 가쿠에이(Tanaka Kakuei, 田中角栄) 사이의 양국 관계 정상화 협상에서 논의가 보류된 무인도의 (실제로 바다에 있는 몇 개의 바위) 영유권을 주장했다. 저우언라이는 분명히 당시 이 문제를 다루기 원하지 않았고 논의를 미룰 것을 제안했다. 그리고 1978년 덩샤오핑이 도쿄를 방문했을 때 "중·일 관계 정상화 당시 양측은 이 문제를 건드리지 않기로 합의했다."라고 말했다. 그리고 그는 아마도 다음 세대의 지도자들이 "상호 만족스러운 해결책을 찾을 만큼 충분히 현명할 것"이라고 했다.[23] 그러나 일본 지도자나 중국 지도자 모두 현재까지 현명한 것으로 입증되지 않고 있다.

섬 주변 해역에 석유와 가스가 매장되어 있을 가능성이 있다는 보고는 오키나와가 일본에 반환될 무렵부터 돌기 시작했다. 그러나 2012년 자신만만한 우익 도쿄 시장인 이시하라 신타로(Ishihara Shintaro, 石原慎太郎)가 일본 소유주로부터 섬을 사서 개발하겠다고 위협할 때까지 이 문제는 잠잠했었다. 이를 막기 위해 일본 정부는 그 섬들을 직접 사들였다. 그러나 베이징은 그곳에 석유나 가스나 무엇이 있든 통제권을 확보하기 위한 도쿄의 음모로 보았다. 얼마 되지 않아 중국 어선과 연안 경비정이 파라

---

* 타이완 표기로는 댜오위타이(釣魚臺), 중국 정부 표기로는 댜오위다오(釣漁島)라고 표기한다. 그러나 이 지역에 대한 영유권 주장은 중국이나 대만(타이완)이나 모두 일치한다.

** 오키나와반환협정(Agreement between Japan and the United States of America concerning the Ryukyu Islands and Daito Islands): 1971년 6월 17일 서명으로 1972년 5월 15일 발효되었다. 정식명칭은 '오키나와(沖繩)제도와 다이토(大東)제도에 관한 일본과 미국 간 협정'이다. 제2차 세계대전 후의 승전국과 일본의 평화조약 3조에 의해 국제연합의 신탁통치 제안으로 미국의 통치권이 인정되었던 오키나와를 일본에 복귀시킨다고 결정한 미·일 간의 협정이다. 문제가 되었던 미군기지의 향방은 미·일 안보조약이 본토에서와 마찬가지로 오키나와에 적용되는 것으로 해결되었다.

셀 군도와 스프래틀리 군도 주변에 있었던 것처럼 이 섬 주변에 몰려들었다. 중국 항공기가 접근하자 일본 항공자위대는 센카쿠 영공을 방어하기 위해 반복적으로 출격했다. 그러다가 일본 영해에 들어온 중국 선박의 선장을 체포하면서 문제는 더욱 악화되었다. 일본과 워싱턴 모두 중국의 섬 침략과 점령을 실질적인 위협으로 보았는데, 이는 미국의 입장이 모호했기 때문에 더욱 그러했다. 워싱턴은 궁극적인 소유권에 대해 어느 편도 들지 않았으며 양국 간의 평화로운 협상 해결만을 바란다고 말했다. 이에 따라 워싱턴이 이 섬을 미·일 안보조약의 적용 대상으로 간주했는지도 불분명해졌다. 어떤 이들은 미국의 모호함이 섬에 대한 중국의 괴롭힘에 박차를 가했다고 생각했다. 이에 2014년 오바마 대통령은 일본을 방문하는 동안 이 섬이 조약의 관할권에 속하며 미국의 핵우산 아래 있다고 명시적으로 소리 높여 언급했다.

그 이후로 섬 주변에서 중국의 활동은 쇠퇴했지만, 영토 처리에 관한 중국과 워싱턴 또는 도쿄 사이에 공식적인 합의는 없었다. 이 암초를 둘러싼 중국과 일본, 미국 간의 무력 충돌은 여전히 실제로 발생할 가능성이 있다. 현재 급속도로 증가하는 인민해방군 해군(PLAN)의 파워는 위험성을 더할 뿐이었다. 오바마의 성명에도 불구하고 숨겨진 질문이 남아 있는데, 그것은 약간의 석유와 가스가 있을 수 있는 몇 개의 암초를 놓고 미국이 정말로 중국과 전쟁을 할 것인가라는 문제는 이후 두고 봐야 할 일이다.

이 모든 것 뒤에는 훨씬 더 중요한 문제가 있다. 일본은 19세기 후반부터 제1차 세계대전까지 타이완과 여타 영토를 점령하고 1930년대에 중국의 상당 부분을 침략, 점령하면서 중국에 엄청난 굴욕을 안겨 주었다.* 중국은 그것을 잊지 않고 있다. 센카쿠 문제가 뜨거웠던 2012년에 중국에서 대규모 반일 소요사태가 조직되었고, 일본계 기업과 공장도 공격받았다. 일본 고위 관리가 도쿄의 야스쿠니 신사(전쟁에서 죽은 모든 일본 군인들의 영혼을 기리는 신사는 극단적인 일본 민족주의를 상징하게 되었음)를 참배할 때마다 베이징으로부터 사악한 발언과 더불어 새로운 반일 시위의 위험도 있었다.

실질적으로 일본의 필수 자원인 석유, 철광석, 석탄 및 기타 원자재들은 싱가포르 인근 믈라카 해협(strait of Malacca)을 통과한 다음 남중국해를 거쳐 일본에 도달한다.

---

* 1910년 한반도를 강점한 일본은 1931년 류탸오거우 사건(柳條溝事件)을 빌미로 만주사변을 일으켜 침략하고 1932년 3월 1일에 만주국의 독립을 선언하고 청나라의 마지막 황제 푸이(溥義)를 국가 원수에 해당하는 '집정(執政)'에 앉히고 연호를 대동(大同)으로 하며 신경(新京: 현재의 창춘)을 수도로 중국 동북지역을 병참 기지화 한다. 당시 만주국의 국토는 요녕(遼寧)성, 길림(吉林)성, 흑룡강(黑龍江)성 등 동북 지방 모두를 포괄했으며 인구는 3천만 명가량 되었다. 일본 본국은 1932년 9월 일만의정서(日滿議政書)에 조인해 만주국을 정식으로 승인했고, 이어 독일, 이탈리아, 교황청, 스페인, 헝가리, 폴란드도 만주국을 승인했다.

남중국해에 대한 중국의 통제력이 증대되고 바다를 접경한 많은 국가에 대한 막대한 경제적 영향력 증가에 따라 중국은 일본을 봉쇄하고 궁극적으로 굶어 죽게 할 수도 있다. 미국이 일본을 방어하기 위해 최선을 다하고 있다는 점을 생각할 때 완전한 봉쇄는 아직 일어나지 않을 것이다. 하지만 2차 세계대전이 끝난 지 75년이 지난 지금 트럼프 대통령이 왜 미국이 일본의 국방을 책임지고 있고 일본은 GDP의 1%만 국방비로 지출하며, 중국의 해군력은 기하급수적으로 확장되고 있는지 생각해 보면 상황은 갈수록 불안정해 보인다. 중국이 일본의 해상운송을 괴롭힐 가능성은 상당하며, 그러한 행동은 중국과 일본 간 군사적 충돌로 이어질 수 있고 불가피하게 미국이 개입하게 될 수도 있다.

한국과 베트남

일본 사례는 한국과 베트남에도 적용된다. 티베트, 인도와 함께 한국과 베트남은 제2차 세계대전 이후 중국이 침략했던 나라라는 특징을 갖고 있다.

중국은 1950년 한국전쟁에 개입했고, 1974년 베트남의 파라셀 군도(Paracel Island)를 장악했으며, 1979년에는 베트남 본토를 침공했다. 양국 간의 긴장이 계속되는 상황에서 추가 군사 행동도 배제할 수 없을 것이다. 그리고 미국도 한국의 방위를 보장하고(한미상호방위조약) 있기 때문에 한국 문제를 놓고 중국과 미국 사이에 공공연한 적대 행위가 일어날 가능성은 항상 존재한다. 가까운 미래에 한국과 베트남 등지에서 전쟁이 일어날 가능성은 작지만, 이전에도 그런 일이 발생했다는 점을 명심해야 한다.

러시아

중국과 러시아는 상하이협력기구(Shanghai Cooperation Organization)의 공동회원국으로 최근 상당히 우호적이다. 2019년 6월 모스크바에서 열린 회의에서 시진핑 주석은 "지난 6년 동안 우리는 거의 30번을 만났다. 러시아는 내가 가장 많이 방문한 나라이고 푸틴 대통령은 나의 가장 친한 친구이자 동료"라고 말했다. 푸틴 대통령은 러시아와 중국의 관계가 '전례 없는 수준'이라고 화답했다.[24]

그러나 역사적으로 이들 국가는 오랜 적수였다. 이제 두 체제에 대한 미국의 압력에 맞서 두 나라는 어느 정도 단결할 수 있다. 그러나 중국은 14억 명으로 세계 최대 인구를 보유하고 있지만, 러시아 인구는 1억 4,300만 명에 빠르게 고령화되고 있다. 또한, 중국은 천연자원이 거의 없지만 러시아는 천연자원이 풍부하다. 그리고 러시아의 동북지역과 시베리아는 중국의 북쪽 국경에 자리 잡고 있으며 인구는 3,600만 명에 불과한데, 그중 대부분은 한때 중국의 지배를 받았던 지역이다. 중국의 세력이 커지고 지구 온난화로 이 지역이 더 좋은 환경이 되면서 중국이 이 지역에 관심을 두는 것은 놀라운 일이 아니다. 실제로, 중국이 왜 지금 새로운 쇄빙선을 건조하고 있는 것인가에 의구심을 갖게 한다.*

인도

중국과 인도 사이에는 중국의 성장하는 힘을 악화시킬 수 있는 두 개의 장기적인 국경 분쟁지역이 있다. 아크사이 친(Aksai Chin)은 잠무 카슈미르(Jammu－Kashmir)와 신장(Xinjiang) 사이에 있다. 두 나라 모두 소유권을 주장하며 1962년에 이를 놓고 싸웠다. 시킴(Sikkim) 근처 인도 아루나찰 프라데시(Arunachal pradesh) 지방도 1962년에 분쟁이 있었다. 이 분쟁은 합의된 실제 통제선을 기준으로 1996년에 해결되었다. 그러나 2006년 인도 주재 중국 대사는 이 지역을 모두 중국 영토라고 주장했고, 중국은 이 지역에서 군사력을 증강해 양국 군대의 분쟁으로 이어졌다.

2009년 인도는 추가 병력을 배치했고, 2014년 중국이 이 문제를 해결하기 위해 '하나의 중국' 정책을 채택할 것을 촉구했다. 그러나 인도는 그렇게 하지 않았을 뿐만 아니라 2020년 5월 5일 히말라야산맥의 약 14,000피트(ft, 약 4,267.2m)에 있는 판공 소호수(Pangong so Lake)에서 다시 전투가 발생했다. 내가 이 글을 쓰고 있는 동안 인도와 중국은 둘 다 협상을 통해 분쟁을 해결할 수 있다고 말하고 있다. 그러나 현재로서는 해결되지 않은 상태이며 훨씬 더 큰 군사적 충돌로 이어질 가능성이 있다.

---

* 연해변강주는 러시아 연방의 변강주이며, 러시아의 극동 지방을 의미한다. 이곳은 모스크바에서 남동쪽으로 약 6,400km 떨어져 있으며, 러시아의 극동연방관구의 극동경제지구에 속한다. 러시아어로 '바다와 접하고 있다'는 의미의 '프리모르스키 변강주'를 한자로 훈차하여 '연해(沿海)주'라 부른다. 주도(州都)는 블라디보스토크(Vladivostok)이다. 북쪽으로는 하바롭스크 변강주와 접하고, 서쪽으로는 중국의 둥베이(東北)지방, 남서쪽으로는 북한(Democratic People's Republic of Korea)과 국경을 접한다. 동쪽은 동해(East Sea)로 둘러싸여 있다. 전통적으로 이 지역은 퉁구스족 등 여러 소수 민족이 정착하여 생활하던 곳으로, 698년부터 926년까지 약 200년 이상 발해가 이 지역을 통치하였다. 이후 차례로 숙신(肅愼)·말갈(靺鞨)·여진(女眞)의 땅으로 중국 지배하에 있다가, 1858년 아이훈 조약에 의해 청(淸)나라와 러시아 제국의 공동관리 하에 놓였다. 19세기 들어 러시아 제국의 극동 개발이 본격적으로 시작되면서 연해주가 창설되었고, 1860년 베이징조약에 의해 정식으로 러시아령이 되어 군사 기지로 블라디보스토크가 건설되었다.

미국과 유럽

현재 중국은 미국 영토에 대해 군사적으로 대처할 가능성이 매우 낮다. 새로운 실크로드 건설을 위해 노력하고 있는 유럽의 어떤 국가의 지역도 공격할 가능성이 없다. 그러나 미국은 일본, 한국, 타이완, 필리핀과의 군사 동맹을 통해 중국의 적대 행위에 가담할 수 있다. 이것은 어느 시점에서 워싱턴이 그러한 약속을 수정하거나 심지어 취소하든지 또는 일부 동맹국이 변경을 원하는지 아닌지에 따라 문제가 발생할 수 있다. 마닐라는 이미 미국과 맺고 있는 외국군 방문 협정(Visiting Forces Agreement)에서 탈퇴할 것을 시사했다. 또한, 미국은 자신을 보호하는 데 거의 도움이 되지 않는 국가나 일본과 같이 미국을 보호하는 데 헌법상 장애가 있는 국가를 보호하기 위해 어느 정도까지 미국 젊은이를 위험에 빠뜨리며 관련 의무를 이행해야 하는지에 관한 고민이 생길 수 있다.

호주

중국의 철광석, 석탄 및 기타 원자재의 주요 공급국이자 중국인 관광객과 학생의 주요 목적지인 호주는 중국과의 군사적 충돌 위험이 없을 수 있다. 하지만, 호주는 해군 함대 규모를 두 배로 늘리고 미국으로부터 F-35A 공격기 72대를 구매했다. 미국 영국, 프랑스 해군이 남중국해에서 실시하는 소위 항행의 자유(freedom of navigation voyages)*에도 참여하고 있다. 호주 관리들은 지난 1년 동안 솔로몬제도(제2차 세계대전에서 연합군이 일본과 치열한 전투를 벌였던 곳), 파푸아뉴기니, 바누아투, 피지, 통가와 같은 국가들과의 관계를 강화해 왔다. 호주는 심지어 솔로몬에 1억 7,500만 달러의 인프라 투자 프로그램도 약속했다.

그 이유가 무엇일까?

호주는 중국이 남중국해에서 이미 한 일을 남태평양에서 하려 하고 있음을 감지하고 두려워한다. 사실 그것은 두려움 그 이상이다. 중국은 이미 파푸아뉴기니에 항구를 건설하고 있으며, 미국과 호주가 해군 기지 개발을 시도하고 있는 마누스섬(Manus

* 항행의 자유(freedom of navigation voyages)는 평상시 공해(公海)에서 어느 나라의 군함이나 선박이든지 항행할 수 있는 자유를 말한다. 공해는 '공해 자유의 원칙'이 적용되며, 공해의 법 제도는 1958년의 '공해에 관한 조약'에 따라 일반적인 형태로 규정되어 있으나, 항행(航行), 해저 전선의 부설, 어업 등 각각의 문제에 대하여는 특별한 조약이 체결되어 있다.

Island)에 대한 감시를 강화하고 있다.[25] 태평양과 남중국해는 둘 다 상당한 자원을 보유하고 있는데, 둘 다 해저 케이블에 가까운 무인 산호섬이 많은 점처럼 덮여 있으며, 중요한 해양 요충 지점(예: 멜라네시아의 비스마르크 군도를 통과하는 지점)을 포함하고 있으며, 이 지역은 모두 중국을 가장 큰 무역상대로 생각한다. 이러한 점은 분명히 베이징에 유혹적이다. 해양 지질학 연구소는 이미 키리바시(Kiribati), 쿡 제도(Cook Island), 뉴칼레도니아(New Caledonia) 주변에서 다양한 금속 및 코발트 단괴와 비스마르크 해(Bismarck sea)의 황화물 퇴적층을 발견했다. 오스트레일리아전략정책연구소(ASPI: Australia's Strategic Policy Institute)는 "중국이 자원 추출 플랫폼을 '이동할 수 있는 국가 영토'로 사용한 역사로 볼 때, 유사한 해저 채굴 프로젝트는 중국의 이중적인 활용 용도라는 관점에서 면밀한 주의가 요구된다."라고 언급했다.[26]

오스트레일리아전략정책연구소 보고서는 계속해서 "다른 이중 용도 자산도 남태평양에서 사용되고 있다고 했다. 호주국영방송국(ABC: Australian Broadcasting Corporation) 보고서에 따르면 중국의 '원양 연구 함대'에서 온 두 척의 선박이 마누스섬(Manus island)과 괌(Guam) 사이 해역에서 '잠수함 작전을 위한 음향 상태를 결정하는 데 도움이 되는' 수심 측정 자료를 수집하고 있을 때 이들 선박 중 적어도 하나인 하이처(Haice, 海測) 3301호는 이전 중국 해양 감시 83호로 확인됐으며, 이 선박은 중국의 남중국해 진출에 주도적인 역할을 했기에 인민해방군이 감시선을 어선으로 위장한 것으로 밝혀졌다."[27]

따라서 호주는 중국과 충돌할 실제 가능성에 직면해 있으며, 호주의 조약 동맹국인 미국도 마찬가지다.

폐허

직접적인 갈등을 넘어 라오스, 태국, 캄보디아, 미얀마, 베트남 등은 중국의 메콩강 기반 시설 건설 프로젝트로 인해 중국과 인접한 지역이 황폐해질 위기에 처해 있다.

2020년 4월 14일 뉴욕타임스가 보도한 바와 같이, 2020년 2월 메콩강의 수위가 라오스에서 사상 최저 수준으로 나타나, 농부, 어부 및 식수 공급을 위협했다. 동시에 미국의 기후학자들은 메콩강이 지나가는 티베트고원 근처에서는 그러한 부족이 없었다고 했다. 오히려 베이징의 엔지니어들이 강의 흐름을 인위적으로 제한하므로 라오스의 기록적인 낮은 수위를 직접적으로 일으켰다고 했다. "위성 데이터는 거짓말을 하지 않으며, 캄보디아와 태국과 같은 국가가 극심한 압박을 받고 있음에도 불구하고 티베트 고원에는 풍부한 물이 있다."라고 했다. 동시에 "중국은 엄청난 양의 물을 보유하고 있다."라고도 했다.[28]

건기에 메콩강은 하류 물의 70%를 공급한다. 흐름이 막히거나 조금이라도 줄어들면 강을 따라 사는 수억 명의 사람들에게 미치는 영향은 치명적이다. 스팀손 센터(Stimson Center)의 동남아시아 프로그램 책임자이자 『웅장한 메콩의 마지막 날들(Last Days of the Mighty Mekong)』의 저자인 브라이언 아이럴(Brian Eyler)에 따르면 "문제는 중국 엘리트들이 물을 공유 필수품이 아니라 영향력을 나타낼 수 있는 수단으로 본다는 것이다."라고 했다. 마하사라캄(Mahasarakham) 대학의 강사인 차이나롱 세타추아(Chainarong Setthachua)는 "이것은 중국 개발 사업의 일부이다. 생계와 수입을 위해 메콩강 자원에 의존하는 많은 사람은 자동으로 제외된다."라고 덧붙였다.[29]

영향을 받는 것은 메콩강만이 아니다. 인디언스(Indians), 인더스(Indus), 살윈(Salween) 및 신성한 브라흐마 푸트라(Brahma Putra)와 같은 다른 강들도 점점 더 영향을 받고 있다는 것이다.

강압

중국은 낯설지는 않지만, 직접적인 무력 충돌은 중국이 선호하는 도구가 아니다. 베이징은 손자(Sun Tzu)의 조언을 자주 상기한다. 최적의 정책은 싸우지 않고 상대를 정복하는 것이다. 따라서 중국은 전쟁보다 강압을 선호한다. 중국의 역사에서 중국 공산당이 중국 생활의 거의 모든 측면에서 궁극적인 조직화에 이 기술을 사용하는 것은 당연코 세계 챔피언 감이며, 전 세계의 많은 지도자들도 그것을 알고 있다.

그들은 필리핀(및 나머지 세계)이 오랫동안 필리핀 영토로 간주해온 지역에 대한 중국의 점령에 불만을 품자 보복으로 중국 상하이 부두에서 바나나가 썩어가는 것을 보게 한 것처럼 필리핀 정부도 그것을 확실히 알고 있다.

또한, 나는 최근에 중국과 어려운 위치에 있다고 말한 몇몇 싱가포르 고위 지도자들도 알고 있다. 그들은 중국이 남중국해를 장악한 것을 좋아하지 않는다. 그들은 자신의 나라가 작다는 것을 알고 중국인들이 작은 나라에 대해 어떻게 생각하는지도 알고 있다. 그들은 미 7함대가 이 지역을 계속 순찰하며 이 지역에 계속 관여하기를 원한다. 하지만 말과 행동에 있어서 조심해야 한다고 강조했다. 싱가포르 경제는 기본적으로 수출에 기반을 두고 있으며 가장 큰 수출품은 관광이다. 방문객은 항공료, 호텔 요금, 현지 레스토랑 요금을 달러 또는 쉽게 달러로 전환되는 외환으로 지급한다. 요즘 (코로나바이러스 이전) 싱가포르를 방문하는 관광객 대부분은 중국인이다. 여기에 핵심 원인이 있다. 대부분의 다른 국가와 달리 중국 정부와 중국 공산당은 국민(인민)들이 가는 곳을 통제할 수 있다. "중국 공산당과 국가가 싱가포르에 불만이 있는 경우, 중국 관광객은 호주, 태국 또는 싱가포르를 제외한 기타 다른 곳으로 가도록 지시받을 수 있다. 싱가포르 친구의 말을 빌리자면 중국은 관광을 '무기화' 할 수 있다."라고 했다.

싱가포르의 또 다른 주요 수출품은 교육이다. 매년 수천 명의 중국 학생들이 대학 공부를 위해 싱가포르로 온다. 그것도 무기화할 수 있다. 그들이 오지 않으면 대학은 등록금을 잃고 교수진 수를 줄여야 할 수도 있다. 즉, 싱가포르 대화 상대가 말한 것은 중국과의 모든 경제 관계가 공개 선언이나 지시 없이도 베이징의 정책 영향력의 도구로 바뀔 수 있다는 것이다.

호주에서도 같은 이야기를 들었다. 그곳에서 나는 호주의 주요 은행 중 한 곳의 대표를 만났는데, 그는 나에게 '무기화'에 대해 어려움 없이 설명했다. 그는 내가 이미 그 정치적 역학을 이해하고 있다고 생각했다. 나는 나 자신에게 물었다. 신발이 다른 발에 신겨져 있다면 어떡할까?(그런 상황이 다른 나라 입장이라면 어떡할까?) 석탄과 철광석 수입국이자 학생과 관광객의 근원지가 미국이나 일본이나 독일이라면 같은 이야기를 듣게 될까? 당연히 아니다. 그 나라들은 모두 법의 지배하에 운영되는 민주주의 국가이기 때문이다. 그들은 학생, 수입품 및 관광객을 무기화하지 않는다. 중국 공산당의 포괄적이고 강한 힘과 영향력 때문에 중국만이 그렇게 할 수 있다는 것이다.

2019년에 나의 은행 친구가 옳다는 것을 증명하듯, 호주 정치와 공공 생활에 대한 외국의 간섭을 제한하기 위한 호주 법률의 개정이 있자마자 중국의 호주 석탄 수입이 갑자기 감소했다.[30] 중국으로 향하는 석탄 수출이 19% 감소했다. 1월 중국이 갑자기 최대 40일까지 통관 절차를 연기하면서 중국 석탄 운송 및 유통 협회는 중국의 무역상과 발전소가 호주 석탄 구매를 피하고 있다고 말했다. 중국은 검사 시간이 길어진 이유가 환경 기준 강화 때문이라고 주장했지만, 호주 이외의 국가에서 수입되는 석탄이 같은 검사 대상이 되는지는 언급을 피했다. 메시지는 강하고 분명했다.

태평양의 작은 섬나라 팔라우에서는 2018년 여름 중국인으로 가득 차 있던 호텔 객실과 관광 보트가 갑자기 텅 비었다. 팔라우는 베이징의 중화인민공화국이 아닌 타이완의 중화민국을 외교적으로 인정했다. 이것은 이전에 관광객들에게 문제가 된 적이 없었다. 2017년 약 120,000명의 팔라우 관광객 중 절반이 중국 본토에서 왔으며 중국 본토 기업은 그곳에서 호텔, 바닷가 땅 및 기타 부동산을 열심히 사들였다. 그러나 이제 중국은 팔라우가 외교적으로 국가 간 인정(관계)을 중국으로 전환하고 타이완과 멀어지기를 원했다. 팔라우의 일부 사람들은 신중하게 중국의 조정된 전략이 작용했다고 생각했다. 한 호텔 소유주는 이렇게 말했다. "일부는 달러 유입이 허용되었다고 믿고 있었는데, 이제 그들은 팔라우가 중국과 외교관계를 수립하도록 시도하기 위해 달러 유입을 철회하는(수입을 봉쇄하는) 단계에 있다."고 했다.[31]

베이징의 채찍질을 느끼는 것은 작은 나라들만이 아니다. 2016년 말과 2017년 초, 미국과 한국은 한국 중남부에 고고도미사일방어체계(THAAD)를 배치하기 시작했다. 중국 정부는 이 제도가 중국에 악용될 수 있다며 중국인 단체관광객의 방한을 금지하겠다며 강하게 반발했다. 중국 정부와 소셜 미디어도 중국에서 판매되는 한국 제품에 대한 불매운동을 촉구했다. 규제 당국은 '소방법 위반'을 이유로 중국 내 한국 기업의 문을 닫게 했다. 여기에는 사드(THAAD) 포대가 건설될 한국 기업 롯데가 운영하는 슈퍼마켓의 80%가 포함되었다.

그러한 행동은 중국의 가까운 이웃에 국한되지 않는다. 2013년 말, 스페인 법원은 장쩌민(Jiang Zemin, 江澤民) 중국 국가주석, 리펑(Le Peng, 李鵬) 전 총리 그리고 세 명의 은퇴한 중국 공산당 고위 간부들에 대해 체포영장을 발부했다. 당시 스페인 법은 스페인 판사가 국외에서 저지른 반인도적 범죄를 기소할 수 있도록 허용했고, 장쩌민에 대한 소송은 스페인 시민권을 가진 티베트 망명자가 제기했다.

소송 제출 이틀 후, 중국은 스페인의 조치에 대해 '강력한 불만과 단호한 반대'를 표명하고 마리아노 라호이(Mariano Rajoy) 총리의 국빈 방문을 포함해 양국 간의 모든 고위급 회담을 중단했다.[32] 스페인은 혼란 상태(troubled water)를 진정시키기 위해 서둘렀다.

스페인은 2007~2009년 금융 위기 결과로 전체 GDP의 10%를 잃었고, 금융 위기가 있은 지 4년이 지난 후에도 여전히 막대한 정부 부채에 이자를 갚기 위해 고군분투하고 있었다. 이자율이 약간만 상승해도 스페인 경제에 치명적인 영향을 미칠 수 있었다. 중국은 시장에 다른 참여자들이 없을 때 전략적으로 스페인 국채를 사들였고, 아무도 확실히 알지는 못하지만 전체 유통량의 약 20%를 소유하고 있는 것으로 생각된다. 마드리드는 이제 중국이 이 채권을 시장에 내다 팔아 금리를 올리고 스페인 경제를 멈추게 할까 봐 두려워했다. 이후 17일 만에 라호이(Rajoy)는 의회를 통해 스페인

법원의 치외법권 범위를 폐지하고 티베트인이나 다른 망명자들의 소송을 중단하는 법안을 통과시켰다.

몽골도 비슷한 경험을 했다. 불교 국가인 몽골은 과거 여러 세기 동안 티베트의 영적 지도자인 달라이 라마 학원(The institute of the Dalai Lama)을 세우는 데 결정적인 역할을 했다. 그러나 이제 달라이 라마는 짧은 방문이라도 더 이상 몽골에서 환영받지 못하고 있다.

2016년 11월 달라이 라마는 몽골 정부의 초청이 아닌 순전히 종교 목적으로 몽골의 수도 울란바토르를 방문했다. 베이징은 강력하게 방문을 반대했다. 당시 울란바토르는 원자재 채굴로 인한 경제 호황의 붕괴로 어려움을 겪고 있었고, 원자재의 주요 고객인 중국으로부터 차관을 모색하고 있었다. 베이징은 모든 회의를 취소했고 몽골과 경제 거래에 대한 어떤 언급은 중국 언론에서 사라졌다. 또한 베이징은 새로운 거래세와 함께 몽골상품 수입에 대한 수수료를 추가했다. 매우 신속하게 몽골 외무장관 트센트 뭉크 오르길(Tsend Munkh－Orgil)은 공개적으로 달라이 라마가 몽골을 방문하도록 허용한 것을 정부가 "유감스럽게 생각한다."라며, "그는 아마도 이번 행정부에서 달라이 라마는 다시는 방문하지 않을 것"이라고 말했다.[33]

나의 마지막이자 아마도 가장 중요한 사례는 노르웨이의 노벨 평화상일 것이다. 2010년, 거의 30년 동안 중국 민주화 운동을 주도한 류샤오보(Liu Xiaobo, 劉曉波)는 중국이 서명한 국제 조약과 헌법에 명시된 기본적인 인권 보호를 이행하기 위해 노력한 공로로 상을 받았다. 사실 수년 동안 노르웨이는 중국에 연어를 가장 많이 공급하는 나라였다. 류샤오보(劉曉波)에게 노벨상을 수여한 후 중국의 노르웨이산 연어 수입은 사실상 중단되었다. 양국 간의 새로운 양자 수산물 협정은 고위급 회담과 이어진 성명 이후에야 이루어졌다. "노르웨이는 상호 신뢰가 훼손된 이유를 깊이 반성했다."고 했다.[34]

또한, 중국은 미국인과 미국 기업의 '범죄'도 간과하지 않았다. 2019년 1월 거대 호텔 메리어트는 이메일 설문지에서 타이완, 티베트, 홍콩, 마카오를 '국가'로 기재함으로써 중국의 적절한 예의(보복)의 대상이 됐다. 이는 메리어트 리워드(Marriott Rewards) 직원이 설문지를 칭찬하는 '티베트의 친구들'의 트윗에 '좋아요'를 표시한 후 베이징의 관심을 끌었다. 중국 정부는 심문을 위해 메리어트 관계자들을 소집하고 메리어트의 중국 웹사이트와 모바일 앱을 폐쇄하고 사과를 요구했다. 완벽하게 중국 공산당을 향한 연설로 메리어트 CEO 아르네 소렌손(Arne Sorenson)은 다음과 같이 발표했다. "우리는 중국의 주권과 영토 보전을 파괴하는 사람을 지지하지 않으며 어떤 식으로든 그러한 사람이나 그룹을 장려하거나 선동할 의도가 없습니다."[35]

베이징은 영화도 신중하게 들여다보고 있다. 최근에 중국인 악당이 나오는 영화를 본 적이 있는가? 냉전 영화 붉은 새벽(Red Dawn)을 기억하는가? 그것은 미국의 한 마을을 침략하는 중국군을 보여준 영화다. 아니, 대본이 유출되어 베이징에 도착하기 전까지는 그랬다. 그것을 제작한 스튜디오인 MGM(Metro-Goldwyn-Mayer cartoon studio)은 중국인의 모든 자료를 디지털 방식으로 지우고 대신 북한인으로 대체하는 데 100만 달러를 썼다. 중국의 경제성장은 미국의 티켓 판매 감소와 아마존 및 넷플릭스와의 경쟁을 상쇄하기 위해 필사적인 할리우드 스튜디오에는 생명선과 같다. 물론 공짜는 없다. 2013년경부터 중국 투자자들은 많은 할리우드 제작물에 자금을 지원했다. 10년 또는 20년 전에는 티베트에서의 7년(Seven years in Tibet: 티베트인에 대한 중국인의 잔인함을 보여준 영화)이나 쿤둔(Kundun: 달라이 라마의 초기 생애)과 같은 중국을 비판하는 영화가 여전히 할리우드에서 제작될 수 있었다. 그러나 하와이 토카이 국제대학의 아시아학 교수 래리 시나가와(Larry Shinagawa)는 "더 이상 그런 것을 볼 수 없을 것이다."라고 말한다. 그러한 영화를 만든 스튜디오 작품은 중국에서 상영이 금지될 가능성이 크다. 아시아 소사이어티(Asia Society)의 올빌 셸(Orville Schell)에 따르면 "(중국에서) 공산당 선전이 제대로 작동되지 않는다는 인식이 있다."라고 했다. 그래서 시진핑은 '중국의 이야기를 잘 전달'할 필요성을 강조하고 있다고 한다.[36]

호주의 사례

우리는 이미 2005년 2월 저우원중(Zhou WenZhong, 周文重) 외교부 부부장이 호주 캔버라에 도착하여 중국 대사관 핵심 직원들에게 중국 공산당 중앙위원회의 새로운 호주 전략을 설명했다는 사실을 언급했다. 그는 그들에게 호주가 이제 중국의 전반적인 주변부(중국 통제를 위해 전략적으로 간주하는 국가 및 지역)에 포함되어 있으며, 이곳에 대한 새로운 목표로 첫 번째는 중국의 경제성장을 위한 신뢰할 수 있고 안전한 공급 기반이 되는 지역으로 확보하라는 것이고, 두 번째는 미국-호주 동맹에 쐐기를 박으라는 것이라고 했다. 당시 시드니 주재 중국 총영사관 정무 제1서기관 천용린이 호주에 정치적 망명을 신청하기 몇 달 전에 회의에 참석하여 그는 '그들의 고정된 전략 계획'에 따라 회의는 '체계적인 방식으로 호주(및 뉴질랜드)에 침투하기 위한 구조화된 노력'의 시작이며, 베이징에서 호주를 서방 진영의 약한 고리로 간주하였고 침투와 전복을 위한 시험 장소로 선택되었음을 강조했다. 많은 수의 중국계 이민자, 다문화주의에 대한 헌신, 상대적으로 적은 인구와 중국의 의도를 인식하고 방어하는 정부의 능력이 약한 것으로 중국이 판단했다. 그리하여 놀라운 프로젝트가 전개되었다.

그것은 호주에 거주하는 중국인의 디아스포라인 치아오우(僑務, 화교 사무부서)에서 시작되었다. 화교사무협회 회원은 호주의 2,500만 인구 중 약 100만 명 정도이지만, 일부 주요 지역에 비해 훨씬 큰 영향력이 있다. 역사적으로 베이징은 해외 중국인들과 거리를 두었지만, 2011년 이후 방향을 틀어 중국인 디아스포라를 수용하기 시작했다. 중국 공산당 화교판공실 부국장인 허야페이(He Yafei)는 "화교의 위상이 해외에서 높아지고 민족의식이 깨어나면서 중국의 성장과 발전을 위하여 그들의 힘을 모으려는 열망뿐만 아니라 재능(욕구와 능력)도 갖게 된 것"이라고 설명했다.[37]

이를 수행하는 방법에 대한 계획과 수행 방법에 대한 경험은 뉴질랜드 학자 제임스 지엔화토(James Jiann Hua To)에 의해 매우 자세하게 설명되었다. 이것이 그의 저서 『화교를 위한 역외정치(Qiaowu: Extra-territorial Politics for the Overseas Chinese)』의 기초가 되었다.[38] 그 전략은 호주와 뉴질랜드에 있는 중국 대사관이나 영사관 직원의 지시 아래 호주와 뉴질랜드 중국인들의 베이징에 대한 반대 의견을 억누를 뿐만 아니라 그들을 친중 성향으로 만드는 것이었다. 이 프로그램에 대한 책임은 중국 공산당 통일전선부(시진핑이 자신의 '비밀 병기'라고 부른 것), 화교판공실, 중국 공산당 선전부가 공유한다.

중국평화통일추진위원회(CCPPNR: China Council for the Propaganda of Peaceful National Reunification)는 통일전선의 핵심 기관이다. 호주에서 그들의 노력을 위한 수단으로 그들 그룹의 현지 부서인 호주 국가평화통일촉진협의회(ACPPRC: The Australian Council for Promotion of Peaceful National Reunification)가 만들어졌다. 이것에서 화교사무협회(화교사무부서인 僑務)가 프로그램을 지휘하고 조정하는 핵심 기관이 되었다. 직원은 중국 대사관이 신뢰하는 사람들로 구성되어 있으며, 차우 차크 왕(Chau Chak Wang, 周澤榮)과 황샹모(Huang Xiangmo, 黃向墨)와 같은 억만장자 정치 기부자가 고위직을 역임했다.

중국인은 새로운 음력 새해 행사(春節, 중국인뿐만 아니라 다른 아시아인도 공유하기에 각기 자국 문화배경에 따른 명칭으로 다르게 불림, Chinese New Year 혹은 lunar new year)와 같은 문화 행사를 홍보하고 기업과 중국 이민자 및 기업인 간의 유대를 발전시키는 데 탁월하다. 그러나 그것은 또한 현지 중국인들의 베이징 노선에 대한 반대 의견을 잠재우고 호주 정치에 진출하는 통로가 되었다. 고프 위틀람(Gough Whitlam), 말콤 프레이저(Malcolm Fraser), 밥 호크(Bob Hawke) 수상은 모두 호주국가평화통일촉진협의회(ACPPRC)의 후원자였는데, ACPPRC의 저명한 고문 명단은 호주 정치의 '후즈 후(Who's Who)'처럼 읽힌다. 협의회 행사에 자주 방문하는 사람은 마이크 베어드(Mike Baird) 뉴사우스웨일스 총리였는데, 그는 2015년 세계적으로 유명한 시드니 오페라 하우스가 설을 맞아 붉은 중국 국기의 색으로 점등이 허용되도록 주변을 설득했다. 베이징 인민일보는 "시드니 오페라 하우스가 중국식 붉은색을 치장하였다."라는 중국 총영사관의 논평을 1면 머리기사로 장식했다.[39]

2016년 4월, 중국 대사관과 호주 국가평화통일촉진위원회(ACPPRC) 산하 동아리에서 황샹모 신임 회장 아래 '호주 평화와 정의수호 행동위원회(The Australian Action Committee for Protection Peace and Justice)'라는 새로운 그룹이 등장했다. 이 그룹은 약 60명의 지역사회 지도자들을 모아 남중국해 섬들에 관한 베이징의 주장을 지지할 것을 촉구했다. 당시 턴불(Turnbull) 총리가 2016년 중국을 처음 방문했을 때 이들 지도자는 그에게 "남중국해에서 중국의 권리를 확고히 수호하라."고 촉구하기도 했었다.[40]

호주계 중국인 존 후(John Hu)는 업무에서 또 다른 중요한 요소를 강조했다.[41] "많은 호주 중국인은 베이징의 호주에 대한 중국의 계획에 전혀 동의하지 않는다. 그러나 호주의 중국인 커뮤니티는 권력자들이 중국 정부에 동의하지 않는 것으로 보일 때 그들 중국인에게 불쾌한 일이 끈질기게 생길 수 있다는 낮은 수준의 두려움을 항상 느끼게 한다."고 말했다. "그들은 사진에 찍힐 수 있고, 대사관에 이름이 보내질 수 있고, 아픈 친척을 만나기 위해 중국으로 돌아가는 비자를 거부당할 수 있다는 것을 알고 있다. 또는, 중국에 있는 형제의 사업이 공격당할 수도 있다."라고 말했다.

기록의 이면을 보면 중국 공산당은 호주의 모든 중국어 매체가 친중국단체의 통제하에 있도록 꾸준하게 노력을 기울이는 것이 성공했던 것처럼 보인다. 클리브 해밀턴(Clive Hamilton)에 따르면 중국어 라디오와 거의 모든 신문은 문자 그대로 베이징에서 작성된 뉴스와 논평을 싣고 있다. 애국적인 미디어 소유자는 새로운 비즈니스 기회에 대한 특별한 접근 권한을 통해 충성심과 더불어 관련된 보상을 받는다.[42] 당 노선을 따르지 않는 미디어 매체는 극심한 압박을 받는다. 심지어 중국 영사관은 시드니의 소피텔 호텔 로비에 에포크 타임즈(파룬궁 간행물)를 비치하지 말라는 지시까지 받았다. 워싱턴 포스트에서 이미 보았듯이 차이나 데일리는 일부 호주 주요 신문에 삽입되어

무가지로 배포된다.

이것은 중국에서 호주로 들어가는 정치 자금을 위한 거대한 파이프라인의 개발도 동반했다. 2014년 시진핑 주석의 호주 방문 만찬에 참석하고 2016년 호주 주재 중국 대사 환송 만찬에서 기조연설을 한 황샹모가 그 대표적인 예다. 중국 공산당 최고위층의 신뢰를 받지 않는 한 그렇게 하라는 요청을 받지 못한다. 그는 어떻게 그렇게 신뢰를 얻었을까?

황(Huang)은 엄청난 부동산 개발 붐이 막 시작되던 2001년경 중국 지에양(Jieyang, 揭陽) 현에서 부동산 개발 사업을 시작했다. 그는 지역 기업 지도자, 특히 허가, 검사 및 기타 규정을 감독하는 책임이 있는 지역 당서기를 양성했다. 황은 가끔 이 사람들에게 선물을 주거나 2009년에 지에양(Jieyang) 현에 지어질 새롭고 기념비적인 도시 입구 건축물에 2천만 달러를 기부한 것과 같이 그들이 관심 있는 사업들을 돕기 위한 일에 서명했다.

지에양 현에서 반부패 운동이 시작되며 그의 사업 동료와 당서기가 조사받고 감옥에 갇힌 것을 알게 되자 그는 호주로 가서 모스만(Mosman, New South Wales)의 시드니 항구 언덕 꼭대기에 있는 1,280만 달러짜리 저택을 사들였다.[43] 그런 다음, 그는 중국에서 많은 동료를 초대하여 자신의 집보다 약간 낮은 위치에 있는 부동산들을 사게 했다.

황은 호주에 있는 유후(Yuhu Group)라는 법인(Yuhu, Inc.)을 설립하고 친구를 사귀고 기회를 찾기 시작했다. 그는 시드니에 있는 중국 대사관과 영사관과 좋은 관계를 유지했다. 그는 2014년에 호주의 핵심 연합전선 작전세력인 호주 국가평화통일촉진위원회(ACPPRC)의 의장이 되었고, 이 자리를 이용하여 돈과 영향력을 활용하는 기반으로 활용했다. 4년 동안 그는 노동당 뉴사우스웨일스 지부에 178만 달러를 기부했는데, 그는 특히 부유하고 유명한 사람들과 어울리기 시작했고 케빈 러드(Kevin Rudd) 전 총리, 줄리아 길라드(Julia Gillard) 총리, 전 뉴사우스웨일스 총리 겸 외무장관 밥 카(Bob Carr)를 만났다. 그는 카(Carr)를 특히 좋아해서 호주－중국관계연구소(Australian－China Relations Institute, ACRI)를 설립하기 위해 시드니 공과대학(UTS)에 180만 달러를 기부했다. 그리고 학계나 싱크 탱크 분야 경험이 전혀 없었음에도 카(Carr)를 임명하여 이를 운영하게 했다. 카(Carr)는 재빨리 자신이 일을 할 수 있다는 것을 보여 주었다. 텐안먼 사태 이틀 뒤인 지난 1989년 6월 6일 그는 마르크스－레닌주의 정당을 '터무니없을 정도로 시대에 뒤떨어진 개념'이라고 비난했고 2012년에는 호주의 친중국 로비를 비판했지만, 이제 그는 "우리는 부끄럽지 않고 긍정적으로 받아들인다."라고 선언했다. 그는

중국-호주 자유무역협정(FTA)을 추진하고 반대자들을 '냉전 본능자'라고 비판했다.[44]

황샹모 자신도 베이징과 호주에서 이와 관련된 문제의 해설자로 받아들여졌다. 2016년 7월 그는 인민일보에 "공산당 문화는 6천만 명이 넘는 화교가 함께 호흡하고 공동의 재산을 공유할 수 있게 하는 공통 유전자입니다."라고 말했다. 한 달 후 그는 오스트레일리아 파이낸셜 리뷰(Australian Financial Review)에 글도 썼다. 그는 남중국해에서 미국 항행의 자유 훈련에 대한 호주의 지원을 '호주가 후회하게 될 어리석음'이라고 설명했다.[45] 그러면서 호주도 로드리고 두테르테 필리핀 대통령처럼 '실용주의적 접근' 방식을 채택하라고 촉구했다.

황(Huang)과 달리 차우(Chau)의 홍보는 부끄럽다고 할 수 있다. 하지만, 그가 시드니 공과대학에 2,000만 달러를 기부한 것으로 주목받는 것은 불가피했다. 사실, 그의 자선 활동이 더 빨리 주목받지 못했다는 것은 놀라운 일이다. 2007년에서 2016년 사이에 그는 줄리 비숍(Julie Bishop) 총리의 서호주 자유당 지부를 포함하여 호주의 주요 정당에 약 460만 달러를 기부했다. 이에 따라 일부 사람들은 돈이 말을 하면 호주에서는 이제 만다린(Mandarin, 표준 중국어)으로 통한다고 했다.[46] 어쨌든 그는 도박왕 제임스 파커(James Packer)의 바우클루스(Vaucluse) 맨션 라메르(La Mer)를 구입하려 7천만 달러를 내기도 했지만(당시 호주의 개인 주택 기록), 그는 대부분 중국 광저우에 있는 자신의 사유지에 머물며 전 세계의 유명하고 부유한 사람들을 초대했다. 2004년에 그는 미래의 케빈(2005) 총리, 러드(Rudd), 미래의 웨인 스완(Wayne Swan) 재무장관, 미래의 스태픈 스미스(Stephen Smith) 외무장관, 미래의 토니 버크(Tony Burke) 농업부 장관을 위해 자신의 사유지 방문을 통해 부분적으로 자금을 지원했다.

2017년 6월 호주의 페어팩스 미디어(Fairfax Media)는 차우(Chau)와 통일전선(UFWD United Front Work Department)과의 관계를 설명하는 프로그램을 진행했다. 그는 이를 강력히 부인하며 "통일전선공작부가 뭔지 모르겠다."라며 페어팩스를 상대로 소송을 제기했다.[47] 그러나 페어팩스는 그를 통일전선부 연계 조직의 일원으로 명시한 중국 정부 문서를 통해 이 주장을 즉시 뒤집었다(demolished). 또한, 페어팩스는 차우가 자신을 공동전선 작전으로 알려진 광둥화교기업인협회(the Guangdong overseas Chinese Businessmen's association) 회원이라고 밝힌 미국 외교관의 보고서를 발견했다.

2017년까지 호주의 국내 정보기관인 호주보안정보기구(ASIO, Australian Security Intelligance Organization)는 호주 사회에 대한 해외 지원이 "우리의 주권, 국가 기관의 안전, 시민의 권리 행사에 위협이 되고 있다고 믿는다."라고 의회에 보고했다.[48] 2년

전 이 기관은 막대한 현금 기부를 통한 중국의 간섭에 대해서도 의회에 경고했다. 그런데도 주요 정치인들은 계속해서 해외 자금을 받았고, 그중 80%는 중국에서 왔다.[49]

호주보안정보기구는 새로운 보고서에서 중국 영향력 캠페인이 정치 기부금을 넘어 호주에 있는 중국인에 대한 감시까지 확대됐다고 설명했다. 여기에는 중국에 있는 친척이 건강하게 남아 있기를 바란다면 어떤 식으로든 베이징을 비판하지 말라는 경고를 받은 많은 학생이 포함된다. 또한, 호주보안정보기구는 호주 교실에서 중국에 대한 교육을 공식적으로 관찰한 중국인이 호주 고등교육기관에서도 관련된 토론을 검열하기 시작했다고 보고했다. 호주보안정보기구의 던컨 루이스(Duncan Lewis) 대표는 "우리는 우리 대학에서 외국 영향력 여부를 깊이 의식해야 한다."라고 말했다.[50]

게다가 호주정보보안기구는 중국 국영 언론이 호주의 거의 모든 중국어 뉴스 매체를 통제하고 베이징이 승인한 기사만 게시하도록 하는 등 호주 언론이 점점 더 타협해 가고 있다고 지적했다. 또한 공자학원(the Confucius Institutes: 표면적으로는 중국어 교육 및 문화 사무소, 공산당 선전 및 집행 기관 역할도 함)은 베이징에 대한 비판을 검열했다는 혐의도 받고 있다. 그중 하나는 호주 주 정부 내에 설립되었다.

중국–호주 관계의 현실은 2017년 후반에 더 큰 문제를 지적한 몇 가지 사건의 결과로 더 명확해지기 시작했다. 2015년 4월, 노동당 상원의원 샘 데스트야리(Sam Dastyari)는 재무부로부터 1,670.82 달러의 여행 초과 지출에 대한 청구서를 받았다. 그는 직접 납부하는 대신 주민센(Zhu Minshen, 祝敏申)의 탑교육연구소(Top Education Institute)에 전달했다고 했다. 그는 상하이의 푸단대학(Fudan University) 현지 대표이자 시드니대학(Sydney University)의 공자 아카데미 이사였다. 그의 교육기관은 친중 시위에 거의 정기적으로 나타난 학생들로 구성된 것 같았다. 연구소는 신속하게 정리되었으나, 어쩐 일인지 이 거래에 대한 소문이 새어 나왔다. 데스트 야리가 탑교육학원(Top Education Institute)을 편리한 비자금 창구로 생각한 것이 분명해 보였다. 그리고 그가 이런 일을 한 것은 이번이 처음이 아니었다. 1년 전, 그는 황(Huang)의 유후그룹이 그를 위해 5,000달러의 법적 청구서도 지불하게 했다. 이것은 큰 소란을 일으켰지만 전주곡에 불과했다. 그의 중국 지지자들이 바라는 대로 샘 데스트 야리는 "남중국해는 중국 자체 일입니다. 이 문제에 대해 호주는 중립을 유지하고 중국 자신의 결정을 존중해야 합니다."라고 했다.[51] 그러나 그는 2016년 선거 이전 노동당이 남중국해에 대해 더 친중국적 정책을 채택하도록 설득할 수는 없었다. 이에 따라 황은 노동당에 약속한 40만 달러의 기부금을 철회했고, 이것이 페어팩스 미디어(Fairfax Media) 조사관에 의해 발견되며 큰 머리기사로 장식되었다. 이 사건 후 기부 소식이 알려진 지 몇 주 후인 2017년 11월 말 페어팩스는 또 다른 폭로를 했다. 데스트 야리가 황의 사유지로 가서 호주보안정보기구가 그의 전화를 도청할 수 있다고 경고했다는 것이다. 호주보안정보기구는 그의 반역 내용을 들었고, 호주 전체도 알게 되었다. 의회에서 턴불(Turnbull) 총리는 다음과 같이 물었다. "샘은 누구 편이야? 호주는 아닌 것 같다."[52]

그 스캔들 이후 호주에는 상당한 변화가 있었다. 새로운 법은 외국 정치 기부금을 금지했다. 황은 그의 모스만(Mosman) 부동산에서 많은 시간을 보낼 수 없었고, 그의 시민권 신청은 거부되었고 영주권 비자도 박탈되었다. 그는 여전히 짧은 방문이 허용되지만, 이는 통일전선 업무의 목적에 충분하지 않을 수 있다.

호주는 또한 막대한 양의 중국 자금이 투자된 전기 기반 시설과 농지에 대한 외국인 직접 투자에 대한 규제를 강화했다. 이 개혁은 2015년 미국 해병대가 주둔하고 있는 다윈항(the port of Darwin)을 중국 국유기업인 랜드브릿지(Landbridge)에 매각하면서 촉발되었다. 이러한 활동을 계기로 2018년 4월 호주는 남중국해에서 최초로 항행의 자유(freedom of navigation voyage)를 시작했다.

그러나 중국은 호주에서 더 많은 권력을 확보하고 호주와 미국 사이에 쐐기를 박는 것은 여전히 베이징의 주요 목표로 남아 있으며, 이에 관련된 저항이 증가함에도 호주에는 이미 대부분 시민이 알고 있는 것보다 더 깊이 중국 세력이 침투해 있었다. 2007년 이후 미국은 중국으로부터 1,000억 달러의 새로운 비금융 투자금을 받았다. 인구가 미국의 1/13인 호주는 900억 달러를 받았다. 호주 대부분이 중국 투자에 헤엄치고 있었다. 어디를 봐도 중국인 소유물이 보였다. 2016~17년 한 해 동안 호주의 중국인 농지 투자는 10배 증가했다. 중국은 현재 호주에 있는 외국인 소유 토지의 4분의 1을 소유하고 있다. 그 이유 중 하나는 호주가 SOEs(중국국영회사)의 투자와 민간기업 투자를 구분하지 않기 때문이다. 호주 국립대학교 경제학자 피터 드리스델일(Peter Drysdale)과 CCP 싱크 탱크의 공동 보고서는 "대규모 공기업과 호주의 다른 잠재적 투자자를 다르게 취급하는 논리적 근거가 없다."라고 결론지었다.[53] 공기업인 중국의 스테이트 그리드 회사(State Grid Corporation)는 빅토리아의 5개 전기 배급업체 중 3개와 남호주 송전 네트워크의 일부 소유권을 포함하여 호주 에너지 네트워크의 막대한 부분을 소유하고 있다. 청콩기건(長江基建, Cheung Kong Infrastructure Holdings Ltd.)이 직접한 것은 아니지만, 베이징(북경 정부)과 매우 가까운 홍콩에 있는 리카싱(Li Kashing, 李嘉誠)의 거대 회사가 이를 소유하고 있다. 호주의 3대 전기 소매업체 중 하나인 에너지 오스트레일리아(Energy Australia)는 베이징과 가까운 홍콩 회사인 차이나 라이트 엔 파우어(China Light and Power)가 주식 100%를 소유하고 있다. 호주 최대의 에너지 인프라 회사 중 하나인 알리나 에너지(Alina Energy) 역시 베이징과 가까운 홍콩 보석 소매업체인 초우타이푹 엔터프라이즈(Chow Tai Fook Enterprises)에 인수되었다.

전기 공급이 이제 통신 서비스와 결합되어 그 서비스는 인터넷이나 전화 메시지 처리에 대한 액세스도 제공한다. 청콩(Cheong Kong)은 밴버리(Banbury)에서 댐피어(Dampier)까지 전략적으로 중요한 가스 파이프라인과 빅토리아의 전력 분배 인프라의 상당 부분을 통제하는 대규모 에너지 유틸리티 운영업체인 DUET(Duet Electronics)도 인수했다. 같은 컨소시엄도 이미 빅토리아의 가스 유통망을 소유하고 있다.

우리는 이미 다윈(Darwin) 항구가 랜드브릿지(Landbridge)에 매각된 것을 언급했다. SOE 차이나 멀천드(China Merchants)는 공군기지와 가까운 곳에 있는 세계 최대의 석탄 수출 항구인 뉴캐슬 항(New castle port)을 매입했다. 멜버른 항구가 투자자들에게 매각되자 중국 국부펀드 중국투자(CIC, China Investment Corporation)는 20%의 지분을 낚아챘다. 중국 기업들은 시드니 서쪽에 새로운 국제 공항을 건설하는 데 관심을 표명했다. 그것은 호주의 주요 공항이 될 것이며 사람들을 감시하고 추적할 수 있는 모든 종류의 잠재력을 갖게 될 것이다. 나는 더 계속할 수 있지만, 당신도 이미 감을 잡았을 것이다. 중국은 호주에 엄청나게 많은 것을 소유하고 있다.

현재 잘 알려진 중국 기업 화웨이(Huawei)는 오랫동안 호주에서 논쟁거리가 되어 왔다. 2012년 호주 정부는 내셔널 브로드밴드 네트워크(National Broadband Network)에 화웨이 장비를 공급하는 것을 금지했다. 호주보안정보기구는 화웨이가 중국 사이버 스파이 조직인 3 PLA로 알려진 PLA 제3부와 연결되어 있다는 믿을 만한 증거가 있다고 경고했다. 호주보안정보기구에 따르면 화웨이 설립자 런정페이(Ren Zhengfei)는 PLA 정보공학 아카데미의 이사였으며, 특히 인민해방군(PLA) 제3부에서 통신 연구를 담당했다는 것이다. 화웨이는 네셔널 브로드밴드 네트워크에 제품을 공급하지 않지만, 호주의 보다폰(Vodafone), 옵터스(Optus) 및 텔스트라(Telstra) 네트워크에 제품을 공급하고 있으며, 스테이트 그리드(State Grid)와 상업적으로 매우 가깝다. 호주 전력 네트워크의 효과적인 운영은 화웨이 하드웨어에 설치된 소프트웨어에 따라 크게 좌우될 수 있다.[54]

마지막으로 중요한 점은 호주 학계와 학생들에 대한 영향력에 관한 것이다. 클리브 해밀턴(Clive Hamilton)은 그의 저서 『조용한 침략(Silent Invasion)』에서 호주의 중국

학자들과 나눈 토론에서 그들이 '선'을 넘으면 중국이 어떻게 그들을 처벌할 수 있는지에 대한 문제가 필연적으로 제기되었다고 언급했다. 헤밀턴은 "그들은 모든 라인(제한)이 어디에 있는지 알고 있다."라고 했다.

그들은 중국 방문 비자가 거부되거나 주요 회의에 초대되지 않는 등 백 가지 보이지 않는 방식으로 조용히 징계받지 않도록 신중하게 말하고 글을 써야 한다는 것을 알고 있다. 중국에 대한 노련한 전문가인 로완 칼리크(Rowan Callick)에 따르면 "우리 대학은 현대 중국 또는 중국 역사에 대한 지속적이고 진정한 독립적 분석 능력을 실질적으로 유지하기 어렵다."라고 했다. 그러나 문제는 학자에게만 국한되지 않고, 학생들과도 관련이 있다. 2017년 5월, 모나시대학(Monash University)의 한 강사는 널리 사용되는 교과서에서 가져온 퀴즈를 학생들에게 제공했다. 그들은 다음과 같은 내용을 작성하도록 요청받았다. "중국에는 정부 관리들이 오직 어떤(?) 때에만 진실을 말한다는 속담이 있다, 정답은 다음과 같습니다. '술에 취했거나 부주의했을 때'이다." 이것은 중국에서 모르는 개념이 아니다. 그런데도 같은 반의 한 중국인 학생이 위챗(대략 중국의 왓츠앱)에 불만을 토로했고, 곧 중국 영사관 관계자는 모나시대학의 학장에게 전화를 걸어 대학이 조사할 것을 요구하며 영사관이 상황을 감시할 것이라고 경고했다. 4,400명의 중국인 학생들이 등록금을 전액 내는 대학에서 학장은 무엇을 해야 할지 정확히 알고 있었다. 그는 강사를 정직시키고 퀴즈를 철회했으며 그 교과서 사용을 금지했다.[55]

코로나 바이러스 대유행으로 인해 호주와 중국 간의 긴장은 전혀 줄어들지 않았다. 2020년 3월 호주 총리는 전염병의 기원에 대한 국제 조사를 촉구했다.[56] 그는 중국이라는 단어조차 언급하지 않았다. 그러나 그의 요청은 결국 호주 쇠고기와 보리에 대한 중국 수입을 자의적으로 줄이는 것으로 결론이 났다.[57]

캐나다

캐나다는 일종의 북반구 호주로 생각할 수 있다. 캐나다 언론인 조나단 맨솔프(Jonathan Manthorpe)가 그의 베스트셀러 책 『판다의 발톱(Claws of the Panda)』에서 언급했듯이 캐나다 저스틴 트뤼도(Justin Trudeau) 총리는 2017년 가을에 중국 관리들이 양자 자유무역협정에 포함된 노동법, 성평등, 환경 문제에서 캐나다 기준을 따르도록 요구하는 그의 제안을 거부했을 때 매우 놀랐다고 한다. "수상은 무엇을 피웠습니까

(제 정신이십니까)?"라는 어조로 맨솔프는 그런 일은 절대 일어나지 않을 것이라고 말했다고 한다. 그는 "캐나다는 결코 중국을 바꾸지 못할 것이다."라며 "중국이 캐나다를 바꿀 것인지에 관한 질문이 훨씬 더 적절하다."라고 덧붙였다고 한다.[58]

맨솔프(Manthorpe)는 호주와 마찬가지로 "당과 통일전선공작부, 화교사무소가 캐나다 기업, 정부 부처, 대학, 출판 및 방송 매체, 정치 조직에 침투하기 위해 큰 노력을 기울였다."라고 지적한다. "종종 피해자는 중국계 캐나다인으로 캐나다 시민으로서의 인권을 무시하고 침해하며 조용하게 만들거나 비밀 정보를 전달하도록 강요하거나 납치하여 중국으로 강제 송환하는 때도 많다."라고 했다. 호주에서와 마찬가지로 캐나다의 지역 중국어 신문은 대부분 매수되어 당 노선을 고수하는 편집자와 뉴스 캐스터에게 맡겨졌다.

호주에서와 마찬가지로 파룬궁 신앙을 따르는 사람들과 함께 티베트, 위구르 또는 타이완 출신의 캐나다인들은 위협을 받고 괴롭힘을 당하며 조용히 하라는 지시를 받는다. 극단적일 때 반체제 인사들이 중국 정부의 이익에 반대한다는 것 때문에 고문을 당하기도 했다. 실제로 캐나다 국제앰네스티는 보고서를 통해 "권리 침해에 관한 많은 보고의 양과 그 일관성이 중국 정부가 후원하는 내용인 특정 정치적, 민족적, 영적 집단을 표적으로 삼는 캠페인과 일치하는 것으로 간주한다."라고 밝혔다.[59]

호주에서와 마찬가지로 중국 국영기업은 아이티아이에프 테크놀러지(ITIF Technologies), 브리티시 콜롬비아에 본사를 둔 군사 통신 회사인 놀사트 인터네셔널(Norsat International), 말캄(Markham)의 세미테크 코퍼레이션(Semi-Tech Corporation)과 같은 첨단 캐나다 기업을 폭넓게 인수했다. 실제로 1999년 가을 언론에 유출된 정부 비밀 보고서인 「사이드와인더 작전(Operation Sidewinder)」은 중국 정보부가 캐나다 기업 및 공공 생활의 많은 영역에 침투하는 데 성공했음을 보여주었다.

1980년 이후 200개 이상의 캐나다 기업이 중국 공산당의 영향을 받거나 중국 공산당이 소유권을 갖게 되었는데, 마카오 거물인 스텐리 허(Stanley Ho, 마카오 카지노그룹 대부)가 위에서 언급한 정보 보안 시스템 전문 기업인 세미테크 코퍼레이션의 대주주라는 점을 주목하면 이것이 정부, 국방 부서나 경찰을 대상으로 설계되었다는 것을 알 수 있다. 또한 이 보고서는 베이징 대학이 토론토 대학과 웨스턴 온타리오 대학(The University of Western Ontario)과 같은 영향력 있는 대학에 에이전트를 배치했다고 설명했다. 또한, 중국 정보기관이 어떻게 중국과 캐나다 간 비즈니스 관계를 온타리오 하이드로(Ontario Hydro)에서 중국 국가과학기술위원회(State Science and Technology Commission)

로 보내는 원자력 기술 절도에 활용했는지 자세히 설명했다.[60] 당시, 이 보고서는 극도로 논란이 되었지만, 많은 주장이 사실로 밝혀지기까지 오랜 시간이 걸렸다.

호주에서와 마찬가지로 캐나다 오타와(Ottawa)에서도 중국 학생 및 학자협회, 공자 아카데미가 급증하여 중국 학생을 관찰하며 중국 대사관 및 기타 지역의 중국 영사관과 긴밀한 관계를 유지하고 있다. 공자학원은 한반(Hanban, 漢辦)으로 알려진 중국 기구에 의해 감독되며, 한반과 주관 기관 사이에 매우 비밀스러운 협정을 맺는다. 유출된 비밀 조항 중 하나는 "계약의 두 당사자는 이 계약을 비밀문서로 간주하고 상대방의 서면 승인 없이는 누구도 공개하거나 다른 사람에게 공개하는 것을 허용하지 않아야 한다. 단지 계약 당사자 일방이 계약에 따른 의무를 이행하기 위해 공개 혹은 공개가 필요한 경우는 제외한다."라는 것이다.[61] 매우 이례적인 것은 공자학원이 중국뿐만 아니라 주관 국가(이 경우에는 캐나다)의 관습, 법률 및 규정을 준수하도록 요구하는 표준 계약이 5조(條)에 있다는 것이다.

호주와 마찬가지로 캐나다에서도 2003년 이후 캐나다의 광업, 화학 및 에너지 회사를 인수하는 데 600억 달러가 투입되면서 중국 국영기업의 투자가 급증했다. 예를 들어, 2012년 CNOOC(China National Offshore Oil Corporation)는 캐나다의 넥센(Nexen, 석유나 가스를 생산하는 기업)을 151억 달러에 인수했다. 이 거래는 캐나다뿐만 아니라 라틴 아메리카 북해, 멕시코만, 서아프리카, 중동 자산에 대한 소유권도 중국(공산당)에 사실상 양도했기 때문에 논란이 많은 거래였다. 거래를 허용한 후 캐나다 정부는 더욱 신중해지기 시작했고, 더 이상 중국 국영기업이 캐나다 석유개발회사의 지분을 취득하는 것을 허용하지 않겠다고 발표했다.

호주와 세계의 다른 많은 곳에서와 마찬가지로 중국 통신 회사인 화웨이는 활발히 활동했다. 이에 대해 전 캐나다보안정보국(CSIS) 수장인 워드 엘콕(Ward Elcock)은 "화웨이가 중국 정부의 명령을 따르지 않을 것이라고 믿기 어렵다. 나는 화웨이 장비가 캐나다에서 5G 네트워크에 통합되는 것을 보고 싶지 않다."라고 말했다. 그러나 화웨이가 패배한다면 노력이 부족해서가 아니다. 화웨이는 캐나다에서 연구개발에 약 1,500억 달러를 지출했으며 캐나다 국립 과학 및 연구 위원회(National Sciences and Research Council of Canada)로부터 보조금도 받았기 때문이다. 화웨이가 캐나다에서 그 협상에 실패한다면, 협상을 시도하지 않아서가 아니라 다른 원인이 있기 때문이다.

흥미롭게도 이 납세자 자금 지원 작업 중 어느 것도 캐나다의 이익을 위한 것이 아니었다. 이는 작업을 수행하는 캐나다 연구원이 생성한 특허 및 지적 재산을 회사와 공유한다는 것에 동의했기 때문이다.[62]

캐나다의 경우를 고려할 때, 이 국가는 중국 공산당이 큰 관심을 보이는 미국, 호주, 뉴질랜드, 영국과 함께 캐나다는 파이브 아이즈 인텔리전스(Five Eyes Intelligence)의 일원이라는 점을 명심해야 한다. 중국의 관점에서 볼 때 미국에 대한 스파이 활동은 다른 4개국에서도 이루어질 수도 있기 때문이다.

이제부터는 하와이에서 빅 카후나(Big Kahuna)라고 불리는 것(big boss, 무리의 두목)에 대해 살펴보고 싶다.

미국

호주와 캐나다는 중국이 자유세계에 침투한 가장 발전된 사례 중 일부를 대표하지만, 결코 이것뿐만은 아니다. 미국도 같은 상황을 겪고 있다. 스탠포드 대학(Stanford University)의 후버 연구소(Hoover Institution) 선임 연구원인 레리 다이아몬드(Larry Diamond)와 아시아 소사이어티의 올빌 셸(Orville Schell)은 2018년 보고서인 '중국의 영향과 미국의 이익'(Chinese Influence & American Interests)을 발표한 워킹그룹(Working Group, 실무회의를 진행하는 협의단)을 이끌었다.

첫 번째 요약에서 보고서는 당의 통일전선부, 중앙선전부, 국제연락부, 국무원 정보판공실, 전중국화교연합회, 중국인민대외우호협회를 언급했다. 외교부, 국무원 화교판공실은 모두 어떤 식으로든 중국에 영향을 미칠 수 있는 미국 생활에서 대학 연구, 저널리즘, 비즈니스, 정부 정책의 모든 분야에 침투하고 영향을 미치는 혐의를 받고 있다. 최근 많은 미국 대학 캠퍼스에 설립된 공자학원이 높은 수준의 학문적 자유를 인정해야 하며, '더 엄격한 대학 감독'이 필요하다는 점에 주목해야 한다. 저자는 "중국 대사관과 영사관의 직접적인 지원으로 중국학생학자협회(Chinese Students and Scholars Associations: CSSAs)가 때때로 미국 캠퍼스에서 다른 중국 학생과 미국 교수진의 학문적 자유에 대해 보고하고 그 내용에 대해 타협을 시도한다."라고 했다. 행사를 주최하는 미국 대학들이 중국 공산당과 정부에 의해, 정치적으로 공격적인 중국 대사관과 6개 영사관 및 중국학생학자협회 지부의 외교관과 담당자에 의해 점점 더 압력을 받고 때로는 보복당하기도 한다."고 말했다.[63]

보고서는 "미국은 미국 정치나 역사를 연구하는 중국 학자와 연구자에게 개방되어 있지만, 중국은 중국 정치 체제, 사회, 역사 등 정치적으로 민감한 분야를 연구하려는 미국 학자와 연구자에 대한 접근을 제한하고 있다."라고 지적했다. 중국은 종종 자국 기업을 이용하여 전략적 목표(일대일로)를 해외로 발전시켜 정치적 영향력을 얻고 중요한 기반 시설과 기술에 접근하려 한다. 중국은 타이완과 티베트에 대한 베이징(중국 정부) 입장을 준수하는 조건으로 외국 기업의 국내 시장에 대한 지속적인 접근을 허용해 왔다. 이 보고서는 중국이 중국 정부와 관계가 있는 것으로 보이는 수십 개의 미국 현지 화교 상공회의소 설립을 지원한 방식도 기록하고 있다.[64]

이 연구는 중국이 한때 중국계 미국인 커뮤니티에 서비스를 제공하는 다수의 독립적인 중국어 미디어를 거의 제거했다고 지적한다. 기존 사업장을 인수하고 합병했으며 새로운 사업장을 설립하는 동시에 영어권 시장에서 강력한 발판을 마련해 왔다는 것이다. 그동안 중국 정부는 미국과 기타 자유세계 언론이 중국에서 정상적인 뉴스 수집을 수행할 수 있는 능력을 심각하게 제한해왔다.

보고서의 요약은 다음을 강조하고 있다.

> 기술 부문에서 중국은 경제 및 군사적 성공에 중요하다고 생각하는 기술을 수집 활용하기 위해 다각적인 노력을 기울이고 있다. 많은 합작 투자 파트너십에 필요한 경제 스파이 활동, 절도, 강제 기술 이전 외에도 중국은 미국 하이테크 기업에 대한 투자와 미국 대학 연구실의 개방성을 활용하여 많은 가치 있는 신기술을 포함하여… 중국 연락책으로부터 신고하지 않은 대가 수뢰로 하버드 화학 및 생물 화학과 학과장이 체포됐다. 이러한 활동들은 영향력을 추구하는 것 이상으로 더 많게 내부 작동이 되지 않게 하는 침투로 이어진다. 예를 들어, 2018년 미국 하이테크 스타트업에 대한 중국의 자금 지원은 30억 달러에 달했으며, 여기에는 데이터 센터 네트워킹 회사인 베어푸트 네트워크(Barefoot Networks), 자율 주행 스타트업 죽스(Zoox), 음성 인식 스타트업 에이아이센스(AISense)와 같은 민감한 기술 회사에 대한 투자도 포함되었다.[65]

미국의 경제적, 전략적 손실은 점점 더 지속되고 그 방어가 불가능해지고 있다. 그들은 중국이 미래의 선도 기술에 대한 세계적 우위를 확보하도록 도울 뿐만 아니라, 미국의 상업적, 군사적 이점을 약화하고 위협한다.[66]

보고서에서 지적한 마지막이자 매우 중요한 측면은 자체 검열이다. 중국에 대해 글을 쓰는 미국 학자와 언론인은 연구와 조사를 위해 중국에 갈 수 있는 비자가 있어야 한다. 그들은 다양한 중국 조직에 의해 감시되고 있으며, 중국 정책과 상충하는 진술이나 언론 내용 때문에 향후 비자를 받지 못할 수도 있다는 점도 알고 있다. 따라서 중국에 대한 비판에 입을 닫으려는 강력한 동기가 생기게 된다. 이러한 예는 덩샤오핑의 결정적인 전기를 쓴 유명한 하버드 교수 에즈라 보겔(Ezra vogel)의 사례가 대표적이다. 보겔(Vogel)은 걸작인 책을 쓰기 위해 중국 인사들과 기록물에 접근할 수 있어야 했다. 그러나 흥미롭게도 이 책의 중국어판에는 텐안먼 광장 학살에 대한 언급이 없었다.

딜레마

위협이라는 용어는 일반적으로 군사 행동과 전쟁을 의미한다. 중국은 일부 지역에서 이러한 종류의 위협을 가하고 있다. 위에서 언급했듯이 중국은 티베트, 인도, 한국, 베트남을 침략했다. 또한 남중국해의 통제권을 장악하기 위해 '회색지대(Grey Zone)' 병력과 전술(Tatics, 정규군이 아니라 경찰과 몇몇 인민해방군 해군 선박이 지원하는 '민병대')로 알려진 것을 사용했다. 또 어선으로 위장한 비정규군을 동원해 현재 일본 점유에 있는 센카쿠 열도를 괴롭히고 있다.

중국이 남중국해를 효과적으로 통제하고 있는 지금도 일본은 미묘하지만 중국의 증가하는 압력을 받고 있음을 알 수 있다. 2019년 7월 중국은 미사일 시험을 위해 남중국해의 상당한 지역을 확보했다. 물론 이것은 운송 경로에 영향을 미쳤다. 이러한 조치 중 더 많은 것이 적대적 의도를 직접적으로 발표하지 않고도 어느 정도 비공식적인 행동으로 일본으로 가는 석유 및 필수 자재 운송을 방해할 수 있다는 것이다. 갑작스러운 중국인 관광객의 일본행 금지나 중국인 유학생의 일본 대학 입학 금지, 중국 내 일본 상품 불매운동 등이 결합될 수도 있다.

한편, 일본의 첨단 기술 회사들은 고도로 전문적인 전자 해킹과 그들의 가장 발전된 제품의 공정과 디자인 도용으로 인해 어려움에 직면할 것이다. 물론 일본도 중국의 중거리 핵미사일의 표적이 되고 있다. 이것들이 결코 발사될 가능성은 거의 없고 그 발사가 목적도 아니고 그것들을 결코 사용할 필요가 없을지언정, 중국이 일본의 행동을 길들이려 하는 수도 있을 것이다.

일본에 있어 중국의 주요 목표는 제1도련(일본, 오키나와, 센카쿠 열도, 타이완, 필리핀, 말레이시아, 싱가포르)에서 미군을 축출하는 것이며, 미국에게 제1도련 순찰이 필수가 아닌 선택이라는 것을 이해하도록 만들려는 것이다. 미국은 오랫동안 주요 수혜국인 일본의 지원을 크게 늘리지 않고, 이 체인의 방어를 계속 선택해야 하는지 자문할 수도 있다. 그런 계산과 함께 관련 국가는 중국의 완전한 속국으로서의 국민 생활이 어떠할지도 신중히 생각해야 한다.

호주는 이미 자유세계로부터 중국이란 궤도로 인도되기 위한 주요 캠페인의 대상이 되었었다. 이것도 멈추지 않을 것이다. 주호주 중국 대사관과 영사관, 통일전선부를 비롯한 모든 선전기구 및 준(準)공식 단체들은 호주에 '올바른(?) 중국(사고) 방식'을 선전하고 인도하기 위한 침투 노력을 계속할 것이다. 실제로 2019년 8월 16일 스트레이츠 타임스(The straits times)는 홍콩에서 멜버른(Melbourne)으로 유학 온 학생들의 시위에 맞서는 중국 본토 학생들의 공격에 대해 다음과 같이 보도했다. 브리즈번(Brisbane) 주재 중국 총영사였던 쉬제(Xu Jie)는 "'중국 본토 학생들의 자발적인 애국적 행동'을 지지한다고 말했다."고 전한다. 이에 마리스 페인(Marise Payne) 호주 외교장관은 해외 외교관들이 파괴적이거나 잠재적으로 폭력적인 행동을 조장해서는 안 된다고 경고했다. 뉴질랜드 오클랜드(Aukland) 주재 중국 총영사관은 "뉴질랜드에서도 비슷한 장면이 연출되는 가운데 홍콩 시위대는 중국의 이미지를 훼손하고 반중 감정을 부추기고 있다."라고 불만을 표시했었다.

이런 점에서 호주와 뉴질랜드는 중국이 남태평양을 남중국해의 연장선상으로 만들기 위해 전력을 다할 것이라는 점을 정확하게 이해할 필요가 있다. 호주국립대(Australian National University(ANU) 휴 화이트(Hugh White) 교수와 같은 분석가들이 제안하듯이 캔버라(Canberra)와 웰링턴(Wellington)이 서방과 특히 미국과의 관계를 개선하면서 "중국을 달래고 수용해야 할지, 아니면 미국과 관계를 강화하고 역내 다른 국가들인 특히 인도로 그 관계를 확장해야 할 지를 결정해야 할 것이다."라고 했다.

호주 국방비 지출은 상당한 증가 문제를 넘어, 이 결정이 가치관 문제로 제기될 수도 있다. 중국은 석탄과 철광석 수입을 줄이거나 학생과 관광객의 호주 유입을 중단함으로써 호주를 압박할 수 있다. 일반적인 호주인은 법치주의를 보존하기 위해 얼마나 기꺼이 희생할 의향이 있는지? 동료로 구성된 독립적인 배심원들의 재판을 받을 권리는 얼마나 되는가? 호주는 중국에 더 많은 석탄을 판매하기 위해 이러한 기본적인 인권 문제를 날조할 것인가? 몇몇 엘리트 호주인들은 이미 나에게 그들이 투표할 방향을 말했다. 그들은 석탄 판매에 찬성한다. 그러나 나는 여전히 대부분 호주인이 그렇게 느끼는지 의심스럽다. 그러나 어쨌든 그것은 문제가 될 것이다.

흥미롭게도 코로나바이러스 대유행은 중국이 바이러스의 기원과 확산에 대한 공개 조사를 요청한 호주에 대한 보복으로 수입을 줄였기 때문에 중국이 반드시 신뢰할 수 있는 고객이 아니라는 것을 보여주었다. 바이러스 출현의 한 가지 긍정적인 측면은 온실 가스 배출량 감소를 이끌었다는 것과 호주 북동부에 있는 그레이트 배리어 산호초(the Great Barrier Coral Reef)의 지속적인 백화 현상을 어느 정도 완화할 수 있었다는 것이다.(중국의 석탄 수출 감소로 탄소 배출량 감소와 환경파괴를 막을 수 있었다)

또한 미래를 내다보면 호주인들은 장기적으로 얼마나 많은 중국 학생들이 호주서 교육받는 것이 안전하고 이 학생들을 어떻게 선별하고 감시해야 하는지를 결정해야 할 것이다. 왜냐하면 그들은 베이징의 압력과 조종을 받고 있기 때문이다.

호주가 그런 상황이라면 뉴질랜드는 더욱 상황이 안 좋을 것이다. 뉴질랜드에서는 정치 체제, 대학과 사회 전반에 대한 중국인의 침투가 호주보다 훨씬 더 심각하다.

이외에 중국이 항만 건설과 일대일로 프로젝트를 사용하여 스리랑카와 파키스탄에 거점을 건설함에 따라 인도양에서 중국의 입지는 더욱 증가할 것이다. 또한 베이징은 중국에서 수에즈 운하(Suez Canal)를 거쳐 유럽으로 이어지는 해상 실크로드를 따라 섬, 항구 및 기지가 연결되는 '진주목걸이' 체인을 건설하고 있다. 인도는 아마도 해군의 규모와 전문성을 늘리고 해안을 따라 미사일을 설치함으로써 대응할 것이다.

내가 언급했듯이 유럽대륙과 유럽연합은 오랫동안 중국의 투자, 외교, 통일전선, 일대일로의 표적이었다. 특히 유럽의 가난한 국가들은 중국의 투자와 대출의 표적이 되어 왔다. 중국이 포르투갈, 스페인, 그리스, 세르비아, 헝가리 및 기타 지역의 사업을 인수하면서 유럽(EU)의 경제 및 외교정책에 예상치 못한 영향을 미쳤는데, 이는 부분적으로는 중국 공산당이 일관된 만장일치 제도로 국제 문제를 운영하는 체제를 갖고 있기 때문이다.

따라서 신장 위구르족에 대한 중국의 학대 문제가 제기될 때 유럽연합이 어떠한 입장을 선택하는지 성명을 발표할 수 없었다. 이들 국가는 머나먼 신장지역의 인권 문제보다 경제 대국인 중국의 철수로 인한 경제적 고통에 더 신경을 쓰기 때문이다. 그리고 유럽연합은 만장일치 원칙에 따라 그들의 투표가 필요하기 때문에 중국을 비판하지 않았다.

중국은 아프리카 대륙 전체에 막대한 투자를 하고 있으며 다양한 권위주의 또는 준(準)권위주의 정권과 긴밀한 관계를 발전시켜 왔다. 중국의 가장 큰 수출품은 권위주의라고 말할 수도 있다.

계속 얘기할 수 있지만, 우리가 이해해야 할 핵심은 중국이 제2차 세계대전 이후 지배적인 자유주의 세계 질서에 다양한 경제적, 정치적, 군사적 도전을 일으키고 있다는 것이다. 중국이 지배하는 세계는 권위주의적으로 법치주의가 없고 국가 주도의 경제정책을 추구하는 것으로, 사실상 항상 개인을 철저히 감시하며 언론의 자유가 없는 것이다. 오늘날 홍콩의 자유를 위한 투쟁은 더 큰 규모로 쉽게 일어날 수 있는 일의 전조에 불과하다. 근본적인 위협은 분명히 중국 국민이 아니다. 타이완과 홍콩 문제는 중국인은 민주 정부를 운영할 수 있을 뿐만 아니라 자유롭게 말할 수 있을 때 중국을 더 선호한다는 것을 보여준다. 위협이란 중국 공산당이 세계적 권위주의 질서를 만들려는 야망과 능력을 말한다.

우리는 중국이 이 질서를 달성하기 위해 최선을 다하고 있으며 그것을 얻기 위해 모든 수단을 동원하고 있음을 알아야 한다. 중국의 14억 인구 대부분은 중국이 본질적으로 미국 및 자유 민주주의와 전쟁 중이라는 것을 이해하고 있다. 9,000만 명의 공산당원은 미국의 모든 법치 체계를 부흥한 중국이 천하 제국의 권위주의적 헤게모니로 대체해야 할 필요성에 대해 끊임없이 그리고 끈질기게 세뇌받고 있다.

이것은 널리 알려진 것처럼 그렇게 가능성이 희박한 것이 아니다. 미국과 동맹국은 파란색, 덜 결속된 동맹국은 하늘색, 중간 국가는 보라색, 중국과 중국 동맹국은 빨간색, 중국과 덜 결속된 동맹국은 분홍색으로 칠하는 세계지도를 색칠한다고 가정해

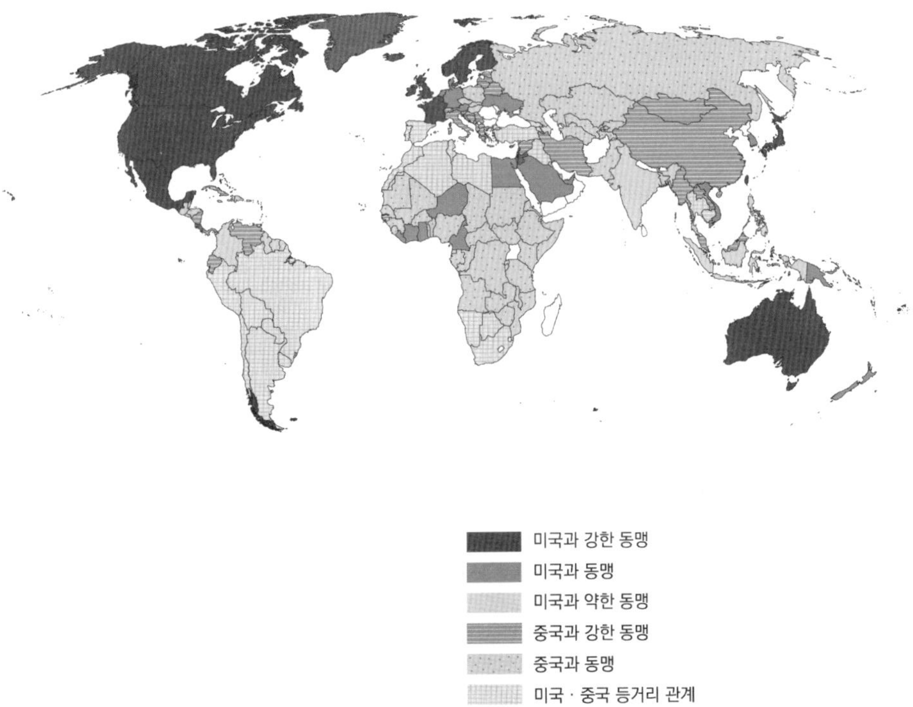

보자. 이러한 지도는 다음과 같이 보일 수 있다.

> 파란색 단색(미국과 동맹국) – 미국, 캐나다, 베트남, 호주, 프랑스, 베네룩스, 노르웨이, 스웨덴, 핀란드, 아이슬란드, 멕시코
>
> 하늘색(덜 결속된 동맹국) – 한국, 인도, 독일, 오스트리아, 인도네시아
>
> 보라색(중간 국가) – 영국, 중앙 아메리카, 브라질, 아르헨티나, 사우디 아라비아, 라트비아, 싱가포르, 폴란드, 스페인, 이탈리아, 포르투갈, 그리스
>
> 빨간색(중국 동맹국) – 중국, 캄보디아, 라오스, 미얀마, 스리랑카, 사하라 이남 아프리카 전체, 세르비아, 헝가리, 몽골, 에콰도르, 러시아, 카자흐스탄
>
> 분홍색(중국과 덜 결속된 동맹국) – 이란, 칠레, 베네수엘라, 태국, 북부 아프리카, 필리핀, 말레이시아

또한 파란색, 하늘색 및 보라색 국가 내에서도 베이징과 또 다른 형태의 관계를 유지하는 여행객 같은 국가가 있을 수 있다. 예를 들어, 중국에 초점을 맞춘 저명한 싱크탱크 분석가들은 중국 관리들과의 접촉과 중국 비자를 받을 수 있는 능력을 유지하기 위해 그들이 말하고 쓰는 것에 주의하는 법을 배웠다. 레리 다이아몬(Larry Diamond)와 올빌 셸(Orville Schell)은 후버 연구소(Hoover Institution) 보고서에서 "컨설팅을 많이 하는 한 학자가 언급했듯이 '중국 진출은 나의 생계'입니다."라고 말했다고 했다. 그러면서도 "내 생각과 반대되는 말은 절대 하지 않고 덜 날카롭게 쓴다."라고 주장한다. 또 다른 학자는 "나는 자기 검열을 하지 않지만, 매일 논쟁을 벌일 필요는 없다… 논쟁은 당신의 비자를 차단한다. 중국의 가장 큰 힘은 비자 통제의 힘이다."라고 얘기한다.67

아마도 중국 권력의 조용한 접근을 가장 잘 보여주는 것은 2019년 7월 20일자 워싱턴 포스트 편집위원회 논평일 것이다. 이 논평은 유엔 인권이사회(United Nations Human Rights Council, UNHRC)가 중국이 신장에서 무슬림 시민을 대량으로 구금한 것에 대해 우려를 표명한 서한을 '또 다른 미지근한 행동(반응)'이라고 불렀다. "위구르족과 또 다른 무슬림 소수민족에 대한 중국의 문화적 학살 캠페인에 대응하려는 국제적 노력이 미약했다."는 것이다. 더 놀라운 사실은 4일 후 베이징이 모집한 국가들 37명의 대사가 서명한 자체 서한을 이 위원회에 전달했다는 사실이다. 그것은 모든 인종(민족) 집단 사람들의 기본적 인권이 보호된다고 주장하면서 대테러 및 안정화 작전을

미화(whitewash)한 내용이었다.

서명국에는 쿠바, 러시아, 북한, 베네수엘라와 같은 일반적인 글로벌 불량 국가들이 포함되었다. 그러나 12개의 무슬림 정부도 이에 동참하여 현대 이슬람에 대한 가장 큰 공격 중 하나인 중국의 신장 박해를 승인했다.

워싱턴 포스트는 계속해서 이 성명이 특히 이스라엘을 비난하는 것과 관련해 종종 신앙의 수호자로 자처하는 파키스탄과 사우디아라비아, 이집트, 아랍에미리트연합, 알제리 그리고 종종 신앙의 옹호자 행세하는 다른 많은 무슬림 국가들이 부끄럽게 항복했다고 지적했다. 그리고 그것은 시진핑 중국 정권이 세계적 야망을 실현하는 경우 국제 문제가 어떤 모습일지를 보여준다고 했다. 대부분 국가가 베이징의 지시에 순순히 복종하고 범죄를 지지하는 세상이 될 것이라는 것이다.

중국은 다양한 방식으로 많은 국가와 민족에게 영향을 미칠 것이다. 일부는 중국과 군사적 충돌을 겪을 수도 있다. 그러나 다른 지역(오늘날 라오스와 캄보디아 같은)은 본질적으로 중국의 한 지방 또는 어떤 형태의 속국이 될 수도 있다. 그러나 다른 사람들은 중국으로부터 완전한 독립을 유지하고 호혜적인 관계를 발전시킬 수도 있다.

더욱이, 완전히 민주적이고 법치주의적인 국가의 많은 '쓸모 있는 멍청이들'(또는 더 예의 바르게는 동료 여행자)은 중국을 봉쇄할 수 없으며, 이에 따라 우리는 떠오르는 세력과 통치하는 세력 사이의 전쟁이라는 투키디데스 함정(Thucydides Trap)*을 거론하며 중국과의 충돌을 피하려고 모든 노력을 기울여야 한다고 주장할 것이다.[68] 조사 결과 이러한 전문가들은 일반적으로 중국을 방문하기 위해 비자가 필요하거나 '전문가'로서의 신뢰를 유지하기 위해 그곳과 접촉해야 하는 중국 연구 학자 또는 사업가들로 밝혀졌다. 우리는 "나는 중국에서 최고위 사람들을 모두 만나고 방금 돌아왔습니다."와 같은 글을 쓰는 사람들을 조심해야 한다. 노래를 부르지 않는(찬양을 하지 않는) 한 중국의 모든 고위급을 만날 수는 없다(One does not meet all the top people in China unless one is singing their song).

항상 한 세트의 상수(변화에 대해 항상 일정한 양의 수)가 있다. 중국 공산당은 모든 관계에 관한 영향력과 통제권을 얻기 위해 지속해서 노력할 것이라는 것이다. 그들은 자신의 힘에 대한 제한을 받아들이지 않을 것이며 어떤 법의 지배도 따르지 않을 것이다. 그들은 당 노선을 고수할 것이며, 역사의 진정한 사실을 찾으려는 시도나 공개

---

* Thucydides Trap: 투키디데스 함정이란 기존 패권국가와 빠르게 부상하는 신흥 강대국이 결국 부딪칠 수밖에 없는 상황을 의미한다. 원래 아테네와 스파르타의 전쟁에서 유래한 말이며 최근 미국과 중국의 상황을 설명하는 데 쓰여 주목받고 있다.

토론, 언론의 자유와 탐구, 인권을 옹호하려는 시도를 분쇄하고 파괴하려 시도할 것이다. 그들은 중국 공산당과 현저하게 대조를 이루는 어떠한 가치와 그것을 받아들이는 사람들을 파괴하기 위해 무엇이든 할 것이다.

미국과 공산주의 중국 사이에는 항상 전쟁의 위험이 도사리고 있다. 그러나 더 큰 위험은 권위주의 세력에 의한 점진적인 강압에 직면하여 자유세계가 천천히 해체되는 것이다.

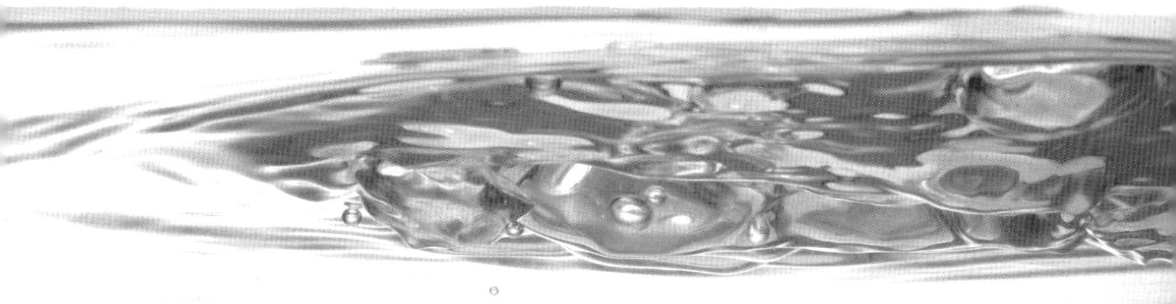

PART 02

나를 알면(知己)

손자(Sun Tzu)

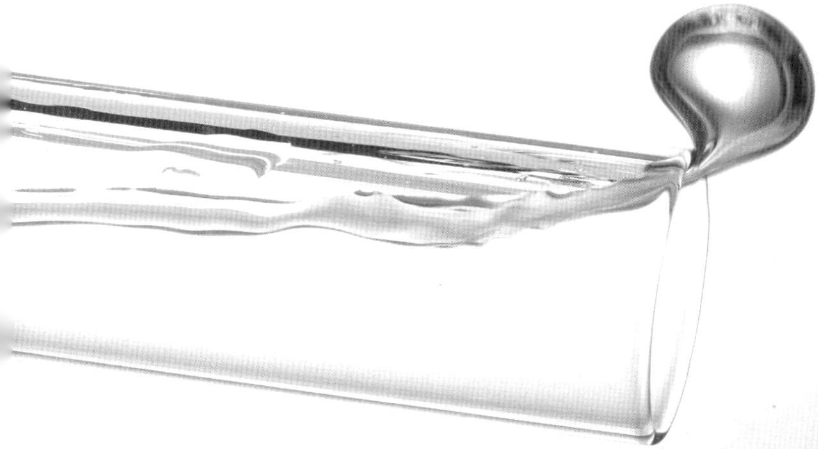

05

미국은 어떻게 부국이 되었나

나는 미국산 포터 맥주나 치즈만 애용합니다.

-조지 워싱턴

우리 자신을 제대로 이해하려면 미국이 어떻게 세계에서 가장 부유하고 강력한 국가가 되었는지 분명히 알아야 한다. 이 이야기는 강인한 개인주의, 자유시장, 기업가, 작은 정부, 새로운 세계에서 기회를 찾기 위해 폭정을 피해 도망친 이민자, 그리고 "할 수 있다."는 정신으로 수행한 평범한 노력에 대한 신화로 뒤덮여 있다.

좋은 이야기지만, 진실은 그렇지 않다. 미국은 영국을 모방하여 부자가 되었고, 독일, 프랑스, 일본, 한국, 싱가포르, 네덜란드, 스위스, 스웨덴, 타이완이 뒤를 이어 결국에는 모두 부자가 되었다. 그 모델은 자유무역, 개방된 시장, 글로벌 투자 모델이 아니었다. 오히려 그것은 중상주의와 보호주의 중 하나였다.

이야기는 헨리 7세가 영국의 왕이 된 15세기 후반에 시작된다. 버건디(Burgundy, 프랑스 '부르고뉴' 지방의 영어 이름)에서 어린 시절을 보낸 그는 그 지역이 모직물 생산으로 얼마나 풍요로워졌는지 그리고 아이러니하게도 그 산업을 위한 양모(양털)가 어떻게 영국에서 들여오는지 관찰했다. 그는 영국 사업의 방법이 잘못되었다고 판단했다. 그는 부가가치가 거의 없는 저렴한 원모를 수출해서 적은 돈을 버는 것을 지켜보고 영국도 버건디 사람들처럼 가공기술력을 높여 잘 가공해 수출하는 선진 제조업체가 되어야 한다고 생각했다.

그의 해결책은 양모 수출에 관세를 부과하고, 네덜란드와 이탈리아에서 숙련된 장인을 모집하여 영국에서 가공할 수 있도록 하고(이를 기술 절도라고 부를 수 있음), 양모 제조업체에 세금 감면을 하여 특정 도시 및 지방(현대 용어로 '유치산업 지원': infant industry support라고 함)에 생산 독점을 허용하는 것이었다. 오늘날 경제발전에 대한 이러한 종류의 접근 방식을 '중상주의(mercantilism)'* 또는 '수출주도 경제(export-led economy)' 또는 '추격 전략(catch-up strategy)'이라고 한다. 그것은 효과가 있었다. 영국은 세계 양모의 지배적인 생산자이자 직물 수출국이 되었다.

실제로 그것은 매우 잘 작동하여 영국의 거의 모든 다른 산업으로 확장되었다. 세계의 공산품이 그곳에서 나오도록 노력을 기울였다. 이러한 정신은 1721년 조지 1세의 의회 연설에 잘 나타나 있다. 여기에 그는 "제조품의 수출과 외국산 원자재의 수입만큼 대중의 안녕을 증진하는 데 공헌하는 것이 없다는 것이 분명하다."라고 했다.[1]

약 1760년과 산업혁명의 시작 시기로 돌아가 보자. 그 혁명적 사건의 핵심 방아쇠는 영국 수출의 극적인 증가였다. 1700년에서 1750년 사이에 영국의 가내 수공업의 생산량은 7% 증가하였고 수출 산업은 76% 확장되었다. E. J. 홉스봄(E. J. Hobsbawm)이 지적한 바와 같이 "짧은 기간에 세계 대부분의 수출 시장을 독점하는 데 성공한 국가는 산업혁명을 가능하게 할 뿐만 아니라, 사실상 계획된 속도로 수출 산업을 확장할 수 있었다."[2] 또한 그러한 산업을 글로벌 독점으로 만드는 경향이 생겨났다.

미국 독립선언서가 채택되는 순간, 세계에서 가장 유명한 경제학자가 될 운명을 타고난 애덤 스미스(Adam Smith)라는 인물이 등장했다. 스미스는 영국의 중상주의가 영국의 혁신과 효율성을 저해할 수 있는 정부 통제의 독점으로 변모하고 있다고 우려했다. 그는 시장의 '보이지 않는 손(Unseen hand)'**의 역할과 시장 세력이 정부나 독

---

* 15~18세기 상업자본주의 단계에서 유럽 국가들이 채택했던 경제정책과 이를 뒷받침한 경제이론이다. 중상주의는 널리 사용되는 개념이지만 그 의미가 엄격히 정의되지는 않는다. 이 개념은 프랑스의 중농주의 경제학자인 미라보(Marquis de Mirabeau)가 맨 처음 사용한 것으로 알려졌지만, 애덤 스미스(Adam Smith)가 1776년에 출간한 『국부론(Wealth of Nations)』에서 기존의 경제정책과 경제이론들을 비판하기 위해 사용하면서 널리 쓰이기 시작했다. 따라서 경제사상사 측면에서 중상주의는 자유로운 무역과 시장경제를 강조하는 고전경제학(고전학파)이 등장하기 이전까지 유럽 국가들의 경제정책을 뒷받침했던 이론체계를 가리킨다.

** '보이지 않는 손'은 영국의 경제학자이자 도덕철학자인 애덤 스미스(Adam Smith)의 저서 『국부의 성격 및 원인에 대한 연구(An Inquiry into the Nature and Causes of the Wealth of Nations)』에서 유래한다. 일반적으로 '국부론'으로 지칭된다. 개인이 오직 자신만의 이익(사익)을 위해 경쟁하는 과정에서 누가 의도하거나 계획하지 않아도 사회구성원 모두에게 유익

점 통제로부터 자유로워야 할 필요성을 강조하고 성장과 생산성을 촉진하기 위한 자유 경쟁을 가능하도록 보조금, 독점권 부여, 관련된 보호제도를 해제해야 한다고 주장했다.

국제 무역과 관련하여 스미스의 생각은 약간 단순했으며, 영국은 가까운 미래에 선도적이고 가장 효율적인 산업 생산자가 될 것이라는 예측과 그 기대에 부합하여 실제 그렇게 되었다. 따라서, 그는 외국 업체와 경쟁에 대해 크게 걱정하지 않았다. 그의 신세계 무역 질서는 각 국가가 특정 시점에 최선을 다하는 데 집중할 수 있도록 국가가 생산을 특화할 것에 집중했다. 예를 들어, 미국은 목재, 면화 및 기타 원자재를 생산하는 반면 영국은 제조 및 엔지니어링(기술과 생산)에 집중하는 것이다. 그의 초점은 장기적인 계획보다 즉각적인 소비 극대화에 있었는데, 그의 주장의 근본적인 전제는 생산의 유일한 목적이 국가 산업의 건설이 아니라 소비여야 한다는 것이었다. 그러나 그는 여기에서 그의 자유방임주의(laissez-faire)* 추종자들이 종종 간과하는 중요한 단서를 추가했다. 그는 "국방이 부보다 더 중요하다."라고 강조하고 제조업 국가만이 전쟁에서 승리할 수 있다고 언급했다. 이는 그가 정부 제조업 진흥을 어느 정도 선호했음을 암시하지만, 일반적으로 그의 초점은 소비를 늘리고 소비자의 욕구를 충족시키는 방법에 있었다. 따라서 그의 가장 유명한 저서인 『국부론(The Wealth of Nations)』은 새로운 종류의 개인주의적이고 소비자 지향적인 시장 경제학에 관한 강력한 주장이었으며, 개방적이고 민주적이며 자유로운 경제 사회라는 개념에도 잘 들어맞았다.

스미스는 공정의 마무리 및 제조 단계가 가치를 더하고 수익성이 높기에 더 높은 임금을 지원할 수 있다는 생각은 안한 것 같다. 그는 영국 제조업자의 기술과 기계를 모방할 수 있다는 생각도 하지 않았고, 높은 비용의 초기 투자도 시간이 지나면 미국과 다른 지역의 생산자들도 영국 제조업체의 효율성과 비용에 필적하거나 심지어 앞설 수 있다는 생각도 하지 않은 것 같다.

한 결과(공익)를 가져오게 된다는, 시장경제의 암묵적인 자율작동 원리이다. 마치 시장경제 내에 공익 달성을 위해 사익을 조정해 주는 신(神)의 손이 존재하는 것 같다는 의미이다.

* 자본주의 생성기에 중상주의(重商主義)에 반대하는 프랑스의 중농주의자(重農主義者)들이 최초로 주장하였으며 이 사상을 경제학적으로 체계화한 것은 애덤 스미스였다. 스미스는 『국부론』(1776)에서 개인의 이익을 추구하는 자유로운 경제활동이야말로 사회적 부를 가져오는 것이며, 또 그 활동은 '보이지 않는 손(시장기구)'에 의해 부의 공정하고 효율적인 배분도 실현되며, 사회적 조화가 실현된다는 것을 이론적으로 논증하고자 하였으나 자본주의의 진전이 가져오는 현실 상황은 그들의 신념을 뒤엎었다. 특히 19세기 제국주의 시대에 자본주의가 독점단계에 들어서면서부터 자유방임주의는 지지를 잃고 말았다.

실제로 그는 당시 영국 제조업이 더 저렴하기에 미국이 제조업에 뛰어들어서는 안 된다고 주장했다. 그의 생각에 미국의 역할은 원자재를 공급하는 것이었다. 따라서 그는 미국 식민지는 산업 및 상업 개발을 추구하는 것을 적극적으로 금지하고 농산물, 목재와 원자재 공급으로 제한하는 영국 정책을 지원했다. 그러나 일단 독립을 쟁취한 후 그들은 영국을 모방하여 산업혁명에 참여해야 하는지 아니면 스미스가 제안한 대로 주로 농업 생산자로 남아야 하는지에 대해 열띤 토론이 벌였다.

논쟁

그들 토론의 중심에는 무역 문제가 있었는데, 이 문제는 런던에서도 다시 논의되고 있었다. 1788년 미국헌법이 비준됨에 따라 주(州) 간 무역에 대한 모든 관세가 폐지되었고, 무역에 대한 주별 장벽 제거의 효용성이 널리 받아들여졌다. 그러나 국가가 외국 경쟁자들과의 자유무역도 개방해야 하는지는 또 다른 문제였다.

토머스 제퍼슨(Thomas Jefferson)*과 그의 동료 농장주들은 스미스의 자유무역 관점을 받아들였지만, 알렉산더 해밀턴(Alexander Hamilton)**이 이끄는 다른 사람들은 산업화에 대한 영국의 보호주의적 접근 방식을 모방하는 것을 선호했다. 제퍼슨 분파는 재산과 부가 항상 정치권력의 초석이라고 주장했다. 따라서 그는 미국 정부가 국민의 의사를 더 많이 반영한 새로운 정치를 수립하고자 한다면 경제 상황의 상대적 평등을 이루어야 한다고 주장했다. 그러고 이를 위해서는 소작농 계층의 경제력을 높여야 한다고 했다. 제퍼슨은 이것이 전제적 엘리트의 부상을 막을 정치적 다수의 지지를 가져올 것이라고 주장했다. 폭정에 대한 이러한 견제는 권력을 장악한 의회에 맞서 스스로 지킬 수 있는 강력한 주의회에 의해 강화될 것이었다.

제퍼슨의 공식에 따르면 새로운 미국 경제는 농업을 기반으로 하고, 국가는 외부 생산자와 공산품을 자유롭게 거래함으로써 번영한다는 것이었다. 제퍼슨과 제임스 메디

---

* 미국의 정치가·교육자·철학자이다. 자유와 평등으로 건국의 이상이 되었던 1776년 7월 4일 독립선언문의 기초위원이었다. 1800년 제3대 대통령에 당선되었고 1804년 재선되었다. 철학·자연과학·건축학·농학·언어학 등으로 많은 사람에게 영향을 주어 '몬티첼로의 성인'으로 불리었다.

** 미국의 정치가이다. 미국독립전쟁 중 조지 워싱턴의 부관으로 활약하였다. 독립 후 아나폴리스회의, 헌법제정회의에서 뉴욕 대표로 참가하였다. 연방헌법 비준 성립을 위해 「연방주의자(The Federalist)」를 발표하였다. 워싱턴 대통령 밑에서 재무장관으로 상공업의 발달을 중시한 재무 정책을 취하였다.

슨(James Madison)*, 토마스 페인(Thomas Paine)**, 벤자민 프랭클린(Benjamin Franklin)*** 과 같은 다른 사람들은 스미스(Smith)의 전문화 및 자유무역 개념과 견해가 대체로 일치했다. 페인(Paine)은 자유무역을 평화의 원동력으로 묘사했는데, 이는 영국과 미국 역사에서 자주 반영되는 견해였다. 그는 "우리의 계획은 상업을 위한 것이며, 잘 지켜진다면 유럽의 평화와 우정을 확보할 것"이라고 했다. 프랭클린은 제퍼슨의 농업 공화주의적 비전에 얽매이지 않았지만, "자유무역은 결코 어떤 국가도 망친 적이 없다."라고 주장하면서 스미스의 개방 무역 개념을 강력하게 수용했다.[3] 오늘날 우리는 자유무역에 대한 프랭클린의 이해를 '호혜주의' 또는 '공정 거래'라고 부른다. 모든 상업 행위자가 보호주의(protectionism)****를 철폐하는 것을 말하는 것이다.

논쟁의 반대편에는 알렉산더 해밀턴이 있었다. 조지 워싱턴의 중요한 지원으로 그는 새로운 국가가 제조업의 성장을 촉진할 확고한 재정 기반을 기초로 하는 강력한 중앙정부가 필요하다고 주장했다.

그는 규모의 경제(무언가를 많이 만들수록 생산 비용이 낮아짐)의 가치를 직감한 것처럼 보였고, 이것이 경제성장뿐 아니라 효과적인 국방을 위한 올바른 길이 될 것이라고 굳게 믿었다. 그는 "국가는 수입 없이는 오래 존재할 수 없다(Federalist Papers No. 12)."라고 주장하면서 국가 재정을 지원하고 지역 제조업에 인센티브를 제공할 수입품에 대한 관세를 요구했다.

---

* 미국의 제4대 대통령(재임 1809~1817년)이자 정치학자이다. 헌법제정회의에서 헌법 초안 기초를 맡아 '미국 헌법의 아버지'로 불린다. 토마스 제퍼슨 행정부 국무장관을 지낸 후 대통령이 되어 제퍼슨의 중립정책을 계승하였다.

** 영국 잉글랜드 노퍽 출생의 정치이론가이다. 1776년에 미국에서 『상식(Common Sense)』을 출판하여 독립이 가져오는 이익을 펼쳐 큰 영향을 미쳤다. 왕·귀족·서민원의 역사적 균형 속에 자유를 추구한 '영국의 국제관계'의 복잡함을 비판하고, 역사적 권리에 의한 식민지의 저항 논리에 그치지 않는 미국의 분리, 독립혁명의 언어적 기초를 만들고, 정부에 의한 통제의 최소화와 공화주의적인 자기 통치에 의한 사회질서 형성을 주장하였다.

*** 미국의 정치가·외교관·과학자·저술가이다. 신문사의 경영자, 교육문화활동, 자연과학 분야에서 전기유기체 학설을 제창하는 등의 활동과, 정치·외교적인 분야에서도 활약하였다. 그는 평생을 통하여 자유를 사랑하고 과학을 존중하였으며 공리주의에 투철한 전형적인 미국인으로 일컬어진다.

**** 국가가 자국 산업 보호의 목적을 위해 무역에 제한된 조치를 해야 한다는 입장으로 '보호무역주의'라고도 하여 '자유(무역)주의'에 대비된다. 보호주의의 역사는 길며 미국의 스무트-홀레이법(Smoot-Hawley Act 1939)은 그 대표적인 것이라고 할 수 있다. 1960년대를 통하여 경제적 상호 의존 관계가 선진국 간 격화된 결과로 각국의 보호주의적 경향이 강해졌다. 특히, 미국에서는 자국 산업에 대한 보조금이나 외국 제품에 대한 관세, 수입량 제한 등 무역에 제한적인 정부의 규제가 많이 나타나게 되었다.

1789년 워싱턴(George Washington)*이 해밀턴을 재무장관으로 임명한 이후 그가 처음으로 한 행동 중 하나는 9%의 일반 관세를 제안하는 것이었고, 이 법안은 1789년 7월 4일에 통과되었다. 워싱턴은 제퍼슨과 같은 농장주였지만, 새로운 미국은 제조 기지가 필요하다고 봤는데, 이는 미국 군대에 대포·옷·신발이 부족했던 독립 전쟁 동안 그의 쓰라린 경험을 통한 확신 때문이었다. 그는 1790년 1월 8일 의회에 보낸 첫 번째 연례 메시지에서 "자유 시민은 무장해야 할 뿐만 아니라 규율을 지켜야 합니다. 그리고 그들의 안전과 이익을 위한 필수품, 특히 군수품 공급만을 위한 제품과 독립적인 제조공장을 장려해야 합니다."라고 했다. 그는 미국산 제품과 직물에 우선권을 부여하는 관행을 통일되게 자신의 진실성을 입증하기 위해 제조업 진흥을 델라웨어 지역사회에 약속했다.[4]

미국 산업을 지원하는 데 중요한 역할을 한 것은 미국헌법 제1조 8항이었다. 1790년 특허법이 시행되었고, 1791년 12월 해밀턴의 제조에 관한 보고서로 이어져 초기 미국 산업을 보호하기 위해 높은 관세의 필요성이 제기되었다. 보고서의 하이라이트는 발명을 장려하고 보호하기 위해 특허법을 제정하라는 권고였다. 특허법은 또한 국내에서 제조된 상품이 해외 시장에서 요구하는 품질을 달성할 때까지 유리한 무역 균형을 보장하기 위해 '미국산 구매' 정책을 시행하기 위한 것이었다. 그리고 대내외 교역을 촉진하기 위해 도로, 교량, 운하, 항구 건설에 상당한 연방 기금을 할당했다. 해밀턴은 영국 중상주의 모델(나중에 독일, 일본, 한국, 타이완, 프랑스 그리고 지금은 중국 모델이 됨)을 면밀하게 따르고 있었다.

해밀턴은 자유무역이 신생 국가의 경제에는 치명적일 것이라고도 주장했다. "만약 국가간 산업과 상업에 대한 완전한 자유체제가 지배적이라면 제조업 육성 계획에 반대하는 주장이 큰 힘을 발휘할 것이다."라고 했다. 그리고 평등한 대우와 상호주의가 없을 경우, 미국은 그러한 '체제의 희생자'가 될 수 있고 '빈곤 국가'로 전락할 수 있다."라고도 했다.[5]

해밀턴은 관세가 소비자의 비용을 증가시킬 것이라는 자유무역주의자들의 주장에 반박하기 위해 "실제로 이론과 보편적 현상은 일치하지 않는다. 여러 경우에 가격 인하가 국내 제조업의 확립으로 이어지게 할 수 있게 했다."라고 지적했다. 그리고 일단 시스템이 확립되면 국내 생산품은 "항상 더 저렴해지며 외국 상품 수입에 수반되는

---

* 미국의 제1대 대통령이다. 미국 독립 전쟁에서 군대를 지휘하는 총사령관을 맡아 전쟁을 승리로 이끌며 영국으로부터 독립을 이뤄냈다. 미국의 첫 대통령이 되어 새로운 국가를 세우는 데 큰 역할을 했으며 두 번의 대통령직을 마친 뒤 스스로 물러났다.

무거운 비용이 면제된다."라고 했다. 따라서 그는 "일시적인 가격 인상은 영구적인 가격 인하로 충분히 보상된다."라고 주장했다. 이것은 이후 유치산업론으로 알려지게 되었다.*

이러한 문제에 대한 논쟁은 그후에도 20년 동안 계속되었지만, 몇 가지 주요 발전단계를 통해 미국 경제는 제2차 세계대전 내내 유지되었던 영국과 같은 중상주의 체제로 전환되었다.

한 가지 중요한 사건은 1793년 엘리 위트니(Eli Whitney)의 조면기(繰綿機, 면화씨 제거기기) 발명으로, 그는 1794년에 통과된 강력한 새 특허법에 따라 정식으로 특허를 받았다. 그러나 조면기 제조회사는 미국 경제를 혁명적으로 발전시켰던 반면, 그는 위트니 특허에 대한 끊임없는 소송 제기에 발목이 잡혀 거의 파산할 지경에 이르렀다. 결국 위트니는 1만정의 머스킷(Musket, 아르케부스에서 개량되어 16~19세기에 널리 쓰였던 총기)의 생산을 위한 정부 계약으로 소송에 드는 비용을 조달할 수 있었고 소송에서 승리했다. 계약을 이행하면서 그는 부품호환 개념을 개발해냈고, 동력 기계 및 전문화된 노동력과 결합하여 생산에 혁명을 일으켰는데, 이는 '미국 제조 시스템'으로 전 세계적으로 알려지게 되었다. 이 시스템은 미국 경제에 혁명을 일으켰으며, 아마도 정부 계약이 민간기업과 결합하여 혁신과 생산성 향상을 촉진시킬 방법을 보여주는 최초의 사례일 것이다.

또 다른 주요 요인은 영국 제조업체가 미국 제조업체의 입지 확보를 막기 위해 생산 비용보다 훨씬 낮은 비용으로 미국 시장에 제품을 덤핑하기 시작했다는 것이다.

영국 해군은 미국 상선에 승선하여 선원들에게 복종을 강조했다(강압적 수단으로 상업행위를 방해했다). 이러한 관행에 대한 불만이 1812년 미·영 전쟁을 촉발하게 했다. 이 전쟁은 강력한 제조 산업을 가진 강대국에 맞서 미국 경제를 방어하는 데는 한계가 있었음을 명백히 보여주었다. 제퍼슨(Thomas Jefferson) 전 대통령은 전쟁이 그에게 "제조업은 이제 우리의 안락함만큼 우리의 독립에 필요하다."라는 것을 배웠다고 언급하면서 방향을 틀었다. 그는 바이 아메리카(Buy American)라는 생각을 장려하기 시작했고 자유무역주의자들에게 "가격 차이에 관계없이 외국 제품을 구매하지 않을 만큼 동등한 제품을 만들 수 있는 체제를 위한 보조를 맞춥시다."라고 요구했다.[6] 제임스 메디슨(James Madison), 제임스 먼로(James Monroe), 존 아담스(John Adams)를 포함한 다른 사람들 그리고 그의 아들 존 퀸시 아담스(John Quincy Adams)는 제퍼슨

* 경제적으로 뒤진 나라들은 '유아기 단계에 있는 산업'이 성장할 때까지 더 힘센 외국 경쟁자들로부터 보호하고 양성해야 한다는 주장이다.

(Jefferson)을 지지했으며 1816년에 의회는 수입 철에 30%, 면과 모직물에 25%의 관세를 부과하는 최초의 진정한 보호관세를 부과했다.

1822년 대통령이 된 제임스 먼로(Monroe)*는 "무제한 교역을 지지하는 추상적인 독트린은 두 가지 조건, 즉 국제평화와 일반적인 상호주의에 근거해야 하는데, 이러한 조건은 발생한 적도 없고 기대도 할 수 없다."라고 언급하면서 더 많은 관세 인상을 촉구했다. 이에 다른 견해를 가질 것으로 예상되었던 민주당의 더 포퓰리스트적이고 농업 우호적인 파벌의 지도자들도 동의했다. 존 C. 칼훈(John C. Calhoun)은 면화를 수출하는 사우스캐롤라이나주를 대표하였음에도 불구하고 1816년에 면화 제조업에 대한 관세를 원했다. 엔드류 잭슨(Andrew Jackson)은 전쟁이 끝난 후 자신의 승리에 큰 공헌을 했다면서, "우리는 너무 오랫동안 영국 상인들의 정책에 종속되어 있었다. 유럽의 빈민과 노동자들을 먹여 살리는 대신에 우리 빈민과 노동자를 먼저 구제해야 하므로 우리는 좀 더 미국화(Americanized)되어야 할 때이기에, 만약 현재의 (자유방임) 정책을 지속한다면 머지않아 우리 모두가 빈민이 될 것입니다."라고 했다.[7]

스미스 국부론의 재검토

동시에 언론인과 정치 경제학자들은 국부론에서 아담 스미스의 가르침을 보다 비판적으로 살펴보았다. 이들 중 가장 영향력 있는 사람은 '미국 최초 체계적 경제학자'로 인정받은 다니엘 레이몬드(Daniel Raymond)이다. 레이몬드는 개인의 부에 대한 스미스의 우려에 반대하며 정치 경제 지도자들은 국가와 사회 전체의 복지에 초점을 맞춰야 한다고 주장했다.

그는 소비자들은 수입품이 국산품보다 저렴할 때 수입품을 사야 한다는 생각은 "국가를 계층으로 나누고 전체 이익을 추구하는 대신 개인의 이익을 추구함으로써 국가의 통합을 파괴할 위험이 있다."라고 했다. 레이몬드는 또 개인이 "동포 시민이 곤경에 처했을 때 외국인 산업에 대한 후원과 지원을 허용해서는 안 된다."라고 주장했다.[8] 후기 경제학자와 달리 그는 "무역의 승자가 패자를 보상하거나 사회 최상층 극소수에 의해 이익이 독점되더라도 무역이 순이익을 창출하는 한 사회는 전반적으로 더 좋아진다."라며 가정을 번복하지 않았다.

* 미국의 정치가로 버지니아 주지사, 국무장관 등을 거쳐 두 차례 대통령을 역임하였다. 미주리 협정을 맺었고 캐나다와의 국경을 확정하였으며 외교의 기본정책으로 먼로주의를 선포하여 유럽 제국의 신대륙에 대한 간섭을 저지하였다.

켄터키 주 하원의원 헨리 클레이(Henry Clay)가 가장 잘 표현하고 추진한 개념인 미국 시스템의 개발 필요성에 대한 새로운 주장이 나타났다.[9] 그는 '완벽한 상호주의'의 경우에만 자유무역과 미국 유치산업의 보호 및 보조금 지급, 국도, 수로, 철도 및 기타 인프라 건설과 광범위한 정부 주도 개발, 국경 확장, 인디언 제거, 토지의 정착과 개발을 해야 한다 했다. 관세는 제조업체의 이익을 위해 소비자에게 세금을 부과하는 장치가 아니라 미국에 대한 투자를 촉진하고 궁극적으로 미국인이 해외에서 조달되는 것보다 훨씬 더 저렴하게 제품을 생산할 수 있도록 하는 방법으로 간주되었다.

먼로의 요청에 따라 의회는 1824년과 1828년에 이른바 '혐오관세(Abominations Tariff)'로 불리는 관세를 인상했다. 이 관세에 따라 과세 상품에 대한 세율은 1930년의 악명 높은 '스무트 홀리 관세*(Smoot-Hawley Tariff)'에 따라 부과된 세율보다 높은 61.7%가 되었다. 그러나 이 관세는 종종 대공황을 악화시킨 것으로 비난받았다. 그 다음 수십 년 동안 관세는 이러한 징벌적 세율로부터 축소됐지만, 남북전쟁 중에 위대한 해방자이자 위대한 보호자라고 불릴 수도 있는 '에이브러햄 링컨(Abraham Lincoln)'**의 명령에 따라 관세는 다시 빨리 인상되었다. 링컨(Lincoln)은 클레이(Clay)의 '아메리칸 시스템(American System)'*** 사고를 진정으로 수용하고 "보호 정책의 포기는 우리 국민 사이에 궁핍과 파멸을 낳음에 틀림이 없다."라고 주장했다. 남북전쟁부터 제1차 세계대전까지 미국의 관세는 시어도어 루즈벨트(Theodore Roosevelt)****와 같은 지도자들이 미국의 '추격(만회)'에 대한 지지를 강조하면서 결코 40% 이하로 떨어지지 않았다. 루

---

* 미국이 대공황 초기인 1930년 산업 보호를 위해 제정한 관세법이다. 공화당 소속 리드 스무트 의원과 윌리스 홀리 의원이 주도한 법안으로 2만여 개 수입품에 평균 59%, 최고 400%의 관세를 부과하도록 한 법안이다. 이로 인해 세계 각국에 보호무역이 번졌고 대공황을 더 심화시켰다는 평가를 받는다.

** 미국의 제16대 대통령(재임 1861~1865년)이다. 남북 전쟁에서 북군을 지도하여 점진적인 노예 해방을 이루었다. 대통령에 재선되었으나 이듬해 암살당하였다. 게티즈버그에서 한 연설 중 유명한 '국민에 의한 국민을 위한 국민의 정부'라는 불멸의 말을 남겼다.

*** 미국 시스템(American System)은 19세기 전반의 미국의 정책에서 중요한 역할을 했던 중상주의 경제 계획이다. 처음에는 '아메리칸 웨이(American Way)'라고 불렀다. 알렉산더 해밀턴의 아이디어인 '미국 학파'에 기원이 있는 3개의 서로 보완적인 부분, 즉 미국의 제조업을 보호하고 촉진하는 관세, 상업을 장려하는 국립 은행, 농업의 이익을 가져오고, 시장을 개척하기 위한 도로, 운하 등 국내 개량에 대한 지원금으로 구성되어 있었다. 켄터키에서 선출된 미국 하원 의원 헨리 클레이가 이 계획의 가장 적극적인 추진자였으며, '미국 시스템'이라는 이름을 처음 사용했다.

**** 미국의 제26대 대통령이다. 1901년 전임 윌리엄 매킨리 대통령의 사망으로 대통령직을 승계하여 1909년까지 재임하였으며, 공화당 소속이었다. 또 러일전쟁의 중재, 모로코 분쟁 해결 공로 등으로 1907년 노벨 평화상(Nobel Peace Prize)을 수상하였다.

즈벨트는 한때 "나는 자유무역론자가 아니어서 다행이라고."도 말했다.[10]

인프라 및 산업정책

아메리칸 시스템(American System)의 중요한 요소는 주요 인프라와 전략 산업에 대한 정부의 지원이었다. 이들 중 첫 번째는 내셔널(National) 또는 컴벌랜드 로드(Cumberland Road)로 불리는 미국 최초의 도로였다. 1806년에 공사가 시작된 이 도로는 메릴랜드주 컴벌랜드에서 세인트루이스까지 포장도로를 만들어 포토맥강에서 미시시피강까지 4일 만에 이동할 수 있게 했다. 또 다른 중요한 초기 프로젝트는 이리 운하(Erie Canal)였는데, 이는 1825년 10월에 완공되어 더 빠르게 큰 성공을 거둘 수 있었다.

지금까지 아메리칸 시스템의 가장 중요한 프로젝트는 대륙 횡단 철도였다. 1850년 의회는 시카고와 모빌을 연결하는 철도 건설을 위해 일리노이, 미시시피, 앨라배마에 대한 토지 공여를 승인했다. 1857년까지 총 2,100만 에이커의 토지(84,984㎢) 공여로 철도가 놓이면서 여러 철도 회사가 미국 최초의 진정한 대기업으로 변모했다.[11] 그리고 1862년 여름, 에이브러햄 링컨은 의회를 통해 태평양 철도법안을 추진했다. 이 법안으로 센트럴 퍼시픽과 유니온 퍼시픽 철도회사가 미주리강으로부터 새크라멘토까지 선로를 놓았다. 공사가 상당 부분 지연되기도 하는 엄청난 공학적 계산 끝에 1869년 5월 10일 센트럴 퍼시픽의 기관차 주피터와 유니언 퍼시픽사의 엔진 119가 유타주 프로몬토리 포인트에 나란히 서있게 됐다. 미국은 전국이 강철 리본(철도)으로 해안에서 해안으로 연결되었다. 놀랍게도 정부는 회사에 6,400만 달러 이상을 대출했지만 1869년 말에는 그 대가로 1억 300만 달러 이상을 벌었다. 더 중요한 것은, 철도는 거대한 새로운 시장과 도시를 창출했고, 국가를 진정한 대륙(continent) 강국으로 탈바꿈시켰다.

기술 및 교육

기술 혁신 촉진도 중요했다. 1836년 7월 4일, 의회는 국무부 내에 설립된 특허 담당위원들과 함께 미국 특허청을 창설했다. 이 새로운 사무실의 초기 수혜자는 실험적인 전신선에 대해 3만 달러의 충당자금을 받은 사무엘 모스(Samuel F. B. Morse)라는 뉴욕 대학교의 전 회화 및 조각 전공의 교수였다. 재봉틀, 농작물 수확기, 콜트사의 리볼버 권총과 같은 특별한 발명품은 정부의 강력한 보호와 격려를 받으며 개발되었다.

혁신 추진과 불가분의 관계에 있는 것은 고등 교육에 대한 지원이었다. 제퍼슨(Jefferson)은 연방정부가 기부한 땅에 전국적인 대학 네트워크를 건설하자는 제안을 의회에 제출했지만 이 제안은 저스틴 모릴(Justin Morrill) 하원의원이 대학에 사용할 580만 에이커(약 2만 3,472㎢)의 연방 토지를 주 정부에 부여하는 법안을 제안하기 전까지는 실현되지 못했다. 하지만, 1862년 7월 남북전쟁이 한창이던 때 에이브러햄 링컨에 의해 서명되어 그 아이디어가 실현되었다. 이 법에 따라 설립된 대학들은 미국 교육에 혁명을 일으켰다.

미국도 유럽에서 기술을 훔쳐 왔다. 1787년 미국 정부 요원 엔드류 미첼(Andrew Mitchell)은 영국에서 신기술을 밀반입하려다가 영국 당국에 의해 체포되었다. 그의 트렁크는 배에 실린 후 압수당했다. 트렁크 안에는 영국의 최신 직물생산 기계의 모형과 도면이 있었다. 미첼(Mitchell)은 탈출하여 덴마크로 피신했다. 그러나 그의 임무는 어떤 방법을 써서라도 당시 세계 첨단 기술 초강대국인 미국이 기술을 획득하려는 지속적인 활동의 시작을 의미했다.

미첼(Mitchell)은 펜실베니아의 경제학자이자 사업가이며 미국 재무부의 초대 장관인 알렉산더 헤밀턴(Alexander Hamilton)의 가까운 동료인 텐치 콕스(Tench Coxe)가 보낸 사람이다. 해밀턴과 콕스는 둘 다 미국 산업화에 대해 확신했다. 1791년 의회에 제출한 제조업 보고서에서 해밀턴은 독자들에게 총과 배, 신발과 제복에 이르기까지 모든 종류의 군수품 부족으로 혁명 기간 미국인들이 겪었던 엄청난 문제를 상기시켰다. 역사가 도론 벤-아타르(Doron Ben-Atar)는 해밀턴의 캠페인을 '떳떳하게 국가가 부과한 영국법 위반'이라고 설명했다.[12] 아타르는 해밀턴이 물리적 재산과 마찬가지로 지적 재산이 국경 내에 국한된 것처럼 조치를 취했다고 주장했다.

해밀턴은 기술과 지식을 갖춘 이민자들을 미국으로 유인하기 위해 특허를 사용했다. 예를 들어 조지 파킨슨(George Parkinson)은 1791년 그가 영국에서 사용했던 기계의 모조품에 불과한 직물 방적기로 특허를 받았다. 미국은 그를 미국으로 이민시키기 위해 가족이주 비용도 지불했다.

영국인들은 미국이 지적 재산을 훔치려는 그러한 시도에 대해 달가워하지 않았다. 기계나 디자인을 국외로 가져가거나 숙련된 노동자를 유인하려는 사람에게는 엄중한 처벌이 내려졌다. 실제로 그러한 노동자들이 국가를 떠나는 것은 불법이었다.

결국 외국 지적 재산을 획득하려는 미국의 노력은 19세기 초 미국 벤처 캐피털의 지원을 받아 자생한 양키(이민 초기 서유럽에서 미국 동부로 이주한 사람)들의 기발한 독창성이 전면에 등장하면서 사라졌다. 그러나 독립 선언 후 1세대 미국의 산업 발전이 보장받지는 못했지만, 해밀턴은 결국 세계를 지배하게 된 이러한 새로운 비즈니스에 대한 국가 지원과 보호를 제공한 공로가 있다. 이러한 모든 조치가 함께 작용하여 미국은 전례 없는 경제성장을 이루었다.[13] 1820년에서 1870년 사이 미국의 GDP 성장은 오늘날의 중국과 마찬가지로 세계적 경이로움이었다.

영국의 경로 변경

아메리칸 시스템의 지혜는 1840년대에 영국 지도자들이 대부분 자유무역을 위해 오랜 중상주의 정책을 포기한 거대한 결정에 의문을 제기하는 것에서부터 시작됐다. 당시 자유무역은 오늘날의 호혜적 자유무역이 아니라 일방적인 자유무역을 의미했다. 영국은 다른 국가들의 동의 없이 대부분의 관세와 중상주의적 조치를 철회했다.

이 운명적인 결정 뒤에는 런던 은행가 데이비드 리카도(David Ricardo)의 주장이 있었다. 그의 1817년 논문인 '정치 경제 원리와 세금(The Principles of Political Economy and Taxation)'은 중상주의에 반대하고 공개된 시장과 국가별 생산의 전문화를 주장했다. 그의 분석은 스미스의 분석을 여러 가지 방식으로 확장하고 강력하고 독창적인 비교 우위 개념을 도입했다. 그 논문의 주된 사례는 포르투갈 포도주와 영국 모직물 거래였다.

리카도는 영국과 포르투갈이 모두 포도주와 원단을 만드는 것보다 포르투갈인이 영국에서 모직물을 수입하고 영국이 포르투갈에서 포도주를 수입한다면 양국이 이익을 최적화할 것이라고 주장했다. 포르투갈이 영국보다 옷감과 포도주를 더 효율적으로 생산할 수 있다고 해도 영국인은 여전히 옷감에 집중하는 것이 더 좋다는 것이다. 만일 영국인이 원단을 만드는 것 외에 포도주 만드는 일을 하려 한다면 포도주를 만드는 그들의 약점이 훨씬 더 커지기 때문에 둘 다 손해보게 될 것이라는 것이다. 고전적인 사례로 영국은 원단 1단위(unit) 또는 포도주 5/6단위(unit)를 만드는 데 100시간이 필요하기 때문이었다.

포르투갈은 직물을 만드는 데 90시간만 필요하지만 90시간 동안 9/8 단위의 포도주를 만들 수 있다(표 1). 따라서 포르투갈은 포도주와 옷감을 모두 생산하는 데 있어 '절대적인' 이점을 가지고 있다 할 수 있다. 무역이 없는 상황에서 영국은 직물과 포도주를 각각 한 단위씩 생산하고 소비하는 데 220시간의 노동이 필요하지만, 포르투갈은 170시간 만에 그렇게 할 수 있다. 그러나 각 국가가 가장 잘하는 것을 특화하면 영국은 220시간의 노동으로 2.2단위의 옷감을 생산할 수 있는 반면 포르투갈은 170시간의 노동으로 2.125단위의 포도주를 생산할 수 있는 것이다. 이에 두 나라가 서로 교역하면 두 나라 모두 옷감과 포도주를 각각 최소 1단위씩 소비할 수 있으며 각 국가에 0~0.2단위의 옷감과 0~0.125단위의 포도주가 수출되어 소비될 수 있다는 것이다. 따라서 서로는 자신이 가장 잘하는 분야에 특화하고 나머지는 거래함으로써 더 나은 삶을 살게 된다는 것이다.

비록 몇 년이 걸렸지만, 이러한 생각은 급속히 성장하는 영국 제조업 및 영국 상업의 지배력과 결합하여 영국 지도자들은 중상주의 전략(나중에 논의될 몇 가지 주요 예외를 제외하고)을 거의 포기하고 자유방임주의의 새로운 원리에 따르는 세계의 선도적인 제조업자, 운송업자, 금융업자로서 개방된 시장의 자유무역적 세계에서 자연히 저비용 생산자가 될 것이라는 견해에 이르렀다. 따라서 자유방임 모델로 전환하는 것은 영국에 크게 도움이 될 것이라는 판단이었다. 1860년까지 영국은 사실상 무역 장벽이 없었다.

새로운 영국의 이상(목표)은 영국이 가능한 가장 낮은 비용으로 곡물과 원자재를 수입한 다음, 영국을 '세계의 작업장'으로 만든 공장에서 생산된 공산품을 다시 세계로 수출하는 방식이었다. 영국이 스미스와 리카도의 분석을 강하게 주장하며 밀어붙이고 나머지 세계도 자유방임으로 전환해야 한다고 주장했지만, 나머지 세계는 설득되지 않았다. 독일, 프랑스, 스웨덴, 일본은 미국을 모방하여 '자유무역'에 저항하고 중상주의, 즉 '따라잡기' 전략을 추구했다. (나중에 제2차 세계대전 이후 독일, 프랑스, 일본은 이전 패턴을 반복했고, 한국, 대만, 싱가포르도 새로운 아시아 호랑이로 합류했다. 중국은 마지막 호랑이 또는 아마도 첫 번째 용이라고 부를 수 있다.)

표 1. 한 단위를 생산하는 데 필요한 작업 시간

	제품	
국가	직물	포도주
잉글랜드	100	120
포르투칼	90	80

19세기 말까지 영국은 세계 유일의 완전한 자유시장 선도자가 되었다. 이로써 세계는 부분적으로는 자유무역 교리가, 부분적으로는 전략적 추격 정책이 지배하는 고도로 비대칭적인 국제 경제 구조가 확립되었다.

일등 국가, 미국

영국 우위의 황금기는 1851년 런던 크리스탈 팰리스에서 열린 국제 박람회에서 가장 잘 나타난다. 그곳에서는 공작 기계, 기관차, 직물 등 영국의 모든 것이 압도했다. 당시 영국은 세계 산업 생산량의 약 30%를 차지하는 단연 세계 주요 산업 국가였다. 2위인 미국보다 거의 두 배나 많은 양을 생산했다. 영국 선박은 전 세계 해상 화물의 절반 이상을 운송했다. 점점 더 어려움을 겪고 있는 미국이 내전으로 치닫고 독일이 통일 국가가 되기 위해 고군분투하는 동안 영국은 무한한 미래에 대한 경제적 패권을 확신한 것처럼 보였다. 그러나 1870년~1900년 사이 미국은 거의 모든 경제 부문에서 영국을 앞질렀다.

아메리칸 시스템은 막대한 보상을 가져오기 시작했다. 미국은 거대하고 상대적으로 방해받지 않는 시장으로 발전했고, 미국 제조업체는 전례 없는 규모의 경제 기회에 힘입어 생산성의 급격한 증가를 가져왔다. 철도 인프라는 놀라운 경제성장의 핵심이었다. 또한 최초의 현대적 비즈니스 기업을 육성했으며, 성공 모델을 복사하며 산업을 차례로 현대화했다.

1870년까지 미국은 연간 5,100마일(8,206km)의 유통망(선로)을 깔았는데, 이는 나머지 세계의 모든 유통망을 합친 것보다 더 길었다.[14] 1896년까지 18만 3,601마일(295,477km)의 철로가 있었는데, 이는 철도의 측선(siding)과 구내선 6만마일(96,561㎞)은 포함되지 않은 규모다. 전 세계 육지 면적의 6%에 불과한 국가가 전 세계 총 철도의 42%를 차지했다. 철도 시스템은 국민 총 생산의 약 15%를 차지했는데, 이는 모든 연방, 주와 지방정부의 다른 어떤 사업이익을 합친 것보다 많은 것이다. 그리고 전체 국가 노동력의 2%가 넘는 80만 명을 고용했다.[15]

1900년까지 미국 농장 수는 2백만 개에서 6백만 개로 거의 세 배로 증가했고, 경작지는 두 배로 늘어나 밀, 옥수수, 면화의 생산은 인구가 두 배로 늘어나는 것을 능가하여 미국을 세계 최대의 농산물 수출국으로 만들었다.

그러나 농업 생산이 급증했음에도 제2차 산업혁명으로 불리는 거대한 산업 발전의 흐름에 직면하여 세계에서 미국 생산량 비중은 절반 이하로 감소했다. 새로운 농장들과 빠르게 증가하는 인구는 미국의 산업 발명가들이 고안한 탈곡기, 자동 철사 바인더, 콤바인더, 타자기, 전구, 전화기, 냉장차와 같은 새로운 발명품들의 활용을 필요로 했다. 철도와 건축 붐은 철강과 목재에 대한 수요를 이끌었고, 모든 생산자는 기계화와 자동화를 가능하게 하는 도구와 장비가 필요했다.

1870년 영국은 세계 철강의 40%를 생산했고, 독일은 30%, 미국은 15%를 생산했다.[16] 1900년에 이르러서야 미국의 생산량은 세계 총생산의 거의 40%였고, 독일은 두 번째로 25%, 영국은 약 20%였다. 1913년에 이르러 미국은 세계 철강의 거의 절반을 생산하고 있었다.[17]

전체 제조업 생산량을 대략적으로 살펴보면 유사한 역동성을 발견할 수 있다.[18] 1914년까지 미국의 GDP는 5,180억 달러로 영국의 두 배 이상, 독일의 세 배가 넘지만, 미국의 1인당 GDP는 5,307달러였고 영국은 5,032달러, 독일은 3,833달러였다. 미국은 세계에서 가장 부유한 나라가 되었고, 높은 관세와 연간 4% 이상의 GDP 성장률을 이루며 추격 전략을 통해 크게 성장했지만, 자유무역, 자유방임주의를 실시하던 영국은 연간 2%의 성장률도 유지할 수 없었다. 이 시기 미국은 오래된 관세 논쟁으로 미국 신생 제조업체들은 외국 생산자들보다 더 높은 생산비용이 들어 소비자들에게 더 높은 가격을 부과하고 경제성장을 방해한다는 주장이 제기되기도 했다. 그러나 실제적으로는 미국 생산자들은 빠른 속도로 품질을 향상시키고 규모의 경제를 이용하여 높은 임금을 지불하고도 미국 소비자들은 상대적으로 가장 낮은 상품 가격을 누릴 수 있는 세계의 저비용 생산자가 되었다.

미국의 통제력 강화

제1차 세계 대전에서 영국과 나머지 유럽 국가들의 손실은 바로 미국의 이익이었다. 우선, 영국은 전쟁 자금을 위해 미국 은행들로부터 많은 돈을 빌렸고 신용이 바닥나자 추가 신용을 위해 미국 정부에 의지했다. 그러나 원조를 확대하기 전에 미국은 영국이 담보로 한 자산을 청산해야 한다고 주장했다. 1914년부터 1919년까지 런던은 미국 내 보유 자산 중 약 80억 달러를 매각한 후 미국 재무부로부터 50억 달러를 더 빌렸다. 따라서 영국은 미국 투자에 대한 미래 이익이 박탈되고 막대한 순 채무국이 됨으로써 워싱턴은 미래 영국 부의 창출과 그 힘을 약화시켰다. 프랑스와 같은 나라들도 미국으로부터 돈을 빌렸기 때문에, 미국은 1914년에는 세계의 주요 채무국이었지만 5년 후에는 주요 채권국이 되었다.

아마도 더 중요한 것은 금본위제 관리의 변화였을 것이다. 전쟁 전에 대부분 국가는 화폐가 금으로 뒷받침되고 그 가치가 고정되는 런던이 관리하는 제도를 고수했다. 그러나 일단 전쟁이 시작되자 미국을 제외한 모든 정부는 금본위제에서 벗어나 금본위제가 아닌 지폐를 발행했다. 그 결과 치솟는 인플레이션, 엄청나게 변동하는 환율 그리고 엄청난 금이 미국으로 몰리는 현상이 나타났다. 미국은 전쟁 과정에서 새롭게 지배적인 금융 강국으로 부상했고 뉴욕은 세계 금융의 중심지로 런던을 대체했다.

운송 관련 이야기도 비슷했다. 전쟁 전에 미국은 사실상 상선이 없었고 미국 수출품의 10% 미만이 미국 선박에 의해 운송되었다. 이는 한동안 미 산업계와 해군이 걱정하는 근원이었다. 1912년 미국 대통령 선거 운동에서 우드로 윌슨(Woodrow Wilson)은 "위대한 해운업 없이는 우리는 세계 무역에서 정당한 지위를 차지할 수 없다."라고 주장했다.[19] 이에 미국은 전쟁을 핑계로 미국해운위원회를 설립했다. 주요 조선 프로그램을 감독하고 자금을 조달하기 위해 1918년까지 이 위원회 이사회는 매년 300만 톤의 선박을 진수하도록 지시했다. 이에 1920년까지 미국 선박이 미국 무역의 42.7%를 운송했고 미국은 영국을 제치고 세계를 선도하는 해양 국가가 되었다.

항공기와 항공산업은 리더십을 바꾸는 또 다른 분야였다. 비록 비행기가 미국에서 발명되었지만, 개발은 정부가 후원하는 기관들의 지시에 따라 유럽에서 훨씬 더 빠르게 이루어졌다. 전쟁의 발발은 유럽, 특히 독일 항공이 미국 항공보다 훨씬 앞서 있다는 것을 극적이며 구체적으로 보여주었다. 이에 대응하여 1915년 미국 해군 세출법안은 미국 항공우주기술의 핵심 동력이 된 국가항공자문위원회를 설립했고 결국 오늘날의 NASA((National Aeronautics and Space Administration)로 발전했다. 또한 미국 육군이 항공기를 주문하여 전쟁 전 연간 수백 대에서 1918년에는 1만 4,000대로 생산을 증가시켰다.[20]

전후 1925년 켈리항공우편법(the Kelly Air Mail Act of 1925)은 우체국이 아닌 민간 계약자에게 항공 우편을 운송할 권리를 주었다. 1930년 1년 후인 1931년까지 2,600대의 비행기를 보유할 것이라고 선언한 미국은 공항 건설에 자금을 지원하고 무선 통신과 항공기 설계 및 제작에 대한 기준을 설정한 1927년의 '항공무역법안(the Air Commerce Act of 1927)'에 의해 더욱 고무되어 또 다른 항공 투자의 물결을 일으켰다. 이러한 노력과 세계대전에서 독일의 패배는 미국에 이 분야에서도 세계적 리더십을 부여했다.

그러나 아마도 리더십을 바꾸는 가장 재미있는 이야기는 영국과 마르코니 무선회사가 전쟁 전에 지배했던 무선 전신과 관련된 것이다. 베르사유평화조약 협상에서 우드로 윌슨 대통령은 영국 지도자들이 당시 세계적으로 지배적이었던 마르코니 무선 통신에 대해 '뒷문(전송선의 비밀 탭)'을 통해 도청하고 있다고 결론짓고, "우리는 가장 심각한 종류의 무역 전쟁 직전에 있으며, 영국은 독일이 수년간 그 경쟁 방법으로 보여준 것처럼 야만적 무역을 할 수 있다는 점이 유감이다."라고 했다.[21] 그는 통신 기술이 미래의 열쇠라고 믿었고, 유선 통신에 대한 영국의 독점을 깨기 위해 무선을 사용하기를 원했다.

특히, 해군 관계자들은 영국 마르코니 통신회사가 제너럴 일렉트릭(GE)사로부터 미국이 보유하고 있는 유일한 핵심 무선 기술인 알렉산더 얼터네이터(교류 발전기)의 제조 및 판매 독점권을 구매하려는 시도에 대해 우려했다. 윌슨은 해군 장관 프랭클린 델라노 루즈벨트(Franklin Delano Roosevelt)에게 판매를 중단하라고 지시했다.

해군은 영국과의 협상을 중단하도록 GE을 압박했고, 많은 특허의 소유자인 미국 마르코니사가 인수하도록 지원했으며, 그리고 GE, AT&T, 웨스팅하우스(Westinghouse), 유나이티드 프루트 컴퍼니(the United Fruit Company)를 포함한 다른 중요한 전자 기술 보유자들의 컨소시엄 구성을 지휘했다. 이렇게 형성된 새로운 통신 대기업은 미국 해군이 20%의 지분을 소유한 RCA(Radio Corporation of America)라고 불렸다.

RCA의 초대 회장이 된 GE의 변호사 오웬 영(Owen Young)은 "미국을 무선 통신 분야에서 세계의 중심으로 만들고 싶다."라고 말했다.[22]

RCA는 해저케이블 통신요금을 달러당 25센트에서 18센트로 줄였다. 미국은 1923년까지 대서양 횡단 통신의 30%와 태평양 횡단 통신의 50%를 맡았다. 미국 GDP는 1914년~1918년간 204% 증가했고, 1921년까지는 63% 증가했다.

일등 국가에서 패권국으로

미국은 세계 최대 경제대국으로 변모했지만, 여전히 역사상 최대 제국 중 하나인 영국은 외교적, 군사적으로 세계를 이끄는 강대국으로 남아 있었다. 영국 지도부는 적어도 금융과 상업 분야에서 경제적 리더십을 회복하기로 결심했고, 자유방임주의 체제가 영국의 쇠퇴에 큰 원인이 되었다는 명백한 증거에도 불구하고 전쟁 중 시행된 비상조치로 상황이 뒤집혔다며 영국 체제에 대한 믿음은 꾸준히 컸다. 그리고 경제에 대한 정부의 관리는 대부분 폐지했고, 전부는 아니지만 대부분의 관세가 철폐되었다.

워싱턴도 런던과 마찬가지로 전쟁 전의 정책으로 되돌아갔다. 그러나 이것들은 영국의 것과는 정반대였다. 미국은 1922년 포드니－맥컴버(Fordney－McCumber)* 관세법안으로 관세를 40% 가까이 인상하여 38.5%를 부과하였다. 이는 오랫동안 대공황의 주요 원인으로 지적되었던 1930년의 스무트－홀리 법 관세보다 훨씬 큰 인상폭이었다. 따라서 '포드니－맥컴버 관세법(Fordney－MaCumber Tariff Act)'이 세계 경제 침체기에 제정되어 미국의 무역 파트너에 보복 위험을 감수해야 했다는 점에서 관세가 특히 경제, 미국의 국제 무역의 발목을 잡을 것이라고 예상했을 수도 있다. 그러나 무역은 증가했고 경제는 광란의 1920년대로 접어들면서 속도를 냈다.

미국의 호황은 전쟁으로 황폐해진 유럽으로의 수출, 전기와 전화와 같은 새로운 기술의 빠른 혁신과 적용 그리고 미국이 소비자 사회로의 진화를 알린 간편한 소비자 신용(easy consumer credit)에 대한 정부의 지원에 따라 탄력을 받았다. 1920년대부터 10년 동안 미국은 유럽의 주요 국가들과 일본을 합친 것보다 더 많이 상품을 생산했다.[23]

물론 미국의 호황은 1929년 주식 시장의 붕괴와 미국이 일시적으로 새롭게 얻은 지배력의 상실로 대공황의 시작과 함께 파산으로 이어졌다. 주로 세 가지 요인 때문에 미국은 다른 주요 국가들보다 더 많은 고통을 받았다고 할 수 있다. 첫 번째는 통화 공급을 3분의 1로 줄인 연방준비제도이사회의 결정이었고, 두 번째는 세계 무역에 상당한 영향을 미친 경쟁적 통화 평가절하의 물결 때문이었다. 세 번째 요인은 1936년 경제 회복이 시작된 후 섣부른 세금 인상이었다. 미국의 GDP는 1929년과 1932년 사이에 절반으로 떨어졌고 1933년 공산품 총 생산 가치는 1929년에 비해 4분의 1에 불과했다.[24] 미국의 수출은 69% 감소했고 미국의 대외 무역 점유율은 1932년 13%에서 10%로 감소하면서 세계 전체 무역 감소보다 훨씬 더 빠르게 줄어들었다.

대공황의 재앙은 1930년대 후반 정부－산업 파트너십과 경제 관리에 대한 정부의 개입을 통해 광범위한 방법을 실험하려는 정부 의지에 따라 진행되어 이에 미국의 상당한 경제회복이 뒤따랐다. 그러나 정부 정책이 경제성장을 어떻게 촉진할 수 있는지를 보여준 것은 제2차 세계대전의 도래였다. 새 정부 대책 중 가장 중요한 것은 1932년 허버트 후버(Herbert Hoover)** 대통령이 설립한 재건금융공사(RFC: Reconstruction

* 제29대 대통령 워런 하딩(Warren Harding) 대통령 당시 제정된 고율의 보호관세 제도이다.

** 미국의 정치가로 제31대 대통령(재임 1929～1933년)이다. 광산관련 사업으로 성공하였고 하

Finance Corporation)였다. 구 전쟁금융공사를 기반으로 처음에는 압력을 받는 대형 금융기관과 보험회사와 은행이 채권을 보유한 철도회사에 최대 20억 달러(캘빈 쿨리지 Calvin Coolidge 시절 연방정부 예산 전체가 30억 달러였음을 명심하라)를 대출하는 계획이었다. 그 아이디어는 신용 시장을 떠받치기 위한 것으로, 재건금융공사(RFC)의 구조는 매우 유연했고 특정한 입법 권한을 가지고 있었으며 물론 자금도 잘 지원되었다.

프랭클린 루즈벨트(Franklin Roosevelt)가 대통령이 되었을 때 이 새로운 회사를 관장하면서 역사상 가장 강력한 정부 기관 중 하나로 바꿔놓았다. 뉴딜 정책의 자금 대부분은 재건금융공사(RFC)를 거쳤고 루즈벨트는 뉴딜 정책을 일시적인 것으로 보지 않았으며 은행 부문을 지원하는 것에도 제한을 두지 않았다.

그는 이것으로 정부 자본과 신용이 가능한 한 광범위하게 확산되기를 원했다. 첫 번째 단계는 재건금융공사(RFC) 자금을 사용하여 국내 은행의 절반 이상의 주식을 매입하여 새로운 연방예금보험회사에 가입하게 할 수 있도록 하는 것이었다. 이를 통해 재건금융공사는 연방긴급구호청, 농촌전기보급청, 재정착청, 연방주택대출은행, 원자재 신용공사, 수출입은행에 자금을 지원했다.

이것은 단지 워밍업이었다. 제2차 세계대전이 발발했을 때 재건금융공사는 정부의 전쟁 재정 부문으로서 이전 역할을 다시 시작할 준비가 되어 있었다. 1940년 6월 루스벨트는 전쟁 물자를 생산하거나 운송하는 모든 회사의 주식을 구매할 수 있도록 허가했다. 재건금융공사는 빠르게 국방 생산을 위한 8개 부서를 만들었고, 고무비축회사는 생고무의 유일한 수입자가 되었다. 고무 개발 회사는 합성 고무의 주요 공급원이 되었고, 금속비축 회사는 전략 금속을 구입하고 비축했으며, 방위 플랜트와 방위물자 회사는 전쟁 물자를 생산하기 위한 공장과 장비에 각각 90억 달러 이상을 투자했다.

국방플랜트공사를 통해 정부는 전시 생산을 위한 자동차, 항공기, 기타 회사들에 새로운 공장(플랜트) 건설과 플랜트 산업 자금의 80% 이상을 지원했다. 워싱턴은 미국의 합성 고무, 항공기, 마그네슘, 조선 시설의 90%, 알루미늄 공장의 70%, 미국 공작기계 공장의 절반, 3,800마일(6,115㎞)의 파이프라인을 소유하게 되었다. 이는 전쟁에서 승리하는 데 도움을 주었을 뿐만 아니라 경제를 안정시키는 데 380억 달러(오늘날 달러로 거의 7천억 달러)를 썼다는 것이다. 이 모든 것은 오늘날 중국에서 정부와 국유기업의 역할과 비교할 수 있다.

딩, 쿨리지 행정부에서 상무장관으로 재임했다. 1928년 공화당 후보로 출마하여 미국의 31대 대통령이 되었다. 재임 중 대공황을 타개하고자 노력하였으나 실패하고 1932년 민주당의 프랭클린 루스벨트에게 패배하여 재선에 실패했다.

전시 경제를 운영하기 위해 1940년 백악관은 생산관리실을 설립했고, 2년 후에 전쟁생산위원회와 경제전쟁위원회로 개편했다.[25] 현재의 용어로 말하자면, 우리는 이것이 현재 중국 국유(영)기업 또는 SOEs라고 부를 수 있는 많은 수의 경제 조정기구라고 생각할 수 있다. 1943~44년간 전시 생산이 GDP의 40% 이상을 차지함에 따라 미국에서 1,750만 개의 일자리가 창출됐다. 1944년 철강 생산은 세계 생산량의 3분의 2에 해당하는 8천만 톤에 달했다.

해상운송은 극단적으로 확장되었는데 1945년까지 미국은 세계 상선 톤수의 60%를 차지했다. 전쟁 전 20년 동안 총 14,000대 미만의 비행기를 생산한 미국은 1944년까지 연간 9만 6,000대를 생산했다. 게다가 원자폭탄, 컴퓨터, 제트기, 페니실린과 수많은 다른 약물과 생물학적 약제(생물농약)의 개발을 이끈 놀라운 연구개발도 진행되었다.

1945년, 미국의 산업정책, 정부 지원 인프라, 보호주의 그리고 산업 발전과 직접 전시 생산을 장려하기 위한 지속적인 경제 개입의 '캐치 업(추격 전략)'으로 미국은 전쟁을 거치면서 전례 없이 강력한 패권국으로 부상했다. 세계 GDP의 절반을 차지하고 세계 금의 70%를 소유하고 원자력을 독점하고, 사실상 모든 기술과 산업에서 세계 선두였고, 세계의 기축 통화를 소유하고 있었으며, 세계의 선도적 채권국으로 만성적인 무역 흑자구도를 가지게 되었다.[26] 따라잡기 전략 이상의 것이었다. 이전까지 어떤 국가도 차지해본 적 없는 영역에서 미국의 독무대였다. 그리고 미국은 운명적인 새로운 방향을 선택하게 되었다.

06

거짓 신(神)

자유무역은 신의 외교이며 평화의 유대 속에서 사람들을 단결시키는 다른 확실한 방법은 없다.

-리처드 코브든

1944년 7월 1일부터 7월 22일까지 연합국은 뉴햄프셔의 브레튼 우즈(Bretton Woods)에서 회의*를 소집하여 전후 세계 경제를 어떻게 이끌 것인가 논의하였다. 이 모임은 미국의 국제경제정책상 중대한 전환을 가져왔다. 거의 150년 동안 유지되던 중상주의와 보호무역주의 이후 미국은 영국식 자유무역으로 전환하고 세계의 나머지 국가들도 함께 하기로 했다.

세 가지 요인이 이러한 변화를 촉발했다. 하나는 미국이 세계 GDP의 약 절반을 차지하게 되었다는 것이다. 정점에 도달한 후 미국은 그곳에서 바라보는 관점이 상승

* 정식 이름은 'United Nations Monetary and Financial Conference'이다. 독일과 일본의 패배가 확실해진 뒤 전후 세계의 금융질서를 세우기 위해 제2차 세계대전 중 뉴햄프셔주 브레튼 우즈에서 열린 회의(1944년 1월)로서 이 회의에는 소련을 포함한 44개 국가와 정부를 비공식으로 대표하는 전문가들이 참석했다. 회의 결과 외국의 원조가 시급한 국가에게 공급되는 장기자본을 마련할 국제부흥개발은행(IBRD, International Bank for Reconstruction and Development)을 세우고, 환율안정을 위해 국제수지상의 불균형을 시정하는 데 필요한 금융지원을 할 국제통화기금(IMF, International Monetary Fund)을 만들기로 했다. 이 회의는 전후 일정 기간 외환 관리와 차별 관세가 필요하지만 이런 조치들이 빠른 기간에 없어져야 한다고 명시했다. 각국 정부의 승인을 얻은 뒤 IBRD는 1945년 말, IMF는 1946년에 설립되었다.

하던 때와는 많이 다르다는 것을 알게 되었다. 우선순위를 바꿀 필요가 있었다. 미국은 이제 사실상 모든 산업, 기술, 경제 무역(사업)에서 1위를 차지했다. 더 이상 따라잡을 필요가 없었다. 오히려 세계가 새로운 전쟁이 다가올 수 있는 것에 대비해 국제사회 차원에서의 새로운 융자, 재건, 그리고 활성화가 절실하게 필요했다.

냉전

전후 세계 경제의 규칙을 정한 브레튼 우즈 회의 당시 소련은 여전히 서방의 동맹국이었다. 그러나 1945년 소련이 동유럽 대부분을 점령한 이후, 자유세계에 대한 소련의 적대감이 증가할 것이라는 미국 대사 조지 케넌(George Kennan)의 "롱 텔레그램(장문의 전문: long telegram)"*과 윈스턴 처칠(Winston Churchill)의 1946년 3월 5일 미주리주 풀턴에서의 철의 장막 연설(Iron Curtain Speech)**로 냉전이 시작되었다. 따라서 냉전의 개막에서 세계 경제의 재건도 활성화되었다. 따라서 자유무역과 미국 시장의 수입 개방은 공산주의와 소련의 확산을 막기 위한 전략으로 여겨졌다. 필자가 20년 후에 미국 정부에서 일했을 때, 워싱턴이 미국의 국가 안보를 위해 자유무역이 얼마나 중요한 것인지 강조했던 것은 나에게 반복적으로 깊은 인상을 주었다.

저자인 나는 1966년에 새로 생겨난 자리에 외교관 자격으로 네덜란드 로테르담에 파견되어 그곳에 있는 미국 영사관 부영사로 근무했다. 내가 워싱턴을 떠나기 전에 국무부 상사들은 나의 주요 임무 중 하나가 네덜란드의 대미 수출을 촉진하는 것이라고 강조했다. 이것은 전쟁이 끝난 지 21년 후였고, 네덜란드는 다른 유럽 국가들과 함께 회복된 지 오래였다. 누군가는 내가 네덜란드에서 미국의 수출을 촉진하는 일을 해야 한다고 생각했을 수도 있지만, 실제 그렇지는 않았다. 미국은 네덜란드를 계속 자기편으로 유지할 필요가 있었기 때문이다.

1984년 내가 상무부 장관의 고문으로 재직할 당시 나는 조지 H. W. 부시 부통령의 참모로 파견되어 일본 태스크포스 팀의 일원이 되었다. 이 팀은 로널드 레이건

---

* 소련주재 미국 대사이던 조지 케넌이 1946년 2월 말 본국의 요청으로 보낸 '장문의 전문'(Long Telegram)으로 알려진 소련정세분석서이다.

** 영국 수상 처칠(W. Churchill)이 구소련을 비롯한 공산권의 폐쇄적이고 비밀주의적인 대외 정책을 풍자한 말이다. 1945년 3월 미국 미주리주 풀턴 대학에서 행한 연설에서 "공산주의의 동부 유럽과 민주주의의 서부 유럽 사이에는 철의 장막이 내려져 있다."고 말한 데서 비롯되었다.

(Ronald Reagan)* 대통령과 나카소네 야스히로(中曽根康弘) 총리가 당시 합의한 양국 간 무역협상의 후속 조치를 위해 설립됐다. 미국의 대일 무역 적자는 몇 년 동안 급격하게 증가하고 있었고, 미국 기업들이 일본 시장에 접근하는 데 겪는 어려움은 경기 침체의 한 가운데에서 미국의 실업을 악화시키고 있었다. 미국 시장이 일본보다 훨씬 더 개방적이라는 것에는 거의 의심의 여지가 없었고, 많은 미국인은 일본이 자유무역보다는 중상주의를 추구한다고 비난했다. 그 결과 두 동맹국 간의 마찰이 커지고 있었다. 태스크포스의 목표는 일본 주요 시장 개방 문제를 협상하는 것이었다. 만약 우리가 성공한다면, 부통령은 도쿄로 가는 승리의 순방을 할 것이다.

태스크포스 구성원들도 처음에 성공하지 못하면 일본인들은 부통령 방문으로 관련 보상을 받지 못할 것이라는 데 동의했다. 관련 업무가 진행되었지만 성공은 없었다. 여하튼 그 방문에 대한 결정을 위한 태스크포스 회의가 때를 맞춰 진행됐다. 나는 짧은 회의가 될 것으로 생각했다. 우리가 성공하지 못할 경우, 일본을 방문하지 않기로 합의했기에 나는 우리 모두 부시의 불필요한 여행을 중단하는 데 신속하게 합의할 것이라고 확신했다. 대신, 긴 논쟁이 이어졌다. 국가안보회의(NSC)의 아시아 담당 선임 국장인 가스톤 시거(Gaston Sigur)는 의자에 양팔을 힘껏 내리치며 "우리는 일본에 미군 기지들을 갖고 있어야 한다. 이제 그것이 최종 결론"이라고 했다. 시거는 오키나와와 일본 본토내 미군 기지에 대해 이야기하고 있었다.

도쿄나 워싱턴에서는 그 기지가 어떤 식으로든 위험에 처해 있다는 암시는 없었다. 그러나 미국의 국가 안보 체제는 정책 유연성으로 해가 될 수 있는 어떤 것에도 매우 민감하면서도, 불평등한 무역 조건에서 발생하는 어떠한 피해에는 너무 둔감해서 지정학적 목표를 달성하기 위해 항상 무역을 양보했다.(안보를 위해 경제를 희생했다) 부시는 일본으로 향했다. 우리는 모두 일본 총리 관저에서 리셉션을 가졌는데, 거기서 일본 협상가들은 그들의 승리를 음미했다. 만약 냉전이 없었다면 이런 결과와 수년에 걸친 수천 개의 유사한 상황들도 엄청나게 달라졌을 것이다. 냉전은 미국이 자유무역을 정책적으로 채택할 뿐만 아니라 일방적인 자유무역을 채택하도록 이끌었다. 그러나 무역의 신(神)에 따르면 그것은 문제가 되지 않았다. 왜냐하면 일방적인 자유무역조차도 보호주의보다 경제적으로 더 유리하다고 여겼기 때문이다.

* 미국의 제40대 대통령으로 1981년부터 1989년까지 재임하였으며, 공화당 소속이었다. 취임 초 경제회복을 위한 프로그램으로 레이거노믹스(Reaganomics) 를 주창하여 경제를 활성화시켰으며, 대외정책은 「레이건독트린」을 기초로 '군사력을 바탕으로 한 평화'를 표방했다.

무역의 신

우리가 보았듯이, 데이비드 리카도(David Ricardo)는 포르투갈이 영국보다 낮은 절대 비용으로 두 가지 모두를 생산할 수 있지만, 포르투갈과 영국 모두 각자 포도주와 원단으로 된 생산을 전문화하는 것이 더 낫다는 사실을 보여주었다. 포르투갈의 이점은 포도주에서 더 크고 영국의 단점은 원단에서 더 작았기 때문에 궁극적으로 각자가 최선을 다하는 생산에만 집중함으로써 더 잘 할 수 있다는 것이다.

이 개념을 매우 강력하고 매력적으로 만든 것은 모든 나라가 항상 비교 우위가 있는 제품을 만들기 때문에 국가들이 항상 무역으로부터 이익을 얻을 것이라는 해석이다.

각 국가가 그 품목의 생산을 전문으로 하고 다른 필요한 상품과 서비스를 수입함에 따라 모든 무역 품목의 세계 생산량이 증가하고 참여국 국민들은 더 큰 부를 누리게 될 것이다. 영국이 포도주 수입을 금지하더라도 포르투갈은 여전히 수입을 금지하는 것으로 보복하기보다는 포도주 생산을 전문으로 하고 영국에서 원단을 수입하는 것이 더 나을 것이다. 다시 말해, 리카도 모델에서는 상호 자유무역이 최선의 해결책이지만, 일방적인 자유무역도 무역이 없는 것보다 좋다고 여기는 것이다. 이러한 교리(원리)는 19세기 중반에 영국을 점령했고 나머지 세계도 개종(변화)시키려 했지만 실패한 것과 유사하다. 20세기 이러한 논쟁의 심화는 미국 경제학자들과 정책 입안자들을 열광시켰다.

1920년대에 스웨덴의 경제학자 엘리 헥셔(Eli Hecksher)와 버틸 고타 올린(Bertil Gotthar Ohlin)은 지난 60년 동안 미국과 많은 다른 국가들의 무역과 세계화 정책을 이끌었던 리카도 이론의 수정된 버전을 개발했고 여전히 대부분의 대중적인 논쟁으로 그것을 뒷받침했다.* 새로운 모델은 특정 상품의 생산을 전문으로 하는 국가들의 이

---

* 데이비드 리카도(David Ricardo, 1772~1823년)는 영국의 경제학자로 영국 고전파 이론체계를 완성한 애덤 스미스와 같이 대표되는 학자다. 그는 스파라드 유대인으로 스미스의 『국부론』을 읽고 경제학 연구에 뜻을 두어 경제학과 자연과학 연구에 전념하였다. 그는 1809년 통화 문제에 관한 '금의 가격'과 '떨어진 곡물 값이 자본 이윤에 미치는 영향', 그리고 1817년 '경제학 및 과세의 원리'를 발표함으로써 그의 방법론을 체계화하고 이론경제학자로서 지위를 굳혔다. 이어 지대론을 기초로 하여 노동 가치설, 차액 지대론 등 분배의 여러 법칙을 밝혔으며, 그 밖에도 잉여 가치론, 이윤율 저하 이론, 국제 무역 이론 체계를 완성함으로써 후세의 경제학에 큰 영향을 끼쳤다. 그는 스미스의 절대 우위론에서 한 걸음 더 나아가 비교 우위론을 발표했다.

익, 즉 비교 우위의 이익에 대한 리카도의 주장과 유사했지만, 그의 분석을 몇 가지 방법으로 다듬었다. 리카도는 노동이 생산의 유일한 요소이며 국가 내 기술 차이에 의해 결정되는 제품을 수출하고 수입하는 사람(포도주 제조 대 원단 생산)이라고 주장했지만, 그는 한 나라의 신기술 획득 능력이나 한 국가의 자본과 천연자원에 관해 설명하지는 않았다. 새로운 모델은 새로운 기술이 모든 플레이어에게 쉽게 전파될 것이라고 가정하고, 생산 요소로서 토지와 자본을 노동에 추가했다. 이는 특정 기술보다는 생산 요소가 무역 흐름의 핵심 결정요인이라는 결론을 냈다.

자본이 풍부하고 상대적으로 기술력이 높은 노동력을 가진 국가는 컴퓨터 칩과 같은 자본집약적인 첨단 기술 제품을 생산하여, 그것들을 넓은 땅과 또는 미숙련 노동력을 가진 나라의 상품(원자재)과 감자, 섬유와 같은 낮은 기술력의 노동집약적 제품과 교환하여 수출할 것으로 예상됐다.

1941년 경제학자 볼프강 스톨퍼(Wolfgang Stolper)와 폴 새뮤얼슨(Paul Samuelson)은 시간이 지남에 따라 임금과 같은 생산 비용이 무역 상대국 간에 수렴되는 경향이 있다는 개념을 추가했다.

폴 새뮤얼슨에 따르면 미국과 중국이 서로 자유무역을 하는 경우 임금이 중위권으로 쏠릴 것이라는 것이다. 중국인들은 이것을 기쁘게 생각할 수 있지만, 미국인들은 그렇지 않을 수도 있다. 그러나 자유무역주의의 이러한 측면은 아주 최근까지 거의 논의되지 않았다.

이 모델에서 리카도의 경우와 마찬가지로 비교 우위는 각 국가와 세계를 위해 최적의 결과가 산출(produce)되는 생산과 무역의 독특한 조합 또는 균형이 결정된다는 것이다. 만약 당신이 이 주장의 근거가 되는 가정을 인정한다고 해도, 그 결론은 수학적으로 반박할 수 없을 것이다. 세계 무역이 '하나님의 외교'이고, 필연적으로 세계 평화로 이어질 것이라는 완고한 믿음은 자유무역을 영미권 국가들에게 지배적인 국제경제 교리로 만들었고 그 국가들의 영향력 때문에 세계 대부분에 펼쳐졌다.

신의 정부

1947년과 1950년 사이에 브레튼 우즈 회의는 세계 경제를 관리하기 위한 3개 기관의 설립으로 이어졌다. 국제통화기금(IMF), 세계은행(World Bank), 관세 및 무역에 관한 일반 협정(GATT: The General agreement on Tariff and Trade)이 그것이다.

IMF의 역할은 세계 금융의 짜르(황제)가 되는 것이었다. IMF는 온스당(1 oz는 28.349523g) 35달러로 금에 묶여 있던 미 달러화를 기반으로 한 고정금리로 글로벌 통화체제를 구축하는 일을 했다. 달러는 무역이 이루어지고 어떤 국가들이 서로 빚을 갚는 주요 통화가 된 것이다. 다른 모든 통화는 달러 대 4 스위스 프랑, 360 일본 엔, 3.33 도이치 마르크 등의 고정 환율로 평가되었다. 이 비율은 6개월 정도에 걸쳐 변동이 허용되지만, 1% 정도만 변동할 수 있다. 시간이 지남에 따라 각 회원국의 무역이 대략 균형을 이루어 만성적인 무역 흑자나 적자가 생기지 않을 것이라 기대했다. IMF의 주요 역할은 '국제수지 어려움'을 겪기 시작할 수 있는 국가들을 위해 긴급 대출을 제공하는 것이었는데, 이는 그들이 큰 무역 적자를 겪고 있고 수출보다 수입이 초과해 지급할 충분한 달러가 없다는 것을 의미한다. 그러나 이러한 IMF 대출에는 조건이 있었다. 적자 국가는 추가적인 무역 적자를 막고 경제를 활성화하기 위한 목적으로 IMF가 부과한 계획을 따르는 것에 동의해야 했다.

예상치 못한 의미를 지니게 될 이 제도의 마지막 측면은 달러를 많이 축적한 국가가 달러를 금으로 상환할 의무가 있는 미국에 달러를 넘길 수 있다는 것이었다.

세계은행의 임무는 처음에는 제2차 세계대전 이후 유럽의 재건과 활성화를 위해 대출을 제공하는 것이었다. 일단 그곳에서 업무가 완수되면서 세계은행은 전 세계 경제개발 대출자로 범위를 넓혀나갔다.

GATT는 44개국이 관세와 수입 쿼터를 줄임으로써 세계적인 상품 자유무역을 추구하기로 한 초기 협정을 확대하고 심화시키는 동시에 행정을 안정화하는 것을 목표로 했다. 1947년과 1993년 사이 일련의 협상에서 GATT는 세계 관세를 75% 이상 줄이고 164개국을 참가시켜 성장했으며, 상품에서 서비스 무역까지 범위를 확장했다. GATT는 또한 분쟁의 독립적인 중재자가 되어 국가들 사이의 갈등을 해소하는 데 도움을 주었다. 1995년 GATT는 서비스 무역, 지적재산권, 정부 조달을 포함하는 확장된 세계무역기구(WTO)로 더 새롭고 더욱 포괄적인 기구로 대체되었다.

이 시스템에 기초하여 향후 20년간의 국제 무역은 신고전주의 경제 체제라고 불리는 헥셔, 올린, 스톨퍼, 새뮤얼슨의 자유무역 모델의 예측과 대체로 일치하는 것처럼 보였다. 점점 더 개방적인 시장에서 미국처럼 숙련된 노동력과 자본이 풍부한 국가들은 중·고급 기술 공산품을 생산하고 수출하며, 원자재와 상품을 수입하는 경향이 있었다. 필리핀이나 멕시코처럼 땅이 많고 노동력이 낮은 단계의 국가들은 원자재와 하급 기술 공산품을 수출하는 동시에 조금 더 발전된 제조품은 수입했다. 미국은 토지가 넓음에도 농산물과 선진 공산품을 동시에 수출한다는 점에서 조금 특이했다. GATT 관세 인하에도 불구하고 원자재는 세계 무역의 큰 부분을 차지했고 각국의 제조업 공장(시장)은 GATT의 관세 인하에도 상대적으로 보호받았기 때문에 세계적으로 지배적인 생산자가 거의 없었고, 세계 시장(생산자와 소비자)은 모두 상당한 가격 경쟁력을 가졌다. 헥셔(Hecksher), 올린(Ohlin), 새뮤얼슨(Samuelson), 스톨퍼(Stolper)의 견해가 적중한 것 같았고, 자유무역은 언제나 어디서나 승리하는 명제였다.

황금기

1947년과 1975년 사이는 미국 경제의 황금기로 알려진다. 미국의 GDP와 생산성은 25년 동안 연평균 약 4%씩 성장한 반면에 가계 소득은 거의 3배가 되었다.[1] 주택 소유는 꾸준히 증가했고, 자동차와 TV 소유도 증가했다. 게다가 소득 분배의 하위계층은 상위 10% 계층 사람들과 격차를 좁히는 등 소득은 공평하게 분배되었다.

제조업은 GDP의 약 25%, 고용의 20%를 차지했고, 생산성 증가의 가장 큰 부분은 미국 부 창출의 원동력이 되었다.[2] 대기업들에는 대부분 유니온숍(Union shop, 노조 가입 강제 제도)들이 있었고 노조원들은 1979년에 2,100만 명의 회원들로 정점을 이르며 총노동력의 약 35%를 차지했다.[3] 대부분 가정은 한 명이 생계를 유지했고 그들의 수입은 증가하는 중산층의 생활 방식을 쉽게 지탱했다.

이 모든 것은 미국이 지구상 어떤 나라보다 훨씬 높은 생산성(특히 산업 생산성)을 가지고 있다는 사실에 따라 가능했다. 좋은 예는 제너럴 모터스(GM)가 그 예이다. 1959년 내가 고등학교를 졸업한 해에 GM은 쉐보레 계열의 모델을 1,468,962대 생산했다. 높은 고정 투자 비용은 생산이 증가함에 따라 점점 더 많은 단위에 걸쳐 분산되므로 각 단위가 생산될 때마다 자동차 생산비용이 감소한다는 점을 이해할 필요가 있다. 따라서, 엄청난 양의 생산으로 GM은 고임금을 지급할 수 있었고 여전히 세계에서 가장 저렴한 단가의 자동차 생산업체가 될 수 있었다. 한 가지 결과로는 고등학교 동창들은 졸업하자마자 길을 따라 1마일(약 1.6km)을 걸어가 GM의 생산 현장에 합류했고, 거기서 그들은 임금을 받고 의료비와 퇴직금도 받았다. 그들은 유일한 한 명의 수입으로 요트 한 척, 해변의 오두막 그리고 네 명의 아이가 있는 가족으로 살 수 있었다.

이러한 유형의 경쟁력으로 미국은 세계 무역을 확장하기 위해 강력하게 움직일 수 있었고 그렇게 했다. GATT는 무역 협상의 초기 단계에서 미국이 갖고 있는 것보다 훨씬 더 많은 것을 주었다. 왜냐하면 그럴 여유가 있었기 때문이다. 좋은 예는 1947년 제네바 라운드(Geneva Round)에서 미국 정부가 영국에 무역 품목의 70%에 대해 36~50%의 관세 인하를 제안했다는 것이다. 그 대가로 미국은 제국(영국)에 수입특혜를 주는 '대영제국 내 특혜관세(imperial preferences)'*를 낮춰달라고 요청했다. 결국, 영국은 미국의 양보를 받아내는 동시에 그 특혜는 유지했다. 트루먼 대통령과 국무부는 지정학적 이유를 들어 "상대를 고려한 합의는 없는 것보다 낫다."라고 결정했다.[4]

미국은 1954~55년의 일본과의 협상에서 일본 수입품의 56%에 대해 큰 폭으로 관세를 낮춘 반면에 대일 미국 수출품은 1.6%에 대해서만 관세 인하를 받았다. 이러한 결과는 경제학자들과 정책 입안자들에 의해 전후복구와 미국에 대한 동맹국들의 결속력을 증진하는 데 큰 성과로 여겨졌다. 국무부 관계자는 "미국의 무역 흑자는 심각한 문제이며 우리는 정말 수입 지향적이어야 한다."라고 언급하면서 미국의 태도를 잘 표현했다. 트루먼 대통령은 "우리 산업은 세계 시장을 지배하고 있으며 우리 노동자들은 더 이상 외국인 노동자들의 경쟁을 두려워할 필요가 없다."라고 덧붙였다. 대통령 직속 상호안보자문위원회는 "미국 기업들의 기술이 선진적이어서 어느 누구도 범접할 수 없기 때문에" 자동차와 가전제품에 대한 일방적인 관세 철폐 필요성을 주장했다.[5]

폭풍

미국의 자신감 넘치는 지배력과 빠르게 상승하는 생활 수준은 1971~72년까지 브레튼 우즈 체제의 많은 부분을 휩쓸고 완전히 새로운 역동성을 만들 폭풍의 초기 전조를 간과하게 했다. 1956년 초 일본의 섬유 수출은 아이젠하워(Eisenhower) 행정부가 일본 정부를 압박하여 섬유 수출을 제한하는 '자발적 규제 협정(VRE: Voluntary Restraint Agreement)'을 체결할 정도로 미국 시장에 많이 진출했었다. 1969년까지 일본의 철강 수출에 대한 자발적 규제 협정도 있었고, 이후 유럽의 철강 수출도 포함하도록 확대되었다. 1955년에서 1970년 사이 독일 폭스바겐 비틀의 판매량은 미국 자동차 시장의 0%에서 7%로 증가했다.[6] 그러나 1972년까지 소니와 다른 일본 생산자들이 텔

* 대영 제국의 식민지들을 하나의 경제권으로 묶어 이들 내에서의 무역에 대해 특별히 낮은 세율을 부과하거나 관세를 아예 폐지하여 다른 나라에 비하여 무역상에 우대해 주는 일종의 할인 관세를 말한다.

레비전 시장에서 했던 것에 비하면 아무것도 아니었다. 일본은 흑백 TV 판매의 62%를 차지했고, 1976년에는 컬러 TV세트 판매의 45%를 차지했다.[7] 그때까지 일본은 라디오, 스테레오 그리고 녹음기 시장을 완전하게 장악했다.

1950년대와 1960년대 대부분 미국은 무역 흑자를 보였으나, 1968년과 1972년 사이에는 사라졌다. 이는 1959년 NSC의 국제무역정책 토론에서 예견된 일이었으며, 이에 대해 CIA 국장 존 맥콘(John McCone)은 "외국과의 경쟁 문제는 미래에 빠르게 증가할 것이다."라고 했다.

경쟁력 있는 제품의 해외 생산 비용은 미국보다 충격적으로 낮았는데, 대부분 저렴한 인건비 때문이었다. 로버트 앤더슨(Robert Anderson) 재무장관은 국제수지가 건전한 경제의 '진정한 척도'라고 강조했다. 미국은 그 시험에 실패하는 것처럼 보였고, 이것은 미국의 세계적인 역할과 삶의 수준이 모두 축소되어야 함을 시사했다. 노르웨이의 역사학자 게일 룬데스타드(Geir Lundestad)는 "미국은 스스로 쇠퇴를 꾸미고 있다."라고 했다.[8]

전쟁으로 황폐해진 유럽과 일본의 산업들에 의해 경쟁적 지위의 자연스러운 회복이 일어나고 있었다. 그러나 다른 더 근본적이고 중요한 요소들도 작용하고 있었다. 1960년대까지 1947년 고정되었던 달러의 환율은 일본과 주요 유럽 국가들의 상대적이고 극적인 생산성의 증가에도 불구하고 거의 20년 동안 조정되지 않았다. 달러는 이제 심각하게 과대평가 되었고 미국 생산품들은 점점 더 외국 시장에서 가격이 높아졌다.

미국은 경쟁 우위를 잃고 있었다. 1870년부터 1970년까지 100년 동안 미국은 GDP의 1~2%의 무역 흑자를 지속해왔다. 그러나 1971년에 그 수지는 마이너스가 되었다.[9] 그 후 몇 년 동안 왔다 갔다 했지만, 1974년 이후로 계속해서 마이너스였고 때로는 마이너스가 GDP의 5%에 달했다. 제임스 맥브라이드(James McBride)와 앤드류 채츠키(Andrew Chatzky)가 2019년에 말했듯이, "오늘날 6,210억 달러 적자는 국내총생산의 약 3%를 차지하는데 2006년 최고치인 7,600억 달러보다는 감소한 것이다. 당시는 GDP의 5%가 넘었다."라는 말이 당시 상황을 얘기한다.[10] 이러한 변화가 많은 영향을 미쳐 1971년말 전에는 즉각적인 정책 변화로 나타났다.

그해 8월 닉슨(Nixon) 대통령은 달러의 금 태환제를 중단시켰다. 1960년대 이후 많은 국가들이 대미 무역 흑자로 달러를 축적해왔다. 이들 국가의 통화 공급에 달러를 추가함으로써 보유 달러 일부를 금으로 교환하여 위기에 대처하려고 했다. 인플레이션이 유발됐고, 따라서 이들 국가들은 곧 진짜 금의 흐름을 녹스 요새(미국 켄터키 주에 있는 미합중국 육군 기지)에서 파리, 런던, 도쿄 등지로 흘러가게 했다. 1958년과 1968년 사이에 미국은 통화용 금의 절반을 잃었고 국방비를 포함한 모든 종류의 지출을 줄여야 할 상황에 직면했다.[11]

닉슨은 달러 금 태환을 중단했을 뿐만 아니라, 모든 관세 부과 대상 미국 수입품목에 10%의 추가 관세를 부과했다. 미국은 금 지급을 거부함으로써 브레튼 우즈 체제를 사실상 포기하고 국제 통화 시장의 요구에 따라 달러의 가치가 결정되도록 했다. 존 코널리(John Connally) 전 텍사스 주지사는 유럽 기자들에게 "달러는 우리의 돈이지만, 이제는 당신들의 문제"[12]라고 했다.

이것은 사실이 아닌 것으로 밝혀졌다. 그 이유는 유동적이고 시장이 결정하는 통화 평가 시스템에 중앙은행이 개입함으로써 상대적인 가치를 조작할 수 있기 때문이다. 일본 정부가 수출을 확대하고, 고용과 임금을 늘리려 했다면 자국 엔화를 팔고 국제 통화 시장에서 달러를 사들이는 방식으로 쉽게 할 수 있기 때문이다. 이러면 달러의 가치는 상승하고 엔화의 가치는 하락하여 일본 제품이 외국인 구매자들에게 덜 비싸게 될 것이다. 따라서 닉슨의 과감한 조치가 일시적으로 미국의 무역 지위를 향상시켰지만, 그 효과는 지속되지 않았다. 1980년까지 무역 적자(기술적으로는 경상수지 적자)는 200억 달러에 달했고 유럽과 일본의 텔레비전, 자동차, 철강, 그리고 다른 많은 것들이 미국의 거대한 시장으로 쏟아져 들어오면서 계속 쌓였다. 그 결과 미국 소비자들에게 낮은 상품가격을 유발했지만, 미국 산업의 큰 혼란으로 이어져 일자리의 소멸과 수백만 명의 미국 노동자들에게 낮은 임금을 초래했다.[13]

이것은 단순한 환율 조작의 문제가 아니었다. 자유무역 정통신앙에서 신(神)이 실패하기 시작한 것이다. 전후 특이 상황은 처음에는 자유무역의 신이 좋아 보이게 만들었지만, 사제(정치가)들은 점점 더 걱정이 깊어지고 있었다. 국제 무역의 현실에 대한 커다란 오해가 작용하고 있는 것처럼 보였다.

일본의 기적

심지어 1950년대 후반 그리고 확실히 1960년대 중반까지 사제들이 잘못된 제단에서 예배를 드리고 있었을지도 모른다는 명백한 증거가 있다. 제2차 세계대전 이후 일본은 인건비가 낮고 상대적(구미 선진국에 비해)으로 미숙련 노동력이 많고 천연자원이 적은 나라였다. 미국의 지도자들과 경제학자들은 전통적인 경제 교리에 따라 일본은 장난감과 값싼 직물과 같은 저급 기술 제품을 생산하라고 조언하고 이를 기대했었다.

1955년 국무장관 존 포스터 덜레스(John Foster Dulles)는 일본인들에게 동남아 수출에 집중하고 미국 시장은 잊어버리라고 충고했다. 왜냐하면 일본은 미국인들이 사고 싶은 제품을 만들 능력이 없었기 때문이다. 일본과의 무역에 관한 미국의 수석 협상가인 테이어 화이트(C. Thayer White)는 1954~55년에 일본이 자동차 산업을 포기하고 단순히 미국에서 자동차를 수입하라고 충고했었다.

그러나 1964년까지 일본의 조선소는 세계 선박 톤수의 절반을 건조하고 있었고 미국은 일본과의 첫 무역 적자를 기록했다. '일본의 기적'은 널리 찬사를 받았다. 예를 들어 1964년과 1984년 사이 일본의 자동차 산업은 세계 시장의 4분의 1을 차지했기 때문이다.[14]

나는 1965년 게이오 대학(慶應義塾大学)에서 일본어를 공부하기 위해 도쿄에 갔다가 일본에 기적이 일어나는 것을 보게 되었다. 나중에 레이건 행정부 시절 말콤 볼드리지(Malcolm Baldrige) 상무장관과 미·일 무역 마찰이 최고조에 달했던 시기 일본과의 미국 측 수석 협상가 중 한 명의 고문역도 맡았다. 이 역할로 나는 일본의 전후 '따라잡기' 산업정책 전략의 핵심 설계자 중 한 명인 아마야 나오히로(Amaya Naohiro, 天谷直弘) 전 통상산업성(MITI) 차관과 친구가 되었다. 그는 나에게 경제발전에 대한 일본의 관점과 영국과 미국의 정통 무역 이론을 설명한 적이 있다. 그는 "일본은 해냈다."며 "미국 경제학자들이 말한 것과 정반대였다."고 했다. 우리는 모든 정상적인 관념을 뛰어넘었다. 미국의 경제관은 기업이 현재 생산을 증가시키거나 현재의 비용을 낮추는 데 도움이 될 수 있다. 하지만 연구와 개발은 미래를 위해 필요하고, 그것은 도박이다. 사업가들도 위험을 회피한다. 그리고 새로운 발전에 대한 도박에 주저하고 있다. 따라서 보이지 않는 마법의 손이 기업을 새로운 발전으로 이끌 수 없다면 정부의 가시적인 손이 그렇게 해야 한다."라고 했다.[15]

통상산업성(MITI) 동료 중 한 명인 오타베는 "만약 국제 무역 이론이 궁극적인 결론까지 이끌 수 있다면 미국은 자동차 생산에, 일본은 참치 생산에 특화될 것이다."라고 덧붙였다. 그러나 일본에 부를 창출하고 좋은 보수를 주는 일자리를 만들지는 못할 것이다. 따라서 일본 정부는 특정 산업의 창출이 "일본 경제의 다양화와 발전을 촉진시키기 위해 필요하다."라고 믿었다.

하지만, 일본은 GATT의 회원국이 아니었나? 가입 조건으로 보호관세 인하에 동의하지 않았었나? 일본은 미국처럼 자유무역을 믿지 않았나? 대답은 예~ 예~ '아니다'이다. 일본은 1955년에 GATT의 회원국이 되었고(미국의 주장으로 대부분의 유럽 국가들의 반대를 무릅쓰고) 1980년대 초까지 관세를 줄이고 심지어 대부분 제로로 만들었지만, 자유무역을 수용하지 않았다. 19세기와 20세기 전반의 미국과 마찬가지로 일본은 중상주의로 따라잡기 전략을 채택했다. 일본이 따라잡고 있는 나라는 미국이었다. 일본은 달러 저평가를 유지하기 위해 엔화를 팔아서 관세 인하를 상쇄했다.(무역 경제력을 유지했다)

게다가 관세는 무역에 대한 유일한 장벽이 아니었다. 관세가 심지어 가장 중요한 장벽도 아니었다. 세관 직원들이 검사를 지연시킬 수 있고, 안전 규정은 특정 수입 제품을 제외하도록 설계될 수도 있다. 자동차와 같은 제품의 판매는 딜러를 필요로 한다. 미국에서는 법으로 딜러들이 독립적이라 자동차 회사들에 의해 통제될 수 없다. 그러나 일본에서 도요타 대리점은 도요타가 소유하고 도요타만 판매한다. 만약 당신이 일본 시장의 새로운 자동차 회사로 당신의 전국적인 딜러망을 구축해야 한다면 비용이 엄청날 수 있다. 예를 들어, 한국 자동차 회사인 현대는 국제적으로 꽤 경쟁력이 있지만, 일본 시장에서 철수했다. GATT의 회원국이자 주요 국제 무역국가임에도 불구하고 일본은 매우 오랫동안 주요 제품에 대해 실질적으로 보호된 시장을 유지했다.

일본뿐만이 아니었다. 일본의 기적은 모방을 장려했다. 싱가포르의 국부 리콴유(Lee Kuan Yew, 李光耀)는 관리들에게 급속한 경제발전을 달성하는 방법에 대한 교훈을 얻기 위해 전적으로 미국이나 영국에 집중하기보다는 일본을 공부하라고 지시했다. 한국은 바다 건너를 바라보면서 일본이 할 수 있는 일이라면 무엇이든 한국이 더 잘 할 수 있다고 다짐했다. 이 나라는 숙련된 노동력이 없고 천연자원도 없고 상대적으로 적은 인구로 조선, 철강, 자동차, 반도체 산업에서 강력한 위치를 확보했다. 정통 이론에 의하면 모든 분야가 선진국들에 의해 지배되어야 한다는데 말이다.

일본에 진정한 신뢰를 촉구

1980년대 내내 미국과 일본은 치열한 경제전쟁에 갇혀 있었다. 끝이 없어 보이는 협상은 섬유, 자동차, 반도체, 전투기에 이르기까지 다양한 산업 분야에서 수많은 합의를 이끌어 냈다.

아마도 이것이 어떻게 이루어졌는지에 대한 가장 좋은 예는 반도체를 둘러싼 싸움일 것이다. 그 기간 몇몇 일본 전자 회사들은 인텔, 내셔널 반도체 그리고 AMD 같은 미국 반도체 생산업체들을 따라잡기 위해 노력했다. 이 전쟁은 처음에는 D-RAMS(Dynamic random access memory chip)을 놓고 경쟁하다가 나중에는 마이크로프로세서로 확장되었다. 1981년에 주요 제품은 16K D램이라고 불렸고, 미국 기업이 세계 시장의 약 3분의 2를 차지했다. 그러나 미국 회사는 도시바, NEC, 후지쯔와 같은 일본 경쟁사들이 미국 제품을 베끼는 것만 아니라 미국 시장에서 덤핑, 즉 일본에서 원가 이하 또는 가격 이하로 판매하는 것에 대해 불평했다. 또한 미국 기업들은 일본 정부가 '바이 재팬(국산품 소비 장려)' 정책을 실시하며 일본산 반도체를 사용하는 대상에게 보상을 해주고 있다고 불평했다.

또한, 일본 제조업체들은 뻔한 구매 패턴 관행으로 미국 칩을 리버스 엔지니어링(reverse engineering),* 즉 역설계하고 있었다. 미국의 한 제조업체에 의해 새로운 칩이 일본 시장에 등장했을 때 초기 상당한 판매고를 올릴 수 있다. 그러나 머지 않아 일본 제조업체들의 판매는 치솟고 미국 제조업체들의 판매는 줄어들 것이다. 물론 일본인들은 그들이 미국산 칩을 모방한 것이 아니며 미국 생산자들의 판매 감소는 품질 저하 및 납기 지연 또는 다른 결함 때문이라고 주장했다. 그러나 미국의 제조사들은 때때로 칩 설계에 실수가 있었고 일본의 칩들도 같은 실수를 포함하고 있다는 점에 주목하면 일본 기업들이 실제로 미국의 칩을 모방했다는 사실을 확인할 수 있다.

어쨌든, 이는 미국인들이 충고한 것과 반대되는 일을 하는 또 다른 예였다. 일본 정부와 산업계는 반도체가 미래 기술과 소비자와 국가 안보를 위해 첨단 제품의 중요한 요소가 될 것이란 사실을 알고 있었다. 그러나 그들의 경험은 자연법칙의 일종으로 시장 주도의 비교 우위에 대한 미국인의 믿음이 반드시 유효하지는 않다는 것을 확신시켰다. 그들은 정부의 지원과 보호 그리고 산업상 노력과 경쟁을 결합하여 선택된 전략이 산업에서 비교 우위를 창출할 수 있음을 보여주었다.

물론 이것은 GATT의 이론적 기반과 상충되는 것이고, 심지어 자유시장 경쟁에 대한 정통적인 미국의 견해와는 더욱 상충된 것이다. 따라서 일본은 '불공정하게' 거래하고 경쟁한다는 비난을 받았고, 워싱턴은 일본이 GATT에 가입했을 때 약속했던 것처럼 '부정행위'를 중단하고 시장을 개방할 것을 반복적으로 요구했다.

우리의 회담 중 하나는 '시장 지향 분야 특정하기(market-oriented sector specific)' 또는 'MOSS(more of the same shit, 즉 똑같은 바보짓을 더 많이 하는 협상)'라는 협상이었다.** 미국이 경쟁력이 있다는 것을 알고 있는 분야를 파악하고, 그 시장에서 미국산

---

* 역설계, 분해 공학. 다른 회사의 상품을 분해하여 그 생산 방식을 알아낸 뒤 복제하는 것을 의미한다.

** WTO 출범 이전 GATT 체제하에서 미국 행정부는 반덤핑 제소, 상계관세 부과 등 수입규제 조치를 시작으로 '회색' 수입제한조치라고 불리는 수출자율규제(VER), 시장질서유지협정, 다자간섬유협정(MFA) 등은 물론, 통상법(Trade Act)에 의거한 무역보복조치도 불사하였고, 그

수입품에 대한 모든 장벽을 제거하기 위해 일본과 최고위급 협상을 하자는 구상이었다. 그러면 미국 기업들이 진출하여 강력한 시장 점유율을 확보하고 다른 미국 기업의 제품진출 선구자 역할을 할 것이라고 본 것이다. 이것은 백악관 루즈벨트 룸에서 우리 협상가들의 소규모 그룹에게 제시되었다. 나는 그것을 듣는 순간 말도 안 되는 소리라는 것을 알았다. 문제는 미국 제품에 있지 않았고, 비록 우리가 계속해서 일본인들이 불공평하다고 비난하지만, 일본인들은 정말로 불공평하게 행동하고 있지 않았다는 점이다. 이 문제는 일본이 미국인들이 충고했던 것과 반대되는 행동을 한 것에 대한 아마야(Amaya)의 언급으로 귀결된다. 우리(미국)의 전제는 미국과 일본이 같은 게임을 하고 있다는 것이었다. 결국, 우리는 일본이 우리와 같은 민주주의 국가이고 일본은 우리와 마찬가지로 자본주의 시장경제이기 때문에 일본도 우리처럼 개방적이고 자유로운 시장경제 무역을 받아들여야 한다고 우리 스스로에게 말한 것과 같다.

하지만 가정이 틀렸다. 일본은 민주주의 국가였을지 모르지만, 오직 한 정당만이 전후 대부분 기간 동안 일본을 통치했다. 일본 관료주의는 엄청나게 강력했다. 일본의 CEO들은 주요 차관들이 시키는 대로 했다. 이런 것은 '행정 지도'라고 알려져 있다. 그런 '지도'를 받은 최고경영자(CEO)가 일본 정부를 상대로 소송을 하거나 혹은 변호사나 로비스트를 부르지는 않는다. 기업 CEO는 경의를 표하고 지시받은 대로 했다. 나는 소니(SONY)의 창업자 모리타 아키오(Akio Morita)가 어떤 무역 현안과 관련하여 나에게 일러준 말을 결코 잊지 못한다. "일본 통산성(MITI)은 일본 기업들에게 강력한 지침을 제공해야 한다."는 말이다. 그리고 가장 중요한 것은 일본은 단지 유사(類似)시장경제(Quasi-market economy)였다는 것이다. 즉, 일본은 영국과 미국인들 같은 자유방임주의 정신을 수용하지 않는다는 것이다. '개방(open)'이라는 단어는 미국 영어와 일본어에서 매우 다른 의미를 갖고 있다. 그들은 문을 열거나 눈을 뜨는 것을 의미할 수도 있다. 미국인들은 개방적인 공간, 개방적인 성격, 개방적인 합의에 공개적으로 도달하는 것을 선호하는 반면에 일본에서는 그러한 용어들을 상당히 다르게 이해한다. 일본 사람들은 개방적인 관계에 대해 말하는 것이 아닌 폐쇄되어 밀접하게 짜인 관계, 즉 오랜 공급자들에 대한 충성심에 대해 말하는 것으로, 비록 그들이 제시한 현재 가

상대국은 주로 일본이었다. 미국 행정부가 일본과 공식적으로 협상기구를 조직하여 대일(對日) 통상압력에 나선 것은 1985년부터 가동에 들어간 MOSS(Market-Oriented Sector Selective: 시장지향형 분야별 협상)였다. MOSS는 과거 일본산 섬유, 철강, 컬러 TV, 자동차 등 제조업 제품에 대한 수출자율규제의 한계를 인식하고, 전기통신, 전자, 의약품과 의료기기, 목재제품, 운송기기 분야로 대상 분야를 재정비하여 관세철폐와 상업 관행을 포함한 비관세장벽 철폐에 협상력을 집중한 것이다.

격이 신규공급자가 제시한 가격보다 다소 높더라도, 혹은 오늘 최고의 거래는 아니더라도 장기간 관계를 고려한 그런 관계를 유지한다는 것이다. 사실은 일본인들이 단순히 우리(미국)와 같은 게임을 하고 있지는 않았다.

두 팀 모두 축구를 하고 있었지만, 일본은 헬멧과 패드를 착용한 채 미식축구를 하고 있었고 미국은 보호장비가 없는 유럽 축구(서구에서 말하는 축구)를 하고 있었다. 우리가 그 점을 인식하고 그에 따라 대응할 때까지 그들은 결코 상황 변화나 협상을 바꾸려 하지 않을 것이다.

흥미롭게도, 대통령경제자문위원회는 미국 협상가들을 전혀 지지하지 않았다. 이 때문에 우리는 일본이 자국 산업을 보호하고 보조금을 지급함으로써 스스로를 해치고 있을 뿐이라는 순수한 자유무역에 입각한 입장을 취했다. 자문위원회의 태도는 이전 의장인 허브 스타인(Herb Stein)에 의해 잘 포착되었는데, 그는 나에게 "일본인들은 우리에게 자동차를 팔 것이고, 우리는 그들에게 시(poetry)를 팔 것이다."라고 말했다. 이후 위원회 위원이자 스탠퍼드대 경제학자인 마이클 보스킨(Michael Boskin)은 "감자 칩과 컴퓨터 칩이 뭐가 다르냐?"고 말한 것으로 알려졌다. 보스킨은 이 말을 부정했고 나는 그의 말을 받아들였지만, 그 코멘트는 20세기 말 경제학자들이 어떻게 사고했는지를 여실히 잘 보여준다. 아직도 많은 사람이 그렇게 생각한다.

그리고 당시 승자는

1980년대 미·일 무역전쟁에서 미국은 일본산 자동차의 수입을 수적으로 제한하고 가격이 지정된 수준 이하로 떨어지면 일본산 철강 수입에 관세를 부과하는 이른바 트리거 프라이스 메커니즘(Trigger Price Mechanism)*을 제정하고, 1985~87년 사이에 근본적으로 일본이 엔화를 50% 이상 평가절상하도록 강요하는 것으로 결론을 내렸다. 일본 반도체 제조업체들이 미국에서 제품을 덤핑하지 않을 것이라는 서약을 받으면서 미국 생산업체에게 일본 반도체 시장의 25%를 보장하는 반도체 협정도 체결했다.**

---

* 미국에서 철강수입억제책의 일환으로서, 1978년 1월 이후 실시된 제도이다. 일본 메이커의 코스트를 기초로 산정한 적정수입가격(트리거 프라이스)을 설정해서 이를 밑도는 수입에 대해서는 즉시 덤핑조사를 개시할 수 있는 체제이었으나 1982년 1월 이후 이 제도는 중단되었다.

** 미일 반도체 협정은 1986년, 1991년, 1996년 세 차례에 걸쳐서 체결한 통상협정이다. 이는 미일 간의 반도체 무역 불균형을 해소하기 위하여 체결되었다. 일본은 1970년대 석유파동과 그로 인한 1980년대 정부 주도 조선산업 구조 조정 등을 겪으며 장기적인 관점에서 지속가능한 경제개발과 산업에 대해 고민하다 향후 일본 경제를 이끌어 줄 첨단산업의 필요성을

다른 많은 조치도 있었지만, 우리 미국 협상가들이 어떻게 일본이 미국 방식대로 축구를 하도록 설득하려 했는지 여러분과 공유하려 한다.

오늘 질문을 받는다면 대부분 경제학자, 전문가, 국회의원, 재계 지도자들은 미국이 일본과의 무역전쟁에서 승리했다고 말할 것이다. 이는 플라자 협정(Plaza agreement)*을

발견하여 메모리 반도체(특히 그중에서도 DRAM) 개발 및 생산을 그 핵심으로 판단해 통상산업성(현 경제산업성)의 보호 아래 성장시켰다. 정부 주도 아래 일본 반도체 산업은 제조업체, 제조장치업체, 소재(웨이퍼)업체로 이어지는 수직 산업구조를 형성할 수가 있었다. 정부 정책뿐만 아니라 일본 산업계의 폐쇄적인 계열 문화까지 더해져서 미국산 제조장치나 소재들이 일본 제조업체의 공정라인에서 점차 자취를 감추게 되어 규모의 경제와 산업 파생효과 두 마리 토끼를 다 잡을 수 있었다. 이런 환경에서 당시 반도체 시장에서 경쟁하던 미국을 압도하는 투자와 연구가 가능했던 것은 당연하다. 그 결과 미국 인텔 등과 비교해 수율(웨이퍼 한 장에서 뽑아내는 칩 비율)도 높을 뿐 아니라 무려 10%나 저렴한 가격에 납품이 가능했다. 여기에 당시 저평가 돼 있던 일본 환율, 값싼 노동력도 유리한 수출환경 조성에 힘을 보탰다. 이렇게 일본 반도체 산업은 1980년대 초중반 세계시장을 거침없이 잠식해 나갔다. 미국은 1984년까지만 해도 모토로라, 인텔, 마이크론 등을 앞세워 전 세계 반도체 산업을 주도하고 있었고, 레이건 행정부의 경제 성적도 좋았다. 그러나 1985년을 변곡점으로 상황이 반전됐다. 그 전까지 세계 반도체 시장을 각각 44% 점유율로 양분하던 미국과 일본 사이에 균형이 깨진 것이다. 일본산 반도체 수출이 미국 반도체 산업에 치명타를 입혔고, 심지어 미국산 전자기기의 일본산 메모리 사용도 급증했다. 같은 시기 빠른 기간에 우후죽순 늘어난 일본 업체들의 영향으로 세계적으로 반도체 공급이 수요를 초과하는 이상 현상도 발생하면서 메모리 가격이 폭락했다. 이를 견디지 못한 인텔 등 미국의 반도체 업체 대부분이 메모리 시장에서 철수했다. 반면 일본 기업들은 공격적인 덤핑공세로 더욱 유리한 고지를 점했다. 게다가 미국 주력 반도체 기업의 제품 품질이 일본 하위권 기업 제품보다도 떨어지기 시작하자 미국의 고민은 깊어 졌다. 1980년대 결국, 미국은 일본에 대한 통상압박을 준비했다. 1985년 6월 14일 미국 반도체산업협회(SIA)의 무역대표부(USTR) '청원 3'은 그 시작이었다. 미국 반도체 업계는 일본 시장 진입 장벽, 외국산 반도체 차별, 일본 정부의 보조금 지원, 정부 주도의 반도체 투자 및 생산설비 확대 등을 문제 삼았다. 이로부터 정확히 열흘 뒤 다시 미국 마이크론이 일본 반도체 기업 히타치 제작소, 미쓰비시전기, 도시바, NEC 등 7곳을 덤핑 혐의로 USTR에 제소했다. 이어 9월까지 인텔, AMD, 내셔널세미컨덕터 등 미국 반도체 업체들의 일본 업체들을 대상으로 한 덤핑 관련 제소가 이어졌다. 미국의 대일본 통상압박의 정점은 상무부가 찍었다. 바로 직권조사를 통해서다. 직권조사란 기업들의 제소 없이도 상무부 직권으로 특정국 수출품의 덤핑 여부 등을 조사하고 이에 대해 높은 관세를 부과할 수 있는 매우 강력한 무역제재 수단으로써 그 대상이 되는 국가에 그야말로 공포 그 자체다. 일본은 도저히 손쓸 도리가 없었다. 일본 정부의 로비 등 그 어떤 외교도 양국 간 무역역조 심화와 통상갈등이 최고조로 한껏 예민해진 미국을 상대로는 통하지 않았다. 결국, 일본은 미국과의 협상테이블에 앉아 양자협정문에 서명했다. 이에 따라 일본은 당시 10% 수준이던 일본 내 외국산 반도체 점유율을 1992년까지 20%로 높이고 반도체 덤핑수출을 중단하기로 합의했다. 또 미국의 대일본 반도체 직접투자 금지도 철폐해야 했다. 그리고, 협정 체결 이후에도 미국은 일본의 미준수 내용을 거론하여 보복관세 부과, 일본 반도체 산업 감시 등 압박을 이어갔다.

* 미국 일본 간 일련의 무역 협정이 체결되었지만, 미국의 무역 수지 적자는 여전히 개선되지

계기로 일본 은행이 금리를 인하하고 엔화 가치 절상의 타격에 대비해 일본 산업에 완충 작용을 유발시킬 극단적 유동성을 만들어냈기 때문이다. 일본은 그것을 과도하게 했을 수도 있다. 1989년까지 일본의 주요 기업들은 마이너스 금리로 차입하고 있었는데, 이는 시장이 기업들에게 대부시 돈을 지불하고 있음을 의미한다. 거대한 주식과 부동산 거품이 1991년에 붕괴로 나타났고, 그 결과 일본은 나머지 10년 동안 매우 낮은 경제성장을 이루었다.(일본의 잃어버린 30년의 시작이 되었다)

그러나 미국의 승리를 선언하는 사람들은 종종 미국 측의 상처를 알지 못한다. 미국은 공작기계 산업, 단조 산업, 회로 기판 산업, 반도체 장비 산업, 철강 산업, 가전산업 전체, 섬유 산업, 자동차 산업 대부분을 잃었다. 도요타와 혼다와 같은 일본 기업들이 미국에 자동차 공장을 둔 것은 사실이지만, 미국 생산라인 부품 상당수는 일본에서 온다. 계속 사례를 보면, 당신은 더 자세히 이해할 수 있을 것이다. 미국이 위에서 언급한 협상을 할 수 있었던 것은 미국이 일본 국가 안보를 보장하고 일본의 수출에 가장 큰 시장을 제공하는 미국이 협상에서 엄청난 압력을 주었다는 현실 때문이다. 그러나 이러한 거래에도 불구하고 미국은 일본을 영미계 국가들의 자유무역의 신념으로 전환하지 못했고, 경상수지 적자가 바닥을 쳤다가 다시 천천히 올라감에 따라 무역전쟁에서 승리하지도 못했다.

거짓된 신, 거짓된 가정

워싱턴이 일본을 자유무역 신앙으로 전환하지 못한 주된 이유는 신고전주의적인 영미주의가 허점투성이였기 때문이었다. 이것은 적어도 1950년대 이후 일본인들에게는 분명한 사실이었다. 1970년대 후반과 1980년대 초반 그것은 영미경제권에서도 더 명확해졌어야 했다. 폴 크루그먼(Paul Krugman), 제임스 브랜더(James Brander), 바바라 스펜서(Barara Spencer), 조세프 스티글리츠(Joseph Stiglitz)와 같은 젊은 경제학자들은 신의 신성(영역)에 기초한 추정(assumption)에 의문을 제기하기 시작했다. 나중에 그 업적으로 노벨상을 받은 크루그먼은 세계 무역의 많은 부분이 이론 밖에서 작동하는 것

않았다. 미국은 그 이유를 미국 달러 환율의 고평가 때문이라고 생각하였다. 1985년, 미국, 일본, 서독, 프랑스, 영국의 서방 5개국 재무장관은(G5) 뉴욕 플라자 호텔에서 회의를 열어 외환 시장에 5개 정부의 공동 개입을 통해 주요 통화에 대한 환율을 조정하였다. 일본의 엔화와 서독 마르크화의 고평가를 유도하여 미국의 막대한 무역 적자를 해결하려는 것이었다. 이 조약은 플라자 호텔에서 서명되었기 때문에 플라자 합의라고도 한다.

처럼 보인다고 강조했는데, 이것은 그가 이론이 불확실한 추정(shaky assumption)에 의존하고 있다는 사실에 기인해 생긴 차이라고 봤기 때문이다.

이러한 판단의 가정에는 완벽한 경쟁(밀 시장은 단일 생산자 또는 구매자가 최종 생산과 최종 가격에 영향을 미칠 수 없는 것과 같음), 영원한 완전 고용, 공장 개방 또는 폐쇄 비용 없음, 신규 근로자 교육 비용 안 듦, 국경을 초월한 투자 흐름에 제한 없음, 전환 비용이 없는 등의 내용이 포함되 있을 수 있다. 리카도(Ricardo) 자신의 원래 분석에서 한 제품(포도주)에서 다른 제품(원단)으로의 생산이 고정 환율에서 비규모의 경제(규모의 경제는 단일 공장에서 제품을 더 많이 만들수록 각 품목의 비용이 절감됨)로 한 국가만의 기술 혁신 없는 상태에서 생산성 향상도 없고, 한 산업에서 다른 산업으로의 노하우 유출도 없고, 항상 최대 용량으로 공장을 가동하며, 사업에 들어가거나 나가는데 드는 비용과 운송 비용 없이, 근로자들이 즉시 전환될 수 있는 능력(예를 들어, 강철을 만드는 것에서 반도체 칩을 설계하는 것으로 이전하는 비용)도 없고 그리고 마지막으로 생산의 해외 공장이전 비용이 없는 환경에서 영국 섬유 제조업체가 공장을 포르투갈로 이전한다면 그의 추론은 성립되지 않는다는 것이다.[16]

크루그먼이 지적했듯이, 단지 전통적인 지혜의 제한적 가정(추정)을 나열하는 것은 부족함을 보여주는 것이었다. 세계 경제는 더 이상 고정 환율 아래서 작동하지 않으며 산업 전환과 인적 이동에 상당한 비용이 수반되며, 더 분명한 문제 중 몇 가지를 예로 들자면 엄청난 국경 간 자본 흐름이 있다는 것이다. 이론을 개선하기 위한 노력으로 크루그먼은 전통적인 무역 모델을 변경하여 규모의 경제를 가정하기보다는 이를 방정식의 주요 요소로 통합했다. 그는 규모의 경제가 주요 동인이 될 수 있고, 심지어 무역 흐름의 전환기가 될 수도 있다고 주장했다. 규모의 경제를 통해 한 나라의 비교우위가 바뀔 수 있고, 이전에 수입했던 상품의 수출국이 될 수도 있다는 것이다. 또한 그것은 생산뿐만 아니라 그 산업에서 기술적 진보를 지배하게 될만한 저비용 단계에 도달할 수 있으며, 사실상 전 세계적으로 경쟁자가 없는 시장에서 기술적 위치를 얻을 수 있다고 봤다. 보잉과 에어버스를 생각해 보면 이해될 것이다.

크루그먼의 사고는 신무역론(New Trade Theory), 즉 신국제경제학(New International Economics)*으로 알려지게 되었다. 그는 경제적 확립에 있어 인기 학자일 뿐만 아니

* 폴 로빈 크루그먼(Paul Robin Krugman, 1953년 2월 28일~)은 미국의 경제학자, 컬럼니스트, 작가이다. 2008년 신무역이론과 경제지리학에 대한 기여를 인정받아 노벨 경제학상을 수상했다. 크루그먼은 국제 무역과 경제활동의 지리적 분포를 규모의 경제와 소비자가 다양한 상품과 서비스를 선호한다는 것을 통해서 설명했다. 크루그먼은 뉴 케인즈학파 경제학자이며, 그의

라 명망이 있는 연구자로 자기 생각에 많은 가정(추정)이 현실과 명백한 차이가 있음에도 불구하고 최선의 정책이라고 주장한 자유무역은 훼손되지 않았다고 주장했다. 그의 주장은 자유무역이 더 많은 수요를 창출하여 더 큰 규모의 경제를 창출하고, 생산 단위 비용을 낮춘다는 것이다. 또한, 그것은 소비자의 선택권을 증가시킨다고도 했다. 우리는 포드, 크라이슬러, 쉐보레뿐만 아니라 현대, 볼보, 도요타도 살 수 있다는 것이다. 그리고 그에 따라 경쟁은 심화된다는 것이다. 그런데도 그와 그의 많은 동료들은 규모의 경제를 분석 모델에 통합하여 이론을 변화시키는 것을 알아냈다. 그것은 더 이상 수학적 확실성에 관한 것이 아니라 조건에 관한 것이었다. 무역 패턴을 설명하고 예측하는 오래된 전통주의 학문 주류가 이러한 것이 가능한 것이라고 생각한다면 무역에 대한 제약은 점점 더 증가할 것이다.

크루그먼과 그의 동료들은 정통 이론과 달리, 무역에 대한 정부의 개입이 때때로 국익에 부합할 수 있다는 것을 주목할 수밖에 없다고 했다. 예를 들어, 아마야(Amaya)가 말했듯이 핵심 영역에서 도전할 수 없는 규모의 경제를 달성할 수 있도록 산업을 보조하거나 보호하는 것이 합리적일 수 있다는 것이다. 컴퓨팅, 항공 우주 및 태양 전지판 제조를 생각해 보자. 또는 미국에 본사를 둔 보잉과 유럽 에어버스의 경우를 생각해 보자. 유럽은 보잉을 추월하기 위한 시도에서 에어버스에 상당한 보조금을 지급했는데, 대부분 분석가는 이러한 보조금이 유럽 항공우주산업뿐만 아니라 유럽 경제에도 이익이 되었다는 데 동의한다.

이 모든 것을 고려하여, 크루그먼은 "자유무역이 구식은 아니지만, 돌이킬 수 없이 순수성을 잃었다."라고 결론지었다. 아직도 좋은 정책으로 자유무역을 내세우는 사례가 있지만, 경제이론이 말해주는 정책이 항상 옳다고 주장할 수는 없다.[17] 크루그먼이 노벨상을 받았을 때, 아마야가 속았다는 느낌을 받았는지 궁금했다. 그러나 그는 겸손하고 관대한 남자였고 아마도 지금 다카마가하라(高天が原, 일본 신화에서 하늘 위에 있으며 신들이 산다는 나라)에서 웃고 있을 것이다.

케임브리지 대학의 경제학자 장하준(Ha-Joon Chang) 교수는 이 논의에 아마도 가장 중요한 지점까지 한 걸음 더 나아갔다. 그의 책 『나쁜 사마리아인들(Bad Samaritans)』

관점은 그의 저서 『하찮은 번영(Peddling Prosperity)』에 요약되는데, 그 내용은 기업과 국가가 규모의 경제로 생산하고 거래하는 것에 관한 모델을 제시한다. 크루그먼은 정치적으로 사회자유주의 또는 진보주의자로 평가되며, 조지 W 부시 정권의 외교와 미국 내 정책에 열렬한 비평가였다. 그는 많은 다른 경제학 평론가들과는 달리 동료에게 학계의 중요한 공헌자로 평가된다. 크루그먼은 학계와 일반인을 위해 200여 편이 넘는 논문과 20여권의 저서를 썼다.

에서 그는 한 국가가 국가 안보 또는 더 큰 생산성과 경제적 복지를 위하여 더 발전된 기술을 원하거나 필요로 하기에 주어진 산업에 보조금을 지급하기로 결정할 수 있다고 주장한다.[18] 다시 말해 장 교수는 한 국가가 시를 쓰든 반도체를 생산하든 그것은 차이가 없다는 허버트 스타인(Herbert Stein)의 의견에 전적으로 동의하지는 않는다. 시는 읽는 것이 고무적일 수도 있지만 많은 빵을 식탁에 올리거나 공격을 방어할 수는 없는 것이다. 장 교수는 사실 경제발전은 주로 선진 기술을 습득하는 것이라고 주장한다. 가장 큰 생산성 향상이 이루어지는 것은 선진 제조업이기 때문에 국가들은 제조업과 새로운 기술을 필요로 한다는 것이다. 그리고 규제가 없는 자유로운 시장 역학(역동성)은 기술의 초기 개발자들에게 유리하므로 나중에 동일한 능력(제품)을 개발하기를 원하는 국가들은 단기적인 손실을 수반하더라도 때때로 시장을 무시하고 정부지원을 필요로 한다는 것이다. 장 교수는 이는 학교에 가는 것과 같다고 말한다. 이는 누군가 미래의 생산성과 부를 위해 현재의 비용 효율성과 수입을 포기한다는 것이다. 장하준은 『렉서스와 올리브 나무』에서 톰 프리드먼(Tom Friedman)의 황금 구속복(straitjacket)을 가리키며 말한다. 즉, 일본이 1960년대에 그 구속복(다른 나라의 중상주의 무역 정책에도 불구하고 국가 경제 주권을 어느 정도 포기하며 높은 수준의 저축을 유지하며 국가 예산의 균형을 유지한 상태서 개방된 국제 시장을 유지하기 위한 합의)을 입었다면 오늘날 렉서스는 없었을 것이라고~.

끝까지 살아남은 종교

지난 20년간 실질적이고 이론적인 증거에도 불구하고, 그리고 제조업의 해외이전 현상이 증가하고 있음에도 불구하고 리카도와 헥셔(Ricardo and Hecksher), 올린(Ohlin), 스톨퍼(Stolper), 새뮤얼슨(Samuelson)은 이런 일이 결코 일어나지 않을 것이라고 말했다. 미국 경제학 교수들, 경제자문위원회 위원들, 경제 전문가들, 미국 무역대표부 같은 관리들, 재무부 장관, 경제학 교과서 집필자들은 오래된 종교를 포기하는 것이 불가능하다는 것을 알게 되었다. 크루그먼은 자신의 작업이 이론적일 뿐이며, 정치적 로비가 전략적 무역 정책의 합리적 방향을 따르는 것을 방해하려 하기에, 현실 세계에서는 여전히 정통적인 자유무역정책이 최선이라고 주장했다. 그러나 그것은 아마도 크루그먼이 정치나 무역 협상 전문가가 아니었기 때문일 것이다.

1991년 소련의 붕괴에 이은 거대한 행복의 물결은 민주주의와 자유무역이 냉전에서 승리했다는 생각과 연결되었다. 이러한 확신은 1995년 123개 회원국과 함께 정식으로 설립된 GATT를 세계무역기구(WTO)로 만드는 프로젝트에 박차를 가하게 했다. 이 제도로, 영국, 미국, 일본, 한국, 타이완, 독일, 프랑스, 스위스, 싱가포르, 네덜란드, 스웨덴을 발전시킨 생산 보조금, 전략 산업 보호 정책, 환율 조작 및 기타 산업정책 조치는 엄격하게 금지되었다. 그리고 그 범위에 상품 무역뿐만 아니라 통신, 은행, 관광과 같은 서비스 무역도 포함시켰다.

로버트 루빈(Rebert Rubin) 재무장관이 하버드 대학교에 재직한 최연소 경제학 교수이기도 했던 미래의 재무장관 로렌스 서머스(Lawrence Summers)의 강력한 도움으로 이와 같은 모든 것을 추진했다. 세계무역기구(WTO)뿐만 아니라 정통적인 자유무역에 대한 그의 지지는 경제자문위원회 의장인 로라 타이슨(Laura Tyson)에 의해 뒷받침되었는데, 그는 경제학자들의 반대에도 불구하고 일본의 산업정책의 효과를 인정하는 『누가 누구를 때렸는가?(Who's bashing Whom)』이란 책을 썼다.[19] 워싱턴포스트(WP), 뉴욕타임스(NYT), 월스트리트저널(WSJ), 파이낸셜타임스(Financial Times) 등의 지면은 끊임없이 오랜 종교 찬송가를 불렀지만, 반대 의견을 낼 공간은 거의 마련하지 못했다.

싱크 탱크도 비슷했다. 브루킹스 연구소, 미국 기업 연구소(AEI) 그리고 확실히 피터슨 연구소(Peterson Institute)는 모두 정통종교를 홍보했다. 피터슨 연구소의 프레드 버그스텐(Fred Bergsten) 소장은 특히 자유무역의 새로운 이점을 발견하여 계량경제 모델을 개발하는 데 재능이 있었다. 물론, 모델들은 모두 완전 고용, 경기 침체와 금융 위기의 완전한 부재 그리고 다른 존재하지 않는 조건들을 가정했다. 스위스 다보스에서 열린 클라우스 슈왑(Klaus Schwab)의 세계 경제 포럼의 연례 회의가 있었는데, 그곳에서도 영향력 있는 CEO, 언론인, 학자들이 모여 좋은 옛 찬송가를 부르고 현재 '세계화'라고 불리는 것을 찬양했다. 여기에는 무역 뿐만 아니라 불가피한 '글로벌 공급망(GSC, Global Supply Chain)'을 만들기 위한 투자와 일자리의 해외이전이 포함되었다. 이는 환경, 노동자 안전 또는 건강에 대한 규제가 없거나 거의 없는 개발도상국의 저렴하고 조직화 되지 않은 노동력을 이용함으로써 경제적으로 선진국의 노조(기업)를 약화시킬 수 있다는 것이었다. 이 시기에 모든 전문가는 중국이 자본주의의 길로 돌아섰다고 믿었고 자유무역이 불가피하게 자본주의, 시장 주도 민주주의 또는 최소한 준민주주의(quasi-democracy)체제로 바뀔 것이라는 믿음을 필요로 했다. 이러한 발전을 가속화 하기 위해 정통 자유무역의 고위 성직자들은 중국의 WTO 가입을 요구하기 시작했다. 우리가 보았듯이, 이것은 2001년 말 미국 무역대표부 대표 샬린 바셰프스키

(Charlene Barshefsky), 클린턴 대통령, 뉴욕타임스 칼럼니스트 톰 프리드먼(Tom Friedman) 그리고 사실상 자유무역 교회의 전체 신도들의 열렬한 지지로 예상대로 정당화되었다.

적대적 · 전략적 무역

2001년 이전 IBM 수석 과학자이자 슬로안 재단(Sloan Foundation) 회장인 랄프 고모리(Ralph Gomory)와 전 미국 경제 협회 회장인 윌리엄 보몰(William Baumol)은 『세계무역과 상충하는 국가이익(Global Trade and Conflicting National Interests)』이란 제목의 책을 썼다.[20] 그러나 이 책은 역사상 가장 읽히지 않을 책일 수도 있다.

보몰과 고모리는 규모의 경제뿐만 아니라 급속한 기술 변화와 생산성의 급격한 변화 효과를 통합함으로써 국제 무역의 현실에 더 접근한 일련의 모델을 개발했다. 예를 들어, 인텔과 같은 회사가 중국과 같은 곳에 선진 시설을 설치할 때 이러한 변화가 발생할 수 있다는 것이다. 일부 국가와 제품만 통합했던 기존 모델과 달리 보몰과 고모리 모델은 여러 제품과 국가를 대거 포함시켰다. 그것은 전통적인 지혜가 얼마나 심각한 결함이 있는지를 보여주는데, 이는 크루그먼의 이론을 훨씬 뛰어넘었다. 정통 이론이 모든 무역 상대국에 유일하게 최적인 하나의 윈-윈 무역 패턴이 있다고 주장하는 반면에, 고모리와 보몰은 가능한 무역 패턴이 여럿 있다는 것을 발견했다. 그중 일부는 한 당사자에게 다른 일부는 다른 당사자에게 최적이지만, 어떤 것도 항상 모든 당사자에게 최적이 아니라는 것이다. 다시 말해 무역은 때때로 윈-윈이 될 수 있지만, 오히려 더 적대적이거나 제로섬 게임(당신은 이기고 나는 지는)이라는 것이다.

다시 보잉과 에어버스를 생각해 보자. 보잉의 판매는 미국에 이익이 되고 유럽에는 손해가 되는 경향이 있는데, 에어버스 판매는 그 반대이다. (이것이 단순하다는 것을 알지만, 요점을 이해하기가 쉬울 것이다) 상대적인 규모의 경제, 기술 수준, 생산성 비율, 산업 또는 국가 전략에 따라 어떤 특정 국가가 다른 무역 파트너에 최적이 아닌 양(amount)의 제품을 생산할 수 있다는 것이다. 영국이 모든 원단을 생산하는 전형적인 경우를 예로 들어보자. 포르투갈인들이 원단을 고성장 시장으로, 비교우위 부문인 포도주를 저성장 시장으로 보게 되었다고 가정해보자. 빠르게 증가하는 인구에 대한 완전한 고용을 보장하기 위해 그들은 보조금으로 원단 생산을 시작하기로 결정 내릴 수 있다. 그러나 보조금 없이도 결국 포르투갈은 영국보다 훨씬 더 큰 규모의 생산력과 더 낮은 비용으로 원단을 생산할 수 있다. 이로써 포르투갈인들이 세계적인 원단 사업 대부분을 차지하기 때문에 그들은 너무 많은 노동자를 필요로 해서 그들은 포도주 압착 노동자를 원단 제조업자로 바꿀 것이다. 영국 노동자들은 포르투갈에서 포도주가 오지 않고 직물 공장도 일도 하지 않기 때문에 포도주를 만드는 것에 눈을 돌리게 되는데, 바로 이것이 그들에게 상대적으로 불리한 부분이라는 것이다. 여기서 규모의 경제 도입은 전문화 분야를 뒤집어 영국과 세계 경제에 불리하지만, 포르투갈에는 유리할 수도 있다는 것이다.

이 예는 또 다른 핵심인 고모리와 보몰의 결론을 보여준다. 한 국가가 대규모 생산, 혁신 또는 생산성의 주요 도약을 달성했는지 여부는 기후, 지리와 자본, 토지 및 노동과 같은 국가의 부존조건과 크게 관련이 없다는 것이다. 때때로 그것은 대규모 생산에 보조금을 지급하는 전략적 선택에서 비롯된다는 것이다. 예를 들어, 포르투갈 기업가가 최신 의류 패션을 혁신한다면 그것은 우연의 일치에 의해서도 나타날 수 있다. 핵심은 일단 달성되면 규모의 경제와 기술 혁신이 신규 진입 장벽이 된다는 점이다. 외국인이든 내국인이든 새로운 경쟁자는 지배적인 기업의 규모와 기술에 걸맞게 엄청난 투자를 해야 한다는 것이다. 이를 더욱 어렵게 만드는 이유는 정상적인 시장 역학(역동성)이 기존 시장 구조를 더욱 강화할 것이라는 점이다. 고객들은 지배적인 생산자의 낮은 가격(규모의 경제에서 발생하는 낮은 비용에 기초함)을 선호할 것이고 따라서 더 많은 생산을 창출하여 규모의 경제를 훨씬 더 크게 이끌 것이다. 고모리와 보몰이 지적했듯이, 일단 인텔의 마이크로프로세서 분야와 같은 지배적인 시장 지위가 확보되면 회사가 그 어느 때보다 진입 장벽을 높이는 방식으로 경쟁할 수 있게 해주며, 추가적인 높은 수익도 창출하는 경향이 있다는 것이다. 그러나 전통적인 무역 이론의 가정에서는 그러한 장벽은 존재하지 않는다.

전통적인 이론과 상충되는 마지막 핵심은 공공 정책에 의해 많은 영향을 받는 규모의 경제를 산출하는 대규모 생산 수준(표준)의 달성이다. 예를 들어, 정부가 유리한 규제 정책을 채택하거나 지원 기반 제도(시설)를 만들거나 초기 시장을 제공하기 위해 정부 조달을 사용하거나 혹은 특별 세금 인센티브를 제공하거나 산업을 육성하기 위해 다른 몇 가지 조치를 한다면 규모의 경제가 생성될 가능성이 더욱 크다. 또한, 정부는 혁신 촉진을 포함하여 기업이 시장 지배력을 확보하고 유지할 수 있도록 많은 도움을 줄 수도 있다. 1980년대 인텔은 미국 정부의 미닛맨 미사일 프로그램과 특허와 지적 재산에 대한 미국 정부의 강력한 보호 그리고 일본에 대한 미국의 반덤핑 및 관련 시장 개방 조치로 큰 이익을 얻었다. 지배적 생산자(산업)의 수가 많은 나라들은 다른 나라들보다 더 많이 번영하는 경향이 있기에(그런 생산자들은 수익성도 좋고 높은 임금을 지급함) 국가 지도자들은 종종 그들 국가의 생산자들이 지배력을 얻고 유지하도록 돕는 것을 목표로 하는 개입주의 정책을 추구한다. 유럽 에어버스 프로그램, 일본의 조선·반도체 등 산업과 타이완의 반도체 산업, 중국의 중국제조 2025 전략, 미국의 세마테크* 컨소시엄 등이 대표적인 것들이다.

고모리와 보몰이 보여주었듯이, 그러한 국가 홍보 프로그램은 자유무역 이론의 근본적인 전제인 무역은 어떤 무역 상대국도 해치지 않는다는 것이 잘못되었다는 핵심 이유로 나타난다. 나는 이미 보잉(미국)-에어버스(EU)를 통해 2개 업체에 의한 시장 독점, 제로섬 특성에 주목했다. 한국의 반도체와 반도체 장비 제조업체의 부상은 미국의 반도체 및 반도체 장비 산업과 미국 경제를 모두 희생시키면서 한국을 더 번영하게 만드는 경향이 있다. 냉엄한 현실은 세계 무역이 쉽게 '적대적'이 될 수 있다는 것이다.

이는 기술이 민간용과 군사용 모두에 사용될 수 있는 소위 이중 용도 산업(dual use industry)에서 특히 그렇다. 언젠가 그 산업이 중국이나 러시아에 의해 완전하게 지배될 수 있다는 것을 알면서 우리는 정말로 인공지능 기술의 순수한 자유무역을 원하는지? 아마 아닐 것이다. 자유무역이 항상 국가 안보를 능가할 수는 없으며 두 가지는 종종 쉽게 나눠지(분리되지) 않는다. 사실, 고모리와 보몰은 많은 무역 파트너에게 가능한 많은 무역 패턴에 대한 그들의 분석을 바탕으로 무역의 많은 부분이 적대적인 제로섬 게임 범주에 들어맞는다는 것을 발견했다. 예를 들어, 보조금을 지급한 중국의 대미 태양광 패널 수출은 미국 태양광 산업의 매출뿐만 아니라 그것을 발명한 분야에서 경쟁력을 유지하고 자본, 교육, 기술 자원을 기반으로 경쟁력을 가져야 할 능력이 사라지게 한다는 것이다.

경제학자들은 보조금을 받은 중국 제품들을 주고받으며 이를 받아들이고 다른 사업을 하는 것으로 눈을 돌려야 한다고 말할 수 있다. 하지만, 그것은 동등한 가치의 다른 것을 찾는 것이 쉽고 태양 전지판 기술과 생산의 잠재적 분사(파생효과, spin-off)가 거의 해가 되지 않을 때를 가정할 때 가능하다. 두 가정 모두 필연적으로 타당하지는 않다. 선진국 간 산업 내 무역의 범위와 현재 선진국이 지배하는 산업으로 이동하려는 사실상 모든 개발도상국의 야망을 고려할 때, 적대적 무역이 전체 무역의 상당

* 세마테크(Sematech)는 1987년 9월 미국 반도체 산업의 제조공정을 개선하고 국제경쟁력을 강화하기 위해 설립된 하이테크 컨소시엄이다.

부분을 차지한다는 것은 놀라운 일이 아니다. 놀라운 것은 갈등이 있다는 것이 아니라 어떤 경제학자도 없을 것이라고 가정할 수 있다는 점이다.

혁신의 기원

아마도 이 오래된 종교의 가장 큰 약점은 현재에만 측정할 수 있다는 것이다. 우리 모두 혁신이 확실한 것이라는 것을 알고 있고, 우리 모두 혁신이 경제적으로 유리하기를 원하지만, 자유무역 이론은 그것에 대해 할 말이 없다. 그것은 혁신을 예측하지도 않고 그것을 발전시키는 방법에 대해서도 어떤 암시도 하지 않는다.

때로는 원자폭탄이나 사람을 달에 보내는 아폴로 프로젝트의 경우처럼 혁신이 계획될 수 있다. 많은 기술, 아이디어 및 개선 사항의 상호 작용으로 인해 예기치 않게 혁신이 발생하는 경우는 더 많다. 혁신을 극대화하기 위해서는 풍부한 기술, 산업 및 아이디어를 보유하고 이들 간에 충분한 상호작용을 하게 하는 것이 도움이 된다. 이것은 포도주 제조나 원단 생산과 같은 생산 분야의 전문화 개념에는 위배된다. 어쩌면 포도주와 옷감 사이에는 새로운 세계를 만들 수 있는 잠재적인 연관성이 있을지는 모르지만, 한 국가가 포도주를 만드는 데만 집중한다면 그러한 세계(혁신)는 결국 만들어지지 않을 것이다.

경제학자들은 국가들이 만드는 것이 '경로 의존적'인 경향이 있다는 것을 알고 있으며, 이는 내가 오늘 만드는 것이 어제 만든 것에 크게 의존하고 시장 개입의 대상이 된다는 것을 의미한다. 핀란드는 쇄빙선의 전 세계 생산을 지배하고 있다. 그 나라에는 얼음과 배 모두 잘 다루는 기술의 오랜 역사가 있다. 반도체 주문자 생산 공장에서 타이완의 리더십은 타이완 정부가 기업가에 대한 초기 재정 지원과 텍사스 인스트루먼트의 전 임원인 모리스 창(Morris Chang)의 1990년대에 최초로 이러한 주문자 생산(파운드리) 공장을 설립하기 위한 아이디어에서 비롯되었다. 더구나 경제학자들은 비교우위가 핸디캡이 될 수 있다는 것도 알고 있다. 바나나, 커피, 감자를 전문적으로 생산하기 위해 기후, 지리, 역사에 따라 운명지어진 나라들의 사람들은 가격에 상관없이 같은 양의 제품을 사용하는 경향이 있고 생산이 증가함에 따라 비용이 증가하는 경향이 있기에 대개 가난해진다. 자유무역은 이 나라들을 돕지 않는다. 심지어 더 가난한 나라들의 바나나가 그들의 시장을 장악하면서 더 해를 끼칠 수 있다.

마지막으로 한 나라가 무역에서 얻는 이익이 반드시 그 나라의 모든 사람들의 이익을 의미하는 것은 아니다. 인구가 100명인 나라를 상상해 보자. 그 나라가 자유무역을 채택한 결과로 100달러의 순이익을 낸다고 가정해보자. 게다가 인구 중 한 사람이 100달러 전체 이득을 얻는 반면에 나머지 99명은 각각 50센트의 손해를 본다고 가정해보자. 서류상으로 그 나라는 50.50달러의 순익을 보고 있지만 대부분 사람이 기분이 좋겠는가?(만족하겠는가?) 이는 지난 30년 동안 소위 선진국, 부유한 나라들 대부분에서 일어나고 있는 일이다. 이것이 최근 세계 민주주의 대부분을 괴롭히고 있는 포퓰리즘과 분열의 주요 원인이다. 우리는 폴 새뮤얼슨이 1948년에 우리에게 정통 자유무역 이론이 발생할(발견될) 것이라는 예언을 기억해야 한다.*

세계화

자유무역과 세계화라는 용어는 어느 정도 호환이 가능하게 되었는데, 특히 뉴욕타임스 칼럼니스트 톰 프리드먼의 2005년 베스트셀러 『지구는 평평하다(The World Is Flat)』의 여파로 더욱 그렇게 되었다. 하지만, 이것은 매우 다른 두 가지 오해의 소지가 있는 조합이다. 국제 무역은 국가 간에 상품과 서비스를 수입하고 수출하는 것을 포함한다. 세계화는 무역을 포함하지만 투자도 포함한다. 기업의 모국이 아닌 다른 나라의 생산 시설의 위치, 국내 기업 시설에서 해외로 관리자와 숙련된 사람들의 이전, 국가 간 기술 이전, 낮은 임금과 해이한 안전 기준과 착취, 세금 인센티브, 연구개발 인센티브, 자본 보조금, 자금 흐름, 기술, 생산 및 인도하는 과정과 차단하기 위한 광범위한 공식 규정의 사용은 글로벌 기업과 일부(전부는 아니지만) 국가 및 국민에게 유리한 방식으로 작용한다.

어떻게 작동하는지 예를 들어보자. 인텔은 노트북 컴퓨터용 마이크로프로세서의 세계 최고 생산업체다. 생산 대부분은 애리조나에서 이루어진다. 애리조나 제조 시설(fabrication facility, fab 팹)은 아마도 그러한 칩 생산을 위한 세계에서 가장 저렴하고

---

* 폴 앤서니 새뮤얼슨(영어: Paul Anthony Samuelson, 1915~2009년)은 미국 신고전파 경제학자로, '현대 경제학의 아버지'로 평가받고 있다. 1947년 저서 『경제 분석의 기초』에서 다룬 비교 정태 분석에 대한 일반적인 서술을 비롯하여 경제학의 다양한 분야에 대한 기여를 했다. 그가 1948년에 집필한 『경제학(Economics)』은 가장 인기있는 대학교재 중 하나다. 새뮤얼슨은 신고전학파의 미시적 시장균형 이론과 케인스의 거시경제 이론을 접목시켜 '신고전파 종합이론(Neoclassical Synthesis)'이라는 새로운 학문체계를 완성했다. 그의 신고전파 종합이론은 완전 고용을 위해서는 적절한 정부 개입이 필요하지만(케인스 이론) 일단 완전고용이 달성되면 오직 수요·공급이라는 시장 메커니즘에 맡겨 경제를 자율적으로 운영해야 한다(신고전학파)는 것이다. 그의 이론은 2차대전 이후 30여 년간 경제학계에서 가장 중심적인 이론으로 자리잡았으나 1980년대 이후 스태그플레이션이 발생하고 신자유주의가 대두하며 퇴조했다.

최고 품질을 생산할 수 있는 장소일 것이다. 생산의 상당 부분이 수출되고 있으며 그 결과 컴퓨터 마이크로프로세서 생산에서 미국이 비교적 우위에 있다고 할 수 있다. 만약, 세계 무역이 비교적 유리한 기준으로 행해진다면 그러한 모든 칩이 만들어지는 곳은 미국일 것이고, 다음으로 공작기계나 시(poetry)와 그 외 다른 것과 교환하여 수출될 것이다. 하지만 인텔은 중국에 팹(fab)을 가지고 있다. (지금은 SK하이닉스에 매각한 상태임) 미국에서 비교우위가 있는데 왜 중국에서 생산을 할까? 아마도 중국인들은 인텔에 팹 부지를 공짜로 제공했을 것이다. 아마도 중국은 인텔에 10년 동안 세금 없이 반값에 유틸리티(전기, 수도, 가스 등 요금)를 제공했을 것이며, 약 80억 달러의 팹에 대해 10억 달러의 자본 보조금을 제공했을 것이다. 만약 인텔이 미국에서 그 팹을 짓는다면 부지나 노동자 훈련비용을 무료로 받을 수 없을 것이고 반값에 유틸리티를 얻을 수도 없을 것이며 연방 세금을 면제받지도 못했을 것이다. 따라서 비용 기준으로는 아마도 미국이 마이크로프로세서 칩에서 비교우위를 점하고 있지만 전체 재정 기준으로는 그렇지 않을 수 있다. 게다가, 인텔의 고객들은 모두 중국에서 조립하고 있고 그들은 인텔이 그들의 조립 공장과 가까운 곳에서 생산하기를 원했을 것이다. 이것이 세계화 게임인데 아마 미국은 거기에 거의 참여하지 않는 것으로 볼 수도 있다.

국가 간 경쟁

정통종교 사도의 가장 인기 있는 주장은 "기업은 국가가 아니라 경쟁한다."라는 것이다. 그 아이디어는 국가들이 모두 친구이고 그 나라들에 전세 낸 회사들이 그것을 만들어 낸다는 것이다. 이 논쟁은 항상 나를 당혹스럽게 했다. 경제학자들은 전쟁에 대해 들어본 적이 없는지? 물론 국가들은 다양한 방식으로 경쟁하는데, 그중 하나는 확실히 경제적이라는 것이다. 권력은 택시 운전사들(노동자들)에게 축적되지는 않는다는 것이다. 중국은 구 정권하(1세기 전)에서 차(茶), 자기, 비단의 비교우위가 있었지만 가난하고 약한 나라가 되었었다. 그러나 중국은 지금 경제의 구성과 구조를 바꿨기 때문에 오늘날 강력해진 것이다. 그리고 중국은 경쟁하기 위해 분명하게 그렇게 해오고 있다. 특정 국가가 특정 제품의 생산과 특정 신기술 개발에서 우위를 점할 때 우리가 우려해서는 안 된다는 개념은 극단적인 낭만적 사고다. 우리는 중국이 인공지능이나 슈퍼컴퓨팅의 지배자가 되든 상관하지 않을 것인가? 이러한 기술은 최첨단 반도체 재료와 가공 기술을 포함한다. 우리가 미국에 기반을 둔 생산과 연구개발 단지가 문을 닫고 더 나은 세금 감면이나 더 나은 엔지니어를 위해 중국이나 싱가포르로 이동할 때 정확히 일어나는 일인, 그러한 기술력의 리더십(통제력)을 잃어도 신경 쓰지 않을 것인가? 당연히 신경 쓸 것이다. 아마도 일부 정통 경제학자들도 관심을 가질 것이다. 나는 리카도가 그의 시대에 그런 것에 신경을 썼다고 강하게 확신한다.

1846년 영국의 옥수수법(밀, 귀리, 보리를 포함한 모든 곡물 가격을 높게 유지하기 위한 중상주의 전략)의 영웅인 자유무역 챔피언 리처드 코브든(Richard Cobden)이 이코노미스트지(The Economist)의 창시자라는 점을 감안할 때, 2018년 3월 1일 서방이 25년간 중국과 내기(도박)에서 실패했다는 소식을 전한 것도 이코노미스트였다는 점에서 아이러니하다.[21] 마치 바티칸이 신의 죽음을 알리는 것 같았다.

07

예언가, 대기업 총수, 점쟁이

어리석은 사람들아, 이해하지 못한다면 눈이 있어도 보지 못하고, 귀가 있어도 듣지 못하니 이제 이 말을 들어라.

-이사야 6:9-10

미·중 관계의 역사는 시계추의 흔들림만큼도 닮지 않았다. 18세기 후반 많은 유럽 시장에서 고립되었던 미국 무역업자들은 완전히 새로운 3개 상품을 갖고 있는 고객인 중국 황후에 물건을 팔러 뉴욕에서 중국으로 가는 첫 여행(1784년 2월 23일~1785년 5월 2일)에서 30%의 이익을 거두면서 중국을 새로운 엘도라도로 상상했다. 그러나 중국인들은 미국에서 수요가 많은 비단, 차, 도자기에 대한 대가로 은을 제외하고는 거의 받지 않는 것으로 밝혀졌다. 일부 미국 상인들은 영국과 함께 수백만 명의 중국 마약 중독자들에게 아편을 팔았지만, 그것은 중국 정부에 나쁜 감정으로 이어졌는데, 결국 19세기 중반 아편전쟁과 치외법권의 확립으로 이어졌다. (중국은 중국 영토내에 있는 서양인들에게 이를 적용하였다) 19세기 중후반과 20세기 초까지 중국은 "천국에서 사탄을 끌어내리려는" 희망을 가진 선교사들을 자석과 같이 끌어들였다.[1] 중국 대부분 대학, YMCA, 농업 확장 프로그램, 자선 단체, 연구소는 1900년대 선교사들이 8명 중의 1명의 미국인을 설득하여 교회 헌금 접시를 통해 중국을 구하기 위해 기부받아 설립되었다.

그러나 중국인 개종자의 수가 아주 천천히 증가했기 때문에 선교사들은 계속해서 실망했다. 제2차 세계대전 중 미국 대통령 프랭클린 델라노 루즈벨트(Franklin Delano Roosevelt)(그의 조상은 성공한 아편 무역상 워렌 델라노다)는 카이로에서 조세프 스탈린(Josef Stalin), 윈스턴 처칠(Winston Churchill)과 함께 장제스(Chiang Kaishek, 장개석)를 포함한 4대 강국 대표를 소집하여 중국의 위상을 영국과 소련 반열로 끌어올리려고 했다. 그러나 실제로 작동되지는 않았다. 결국 트루먼 대통령은 장(Chiang)에 대한 지원을 중단하고 중국 공산당과 연립 정부를 구성하는 방향으로 몰고 감으로써 중국을 공산주의 진영과 가까워지도록 어느 정도 강요했는데 (당시 워싱턴은 그들을 농업사회 개혁가들 정도에 지나지 않다고 생각했다) 당시 국민당은 소멸 직전에 있던 마오쩌둥의 중국 공산당이 처했던 바로 그러한 순간을 맞았다.

실제로 트루먼은 스탈린과 마오쩌둥이 원하는 것을 정확히 제공해주었다. 이것은 아마도 미·중 관계에서 가장 낮은(최악의) 단계였을 것이다.

닉슨, 중국으로 가다

그 후 24년 동안 중국은 미국의 악당 목록에서 소련 다음으로 두 번째였다. 실제로 1963년 5월 존 F. 케네디(John F. Kennedy)는 인도 북부 국경을 따라 중국의 공격으로부터 인도를 방어하는 방안으로 중국에 대한 핵무기 사용을 고려한 것으로 보인다. 로버트 맥나마라(Robert McNamara) 국방장관은 미국이 개입하려면 핵무기를 사용해야 할 것이라고 말했다. 많은 수의 미군을 인도 북부로 수송하는 데 너무 오래 걸리기 때문에 케네디는 거기에 응답했다. "우리는 인도를 방어해야 한다. 우리는 인도를 방어할 것이다."[2]

결과적으로 인도인과 중국인은 합의에 도달했고 미국이 개입할 필요가 없었다. 케네디가 의미하는 바를 정확히 아는 사람은 아무도 없었다. 핵무기 사용을 지시하겠다고 직접적으로 말하지도 않았다. 그러나 케네디는 그렇게 하지 않겠다고도 말하지 않았다. 그는 필요성을 받아들인 것 같았다.

그러나 1969년까지 그 상황이 역전되었다. 닉슨 대통령은 1월 취임사에서 1967년 자신이 쓴 포린 어페어지 글을 간접적으로 언급하면서 미국은 크든 작든 그 누구에게나 화를 내며 고립되어 살지 않는 세상을 원한다고 언급했다.[3] 3월에 소련군과 중공군은 만주와 시베리아 국경 근처에서 전투를 벌였다.*

미국 위성 사진은 중국이 소련 포대로부터 포격을 당했다는 것을 보여주었다. 조금 후에 베이징은 모스크바가 중국의 핵 시설에 대한 선제공격을 고려하고 있다는 소

* 1956년 헝가리 반소봉기가 일어나면서 공산주의 맹주국이라는 소련의 지위는 흔들리기 시작했고, 게다가 니키타 흐루쇼프가 스탈린주의를 비난하고 중국 내에서는 대약진운동이 일어나자 중국과 소련의 관계는 흔들리기 시작했다. 1960년대 이후 소련과 중국간의 군사, 과학, 교육 교류는 완전히 단절되고, 특히 1960년 8월에는 중국에 체류 중이던 소련 군사고문, 과학기술자들이 전면 철수하게 되고, 마오쩌둥 역시 소련 내의 중국 유학생들을 귀국시키면서 갈등이 표면화되었다. 중국과 소련은 양측을 준적국으로 간주하기 시작했고 국경지대에는 군병력들이 배치되었다. 또한, 베트남 전쟁을 둘러싼 양국간의 입장차이로 인해 둘 사이는 더욱 경색되었고, 사회주의가 위험에 처했다고 판단되면 어느 사회주의 국가든 개입할 권리가 있다고 주장하는 브레즈네프 독트린은 중국에게 위협이 될 수도 있어 마오쩌둥과 그의 측근들 입장에선 우려될 만한 사안이 되었다. 1969년 중·소 양국 국경 수비대원들 간의 말다툼이 같은 해 3월 2일 양측 간의 몸싸움으로 번졌다. 중국 국경수비대원들이 소련군의 복싱에 밀리자 중국군은 특수부대원들을 동원해 봉술로 소련군을 제압했고, 소련군은 봉을 무기로 판단해 중국군을 총격으로 사살해 양측간의 난투극은 총격전으로 번지게 되었다. 3월 12일에 중국군 3개 소대 병력이 2개 소대 규모의 소련 국경 수비대를 기습하였으나 60여 명의 병력과 6대의 BTR 장갑차를 동원해 반격한 소련군에 크게 패하여 소련군이 14명 사망하고 중국군이 30명 넘게 사망하였다. 3월 15일에는 10대의 T-62 전차와 14대의 장갑차에 100여 명의 보병으로 이루어진 소련군 제병합동부대의 기습에 85mm 대전차포와 59식 화전통으로 대응하던 중국군 보병부대가 소련군의 BM-21 로켓포의 포격으로 큰 피해를 입었다. 3월 2일부터 2주 동안 벌어진 양측의 교전으로 인한 소련군의 공식 사망자는 59명이었고, 중국군의 사망자는 100명이 넘을 것으로 추정되었다. 이로 인해 중소 국경지대에는 소련군 병력 65만 명과 중국군 병력 81만 명이 집결해 대치하였고, 소련의 수상 알렉세이 코시긴은 중국에 대한 핵공격을 포함한 대대적인 군사작전을 지시하였다. 중국의 지도자 마오쩌둥은 핵 방공호 건설을 지시하고 수도를 베이징에서 충칭으로 이전할 계획까지 수립하였다. 중국은 4월에 9차 당대회를 소집해 소련에 대한 후속 대응을 논의한 후 5월에 소련에 협상을 요청했지만, 7월 8일에 헤이룽 강 지역에서도 양국간의 국경 분쟁이 일어나고 8월 13일에는 수백 명의 소련군이 헬기와 전차의 지원을 받으며 신장 위구르 자치구로 진입하기도 하였다. 이에 미국이 소련을 압박하자 1969년 9월 소련의 알렉세이 코시긴은 호찌민의 장례식에 참석하고 귀국하는 길에 중국을 방문해 중국의 저우언라이 총리와 회담을 가졌으며 1987년 2월부터 국경 협상을 시작하였다. 양국은 4년여의 협상 끝에 소련 붕괴 7개월 전인 1991년 5월 16일에 강동육십사둔(江東六十四屯)을 소련의 영토로 인정하고 전바오섬 등 우수리강의 하중도 대부분을 중국 영토로 확정하는 동부국경협정(東部國境協定)을 체결하였다. 이어 1994년에는 중국과 러시아 사이에 중앙아시아 지역에 관한 국경 협정 서부국경협정(西部國境協定)이 체결되었다. 2000년 이후, 중국과 러시아 사이에 남은 유일한 국경 문제는 아무르강과 우수리강의 합수지점에 위치한 헤이샤쯔 삼각주(러시아 명: 볼쇼이우수리스키섬)였다. 양국은 2004년 10월 14일 이곳을 양국이 동·서로 2등분하는 국경협정을 체결했고 2005년 6월 2일 이 협정의 비준서(批准書)가 교환되는 자리에서 두 나라의 외무장관인 라브로프와 리자오싱은 두 나라 사이의 국경 분쟁이 완전히 해결되었다고 발표하였다. 2008년 10월 14일 경계비를 세우는 작업을 완료함으로써 국경 분쟁을 종결하였다.

문이 돌았다. 그해 8월 워싱턴에서 점심을 먹던 KGB 장교인 보리스 엔 다비도브(Boris N. Davydov)는 모스크바가 실제로 중국에 대한 핵 공격을 고려하고 있다고 미국 외교관 윌리암 스털멘(William Stearman)에게 설명했다. 그는 미국이 동참하고 싶어 할지 궁금해 했다. 이제 보호가 필요한 것은 마오쩌둥(Mao Zhedong)이었다.

스털멘은 미국이 상당히 우려하고 있으며 어떤 행동이 나오는지 볼 것이라고 대답했다. 그 후 9월 5일 엘리엇 리차드슨(Elliot Richardson) 국무차관은 연설에서 소련의 어떤 위협도 워싱턴(미국)의 분노에 찬 채 소외된 껍데기 속에 갇힌 중국을 꺼내려는 시도를 막지 못 할 것이라고 언급했다. 헨리 키신저는 이 연설을 혁명적인 발걸음이라고 불렀다.[4]

모스크바의 위협에 대응하여 마오쩌둥은 최고위 군사령관 4명에게 중국의 대외 정책과 세부 사항을 재평가하여 국가의 주적이 누구인지 결정하도록 했다. 이들은 또한 소비에트에 대항하여 미국 카드를 사용하는 것을 고려하기로 했다. 군사령관들은 마오쩌둥이 워싱턴과 새로운 이해를 모색해야 할 것이라고 결론지었다. 그들은 닉슨의 글과 자체 정보를 통해 냉전 상황에서 미국이 중국 도움을 받기를 희망한다는 사실을 알고 있었다. 그래서 그들은 마오쩌둥에게 중국이 모스크바를 상대로 미국 카드를 사용할 수 있도록 돌파구를 찾는 협상을 제안했다.

한편 닉슨은 폴란드 주재 미국 대사를 통해 중국과 접촉해 차이나 카드(China card)라 불리는 일을 하게 하려 했다. 그러나 일이 제대로 되지 않았다. 대신 요술을 부린 것은 미국 탁구 대표팀이었다. 일본에서 열린 세계탁구선수권대회에서 중국팀을 만난 미국팀은 중국 정부로부터 중국에서 경기를 할 수 있게 초청받았다. 마오쩌둥과 저우언라이의 요청이 없었다면 부진한 미국팀을 중국에 초청했을 리가 없었다. 팀이 중국을 떠난 지 일주일 후 저우(Zhou)는 고위 관리를 베이징에 보내도록 백악관에 초청장을 보냈다. 미국이 중국을 만나기 전에 타이완을 포기하라는 일반적인 중국의 요구 관련 언급도 없었다. 1971년 6월 2일 저우언라이는 국가안보보좌관 헨리 키신저에게 마오쩌둥이 비밀 방문을 승인했다는 메시지를 보냈다. 그런 다음 키신저는 집무실로 달려가 닉슨에게 이것이 제2차 세계대전 이후 미국 대통령에게 온 가장 중요한 커뮤니케이션이라고 말했다.[5]

키신저의 비밀 여행(중국에 파키스탄을 경유해 몰래 들어간 방문)과 많은 외교 전문의 교환(diplomatic cable traffic) 이후 닉슨은 1972년 2월 23일 베이징에 도착하여 중국과 관계 개선(데탕트)을 하고 미국이 베트남에서 철수하고 최소한 암묵적 동맹으로 소련이 군비 통제 회담에 참여하도록 몰아갔다. 그러나 닉슨과 키신저의 야망은 그 이상이었다. 닉슨은 나중에 중국이 세계 역사상 가장 강력한 적이 되지 않도록 중국과 관계를 증진해야 한다고 했다. 그는 중간 수준의 괜찮은(꽤 괜찮고 점잖은) 정부가 되면 중국인들이 세계의 지도자가 될 수 있을 것이라 생각했다.[6]

마오쩌둥과 저우언라이는 문제 해결을 위해 미워하는 미국으로 눈을 돌릴 필요가 있었는데, 당시 네 가지 문제를 안고 있기 때문이었다. 1972년 중국 경제는 1949년 중국인들의 희망과 꿈을 이루기에는 역부족이었다. 중국이 부진할 때 바다 건너 번성했던 일본과 타이완 둘을 바라보는 것은 그들에게 굴욕이었다. 중국은 심지어 대약진 운동 동안 경험했던 것보다 더 심각한 기근이란 현실에 직면하고 있었다. 국가는 비료, 농기구 및 기술이 필요했다. 소련에 있는 중국의 전 동지들도 도움을 주지 않았고, 어쨌든 스스로 식량을 수입하고 있었다. 따라서 미국이 필요했다.

두 번째 문제는 중국의 만주 국경에서는 소련군이 엄청난 규모로 증강되고 있었고, 남쪽에서는 타이완 중국인에게 지속해서 괴롭힘을 당하고 있었다. 저우언라이(Zhou)는 아무도 우리와 친구가 되려 하지 않는다고 불평했다.[7] 미국은 중국이 필요로 하는 도움이 될 수 있는 친구일 수 있었다. 아마 무엇보다도 마오쩌둥은 존경을 원했을 것이다. 그는 자신을 오랫동안 영웅으로 여겼지만, 그가 '간메이(ganmei, 赶美, 미국을 따라잡는 것)'를 달성하기 전까지는 아무도 그것을 인정하려 하지 않을 것이다. 그리고 아마도 심지어 마오저뚱 자신도 확신하지 못했을 것이다.

마지막으로 마오쩌둥은 19세기와 20세기에 타이완을 다시 중국의 통제하에 두어 과거 겪었던 굴욕을 지우고자 필사적으로 노력했다. 그러나 미국과의 거래 없이는 그렇게 할 수 없었다. 그는 언론인 에드거 스노우(Edger Snow)에게 "나는 미국인들에게 희망을 걸고 있다."라고* 말했다.[8]

누가 협상에서 이겼는가

모든 협상의 철칙은 미리 그 비용을 지불하지 않는 것이다. 존 폼프레트(John Pomfret)는 그의 저서 『아름다운 국가 그리고 중앙왕국(The Beautiful Country and the Middle Kingdom)』에서 지적했듯이, 마오쩌둥과 저우언라이는 바다 너머에서 온 야만인들에게 온화한 관계를 하사하며 천상의 관대함으로 임박한 관계 개선이란 하사품을

* 에드거 스노우의 공산당 지도부 취재와 외부세계에 공개는 중국 공산당의 계획된 작전으로 알려진 바 있다.

내놓았다.

키신저는 거친 실용주의와 강한 개인적 우월감이 결합된 높은 지성으로 명성을 얻었다. 일각에서는 그가 자신을 현대판 비스마르크(Bismarck)라고 생각했다고 한다. 그는 보고서를 읽기도 전에 부하 직원들에게 보고서를 여러 번 다시 작성하도록 강요하는 것으로 유명했다. 그러나 중국의 고대 문명과 저우언라이의 귀족적 매력에 사로잡혀 이상해진 키신저(?)는 상대에게 거래를 양보하기 시작했다.

아무런 대가도 요구하지 않고 그는 즉시 북쪽 국경을 넘어 중국을 마주하고 있는 소련 군대에 대한 정보를 제공함으로써 중국 공산당의 포위 공포를 완화해주기 시작했다.[9] 또한, 그는 미국이 타이완을 지지한 것은 역사적 실수였으며, 미국은 서태평양에서 후퇴할 작정이었다고 말했다. 그는 타이완에서 미군을 철수하는 것 외에도 주한 미군을 축소하겠다고 약속했다. 놀랍게도 그는 미국이 타이완에서 철수하면 중국 본토와의 통일이 뒤따를 가능성이 크다는 저우언라이의 진술에 동의했으며, 그러한 통일이 비폭력적이어야 한다고 주장하지도 않았다. 그는 미국이 중국 본토에 대한 공격과 관련하여 타이완의 장제스(장개석) 군대를 돕지 않을 것이라고 저우언라이에게 확신시켰고 미국이 유엔 안보리에서 중화민국(타이완)을 중국 의석에서 빼내겠다고 약속했다.*

키신저는 이 모든 것에 대한 대가로 큰 것을 얻을 것이라고 상상했을 것이다. 닉슨의 조건은 중국이 구금 중인 모든 미국인의 석방, 북베트남이 평화 협정을 수락하도록 설득하는 것에 대한 중국의 도움과 동시에 닉슨이 베이징에서 받아들여지는 최초의 미국 정치가가 될 것이라는 확신이었다. 중국은 마지막 조건만 충족했다.

여러 포럼에서 "닉슨만이 중국에 갈 수 있었다."고 한다. 그것은 그가 반공주의자로서 정치 경력을 쌓았기 때문에 더 중도적이거나 자유주의적인 관료가 갖지 못한 정치적 여유(선택할 수 있는 권한)를 가졌음을 의미한다. 그럴지도 모르지만, 일단 베이징에 도착한 닉슨은 선물을 주는 일에 있어 키신저보다 한 수 위였다. 키신저의 메모에 따르면, 키신저는 닉슨에게 마오쩌둥을 황제처럼 대하라고 조언했다. 미국 외교관 알렉시스 존슨(U. Alexis Johnson)은 두 사람이 만났을 때 닉슨은 가장자리에 앉았고 마오쩌둥은 황족처럼 기대있었다고 했다.[10] 저우언라이와의 논의에서 닉슨은 중국이 외국 기업에 개방하고 아시아를 안정시키는 제2의 초강대국 역할을 할 수 있는 번영하는 국가로 발전하기를 원한다면서, 그로써 미국은 군사비 지출을 축소할 수 있기를 바란다고 했다. 중국을 떠나기 직전 닉슨은 한때 영국, 프랑스 및 기타 외국 세력이 지

---

* 이 부분에 대한 내용은 당시 회담록을 확인해야 하지만, 일반적으로 학자들이 생각했던 것과는 차이가 있다. 즉, 키신저는 친중국적인 실용주의자였다는 것이다.

배했던 도시인 상하이에서 연설했다. 그들의 조계(租界)에는 때때로 "중국인이나 개는 허용되지 않는다."는 표지판이 있었다. 닉슨은 그 시절이 잘 끝났다고 선언하면서 미국 국민이 다시는 중국이 외국의 점령이나 지배받지 않도록 중국의 권리를 옹호할 것임을 약속했다.

닉슨은 완전히 빈손으로 떠나지 않았다. 그 후 몇 년 동안 중국은 미국 정보기관이 소련을 감시하기 위해 중국 땅에서 감시 및 감청 시설을 구축하고 어느 정도 정보 공유에 참여할 수 있도록 허용했다. 물론 소련은 20년 안에 사라질 상황이었다. 그러나 서방의 정보 실패는(아마도 실패라기보다는 관습적이고 익숙한 것에 대한 자기 정당화 교리에 의문을 갖는데 대한 저항 의식) 소비에트가 일으키던 위험이 급속히 줄어들고 있다는 사실을 아무도 인식하지 못한 것이다. 소련이 미국의 최대 위협 세력이라고 생각했다면 닉슨과 키신저가 완전히 허를 찔린 것(전략적으로 압도당한 것, outmaneuvered)은 아니라는 결론도 내릴 수 있다.

그러나 오늘 관점에서 볼 때 닉슨은 중국에서 소련을 듣고 지켜보는 대가로 중국을 부유하고 강력하며 세계의 공동 섭정자(coregent)로 만드는 데 도움을 주기로 동의했음이 분명하다. 마오쩌둥과 저우언라이에게 미국은 이 말을 잘 전달해야 한다는 생각이었을 것이다. 마오와 저우는 아주 아주 좋아했을 것이다.

그들은 너무 좋아보여, 키신저와 닉슨은 바가지를 쓴 사실조차 몰랐다. 알렉시스 존슨(U. Alexis Johnson)은 키신저가 황홀하게 마법에 걸린 상태에 주목했다. 키신저 자신이 "다른 어떤 세계 지도자도 마오쩌둥과 저우언라이와 같은 대범함과 상상력을 갖고 있지 않으며, 장기적인 정책을 달성할 능력과 의지는 없다."라고 말했을 것이라 했다. 그리고 "양국 관계는 누가 예상한 것보다 세계의 다른 사람들이 깨닫는 것보다 훨씬 더 빠르게 발전했다. 쉽게 말해 우리는 이제 암묵적인 동맹국이 되었기 때문"이라고 덧붙였다. 닉슨은 이보다 훨씬 더 거창하게 "이번 주가 세상을 바꾼 주"라고 말했다.[11]

반복된 사이클

물론 닉슨의 베이징 방문은 압도적인 재선 승리와 워터게이트 스캔들로 인한 중도사임으로 이어졌다. 지미 카터가 대통령이 되고 나서야 닉슨의 베이징 방문 후속 작업이 이어졌다.

카터의 국가안보보좌관 즈비그뉴 브레진스키(Zbigniew Brezezinski)는 소비에트 연방을 무너뜨리는 것을 최우선 과제로 삼은 소련 전문가였다. 그는 모스크바에 미치는 영향에 비추어보며 중국과의 모든 거래를 살펴보았다. 그의 최고 중국 담당보좌관인 마이클 옥센버그(Michael Oxenberg)는 닉슨은 명백한(분명한) 대중국 돌파구 마련에 매혹되었고, 그는 유엔 안보리 중국 의석을 타이완(중화민국)의 국민당 정권으로부터 베이징 공산당 정권(중화인민공화국)으로 옮기고, 중국 본토가 완전하게 정상화되어 미국과 관계 맺기를 희망했다.

걸림돌은 타이완이었다. 사이러스 밴스(Cyrus Vance) 미 국무장관은 베이징으로부터 공개적으로 타이완 문제의 평화적 해결을 약속받기를 원했다고 했다. 그러나 그가 회담을 위해 베이징을 방문했을 때 그는 중국의 입장이 타이완에 대한 침략이라는 말을 들었다. 덩샤오핑은 그에게 닉슨과 키신저가 국민당이 타이완을 점령한 죄는 미국이 중국에 빚진 것이라는 것에 동의했다는 사실을 상기시켰고, 미국이 타이완에서 로우 프로파일로 존재감을 유지하려는 밴스(Vence)의 계획을 맹렬히 몰아붙였다. 그것은 퇴각이었다. 덩샤오핑은 침을 뱉었다.[12]

1978년 봄, 아프리카와 아프가니스탄에서 소비에트에 영감(영향)을 받은 봉기가 일어나자 모스크바에 맞서 중국 카드를 사용하자는 브레진스키(미국 국가안보담당 보좌관)의 요구가 지지를 얻었다. 베이징 회담에서 그는 타이완의 공식 미국 사무소에 관한 생각과 타이완 문제의 평화적 해결에 대한 미국의 요구를 포기했다. 키신저의 연설을 상기하며 그는 일부 분리된 중국 독립체의 존재가… 끝날 것이라고 말했다. 그는 카터(Carter)가 베이징의 공식에 따라 중국 정권과 관계 정상화를 결심했다고 강조했다. 브레진스키는 항상 중국에 대한 특별한 감정이 없다고 부인했지만, 카터는 그의 고문이 천상의 마법에 매료되었다고 쓴 바 있다.[13] 미·중 관계는 1978년 12월 15일 공식적으로 국교가 정상화됐다. 공식 성명 발표 몇 시간 전에 타이완 관리들에게는 이 사실을 알렸다.

덩샤오핑은 이를 예상하고 12월 13일 중앙당 업무 회의에서 자신의 개혁·개방 정책을 발표했다. 그는 과학, 기술, 농업, 국방의 4대 근대화를 강조했다. 그는 특히 이 의제를 미국과의 관계 정상화와 연결했다. 고위 당 지도자들은 미국은 중국이 부유하고 강해지는 데 필요한 안보와 기술 및 투자를 제공할 것임을 알아챘다.[14]

이어 미국의 중국 프로모션 기간이 뒤따랐다. 정상화 이후 양국이 서명한 첫 번째 협정은 미국이 중국 과학을 발전시키는 데 도움을 주기로 약속한 것이다.

1979년 여름, 월터 몬데일(Walter Mondale) 부통령은 중국을 방문하여 수력 발전

프로젝트에 20억 달러의 신용 대출을 제공하는 동시에 의회가 중국에 대한 무역 최혜국(Most Favoured Nation)* 지위를 승인할 것이라고 발표했다. 그 의미는 중국이 캐나다와 같이 가장 친한 우방국에 제공될 수 있는 무역 조건을 가졌다는 것이다. 그러나 중국은 일반적으로 그러한 지위를 획득하는 데 필요한 조건(자유 및 공개 시장) 중 어느 것도 충족하지 못했다.

최혜국(MFN) 자격이 중국에 부여된 중요한 이유는 빌 알렉산더(Bill Alexander) 아칸소주 하원의원이 무역 최혜국에 대한 하원 토론에서 중국에서 민주주의의 씨앗이 자라고 있다고 말했기 때문이다. 그러나 무역이 민주주의로 이어질 것이라는 오래된 개념은 중국에서 한 번도 이뤄진 적이 없을 뿐만 아니라 지금도 중국 체제는 여전히 살아 있고 이것이 거의 40년 동안 미·중 관계를 주도해 왔다. 몬데일은 또한 F-15와 F-16 전투기와 같은 무기를 제공할 것을 제안하면서 강력한 중국의 중요성을 믿는다고 주장했다.[15] 몬데일의 방중에 이어 윌리엄 페리(William Perry) 국방차관도 베이징을 방문하여 중국 인민해방군에 미국 군사 장비를 판매하기 위한 토대를 마련했으며 거의 모든 미국 정부 기관은 미중관계가 동등한 관계로 발전시키도록 독촉받았다.

이러한 태도는 레이건 행정부가 들어와도 변하지 않았다. 1982년 가을 전후 처음으로 중국을 방문하는 미국 무역 사절단에 내가 말콤 볼드리지(Malcolm Baldridge) 상무장관과 동행했을 때 우리는 댜오위타이(Diaoyutai, 釣魚臺) 영빈관에 머물렀다. 내가 아침 조깅을 위해 게이트를 나왔을 때 자전거 라이더들은 모두 검은 마오쩌둥 의상을 입고 있었다. 우리는 몇 가지 일상적인 무역 계약을 체결하고 미국 해외 상업 서비스를 위한 사무소 설립을 위한 토대를 마련했다. 이 서비스는 중국에 대한 미국의 투자와 수출을 촉진할 뿐만 아니라 중국의 수출을 촉진하기 위한 것이었다. (내가 1966년 로테르담 주재 부영사 시절 네덜란드 수출 진흥 지시가 생각났다)

우리의 방문은 미국 기업 지도자들의 변화와 중국에 대한 투자를 이끌었다. 레이건 행정부에서 씨티은행은 중국 지점을 열었고, 아메리칸 모터스는 베이징에서 유명한 지프 자동차를 만들기 시작했으며, 켄터키 프라이드 치킨(KFC)은 1987년 중국에 처음 세워졌다. 1783년 미국이 8년전쟁 후 독립한 것 같이 우리는 중국을 미국인들이 잘할

---

* 통상·항해조약 등에서 한 나라가 어떤 외국에 부여하고 있는 가장 유리한 대우를 상대국에도 부여하는 일을 말한다. 최혜국대우는 통상·항해조약에 규정되며, 이를 규정한 조항을 최혜국조항이라고 한다. 최혜국대우는 조약에 이를 부여한다는 것을 규정한 조항에 대해서만 부여되나, 통상적으로는 통상·항해·산업·거주·과세·사법상(私法上)의 권리 등에 대하여 인정된다.

수 있는 곳으로 어쩌면 우리 자신의 이미지로 나라를 바꿀 수도 있는 곳으로 보았다.

그리고 19세기 선교사들처럼 우리는 중국이 미국인들이 선을 행할 수 있는 곳으로 보았다. 새로운 선교사(기업가)들이 중국 해안으로 몰려들었고 중국 공산당은 오랫동안 사회주의에서 종교의 자유(자유시장경제)를 선포했다. 당은 더 많은 종교의 자유를 보장하기 위해 중국의 헌법을 개정하기까지 했다.

이 모든 것이 미·중 무역의 폭발로 이어졌다. 1972년 상호 교역액은 500만 달러에 불과했다. 그러나 1978년에 5억 달러에 이르렀고, 1979년에는 두 배가 되었다. 미국으로 수출되는 이 거대한 아마존강과 같은 흐름은 중국 자체가 이 사실을 인식하고 싶지 않더라도 중국의 부상으로 알려지게 된 가장 중요한 요인이었다.[16]

이 모든 상업 활동의 흥미로우나 결국 부패한 비미국적(un-American) 부산물이 바로 새로운 매판 계급의 부상이었다. 헨리 키신저 협회는 베이징에 있는 헨리의 좋은 친구 몇 명을 소개해 주고 어마어마한 액수(수수료, handsome fee)를 컨설팅 비용으로 청구했다. 이에 뒤지지 않기 위해 리처드 홀브룩(Richard Holbrook) 전 국무차관보, 제임스 슐레진저(James Schlesinger) 전 에너지부 장관, 조지 H. W. 부시(George H. W. Bush) 전 대통령도 이 사업에 뛰어들었고 후자는 하루 25만 달러를 청구했다. 아메리카에 대해 청나라 사절이 언젠가 지적했듯이, 신에 대한 사랑은 이익에 대한 사랑보다 덜 현실적이었다.[17]

그러나 어뢰, 대포 레이더, 항공 전자 공학, 대구경 탄약과 같이 중국이 아직 만들 수 없는 것도 있었다. 레이건 행정부는 제조 업체에게 중국에 무기를 판매하라는 세 가지 국가 안보 지시를 내렸고, 중국의 민간 및 전략적 핵 프로그램에 대한 지원을 승인했다. 이 허가로 미국의 기술 매출은 50억 달러 이상으로 빠르게 10배 이상 증가했다. 이러한 사례의 최고봉은 첨단 기술인 반도체 산업이었다. 무역 상품에서 미국은 엄청난 비교우위를 가지고 있었다.

당시 자유무역주의에 따르면 미국은 반도체 등의 생산에 주력해 중국 등 개발도상국에 수출하고 중국은 신발, 의류 등 노동집약적인 제품을 수출해야 했었다. 그러나 1980년대 초 워싱턴은 제조업자들이 미국의 공업 생산을 중국으로 옮기는 것을 허용했을 뿐만 아니라 장려했다.

내 옛 동료인 폴 울포위츠(Paul Wolfowitz) 국무부 차관보가 말했다: "우리의 목표는 소련의 위협에 저항하는 중국의 능력을 강화하는 것이다."[18] 그는 소련이 붕괴하기 불과 10년 전에 이렇게 말했다.

자신도 모르게 덩샤오핑은 더 자유로운 시장뿐만 아니라 점점 더 자유로운 언론 상황을 불러일으켰다. 1986년에도 과학기술대학(구 강철대학) 학생들이 당의 지방선거 결과 번복 결정에 반대하는 시위가 있었다. 이같은 시위에 대해 중국 공산당은 1987년 초 미국의 가치에 근거한 가혹한 비판을 포함한 반(反)정부 부르주아 자유화 움직임이라 단속했다. 그러나 미국에서는 아무도 관심을 기울이지 않았다. 미국 지도자들은 소련에 맞서 중국 카드를 사용하고 중국에서 더 많은 사업을 하는 것에 관심을 두었지만, 인권에 관한 관심은 적었다.

관심을 끌었던 것은 중국이 무기 사업, 특히 핵무기 사업에 진지하게 진출했다는 점이다. 1980년대 초, 중국은 파키스탄에 초기 핵폭탄 계획뿐만 아니라 핵무기급 우라늄을 보냈다. 10년 후 베이징은 사우디아라비아에 20억 달러의 중거리 탄도 미사일을 판매했고 그 대가로 사우디아라비아는 중국에 대한 외교적 승인으로 타이완 정권에서 베이징 중국 공산당 정권으로 외교를 전환했다. 이와 유사한 사건으로 인해 미국은 베이징에 대해 많은 비난을 했지만 심각한 조치는 취하지 않았다. 존 폼프레트(John Pomfret)가 언급한 바와 같이 중국을 다루는 대부분의 미국 관리들은 시간이 지나면 중앙왕국의 이익이 미국의 이익과 일치할 것이라고 믿었다. 폴 울포위츠(Paul Wolfowitz) 국무부 동아태 담당 차관보가 좋아했던 말처럼 중국은 우리의 적이 아니라 우호적인 개발도상국이라는 것이었다. 18세기 말부터 예정된 대로 중국과 미국은 친구가 되었다.[19]

워싱턴이 중국 학생들에게 더 많은 관심을 기울였더라면 더 잘 되었을 지도 모른다. 그들은 자유의 벽에 대담한 대자보(성명서)를 만들어 냈고, 당이 통치하는 방식에 극적인 변화를 요구했다. 1989년 봄 시위는 전국으로 퍼졌다. 5월 19일 100만 명이 넘는 사람들이 온화해 보이는 마오쩌둥의 초상화가 보이는 베이징 중심 톈안먼 광장에서 시위를 벌였다. 며칠 후 학생들은 미국의 자유의 여신상을 상징하는 그들의 자유의 여신상을 만들었고, 리펑(Li Peng, 李鵬) 총리는 그들이 중국의 사회주의 체제를 약화하려는 음모를 꾸미고 있다고 비난했다.

6월 3일 밤 덩샤오핑과 리펑은 인민군 탱크를 톈안먼 광장으로 보내어 어둠 속에서 평화롭게 시위를 벌이는 학생들에게 무차별 사격을 가했다. (인민해방군이라는 이름에도 불구하고 인민해방군은 인민이 아니라 당을 위해 싸운다는 점을 상기하자) 이것은 평화적으로 시위하는 학생들이 대낮에 저항한 것이 아니었다. 정확한 사망자 수는 국가 기밀이다. 추정치는 전국의 시위대와 학생들에 대한 후속 공격을 포함하여 수백에서 최대 2,600명에 이른다.[20] 분명한 것은 중국은 미국과 같은 아시아의 국가로 진화하지 않았다.

이대로 전진

돌이켜보면 이 시기는 워싱턴이 오랜 꿈을 실현하기 위해 실질적인 진전을 이룰 수 있었던 시기였을 것이다. 잔인한 탄압으로 중국에 대한 외국인 투자가 고갈되었고 외국 수입업자들은 중국산 구매를 중단했다. 소련은 쓰러지기 직전(last legs)이었다. 중국 공산당은 본색을 드러냈다. 이에 중국에서 언론의 자유와 정치적 선택의 자유 없이는 경제발전에 대한 미국의 협력을 기대할 수 없다는 워싱턴의 강력한 반응이 그 순간 영향을 미쳤을 것으로 보인다.

조지 부시(George H. W. Bush)는 1974년과 1975년 베이징 주재 미국 대사로 재직하는 17개월 동안 그가 중국에 대한 깊은 지식을 어느 정도 받아들이고 있었으며, 일반인들은 미중이 화해를 장담한 것을 전혀 몰랐다. 인명 손실에 대한 유감을 표명했는데 이는 철저히 계산된 것이었다. 책임을 묻는 것은 고사하고 덩샤오핑이나 다른 특정 공산당 지도자를 비판하는 것도 자제했다. 부시는 더 이상의 무기 판매를 중단했지만, 중국이 이미 주문한 무기의 인도를 진행하도록 국방부에 명령했으며, 특히 경제 제재 부과를 거부했다. 가장 중요한 것은 그가 당 최고 지도자들과 소통을 유지하기 위해 국가 안보 보좌관인 브렌트 스코크로프트(Brent Scowcroft)를 비밀리에 베이징으로 보냈다는 것이다. 스코크로프트를 통해 그는 현재 상태를 흔들지(boat-rocking) 않도록 최선을 다하겠다고 덩샤오핑에게 약속했다. 덩샤오핑에 주는 메모에서 그는 미국 의회가 무역을 중단하려 하나 그러한 노력을 지지하지 않을 것임을 분명히 했다. 그는 "우리 관계를 정상 궤도에 올릴 수 있다면, 우리 둘 다 세계 평화와 세계 국민의 복지를 위해 더 많은 일을 할 수 있다."라고 덧붙였다.[21]

나는 부시가 도대체 무슨(what on earth) 말을 하고 있었는지 궁금해 그 시점에 생각을 잠시 멈췄다. 나는 한동안 그의 직원들과 함께 일했고 여전히 그를 존경한다. 인격을 갖춘 사람이자 대체로 훌륭한 대통령이었다. 그러나 그 순간 미국 국민의 이익을 고려하여 중국으로부터 어떤 것도 요구하지 않았다. 1989년 6월 4일 텐안먼 광장 직후에 1차 자유 폴란드 의회의 선거가 치러졌다. 베를린 장벽도 같은 해 11월 9일에 무너졌다. 사실 부시와 그의 팀은 소련은 더 이상 큰 위협이 되지 않으며 미국이 중국 카드를 더 이상 필요로 하지 않는다는 점을 분명히 했어야 했다. 미국의 투자, 기술, 시장, 교육이 없었다면 중국은 극심한 빈곤에서 벗어나기 위해 아주 오랜 시간 동안 고군분투해야 했을 것이다. 부시는 자신을 미국의 대통령으로 생각했는가? 아니면 일종의 현대판 선교사로 여겼을까?

덩샤오핑이 인민해방군 지도자들을 만나 톈안먼 학살에 대해 감사를 표한 직후 스코크로프트는 그에게 "우리 대통령은 그가 당신의 영원한 친구라는 것을 당신이 알기를 원한다."고 말했다. 부시는 중국에 압력을 가하는 대신 무역 제재를 가하려는 의회의 노력을 물리침으로써 중국을 보호했다. 중요한 것은 그가 또한 미·중 관계의 합리성을 국가 안보에서 무역을 통한 민주주의 촉진으로 전환했다는 점이다. 그는 중국이든 다른 전체주의 국가든 사람들이 상업적 인센티브를 가지고 있기에 민주주의로의 이행은 멈출 수 없다고 꾸준히 주장했다.[22]

행복감

톈안먼 광장 학살 이후 1년이 조금 지났을 때 이라크의 쿠웨이트 침공은 중국에 관한 관심을 급속히 분산시켰다. 부시는 사담 후세인의 군대를 바그다드로 밀어낸 연합군 반격을 조직했을 때 유엔에서 중국의 협력이 필요했기 때문에 자신의 손쉬운 정책이 정당화되었다고 느꼈을 것이다.

그러나 다른 세 가지 주요 사건이 1990년대를 행복한 10년이 되는 조건을 만들었다. 첫 번째는 1991년 크리스마스 날 소련이 붕괴한 것이다. 이로써 냉전이 종식되고 서방 특히 미국이 큰 승자로 남게 되었다. 이 승리에 대한 기쁨은 세계 민주주의가 임박했다는 확신을 불러일으켰다. 1992년 미국의 정치학자 프랜시스 후쿠야마(Francis Fukuyama)는 세계적 자유민주주의가 인간 정부의 종착점이라고 주장한 『역사의 종말(The End of History)』이라는 베스트셀러를 출간했다.

두 번째 핵심 이벤트는 덩샤오핑의 '남방 순방(南巡, 개혁개방 도시 순방)'이었다.* 톈안먼 사태 이후 경제성장은 극적으로 둔화되었고 강경파 마오주의자들은 중앙 주도의 계획경제의 필요성을 다시 주장했다. 덩샤오핑은 중국 남부 도시를 순회하며 시장 중심의 경제 개혁을 외치며 대응했다. 이 여행 중에 그는 "부자가 되는 것은 영광스러운 일이다."라는 유명한 선언을 했다고 한다. 그는 공식적으로 정계에서 은퇴했지만

---

* 덩샤오핑의 남순강화(南巡講話)는 덩샤오핑이 1992년 1월 18~2월 22일까지 우한(武漢), 선전(深圳), 주하이(珠海), 상하이(上海) 등을 시찰하고 발표한 담화다. 덩샤오핑은 1991년 구(舊)소련과 동구권 붕괴로 개혁·개방 정책에 차질이 생기자 1989년 톈안먼 사태 이후 목소리가 커진 보수세력을 견제하고 반대세력에 의해 주춤해졌던 경제 활성화를 다시 추진하고자 1992년 1월 당시 중국 남부 개방 도시를 시찰하면서 개혁·개방을 가속화 해야 한다고 역설하였다.

그의 명성은 엄청났고, 수천 명의 농민과 기업가들이 부자가 되라는 그의 조언을 따르기 위해 경쟁하면서 이 슬로건은 중국에서 시장 기반 경제를 향한 새로운 추진력을 촉발시켰다.

세 번째 사건은 미국에서 윌리엄 제퍼슨 클린턴(William Jefferson Clinton)이 미국 대통령으로 선출된 것이다. 1992년 캠페인 기간 동안 클린턴은 "바그다드에서 베이징까지 독재자들을 끌어들이지 않겠다."고 했다. 그는 부시 대통령과 토론에서 "모든 아이가 텐안먼 광장에서 자유의 여신상을 들고 나갔을 때 이 행정부가 한 일은 실수라고 생각한다. 부시 대통령이 비밀리에 두 사람을 보내 중국 지도자들을 향해 건배하고 기본적으로 걱정하지 말라고 했다… 나는 확고하다. 중국이 정부 소유 산업과 민간 산업에 대한 최혜국 지위를 계속 유지하려면 앞으로 인권을 준수해야 한다. 사회를 개방해야 한다. 자유의 여신상을 들고 있던 아이들의 정당성을 인정해야 한다. 우리가 경제관계를 지탱하려면 중국 국민의 민주적 이익을 보존할 수 있어야 장기적으로 중국은 더 신뢰할 수 있는 파트너가 될 수 있다."라고 했다.[23]

클린턴은 대통령으로서 1993년 5월 28일 인권과 연계, 중국의 최혜국대우(MFN)를 매년 갱신하는 행정 명령을 발표했다. 백악관에서 열린 조인식에서 민주당 의회 지도자, 티베트 망명자, 중국 유학생들에 둘러싸여 "이제는 미국의 통일된 정책이 중국의 가치와 미국의 가치를 모두 인정할 때"라고 선언했다. 미국은 "인권의 상당한 진전에 대한 단호한 주장을 유지해야 한다."고도 했다.

조지타운 대학교(Georgetown University), 옥스퍼드 대학교(Oxford University), 예일대 법학 대학(Yale Law School)의 결과물(product)인 클린턴(Clinton)이 어떻게 중국 공산당이 미국인이 생각하는 인권에 대해 약간의 진전을 이룰 것이라고 믿을 수 있었는지 궁금할 것이다. 물론 중국의 리펑 총리는 그럴 생각이 없었다.

클린턴은 1992년에 인권에 대한 어떠한 양보도 "우리 사회의 기반을 흔들 것이다."라고 했다. 그러함에도 1994년 3월 국무장관 워런 크리스토퍼(Warren Christopher)는 베이징을 방문하여 리펑에게 '조속하고도 의미있는 진전'을 요구했다. 국무 차관보 윈스턴 로드(Winston Lord)는 당시 회담을 '자신이 참석한 외교 회의 중 가장 강압적인 회의'라고 묘사했다. '너츠(Nuts: 제 정신이 아니라는 표현)'가 리펑 총리 반응의 본질이었다.[24]

베이징에 있어 인권에 대한 논의(talk)는 선전포고나 다름없었다. 공산당은 텐안먼 광장 사건의 여파로 경제 개방과 서방과의 연계가 위험을 수반한다는 것을 깨달았다. 덩샤오핑이 1978년에 "신선한 공기를 위해 창문을 열면 파리 몇 마리가 들어올 수도 있다."라고 언급했을 때 이를 예상했었던 것 같다. 학생들의 시위는 파리가 실제로 집에 들어왔다는 것을 보여주었고, 공산당은 곧 당의 교리와 중국 민족주의에 대한 교육적 강조를 포함한 대책 수립에 초점을 맞췄다. 즉, 공산당은 미국의 인권 강조를 교묘하게 베일에 가려진 공격으로 보았다. 그러나 클린턴도 중국의 외교정책과 경제 체제 모두를 이해하지 못했다. 닉슨(Nixon)은 적어도 죽기 전에 그의 중국 정책에 대해 재고(再顧)했다고 말할 수 있다. 윌리엄 사파이어(William Safire)와의 인터뷰에서 닉슨은 자신이 처음 상상했던 천재적인 일격이 아니라 아마도 실수였을지도 모른다는 생각을 크게 했다고 했다. 닉슨은 인터뷰에서 중국을 언급하며 "우리는 프랑켄슈타인을 만들었을지도 모른다."라고 했다.[25]

어쨌든, 1993년 가을 중국은 3,000개 품목에 대한 관세를 줄이고 자국 땅에서 활동하는 외국 기업이 벌어들인 이익 일부를 본국으로 송금하는 것을 허용함으로써 경제 개방을 향해 한 걸음 더 나아갔다. 1994년 5월 최혜국대우(MFN) 갱신을 검토할 시간이 되었을 때 클린턴은 극적으로 생각을 바꾸었다. 그는 중국에서 인권이 한 걸음도 진전되지 않았지만 최혜국대우(MFN)를 갱신함으로 미국은 중국 정책의 기초부터 완전히 새로운 주제를 도입해야 했다. 인권에 대한 연결고리는 사라졌다. 그 자리에는 부시 대통령이 인권과 민주화를 국제 무역과 필연적으로 연계시킨 것처럼 들리는 '건설적 관여(constructive engagement)'*라는 것이 있었다. 클린턴은 이것을 혼자서 생각하지 않았다. 내각, 경제 고문, 국무부 차관보, 국가 안보실 고문보좌관, 무역 대표 그리고 많은 다른 학식 있는 사람들이 이 모호한 개념을 같이 받아들였다. 미국 외교협회(CFR), 브루킹스연구소, 국제경제연구소(IIE), 미국기업연구소(AEI), 국제전략문제연구소(CSIS) 등 무역 및 국제관계 전문가들도 마찬가지였다. 사실, 나 자신도 이 사이렌 노래(siren song, 유혹의 말)에 설득당했다는 사실을 고백해야 할 것 같다.

중국은 경제를 개방하고 외국의 투자와 기술을 환영하는 한편, 인권 열풍을 몰고 다니는 성가신 파리들을 계속해서 공격했다. 중국은 또한 타이완 수복과 국경을 넘어 베이징의 세력 확장에 다시 초점을 맞췄다. 예를 들어, 1992년 미 해군이 필리핀 수빅만(Subic Bay)과 클라크 공군기지를 떠나면서 중국은 '영해 및 그 접속수역에 관한 법

* 톈안먼 사태 이후 미국이 대(對)중국 최혜국대우 갱신을 둘러싸고 중국의 무역관행, 대량파괴무기 확산문제, 인권·민주화 문제에 대해 비판이 높아졌을 즈음에 최혜국 대우 갱신(更新)을 정당화해야 한다고 부시(George Herbert Walker Bush) 정권이 제시한 정책이다. 대중국 비판은 외교적 수단을 이용하고 경제관계는 유지한다는 것이 그 주요 내용이다. 관계가 유지되어야 영향력을 행사할 수 있으며 또한 경제관계 확대가 가져온 경제발전에 의해 민주화가 촉진된다는 것이 정당화의 논리였다. 그 원형은 레이건 정권 당시 대(對) 남아공 정책이다. 인권문제는 비공식 채널을 통한 비판이 효과적이라는 등의 판단을 전제로 한 것이었다.

률'을 채택했는데, 이는 본질적으로 남중국해 전체와 그 섬, 암초 그리고 심지어는 썰물 때만 수면 위로 드러나는 암초에 대한 중국의 영유권을 전제로 한 조치였다. 1996년 초 베이징은 타이완 근처에 로켓을 발사하기 시작했다. 하나는 수도 타이베이 상공을 통과해 날아가기도 했다. 클린턴은 경고로서 타이완 해역에 2개의 항공모함 전단을 파견하는 등 이에 대응했다.

중국이 외국의 투자와 수입에 개방되는 동안, 중국은 또한 산더미 같은 정보를 수집하고 엄청나게 많은 양의 기술을 훔치고 있었다. 가장 선호되는 기술은 중국에 투자하는 외국 기업들이 기술을 이전받을 파트너를 갖도록 요구하거나 그렇지 않으면 중국에서 사업을 허가하는 대가로 그들의 기술 이전을 허가하도록 요구하는 것이었다. 동시에 미국에 파견된 중국 '연구원들'이 기술처럼 보이는 모든 것을 퍼 담고 있었다. 광섬유에서 원전 부품에 이르기까지 모든 것의 위조품들이 중국은 물론 해외 시장에 넘쳐났다. 이 중 어느 것도 건설적인 관여(constructive engagement)의 효과에 대한 대통령(또는 미국 외교정책 기관의 다른 사람)의 믿음을 흔들리게 하지는 않았다.

클린턴은 1997년 가을 장쩌민의 워싱턴 방문을 환영했다. 그의 회고록에서 장쩌민과 "중국이 내부 혼란의 위험을 무릅쓰고 얼마나 많은 변화와 자유를 수용할 수 있는가?"에 대해 광범위한 사적인 논의를 했다고 언급했다.[26] 그는 리처드 번스타인(Richard Bernstein)과 로스 H. 먼로(Ross H. Munro)의 1997년 저서 『중국과의 다가오는 갈등(The Coming Conflict with China)』을 읽지 않았거나 묵살했을 것이다.

클린턴은 1998년 6월 중국을 답방했다. 그는 인권에 대한 진전이 없음에도 불구하고 가기로 한 결정을 지키며 "나라를 위해 옳은 일이라고 생각하기 때문에 가는 것으로, 만약 상징적인 점을 만드는 것과 진정한 변화를 만드는 것 사이의 선택이라면 나는 변화를 만드는 쪽을 선택한다."라고 했다. 그는 이어 "인권과 종교의 자유를 증진시키는 데 있어서 중국인들을 직접적으로 대하고 정직하게 말하는 것이 분명히 변화를 만드는 최선의 방법"이라고 덧붙였다. 반면에 "중국을 고립시키려는 것은 확실히 실행 불가능하다. '관여'(engagement)보다 고립을 선택하는 편이 세상을 더 안전하게 만들지는 않을 것이다. 오히려 더 위험하게 만들 것이다. 아시아의 안정을 촉진하려는 우리의 노력을 강화하기는커녕 약화시킬 것이다. 대량살상무기와 관련된 문제에 대한 협력을 촉진하는 것이 아니라 배제하는 것이 될 것이다."라고 했다.[27]

분명히, 건설적인 관여는 결코 중국에 화가 난 것처럼 보이지 않는다는 것을 의미했다. 그러나 그것은 중국에 영구적인 정상 무역관계(PNTR: permanent normal trade relations)를 부여하고 세계 무역 기구의 회원국 자격을 협상하는 아주 작은 단계에 불과했다. 클린턴은 미국과 중국 협상가들이 중국의 WTO 가입을 이끌 문서에 서명한 후 이러한 움직임이 중국의 인권과 자유에 “중대한 영향을 미칠 것”이라고 말했다. 이 거래를 의회와 미국 대중들에게 홍보하면서 뉴욕타임스에도 기고했다.

> 이 협정이 (중국) 밖으로 가져올 수 있는 변화는 상당히 예상 밖의 일일 것이다. 그러나 이번 합의가 중국 내부에서 불똥이 튈 변화에 비하면 아무것도 아닐 것이라는 주장을 할 수 있다고 본다. WTO에 가입함으로써 중국이 단순히 우리의 제품을 더 많이 수입하는 것에 동의하는 것이 아니다. 이는 민주주의의 가장 소중한 가치 중 하나인 경제적 자유를 수입하는 것에 동의하는 것이다. 중국이 경제를 더 자유화할수록 중국 국민의 잠재력, 즉 창의적 놀라운 기업 정신을 더욱 완전하게 만들어가게 할 것이다. 그리고 개인들이 꿈을 꾸는 것뿐만 아니라 꿈을 실현하는 힘을 갖게 되면 더 많은 발언권을 요구할 것이다. 중국 정부는 더 이상 모든 사람의 고용주, 집주인, 가게 주인, 유모가 되지 못할 것이다. 그러므로 사람들의 삶을 통제할 수 있는 기구는 더 약화될 것이다. 그리고 심각한 변화로 이어질 수 있을 것이다. 자유의 지니는 다시 마법의 병 속으로 들어가지 않을 것이다. 얼 워렌(Earl Warren) 대법관이 말했듯이 자유는 세계에서 가장 전염성이 강한 힘이다.[28]

의회가 이 거래를 고려하고 있을 때, 미국 무역 대표인 샬린 바셰프스키(Charlene Barshefsky)는 회원국들에게 중국의 WTO 가입은 “현재 국가 권력과 통제가 지배하는 많은 분야에서 법치주의를 촉진할 것”이라고 말했다 클린턴의 전 재무장관이자 전 투자은행 골드만삭스의 수장인 로버트 루빈은 의회에서 중국의 가입은 “중국 12억 국민(인민)들에게 자유의 씨앗을 뿌릴 것”[29]이라고 말했다. 베이징에서 주룽지 총리는 “서방 적대 세력이 우리나라를 서구화하고 분열시키는 전략을 계속 추진하고 있다.”[30]라고 경고했다. 클린턴, 바셰프스키, 루빈 및 관련 회사들이 주룽지의 코멘트를 제대로 읽었는지 궁금하다.

기업 총수들과 점쟁이

나는 미국 정책 입안자들의 이 얘기를 다시 읽을 때마다 연설자들이 어떻게 그리고 왜 그들이 그렇게 말하는 것을 믿었는지 궁금해진다. 내 생각에 답은 그들이 두 가지 이유로 이를 간절히 믿고 싶어 했다는 것이다. 하나는 워싱턴에 영향을 미치는 기업들이 중국에서 큰 사업 기회를 발견하고 투자하기로 결심했다는 것이다. 두 번째는 당시 전문가들과 학자들이 그들에게 모든 것이 사실이라고 말한 것 때문일 것이다. 사실상, 정치(입안)가들은 이 사람들이 듣고 싶어 하는 말을 했을 것이다.

우리는 이미 밥 갤빈 모토로라 회장이 톈안먼 사태 이후 중국 지도자들이 곤경에 처해 친구를 필요로 하는 상황에서 유리한 사업 거래를 성사시키기 위해 베이징으로 급히 달려간 것을 보았다. 그러나 그의 확고한 끈기는 거대 글로벌 보험사인 AIG의 회장 겸 CEO인 모리스 '행크' 그린버그를 훨씬 능가했다. 상하이 AIG는 1919년 코넬리우스 V. 스타(Cornelius V. Starr)에 의해 설립되었으며, 그는 자기 재산을 그린버그가 의장을 맡은 코넬리우스 V. 스타 재단에 맡겼다. 노르망디 상륙작전과 한국전쟁 참전 용사인 그린버그는 중국 이야기에서 행복한 인권의 결말 필요성에 관해 외교정책의 기득권 세력과 견해를 같이 하지 않았다. 아마도 이는 그가 기득권을 이미 갖고 있었기 때문일 것이다. 코넬리우스 V. 스타의 수장인 그는 외교협회(CFR)의 주요 기부자였으며, 심지어 한때 협회 부회장도 지냈다. 또한 그는 아시아 소사이어티(회장 역임), 닉슨 센터, 애틀랜틱 카운슬, 브루킹스 연구소, 카네기 재단, 헤리티지 재단, 피터슨 재단, 미·중 비즈니스 위원회 등 여타 워싱턴 내 영향력 있는 조직들의 핵심 기부자였다.

'행크'(필자의 경제 전략 연구소에도 기부했기에 이렇게 부를 수 있다)는 상하이 와이탄(상하이에 있는 외국 기관의 옛 중심지)에 수많은 미국 대통령과 중국 관리들과 함께 찍은 사진이 가득 걸린 응접실이 있는 AIG 본부 사무실이 있었다. 그는 인권 문제에 전혀 관심이 없었다. 그는 중국 지도자들이 직면한 문제들에 대해 공개적으로 공감했고, "(중국과 서방은) 역사와 문화가 매우 다르기에 중국이 다른 어떤 것과 유사한 정치 체제를 갖추기를 기대하는 것은 비현실적이라고" 설명했다. 그는 자신의 의견을 공유하기 위해 싱크 탱크와 기타 기관들을 압박하는 데 매우 공격적이었다. 한때 그는 헤리티지 재단의 학자 한 명이 중국에 영구적인 정상 무역 관계(China PNTR)의 부여 연기를 의회에 요청하자 헤리티지 재단에 기부 취소로 위협했다.[31] 행크는 가능한 가장 강력한 방법으로 AIG의 중국 기초를 만들기 원했고, 그것은 중국에 항구적 최혜국 대우(PNTR)를 부여하고 중국을 WTO에 가입시켜 이를 통해 장쩌민과 당 지도자들에게 구애하기 위해 워싱턴에서 최선을 다해 로비를 전개했다. 행크는 항상 진정으로 원하는 것을 얻었고, 중국에 있어 그는 인권이 아닌 보험 판매가 중요했다. 보험 판매가 우연히 인권으로 이어진다면 반대하지는 않았겠지만, 그렇게 될 것으로 기대하지 않았다.

워싱턴을 움직이는 또 다른 예는 페덱스(FedEx) 회장이자 CEO인 프레드 W. 스미스(Fred W. Smith)였다. 프레드(또한 필자 연구소의 기부자였음)는 예일대 학부 시절 항공기 기반 소포와 우편 배달 서비스를 구상했다. 어떤 의미에서 그는 오늘날 글로벌 공급망으로 알려진 시스템의 유일한 아버지는 아니더라도 적어도 그 정도 자격을 갖춘 회사 대표로 불릴 자격은 있다. 1971년 그는 페덱스를 설립하면서 당시 제대로 구축된 (1907년 이후) UPS(United Parcel Service)와 미국 우편 시스템과 경쟁하고 있었다. 그는 워싱턴을 조종하는 데 달인이 되었고, 전직 상원의원들과 국회의원들을 자신 회사의 이사로 앉혔다. 그는 행크가 그랬던 것처럼 모든 영향력 있는 사람들에게 기부했으며, 정치 캠페인에 많은 기부를 했다. 만약 당신이 왜 페덱스 집중함이 우체국 옆에 있는지 궁금하다면 여러분은 바로 프레드가 워싱턴에서 했던 마법을 보고 있는 것과 같다.

프레드는 필사적으로 중국 사업을 원했다. 그도 행크처럼 일관되게 중국인의 인권에 동기부여가 되지는 않았다. 그는 역동적이고 성공적인 미국 기업가로서 아마도 무역-창업-인권 논쟁에 무언가 발생할 수 있다고 생각했지만, 인권이 없는 무역이 그에게는 괜찮은 것이었다. 그는 편하게 중국에 들어가려고 국무부에서 중국 전문가로 일하던 나의 동기 스콧 할포드(Scott Halford)를 고용했는데 그는 베이징 주재 미국 대사관의 부대사(2인자)를 역임했다. 스콧의 일은 페덱스가 중국 당국의 승인을 얻어 중국 내 화물 운송과 픽업 서비스를 하는 것이었다.

나는 2001년 상하이에서 열린 아시아태평양경제협력체(APEC) 정상회의에 참석한 적이 있다. 통상 이 정상회의에 앞서 국가원수들과 실제 만날 수 있는 재계 지도자들의 회의가 이틀간 열리는데, 이때 대통령들과 총리들이 연설한다. 스콧은 프레드의 뜻에 따라 본회의 중 하나에 장쩌민을 연사로 초청하기 위해 미친 듯이 일했다. 결국 성공했고, 나는 대기업가이자 자유시장 중심의 챔피언 자본가 프레드 스미스가 중국 특색의 사회주의 지도자를 아낌없이 칭찬하는 것을 들을 수 있어 내심 즐거웠다(?). 이 장면은 훌륭한 공연과 같았고 페덱스에게는 경사였다.

나는 4년 뒤 중국과 인도의 부상에 대한 책 『30억명의 자본주의자들(Three Billion New Capitalists)』을 쓰고 있을 때 테네시주 녹스빌에 있는 페덱스 본사를 찾았다. 녹스빌(Knoxville, 미국 남부 테네시주에 있는 도시) 비행장은 사실상 페덱스와 같은 의미였다. 저녁에 스콧과 나는 전 세계에서 모여드는 페덱스 항공기들을 보기 위해 엘리베이터를 타고 비행장 탑 꼭대기로 올라갔다. 항공기들은 저녁 일찍 도착해서 말 그대로 몇

분 안에 짐을 내리고 다시 짐을 싣고 다음 날 아침 집 앞까지 화물을 배달하기 위해 당일 저녁 늦게 출발했다. 놀라운 광경이었다. 하늘을 가로질러 비행기들이 들판으로 접근할 때 지평선에 작은 빛의 점들이 나타났다. 그 비행기 중 하나는 페덱스에서 가장 수익성이 높은 유일 노선인 상하이로 가는 것이었을 것이다. 행크처럼 프레드도 자신이 원하는 것을 얻는 방법을 알았다.

세 번째 예는 헨리 '행크' 폴슨(Henry 'Hank' Paulson)이다. 나는 그를 잘 모르기 때문에 그를 폴슨이라 부르겠다. 1991년 그는 존경받는 투자은행 골드만 삭스의 공동 회장으로 처음 중국을 방문했다. 마오쩌둥은 40년 동안 중국을 전시(戰時) 경제 기반 위에 두었다. 모든 지방과 심지어 일부 군은 경제적으로 자급자족하도록 하였고, 그 결과 1991년까지 국유기업들도 모두 같은 일을 했다. 국유기업들은 당시 공산당의 주요 수입원이었는데, 이를 보고 폴슨은 중국과 세계를 영원히 바꿀 아이디어를 생각해 냈다. 일부 기업을 글로벌 규모로 키워 경쟁할 수 있는 대기업으로 만들어 합병한 다음 국내외 증권 거래소에 상장시켜 수익 사업화하는 것으로, 이것은 그에게 매우 간단한 일이었다.

사업이 제대로 되었다. 월가의 금융 전문가들과 중국 부자들에 대한 오래된 환상의 결합은 중국 국유기업을 구제, 수십억 달러의 머니 머신을 만들어 당이 횡재를 하게 하고 월가와 골드만 삭스를 더욱 부유케하는 것이었다. 1993년과 2010년 사이 중국 국유기업(SOE)들은 6천억 달러 이상 자금을 조성했다. 골드만 삭스는 한 거래에서만도 2억 달러의 이익을 거둔 것으로 짐작된다. 중요한 것은 주식을 산 서구인들은 차이나 드림을 사고 있다는 것을 거의 알지 못했다는 것이다. 제공 문서에는 기업에서 당의 역할이나 당이 주요 수혜자가 될 것이란 점을 밝히지 않았다. 폴슨과 다른 은행가들은 중국 공산당(CCP)이라는 단어를 공개 문서에서 제외하는 데 성공했다. 이 속임수가 중국 공산당, 중국 정부 그리고 월가에 가져다준 가치는 헤아릴 수 없을 정도로 엄청났다. 월가의 현금이 없었다면 대부분 중국의 국유기업들은 붕괴되고 공산당도 무너졌을 것은 거의 확실하다.

폴슨은 주로 자가용 제트기를 타고 중국으로 70번 이상 여행을 갔고, 자신이 중국 전문가라고 생각하기 시작했다. 폴슨은 저서 『중국과의 거래(Dealing with China)』에서 "서방 은행가들은 그 과정에서 인간에 불을 훔쳐다 준 프로메테우스 같은 존재라고 했다. 우리는 중국인들에게 자본 시장의 불을 붙이는 방법을 보여주기 위해 제트기를 타고 가서 경쟁했다. 우리가 한 일의 대부분은 교육적이었는데, 우리는 학교를 운영하는 것이 더 나을 수도 있었다. 사실, 가끔은 우리가 학교를 운영하는 것처럼 느껴

지기도 했다."라고 서술했다.[32]

초기의 성공 중 하나는 중국의 전화 회사들이었다. 1990년대 초 중국 전화 서비스는 매우 비효율적으로 지방 독점 기업들에 의해 제공되었다. 폴슨은 주룽지(Zhu Rongji, 朱鎔基)를 설득하여 이것들을 차이나 모바일(China Mobile)이라고 불리는 전국적인 전화 회사로 통합시켰다. 골드만 삭스가 차이나 모바일을 월가로 가져갔을 때 이 회사는 한 번도 위안화 수익을 거두지 못한 페이퍼 컴퍼니에 불과했다. 그러나 이 회사가 뉴욕과 홍콩 거래소에 상장되었을 때는 45억 달러를 조성했고, 오늘날 이 회사는 세계 최대 휴대전화 사업자가 되었다.

폴슨은 자신이 중국인들을 교육하고 있다고 생각했지만, 사실 주룽지는 상황을 다르게 보았다. 그의 목표는 순수하게 민간 부문 경제를 만드는 것이 아니라 국유기업을 중국 공산당 일당 지배의 어엿한 기둥으로 살리는 것이었다. 폴슨은 자칭 중국 전문가로서 광범위한 글쓰기와 연설을 했지만, 그와 월스트리트 그 누구도 그 지역을 민영화하기는커녕 중국의 권위주의적 통치가 중국 국경 너머로 권력(영향력)을 투사하는 힘을 강화하고 있다는 사실을 알아차렸다는 증거는 없다.

투자은행가들의 경험이 실제 상품을 판매하는 기업들의 경험과 달랐다는 점에도 주목할 필요가 있다. 당신이 만약 Corning Glass, IBM 또는 Microsoft의 책임자라면 중국에서 생산하는 조건으로 파트너 회사가 필요할 수도 있게 되는데, 이런 파트너 회사는 중국 정부와 공산당이 그 회사에 맞게 선택한 회사일 것이다. 또는, 일부 기술을 해당 파트너 또는 중국의 다른 파트너에게 이전해야 할 수도 있다. 물론 거절할 수도 있지만, 그러면 안전 검사관, 환경 검사관 그리고 다른 사람들이 사업을 방해할 수도 있다. 당신은 시장에서 당신 회사 제품 위조품(복사품)이 널리 사용되는 것을 봐도 분명히 놀라지 않게 될 것이다. 이는 중국에서 천번을 베어 죽이는 형벌과 같다. 효과적으로 저항할 수 없었기에 양보해야 했다. 때때로 투자 조건에는 생산의 일정 비율을 수출해야 하는 것이다. 이것은 폴슨팀에게는 생소한 중국 사업의 한 측면이었지만, 실제 일어나는 일이었다. 그러나 미국과 글로벌 경제계가 중국 진출에 열을 올려 이에 격렬한 저항을 하지 않은 것도 사실이다. 한편 그들은 중국인들보다 더 빨리 발명할 수 있는 능력을 갖고 있는 것을 과신하며 지적 재산의 도난에 별로 걱정하지 않았다. 반면 중국 시장에 일찍 진출하길 간절히 원했기 때문에 어떠한 비용이 들더라도 기꺼이 그렇게 했을 것이다.

중국에서 생산, 판매, 구매에 관심이 있는 많은 기업이 워싱턴의 강력한 로비 기구가 된 미중 비즈니스 협의회 산하에 모였다. 비즈니스 라운드 테이블은 또한 막대한 자금을 지원받은 미국 상공회의소가 그랬던 것처럼 "중국으로 가라."라는 노력에 엄청난 비중을 뒀다. 토마스 도나휴(Thomas Donahue) 회장은 항상 자신을 '미국 비즈니스의 목소리'라고 표현했다. 그러나 많은 관측통은 그가 사실상 베이징의 대변인과 같았기에 '중국 정부의 외국 대리인'으로 등록해야 했다고 생각했다.

'무역을 통한 자유화' 신앙이 널리 퍼진 또 다른 중요한 이유는 미국 언론의 주요 점쟁이들이 이를 퍼뜨렸기 때문이다. 뉴욕타임스 수석 외교 칼럼니스트인 톰 프리드만(Tom Friedman)이 완벽한 예이다. 1999년 그의 저서 『렉서스와 올리브나무(The Lexus and the Olive Tree)』는 폭주하는 베스트셀러가 되었고 그를 이미 유명 인사로 만들었다.

프리드먼은 개인용 컴퓨터와 이를 구동하는 마이크로칩의 명백한 자유화 효과에 반했다. 그는 '마이크로칩 면역 결핍증'이라 부르는 새로운 질병을 발견하기도 했는데, 이 질병은 IBM과 구소련의 시스템과 같이 오래되고 느린 것으로 상부가 무거운 시스템이 전체를 괴롭힌다는 것이다. 그는 이들 상부가 세계화 시대의 패배자였다고 썼다. 이는 PC와 마이크로칩의 환경에서도 개인에게 권한을 부여하는 것이 훨씬 더 효율적이기 때문일 것이다. 그는 "사회는 냉전 시대의 명령과 통제(command and control) 리더십 모델에서 세계화 시대 명령과 연결(command and connect) 리더십 모델로 변화했다."고 기술했다.[33]

그는 중국과 관련 "중국은 언론의 자유를 갖게 될 것이다. 세계화가 그렇게 몰고 갈 것이다. 아쉽게도 중국의 지도자들은 아직 모르지만 그 방향으로 곧장 밀려가고 있다."고 했다. 이어 "중국 경제가 제대로 돌아가려면 다섯 번 우회가 필요하다."고도 했다. "중국은 문화적인 이유가 아니라 정치적인 이유로 어려운 조정을 하게 될 것이고, 중국은 의지가 있는데 이대로는 방법이 없다. 중국이 국유기업을 위해 일하는 수백만 명의 사람들을 돌볼 수 있는 유일한 방법은 민영화하는 것이다. 일정 시점에서 중국은 더 부유하게 되지도 않을 것이고 지금처럼 권위주의적이지도 못할 것이다. 왜냐하면 중국 정부가 지금 성취할 수 있는 것과 일단 무리(세계) 속에 완전하게 융합된 후 해낼 수 있는 것과는 매우 다르기 때문이다."라고 했다.[34]

사실, 프리드먼만이 중국의 정치적, 경제적 자유화의 불가피성을 설파한 것도 아니다. 퓰리처상 수상자인 니콜라스 크리스토프(Nicholas Kristof) 기자는 1994년 6월 뉴욕 리뷰 오브 북스에 기고한 글에서 "중국에서 공산당 왕조가 무너지고 있다."[35]라고 했다. 크리스토프의 중국에 대한 신뢰는 텐안먼 광장 시위와 학살에 대한 보도로 퓰리처상을 함께 수상한 그의 아내 중국계 미국인 셰릴 우둔(Sheryl Wu Dunn)에 의해 더욱 확실해졌다.

2000년 11월 포린어페어스(Foreign Affairs)에 기고된 클린턴 대통령의 국가안보보좌관인 사무엘('샌디') R. 버거(Berger)는 "북미자유무역협정(NAFTA) 회원국 자격이 일당지배 멕시코의 경제적 기반을 잠식한 것처럼 WTO 회원국 자격은 중국에 대해서도 같은 일을 할 수 있을 것"이라고 했다.[36]

미국 기업은 중국 무지개 끝에서 꿀단지를 보고 그것을 추구하는 한편 목표에 도달하는 데 필요한 정치·경제적 영향력을 사들였다. 미국의 전문가들과 학자들은 그들과 독자들이 필사적으로 믿고 싶어 하는 이야기로 이러한 노력을 지지했다.

버거는 또한 외교정책 기득권층이 자유무역은 민주화와 같다는 주제에 그토록 집착하게 한 또 다른 이유를 보여준다. 그는 클린턴 행정부를 떠난 후 중국 대처 방법에 대해 기업에 컨설팅하는 그룹인 스톤브리지 인터내셔널(Stonebridge International)을 설립했다. 이는 키신저가 국무장관에서 물러난 뒤 중국에 관해 조언하기 위해 키신저 어소시에이트를 설립한 것을 모방한 것이다. 그 생각(주장)은 중국과 교역과 투자를 촉진하는 일을 잘하면 중국이 정치적 자유화로 이어질 것이란 것이다. 키신저가 좋은 일을 했든 안 했든 간에, 그는 아주 너무도 잘했다. 클린턴의 매들린 올브라이트 국무장관(올브라이트 그룹), 윌리엄 코언 전 상원의원 겸 국방장관(코언 그룹), 칼라 힐스 전 미 무역대표부(행크 그린버그가 특별후원자로 AIG 이사에 임명), 브렌트 스코크로프트 전 국가안보보좌관도 마찬가지였다. 미키 캔터 전 무역대표부(USTR) 대표는 USTR 내 중국 담당자 몇 명과 함께 메이어 브라운 로웨 모(Mayer, Brown, Rowe, & Maw) 로펌의 중국 자문으로 일을 했고, 샬린 바셰프스키 전 미 USTR 대표는 윌머 헤일(Wilmer Hale) 로펌에서 중국 관련 자문 역할을 훌륭하게 수행했다. 그러나 잘하기 위해 회사를 설립하고 중국에 대한 조언자로서 타인의 눈에 보일 필요는 없었다. 많은 전직 관료들은 겉보기에는 평범한 학계에서 일을 했지만 여전히 그들도 중국 경험에서 이익을 얻을 방법을 찾았다. 예를 들어, 켄 리버썰(Ken Lieberthal)이 언론에 인용될 때 그는 보통 미시간 대학 중국 전문가 또는 전 NSC 관리로 드러나기 때문이다. 그는 확실히 이 두 가지 모두 포함되지만 보통 언급되지 않는 것은 그가 스톤브리지 인터내셔널의 수석 이사를 역임했다는 사실이다.[37] 중국과 경제적 결합을 강력하게 옹호하는 로버트 졸릭은 보통 세계은행의 전 총재나 국무부 부장관으로 확인되지만, 그는 브런스윅 그룹(Brunswick Group) 고문과 얼라이언스 번스타인(Alliance Bernstein)의 비상임 회장으로서 두 그룹 모두에서 어떤 식으로든 중국 관련 일을 하고 있었다.

그들 자신의 자존심을 유지하기 위해 이들은 그들과 같은 많은 사람들이 중국과 무역을 하고 기술을 이전하고 투자하는 것이 중국을 더 자본주의화하고 정치적으로 더 자유로운 나라로 만들 것이라는 믿음에 진심으로 천착해야 했다. 그들은 중국을 진정한 종교로 개종시키려는 오래된 선교적 꿈을 20세기 세속 버전으로 진심으로 받아들인 것이다.

주의분산, 재확신 그리고 의문점

일단 중국이 WTO에서 받아들여지자, 중국에 대한 예측은 부정확하다는 사실이 곧 증명되기 시작했다. 우리가 앞에서 보았듯이 무역대표부의 미키 캔터와 샬린 바셰프스키는 미국의 대중 수출의 빠른 증가와 미국의 대중 무역 적자의 극적인 감소를 예상했다. 그러나 이는 실현되지 않았을 뿐만 아니라, 급속하게 반대 방향으로 진행되었다. 미 다국적 기업들이 미국에서 중국으로 생산기지를 대량 오프쇼어링 한 결과 미국의 적자가 급기야 4,000억 달러를 넘어서기에 이르렀다. 그들은 중국 생산을 학수고대했었다. 천천히 기다릴 수 없었다. 중국 인건비가 미국의 몇 분의 1에 불과했고, 특히 환경오염과 노동자 안전에 관한 규제는 근본적으로 존재하지 않았기 때문이다. 그리고 월마트(한때 미국산 제품을 파는 정책 유지했음), 베스트바이, 코스트코와 같은 미국의 대형 유통업체들은 중국 상품을 사려고 했다.

이런 것 대부분이 리카도의 비교 우위 이론과 일치하지 않았다. 리카도 자신이 투자와 생산을 한 나라에서 다른 나라로 옮길 수 있다면 모든 베팅은 취소해야 한다고 경고했던 것을 기억해야 한다. 그럼에도 전문 경제학자와 전문가 길드(동업자 그룹)가 자유무역과 세계화는 필연적으로 '윈-윈'하는 명제라는 것을 설파하는 것을 누구도 막지 못했다.

조지 W. 부시는 처음에 자신의 아버지의 견해를 공유하는 것처럼 보였다. 1999년 11월 19일 로널드 레이건 도서관에서 열린 연설에서 부시는 "경제적 자유는 민주주의를 기대하게 하며 자유의 습관을 만든다."고 언급했다 그는 "중국과 자유롭게 무역하면 시간은 우리 편이다"라고 덧붙였다. 부시의 첫 국가안보보좌관인 콘돌리자 라이스(Condoleezza Rice)도 이 오래된 종교와 같은 생각을 가졌다. 그녀는 2002년 12월 11일 뉴욕타임스에 "중국의 WTO 가입은 필연적으로 미국과 같은 가치와 이익에 대한 욕구로 이어질 것이다. 그것은 국가에 의지하지 않고(생계를 의지하지 않고) 중국을 자유롭게 만드는 기업가 계급을 강화할 것이다."라고 썼다.[38]

부시 행정부는 한때 중국을 '전략적 경쟁자'라고 부르면서 타이완에 대한 무기 판매를 늘림으로써 위험 회피도 고려했다.[39] 그러나 부시 행정부는 임기 초반 '9·11 사태'와 테러와의 전쟁으로 치명적인 혼란에 빠졌다. 테러와의 전쟁을 위해 미 행정부는 유엔 안전보장이사회에서 중국의 지원이 필요했고, 어쨌든 미국과 중국 사이의 사업은 호황을 누렸다. 2004년까지 두 나라 사이의 무역은 중국의 WTO 가입 이후 거의 두 배인 2,310억 달러로 증가했다. 미국의 무역 적자도 약 1,600억 달러로 두 배가 되었지만 거의 눈치채지 못했다. 2005년 베이징을 방문한 토니 블레어 전 영국 총리도 중국에서 발견한 민주주의를 향한 멈출 수 없는 모멘텀(흐름, 경향)에 환호했다.[40] 그러나 그러한 와중에도 자오쯔양(趙紫陽) 전 총리는 텐안먼 광장에서 민주주의를 외치는 학생들에 대한 동정 때문에 15년째 가택연금을 당하고 있었다. 물론, 블레어는 자오쯔양을 만날 기회도 없었다.

미국의 대중 무역 적자가 2,000억 달러를 넘어서자 마침내 사람들이 관심을 갖기 시작했는데, 이는 미국 일반 공장뿐만 아니라 고임금 제조업 일자리와 기술도 미국을 떠나 중국으로 향했기 때문이다. 로버트 졸릭 국무부 부장관은 성명을 통해 "이제는 중국의 국제체제 가입에 문호를 개방하는 것을 넘어 우리의 정책이 취해져야 할 때"라고 밝히면서 "우리는 중국이 국가체제에서 책임 있는 이해당사자가 되도록 촉구할 필요가 있다."고 했다. 그는 중국에 대한 찬사를 쏟아낸 뒤 "시장 개방보다 시장에 직접적으로 지시를 내리는 정책으로 중국 중상주의적 징후가 증가하고 있다."라고 언급하며, 책임 있는 이해당사자인 중국의 "만연한 지적재산권 도용과 위조에 관용을 베풀어선 안 되며, 미국이 강력한 경쟁 우위를 점하는 시장에 대한 규약을 중국이 완전하게 이행할 필요가 있다."라고 덧붙였다. 중국은 환율조작을 중단하고, 세계 에너지 공급을 잠그려는 시도를 중단하고, '권력의 우위를 점하려는 포석으로 양자포럼을 이용'하기보다는 다자간 협상을 시작할 필요가 있다."는 것이다. 또한 졸릭은 중국에게 "명성에 누가 될 북한과 같은 정권과 파트너십을 회피하라."고 촉구하기도 했다[41]

이것은 약간의 변화를 말한다. 이전의 논평가들은 무역에서 자유시장으로 또 민주주의로 가는 길은 자연스럽고 돌이킬 수 없는 것으로 묘사했다. 졸릭은 그렇지 않으며 세계와 중국이 함께 중국을 올바른 경로로 가도록 협력해야 한다고 제안하기도 했다. 하지만, 그는 중국이 이행하지 않았을 때 가져올 결과에 대해서는 언급하지 않았다. 그의 연설은 세계가 중국과 함께 구태의연하게 동일한 게임을 계속하면서 중국이 '국제 시스템의 책임 있는 이해당사자'가 되기 위해 그간 그렇게 잘 작동하던 중국의 '따라잡기' 전략을 포기할 것을 촉구하는 내용이었다. 그러나 중국은 그 시스템을 구축하는 데 아무런 역할도 하지 않았고, 그러한 시스템을 보호하고 보존할 아무런 책임도 느끼지 않았다. 결국, 그 연설은 미국의 주요 전문가들이 여전히 중국 공산당 치하의 중국이 어떤지 이해하지 못하고 있다는 사실만 보여주었다. 죌릭은 중앙공산당학교와 다른 주요 당 기관들이 국제체제에서 책임 있는 이해당사자가 되는 것이 그들의 권력에 위험하다는 것을 익히 알고 있다는 점을 몰랐다. 중국은 그렇게 되지 않기 위해 그들이 할 수 있는 모든 것들을 동원하고 있었다.

2005년에는 톰 프리드먼의 또 다른 베스트셀러 『세계는 평평하다(The World Is Flat)』가 등장했다. 흥미를 끄는 책 제목이었다. 이 책은 기술이 어떻게 거리와 시간을 줄이고 무역과 금융에 대한 장벽을 제거하고 있는지 설명했다. 이것이 어떻게 작동하는지에 대한 프리드먼의 분석은 때때로 리카도를 제대로 이해했는지 의심하게 한다. 그는 '평평한 세계'의 세계화가 많은 일자리 이동을 가져올 수 있다는 것을 감지했지만, 결국 그는 세계 파이가 계속해서 커지고 따라서 모든 사람에게 충분한 복지를 제공할 것이라고 추론하면서 그러한 믿음을 지켰다. 『렉서스와 올리브 나무』에서 프리드먼은 갈등 회피에 대한 맥도날드 이론을 발전시켰다. 맥도날드 레스토랑이 있는 두 나라는 서로 전쟁을 하지 않는다는 것이다. 1999년 미국과 몇몇 유럽연합 국가들이 세르비아와 전쟁을 벌였을 때 그 풍선은 터졌다. 이제 프리드먼은 '델(Dell)의 분쟁 회피 이론'을 제시했다. 당시 델 컴퓨터는 중국에서 전 세계 부품과 함께 조립되고 있었다. 그 개념은 공급망을 공유하는 두 나라가 전쟁하지 않는다는 것이었다. 프리드먼은 중국이 모든 주요 국가와 많은 작은 국가들과 공급망을 공유했기 때문에 향후 중국과의 군사적 충돌을 걱정할 필요가 없다는 주장이었다.

그러나 2005년까지 모든 사람이 여전히 확신하지는 않았다. 제3장에서 살펴본 바와 같이 중국의 5개년 계획, 따라잡기 전략과 목표, 공격적인 기술 획득은 중국의 WTO 가입에도 전혀 변화가 없었고, 미국의 대중국 무역 적자 증가와 중국으로 일자리 기회 이전에도 마찬가지였다. 중국이 '국제 시스템의 책임 있는 이해당사자'가 되기를 바란다는 징후는 없고 그렇지 않다는 증거는 늘어나고 있었다. L.A. 타임스의 전 북경 지국장 제임스 만(James Mann)은 2007년에 『차이나 판타지(The China Fantasy)』라는 책을 출간했는데, 그 책에서 오래된 통념의 많은 부분을 꼬치꼬치 되짚으며 예측했던 것들이 실현되지 않고 있음을 지적했다. 그리고 실현될 것 같지 않은 이유에 대해서도 설명했다. 이는 국제 경제와 베이징 정권 모두에 대한 잘못된 가정에 근거했기 때문이라는 것이다. 그는 일본의 따라잡기 정책을 설계한 아마야 나오히로의 말을 인용하며 "중국은 미국이 하지 말라고 한 것을 하고 있다."고 표현했다. 그는 또 조지프 나이 하버드대 교수와 로버트 새뮤얼슨 워싱턴포스트 칼럼니스트 등이 주장한 "중국을 적으로 취급하면 적이 된다."는[42] 견해에 대해서도 반박했다. 제임스 만은 그 말이 조용히 정반대임을 시사하는 것은 중국을 친구로 대하면 친구가 될 것이라는 이것이 닉슨 어쩌면은 윌슨 대통령 이래 미 정책의 기반이었다는 것이다. 중국은 특별히 미국의 친구나 다른 국가들의 친구가 될 의도가 없었다. 레닌주의 정당으로서 중국 공산당은 진정한 친구를 가질 수 없었기 때문이다.

방향전환

2007~9년의 금융위기(The Great Recession)를 계기로 베이징 정부는 중국이 미국처럼 자본주의 국가가 되려는 것은 좋은 생각이 아니라고 확신하게 되었는데, 사기꾼 부동산업자가 잘못된 부동산 평가지표를 사용하여 비뚤어진 대출 회사와 은행과 공모하여 잘못된 금융상품을 만들어 무고한 투자자들에게 팔았기 때문이다.

그러나 그 잘못이 전적으로 미국에 있는 것은 아니다. 베이징의 급속한 성장정책은 중국의 저축률을 GDP의 50% 이상으로 끌어올렸는데, 그 결과 무역 흑자는 달러를 중국의 금융기관으로 유입시켰고 미국 국채에 투자되었다. 이러한 상황에서 미국의 낮은 금리는 부동산 거품을 촉발하게 되었다. 그러나 베이징에서는 이러한 사실을 믿는 사람이 거의 없었다. 그들은 미국과 세계가 말해주지도 않았기에 그들 자신이 경제를 운영하는 방법을 모르는 것처럼 보였다.

많은 미국인도 비슷한 생각을 하고 있었다. 그들이 구입하는 모든 것에 '메이드 인 차이나'라는 라벨이 붙어 있는 동안 그들의 직업은 계속 사라졌다. 그후 전 골드만 삭스 은행장인 행크 폴슨이 재무장관으로 새 일을 하면서 미국 은행들(골드만 삭스 포함)에 7천억 달러의 구제 금융을 만들었다. 이어서 미국 자동차 산업에 대해 800억 달러의 구제 금융도 준비했다. 아무도 감옥에 가지 않았고 은행과 자동차 회사들은 근본적으로 그들을 혼란에 빠뜨렸던 것과 비슷한 어수선한 관리하에 들어갔다. 실업률이 계속 증가했는데, 경제정책연구소(EPI)는 2001년과 2011년 사이에 270만 개의 미국 일자리가 중국으로 간 것으로 추정했다.[43] 물론 이 모든 것이 2008년 미국 대통령선거에서 버락 오바마를 백악관에 앉히는 결과를 낳았다.

오바마가 경제 고문 래리 서머스와 재무장관 티모시 가이트너에게 중국에 관해 초기에 한 질문 중 하나는 "당신들은 너무 많은 것을 기부한 것 아니냐?"였다고 한다.44

오바마 당선 직후 분명한 것은 중국이 무역으로 인해 자유화되고 있지 않다는 것이었다. 2008년 12월, 류샤오보(Liu Xiaobo, 劉曉波)가 이끄는 중국 자유주의자들은 그들이 '08헌장'이라고 부르는 것을 작성하고 자유를 요구하는 선언문을 발표했다. 류샤오보는 1989년 6월 3일 밤엔 텐안먼 광장 학생이었고, 6월 4일 이른 아침에 평화적으로 학생들을 철수시키는 협상을 했던 사람이다. 그렇게 함으로써 그는 수백 명의 생명을 구했다. 노고에 대한 대가로 그는 20개월의 징역형을 선고받았다. 이제 2008년 12월 8일 그는 '08헌장'이 발표되기도 전에 체포되어 징역 11년을 선고받았다.* 2010년 그가 노벨 평화상을 수상했을 때 중국은 그의 아내를 억류하고 노벨상 주최국인 노르웨이 연어 수입을 중단하는 것으로 대응했다. 오슬로에서 열린 수상식에서 그는 빈 의자로 대표되었다. 중국 공산당은 그가 상을 받기 위해 노르웨이에 가는 것을 허락하지 않았다.

미·중 관계는 빠르게 내리막길을 걸어갔다. 중국은 일본이 관리하는 센카쿠 열도 주변 해역에 수백 척의 '어선(민병 어선단)'을 보내며 일본을 괴롭히기 시작했다. 중국은 또한 다른 동남아시아 국가들에 남중국해에 대한 자국의 영유권을 인정할 것을 요구하기 시작했고, 이를 티베트와 타이완을 두고 주장하는 것과 같은 '핵심 이익' 수준으로 끌어올렸다. 중국 해커들은 이미 F-35 라이트닝 II(미국의 가장 선진화된 전투기)의 생산 계획을 도용해 중국이 만드는 J-31의 모델로 삼았다.45 이후 2011년 10월 힐러리 클린턴 국무장관은 포린 어페어스(Foreign Affairs)에서 '미국의 태평양 세기'라는 기고에서 '피벗(pivot)'이라는 단어를 세 번 사용했다. 이것은 미국의 아시아로 회귀(Pivot to Asia)를 의미한다.

이 단어는 고착되었고, 그 정책은 '피벗(Pivot)'으로 알려지게 되었다 미국은 오스

* '08 헌장'(08 憲章)은 2008년 12월 9일 중국의 반체제 인사, 평론가인 류샤오보 등 303명이 인터넷에서 발표한 선언문이다. 2008년 12월 10일이 중국 입헌 100주년, 세계 인권 선언 발표 60주년, 민주의 벽 30주년, 중국 정부의 시민과 정치적 권리에 관한 국제규약 체결 10주년이 되는 점을 감안하여 류샤오보 등 303명의 전문가가 실명으로 발표했으며, 중국의 정치, 사회 체제 개혁, 중국 공산당의 일당 독재 체제 종식, 삼권 분립, 민주화 추진, 인권 상황의 개선 등을 요구하는 의견을 담았다. 선언문은 체코슬로바키아에서 발표된 '77 헌장'을 모티브로 해서 작성되었다고 하며, 헌장은 전문(前言), 우리의 기본 이념(我們的基本理念), 우리의 기본 주장(我們的基本主張), 결론(結語)으로 구성되어 있다. 6대 이념인 자유, 인권, 평등, 공화, 민주, 헌정에 관한 개념을 설명하고 있으며 헌법 개정, 분권 실시, 민주적인 입법 과정 실현, 사법부의 독립, 결사·집회·언론·종교의 자유에 관한 19가지의 주장을 담고 있다.

트레일리아에 새로운 기지를, 싱가포르에는 군함을 배치하여 이 지역에 병력과 해군 함정 배치를 늘렸다. 이 정책은 미국이 동아시아 정상회의(East Asia Summit, EAS)에 가입하고 환태평양경제동반자협정(TPP)과 자유무역협정(FTA)을 협상할 것으로 이어졌다.

이에 뒤지지 않기 위해 2012년 11월 시진핑 중국 공산당 신임 총서기는 정치국 상무위원 7명을 데리고 중국국립박물관 전시회 '부흥의 길(The Road to Rejuvenation)'을 둘러봤는데, 여기서 그는 '중국몽(Chinese Dream)'이 '중국 민족의 위대한 부흥'과 관련이 있다고 강조했다. 2013년 4월 공산당은 7개의 정치적 위험성을 열거한 '문서 9'를 발표했는데, 그중에는 보편적 가치의 증진, 언론의 자유, 민영화 경제가 포함되어 있었다.

해킹도 심해졌다. 2015년 봄 중국 스파이들은 1986년 이후 비밀 취급 인가를 받은 모든 사람의 정보를 포함하여 2천만 명 이상의 미국 근로자들의 민감한 개인 정보를 훔쳤다.[46]

3년 후인 2018년 3월 세계 경제의 기득세력 대변자인 이코노미스트지는 자유세계가 중요한 내기에서 지는 쪽에 있다고 선언했다.[47] 자유세계는 세계화가 중국의 시장을 자유무역과 경쟁에 개방할 뿐 아니라 중국의 정치 환경을 자유화할 것이라는 쪽에 내기를 걸었었다. 그러나 중국은 그 반대로 내기를 걸었다. 중국이 자유세계의 기술과 시장을 사용하여 한 치의 정치적 자유도 양보하지 않고 부유하고 강력한 국가가 될 수 있다는 것이다. 이코노미스트지는 중국이 내기에서 이겼다고 발표했다.

불안하게도, 대부분의 자유세계 도박사들은 그러한 내기가 존재했다는 것조차 모르는 것처럼 보였다.

PART 03

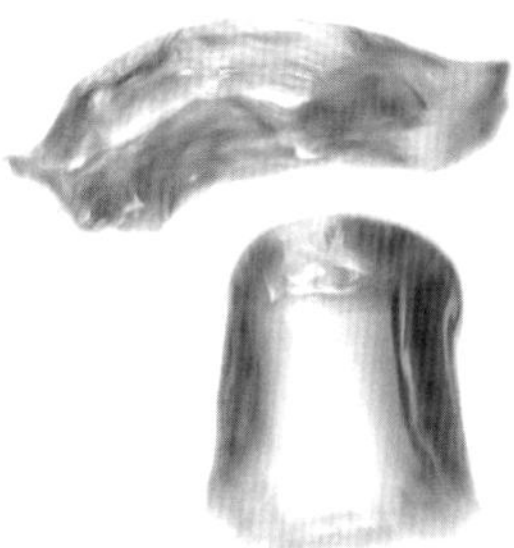

백전불태(百戰不殆)

손자(Sun Tzu)

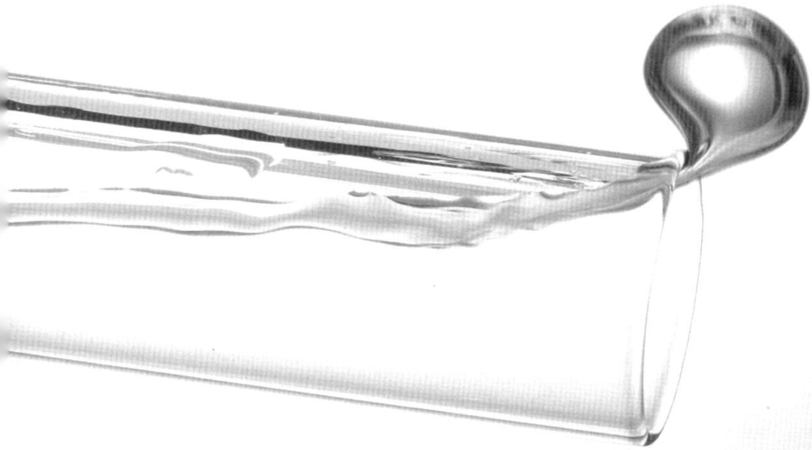

08

형세

우리가 지금은 희미하게 볼 것이나, 그 때에는 얼굴과 얼굴을 대하여 볼 것이요.
– 고린도전서 13:12

중요한 스포츠 행사에서 선수들은 경기가 시작되기 전에 종종 경기장을 조사하려고 한다. 그들은 끈적끈적하고 매끄러운 부분, 딱딱하고 부드러운 부분, 자신의 강점을 높일 수 있는 부분, 피해야 할 부분을 어떻게(어디서) 찾을 수 있는지 미리 알고자 한다. 그럼, 2020년대 10년 동안 중국과 미국의 신체적, 정신적 경기장을 살펴보도록 하자.

세상은 둥글다

중국 전문가, 경제학자, 분야별 전문가, 사업가들의 시각장애로 인해 자유세계의 거주자들은 40년 동안 이상한 세계에서 살고 있다. (예를 들어, 제1차 세계대전과 제2차 세계대전에서 최고의 무역 상대국들 간의 전쟁이 벌어지는 것 등) 많은 반대 증거에도 불구하고 자유세계(특히 미국)는 '자유무역이 신의 외교'라는 코브든의 개념(Cobden's notion)에 의해 이끌려 왔다. 이는 "세계는 평평하다."라는 톰 프리드먼의 걱정되지만 안심할 수 있는 결론을 받아들이고, 자유무역과 세계화는 항상 그리고 모든 곳에서 '윈-윈하는 명제'로 극소수 패배자들도 많은 승자들이 이득을 봄으로써 상대적으로 손실이 작다는 전제를 수용한 개념이다. 또한 '보호주의'와 '중상주의'를 미개한 과거의 유물로 비난했다. 중국 공산당이 톈안먼 광장에서 중국 학생들을 학살한 것을 간과하고, 무역과 외국인 투자가 필연적으로 "민주주의의 씨앗을 심을 것"이라고 믿었기 때문에 중국과 공산당을 풍요롭게 하고 힘을 실어주는 데 도움을 주었다. 중국이 '글로벌 질서의 책임 있는 이해당사자'가 되는 것은 불가피하며 결국 자유화하고 민주화해 중국이 자신들과 똑같이 변할 것이라고 봤다.

자유세계 지도자들은 중국 공산당의 본질을 더욱 잘못 이해했다. 그들은 중국 공산당은 자유세계가 '그들을 껴안아 죽이는' 도박에 내포된 권력의 위험을 잘 이해하고 정치적인 또는 문화적인 영향력을 억제하기 위해 강력한 조치를 해왔다는 점을 이해하지 못했다. 자유세계의 지도자들과 지식인들은 중국 공산당을 자유세계의 헤드 테이블에 앉히겠다는 제안이 공산당이 공산당의 기반에 대한 공격으로 이해하는 것을 알지 못했다. 또한, 그들은 중국 공산당이 준종교적 성격과 신앙(공산당 이념)을 가르치고 지키는 것과 방송 선전의 중요성 및 정보의 유통을 엄격하게 통제하는 것에 대한 심각성을 이해하지 못했다. 클린턴 대통령이 인터넷을 통제하려는 어떠한 시도도 '젤리오'를 못으로 벽에 박는 것과 같다고 비유했을 때 모두가 웃었었다. 베이징이 그런 일을 할 수 있다고 상상하는 지혜가 정말 어리석은 생각이었다. (공산당이 그렇게 할 수 없다고 생각하는 것이 어리석은 것이었다)

자유세계가 오랜 친구 콜럼버스를 그렇게 빨리 버리지 말았어야 했다는 것은 이제 분명해졌다. 콜럼버스는 그 시대에도 옳았고 오늘날에도 옳다. 세상은 정말 둥글다. 동쪽은 여전히 동쪽이고, 서쪽은 여전히 서쪽이다. (중국과 서구는 다르다)

신경제학 개론

우리는 또한 전통적인 의미에서 자유무역이 오늘날 상당히 제한적이라는 것을 보았다. 우리가 대부분 경험하고 있는 것은 자유무역이 아니라 세계화로 특히 자유무역 교리가 발생하지 않는다고 가정했던 국경을 넘는 금융의 흐름인 것이다. 세계화는 규모와 범위의 경제에 관한 것으로 경제학에서 대학생들에게 가르치던 전통적인 이론과는 잘 들어맞지 않는다. 폴 크루그먼이 자신의 저서 『팝 인터내셔널리즘(Pop Internationalism)』에서 학부생들이 무역에 대해 알아야 할 것에 대해 말하는 것과 반대로 오늘날 학생들이 사는 글로벌화된 세계를 이해하기 위해서 학생들은 전통적인 자유무역 이론보다 훨씬

더 많은 것을 배워야 한다.[1]

그들이 알아야 할 한 가지는 의미 있고 강제력 있는 국제 경제협정 대신에 중상주의가 작동한다는 사실이다. 중상주의 정책을 제외하고 어떤 나라도 부유해진 적이 없다. 경제 이론은 혁신을 예측할 수 없기에 국가가 어떻게 부자가 될 것인지를 말해 줄 수 없다. 한국, 타이완, 일본, 중국과 같은 최근의 예를 생각해 보라. 어느 국가도 많은 천연자원을 가지고 있지 않았다. 어느 나라도 "미국인들이 말한 것을 하지 않았다." 그들 중 아무도 '워싱턴 컨센서스'*를 채택하지 않았다. 모두 중상주의 전략을 사용하여 성공했다.

학생들과 다른 모든 사람은 자유무역 경제학의 공통된 비유는 잊어버리는 것이 중요하다. 기업은 경제적으로 경쟁하지만, 국가는 그렇지 않다는 개념은 단순히 잘못된 것이다. 임금 수준이 모든 곳에서 동등하게 보장되고 국가가 모두 민주적이고 법치 아래 운영되고 군대를 유지하지 않아도 서로 두려워할 이유가 없다는 것은 같은 정치, 사회, 경제적 가치를 공유한다면 그것이 사실일 수 있다. 그러나 이는 우리가 사는 세

---

* 1990년 미국 국제경제연구소(IIE)가 남미 국가들의 경제위기 해법으로 제시한 세제개혁, 무역·투자 자유화, 탈규제화 등 10가지 정책으로 미국식 시장경제체제를 주 골자로 한다. 미국의 정치경제학자인 존 윌리엄슨이 1989년 자신의 저서에서 제시한 남미 등 개도국에 대한 개혁 처방을 '워싱턴 컨센서스(Washington Consensus)'로 명명한 데서 유래되었고, 이후 1990년대 초 IMF와 세계은행, 미국 내 정치경제학자들, 행정부 관료들의 논의를 거쳐 '워싱턴 컨센서스'가 정립되었다. 이후 미국 주도 신자유주의의 대명사로서 워싱턴 컨센서스는 동구 사회주의 국가 체제 전환과 1990년대 후반 아시아의 경제위기 극복 과정에서 주요 개혁정책으로 채택됐다. 반세계화주의자들에 의해 이 용어는 미국의 이익을 극대화하기 위한 금융자본주의의 음모 내지는 술수라는 비판을 받았다. 또한, 중남미에서 좌파정권 도미노를 부른 원인을 워싱턴 컨센서스의 실패로 지목되면서 베이징 컨센서스가 보다 현실적인 대안으로 나왔다. 베이징 컨센서스(Beijing Consensus)는 투자지원·인적교류 등을 통한 '중국식 사회주의 발전모델'의 대외 확산을 뜻한다. 미국식 시장경제체제의 대외 확산 전략인 워싱턴 컨센서스에 대응하는 개념으로, 2004년 중국 칭화(清華)대 겸임교수인 라모(Joshua Cooper Ramo)가 처음으로 제시했다. 베이징 컨센서스는 정부 주도의 점진적이고 단계적인 경제개혁, 조화롭고 균형 잡힌 발전전략, 타국의 주권을 존중하고 내정불간섭을 원칙으로 하는 대외정책을 그 내용으로 한다.
중국은 독자적 국가신용등급 평가체제를 수립하여 글로벌 스탠더드(Global Standard)를 주도하며, 중남미·아프리카·동남아 지역에 대외원조 규모를 대폭 확대하고, 대규모 투자를 통해 원자재 확보에 주력하는 등 중국은 베이징 컨센서스의 확산에 노력하고 있다. 이 외에도 인민은행 등의 금융 지원을 앞세워 문화산업진흥계획을 추진하고, 외국어 방송확대 등을 통한 미디어 산업 육성에 힘을 쏟고 있다. 특히 가부장적 사회구조를 추구하는 공자의 유교사상이 공산당을 중심으로 한 중국의 통치철학과 일맥상통하다는 점에 착안해 공자사상을 세계 전체에 확산시키려는 목적을 바탕으로, 중국 문화와 중국어 교육을 각국에 수출하기 위한 네트워크인 중외언어교류협력센터(전 공자학원)를 설립해 중국의 소프트 파워 증진에 노력하고 있다.

상이 아니다.

중국 공산당과 국가의 가치는 자유세계의 가치와 다를 뿐만 아니라 근본적인 측면에서 그들의 당과 국가는 절대적이다. 오늘날 컴퓨터 칩과 같은 핵심 기술에서의 리더십은 인텔이나 퀄컴과 같은 회사에만 중요한 문제는 아니다. 그것은 중국이라는 국가와 자유세계 모두에게 국가 안보를 위해 중요하다. 모든 국가가 그러한 중요한 기술에서 리더십을 잃는 것은 자유세계에 긍정적인 발전이 아닐 것이다. 국가 간에는 그 가치를 공유하지 않기 때문에 국가들은 국제사회에서 경제적, 과학기술적으로 경쟁하고 있으며, 외국에 대한 독트린과 정책의 부과뿐만 아니라 혹은 어떤 종류의 조공(기여)을 바쳐야 될 필요성에 두려워하게 된다.

특히, 미국인의 경제적 과학기술적 진보는 기업가들이 자유시장을 이용함으로써만 달성되는 것이 아니라는 것을 이해해야 한다. 우선, 완전히 자유로운 시장은 정글과 같다. 이러한 환경은 정부가 자유시장경제라고 생각하는 것을 계획(실행)하는데 감시하는 것을 필요로 한다. 생각해보면, 뉴욕 증권 거래소가 시장이라면 모스크바와 상하이 증권 거래소도 마찬가지다. 어떤 곳에서 거래하고 싶은가? 뉴욕이라고 했나? 만약 그렇다면, 그 이유는 더 잘 규제되고 있기 때문이다. 그 외에도 반도체, 항공기 등 많은 기술과 제품의 사례에서 보듯이, 연구개발, 조달, 보호에 대한 정부 지원은 성공에 결정적 원인이다. 예를 들어 애플이 판매하는 것은 미국 정부의 개발프로그램에서 나온 것이라는 것이다.

이 둥근 세계에서 우리는 최근에 세계화가 무기화될 수 있다는 것을 알게 되었다. 마닐라가 중국 정부가 싫어하는 행동을 한다면 필리핀산 바나나는 중국 부두에서 썩게 내버려질 수 있다. 한국이 자국 땅에 미사일 추적 장치 설치를 허용했더니 "14억 중국인의 감정이 손상됐다."라는 이유로 한국 기업인 롯데 제품의 중국 판매가 말라버리고 롯데마트는 중국에 투자했던 100여 개 점포를 폐쇄해야 했다. 주요 글로벌 기업들이 중국 시장에 의존하는 경우 중국 정부로부터 영업 변경을 강요받을 수 있다. 2019년 9월 홍콩의 캐세이퍼시픽 항공사 사장은 중국 정부가 일부 직원들이 홍콩의 시위자들을 지지하는 것을 싫어했기 때문에 스스로 사직하라고 강요당했다. 유나이티드와 다른 국제 항공사들은 위협적인 중국 내 주요 도시 항공 노선 상실에 대응하여 타이완행 항공편의 예약 코드를 '타이베이, 타이완'에서 단순하게 '타이베이'(타이베이가 중국 정부 통치하에 놓여져 있는 것도 아님에도)로 변경했다.

국가 간에 깊이 뿌리박힌 가치관이 충돌할 때 세계화는 갈등을 조절하기보다는 심화시킬 수 있다.

마지막으로 무역의 이득과 세계화의 이점에 대해 많은 이야기가 있지만, 수반되는 비용은 무시되거나 경시되었다. 전형적으로 자동차 산업과 같은 산업에 종사하는 소수 노동자가 수입산으로 인해 일자리를 내주거나 임금이 줄어드는 타격을 입을 수 있지만, 이러한 손실은 자동차 노동자들보다 훨씬 더 많은 수의 소비자들에게 더 낮은 가격의 혜택이 돌아감으로 인해 그냥 묻혀버린다. 게다가 전직 자동차 노동자들은 또 다른 일자리를 찾을 것이기 때문에 순손실은 그들이 실직한 기간의 임금만 아니라 계속되는 마이너스 임금 차이만큼 늘어난다. 이 주장에는 몇 가지 허술한 점이 있지만, 중요한 것은 무역 손익을 분석하는 데 사용되는 모델이 완전 고용을 가정한다는 것은 문제점이다. 완전 고용이 없는 상황에서 한 업종의 일자리 감소는 다른 업종의 임금을 낮추는 경향이 있다. 따라서 절충안은 자동차 근로자 일자리 대 모든 소비자 구매가격이 아니라 모든 소비자 대 모든 근로자의 임금으로 계산해야 한다. 세계화가 성공적인 것이 아니라는 의미다. 게다가 여러 방정식과 모델은 세계화에 수반되는 모든 항공 여행과 해상운송이 지구 온난화 영향과 그 비용을 고려하지 않는다는 것이다. 또한, 오늘날 세계화의 여러 측면에서 수반되는 중요 기술 손실이 미래 혁신에 미치는 비용도 고려하지 않았다.

고통과 쾌락의 질적 차이를 더 고려해 보자. 물론, 신발이나 세탁기를 살 때 몇 달러를 절약하는 것은 좋다. 그러나 그 즐거움이란 공장이 문을 닫았을 때 일자리를 완전히 잃은 상태나 공장 근처 마을 학교 운영 상태의 변화에 대한 현실과 비례하지 않는다. 게다가 저렴한 양말을 살 수 있는 즐거움은 덧없는 반면, 공장, 학교, 지역 상수도 시스템이 무너지는 고통은 오래 지속되고 심각한 연쇄반응을 일으킨다. 이러한 요소들은 무역으로 인한 손익을 평가하는 데 사용되는 계량경제학 모델에서 고려되지 않지만, 아주 중요한 요소들인 것이다. 디트로이트와 같은 도시에서 직장과 학교 그리고 보건시설 등이 없어지며 이에 따른 비용 발생을 보면 된다. 그리고 이러한 비용들은 지역에 국한된 것이 아니라는 점도 고려해야 한다. 결국 전국적으로 영향을 미친다.

이 문제를 고려하는 또 다른 방법은 빈부격차를 살펴보는 것이다. 이는 세계화와 맞물려 미국을 비롯한 대부분의 자유세계 국가들에서 더욱 확대되었다. 비록 세계화로 인해 전반적으로 경제적 이득이 있는 것처럼 보여도 승자들은 패배자들에게 보상하지 않으며, 그 결과가 GDP 수치로 나타나지 않는다고 해도 사회는 더 가난해졌다는 것이다. MIT의 데이비드 오토(David Autor), 경제정책연구소의 로버트 스콧(Robert Scott),

취리히 대학의 데이비드 돈(David Dorn), 캘리포니아–샌디에이고 대학의 고든 핸슨(Gordon Hanson)과 같은 일부 경제학자들은 신고전주의 자유무역과 세계화 이론이 심각한 결함을 가지고 있으며, 경제적 불평등의 증가와 포퓰리즘(대중적 인기에 영합하는 세속적 정치행태) 상승에 주요인이 되었다고 인식했다. 그러나 전문 경제학자들의 주류는 아직 현실을 파악하지 못하고 있다. 그들의 모형은 적절한 가정을 포함하지 않기 때문에 경제학자들은 이러한 주장(결론)을 거부하는 경향이 있다. 하지만 그렇다고 해서 그 결론이 잘못된 것은 아니다.

세계화 논의에서 한 번도 언급되지 않은 또 다른 핵심 요소는 중국에 대한 투자, 중국에서 생산, 중국으로부터 구매하는 것이 위구르족 억류, 남중국해에서의 인공섬 준설 및 군사무장, 호주 내 중국 본토 유학생의 홍콩 유학생에 대한 공격, 워싱턴 포스트지의 차이나 데일리 신문 간지 배포를 통한 중국 정부의 선전 확산 등을 포함하여 중국 공산당과 그 모든 활동을 직접 강화하는 행동과 연관된다는 것이다. 이 모든 비용과 훨씬 더 많은 경비를 합산하면 중국과의 '자유무역'은 그리 좋은 거래처럼 보이지 않을 수 있다.

실제로 코로나 팬데믹에서 나타난 중요 사실은 중국에 기반을 둔 글로벌 공급망과 관련된 실제 비용에 관한 것이다. 지금까지 많은 세계 시장에 공급과 비용에서 가장 효율적인 방법은 전 세계 다양한 지역에서 부품 등을 생산하고 이를 중국으로 운송하여(또는 점점 더 중국에서 부품 제조) 저렴하고 숙련된 중국인들이 조립하여 전세계 시장에 운송하는 것이라고 널리 알려져 있었다. 코로나 바이러스는 모든 첨단 제품을 중국에서 만들려는 중국의 '중국 제조 2025(Made in China 2025)' 추진과 함께 글로벌 공급망의 진정한 비용과 합리성에 대한 깊은 의문을 불러일으키고 있다. 그리고 중국의 공급에 대한 과도한 의존은 잠재적으로 높은 비용을 수반하는 것으로 나타났다. 때론 필요한 제품을 공급받지 못할 수도 있다. 또는 중국이 당신에게 불만이 있으면 배송이 보류될 수 있다. 또한 관련 항공 및 해상운송은 불가피하게 전 세계 온실가스 배출량의 약 8%를 차지하며 그 수치는 증가하는 상태이다. 이 비용은 공급망의 가격 책정에 포함된 적이 없다. 미래에는 반드시 합쳐져야 하며 그 비용은 엄청나게 커질 수 있다. 유럽부흥개발은행(European Bank for Reconstruction and Development) 경제학자 베아타 야보르치크(Beata Javorcik)는 이렇게 말했다. "가성비 좋은 공급업체를 찾으려는 노력은 많은 기업들이 플랜 B도 없게 만들었다. 지난 사업을 통해 기업들은 글로벌 가치 사슬을 재고할 수밖에 없게 되었다."[2] 이것 때문에 그리고 또 3D 프린트와 같은 신기술로 인해(예를 들어 볼 베어링은 공장에서 제조되어 자동차 공장으로 배송되는 대신 편지처럼 자동차 공장에서 프린트해서 만들 수 있음) 미래 공급망은 지난 30년 동안 그랬던 것보다 최종 판매 장소에 훨씬 더 가까워지고 다양해지고 있다.

전체 상황을 고려할 때 극도로 중요한 점은 2020년 5월 1일 베이징이 홍콩에 적용되는 소위 국가보안법을 통과시키기로 한 결정일 것이다. 홍콩 입법부에 영향을 미치는 중국 전국인민대표대회에서 통과된 이 법안은 1997년 홍콩에 부여된 50년간의 특별 행정적 지위를 노골적으로 위반한 것이다. 이 법안은 공산주의 중국이 약속을 지킬 수 없다고 전 세계에 알린 것과 같다. 실제로는 그 이상을 말해주고 있다. 이러한 움직임은 본질적으로 주요 국제 금융센터로서의 홍콩의 지위와 가치를 파괴할 것이다. 홍콩의 지위 근거는 영국이 베이징에 영토를 넘겼을 때 남긴 법치('일국양제', 50년 불변)였다. 그러나 중국 정부는 이러한 약속이 단지 거짓이었음을 분명히 함으로써 홍콩의 돈은 더 안전한 영역으로 이동할 것이다. 뉴욕타임스의 브렛 스테픈스(Bret Stephens)는 1936년 히틀러의 라인란트 불법 점령을 언급하면서 이것을 '라인란트의 순간'이라고 불렀다.[3] 당시 영국-프랑스-미국의 강력한 대응 부재는 나중에 제2차 세계대전 발발의 원인으로 종종 인정된다. 스테픈스는 분명히 강력한 국제적 대응을 요구했었다. 미국은 지금까지 홍콩에 부여했던 특별하고 유리한 무역 대우를 취소했으며, 영국은 홍콩에 거주하는 영국 해외 여권 소지자 약 30만 명의 이민을 환영한다고 발표했다.

새로운 법은 대기업들이 홍콩을 신규 자본 조달처로 이용하는 경향이 있었던 중국 정책에 상당한 부정적인 영향을 미칠 것이다. 가능한 부정적인 재정적 영향에도 불구하고 중난하이(中南海, 중국 정부)*가 이러한 조치를 한 것은 중국 전체가 권위주의적이고 공산주의적으로 유지하는 것이 중국에 대한 다른 모든 고려 사항보다 얼마나 더 중요한지를 분명하게 보여준다. 이에 의문을 제기하는 자를 향한 중난하이의 태도는 비판적이고 비꼬는 것이었다. 예를 들어, 중국 관영 매체들은 호주를 '미국의 개(dog, 犬) 역할을 하는 거대한 캥거루'라고 언급했고, '중국 신발 밑창에 붙어 있는 껌'

---

* 베이징시 시청구(西城區)에 위치한 고궁서측 2개의 연결된 호수로 중해(中海)와 남해(南海)가 합쳐진 명칭으로 역사적으로는 베이하이(北海), 중해, 남해를 통칭하여 태액지(太液池)라고 불렀다. 중난하이에는 중국 국무원(國務院), 중공중앙서기처(中共中央書記處), 중공중앙판공청(中共中央辦公廳) 등 중요한 기관이 소재하며 마오쩌둥, 덩샤오핑, 저우언라이 등 중요 인물들이 입주하여 중국 정부 최고위층을 지칭하는 용어가 되었다. 이는 1949년 이후 신중국(중화인민공화국) 성립에 따라 중난하이는 중공중앙과 국무원, 국가영도자의 거주지가 되어 오래된 건물이 철거되거나 개수된 상태다.

이라고 비하하기도 했다.[4]

이런 일이 세계의 아·태지역에서 진행되고 있는 동안, 오하이오주립대학 명예교수 루시아 던(Lucia Dunn)은 2020년 5월 27일 워싱턴 포스트 독자투고를 통해 오하이오주립대학 캠퍼스 파룬궁(法輪功) 지부의 고문 자격으로 다음과 같이 언급했다. 그녀는 관련 포스터가 훼손되고 이메일이 해킹되는 것을 경험했고, 교내 중국 학생과 학자 협회는 파룬궁 수련자들이 캠퍼스 이메일을 사용할 수 없게 하라고 요구했다고 했다. 던 교수는 수천 명의 중국 학생들을 미국 대학에 데려오는 것이 가치가 있는지 의문이 든다면서 "그 과정이 비용을 수반"하기 때문이라고 기술했다.

이러한 문제, 태도 및 질문은 중국과 거래를 고려하는 모든 사람, 기업 또는 정부가 항상 염두에 두어야 한다. 이제 국제사회 경기장이 어떻게 생겼는지 알았으니, 관련 참가자들의 라인업을 비교해 보도록 하자.

중국

중국인과 미국인들은 서로 경쟁할 이유가 없다. 줄다리기는 미국 정부와 중국 인민을 엄격하게 통제하는 중국 공산당 및 중국 정부와의 싸움이다. 중국인들은 강력한 경찰 통제의 대상일 뿐만 아니라 인터넷이 정부에 의해 통제되고 중국에서 외부 소식의 상당 부분이 차단되기 때문에 그들은 공산당의 견해에 따라 직접적 관찰이 힘든 현실 문제를 인식하는 데 큰 어려움이 있다.

이러한 사실은 2019년 1월 차이잉원이 타이완에서 중화민국(타이완) 총통으로 압도적인 지지로 재선에 성공한 것과 2019년 여름 홍콩 시민들이 중국 공산당이 임명한 정부의 통치에 반대하는 대규모 시위에 대한 중국과 외부의 서로 다른 보도로 생생하게 입증되었다. 한 가지 중요한 점은 타이완과 홍콩에서 일어나고 있는 일에 대한 인식이 본토 중국인들은 타이완과 홍콩 시민들의 인식과 완전히 달랐다는 것이다. 두 번째 요점은 타이완과 홍콩 시민들 모두 중국 공산당에 의한 지배를 받고 싶지 않다는 것을 충분히 분명하게 표현했다는 것이다.

중국의 정당은 '공산당'으로 설립되었기에 여전히 그 당(Party)의 이름에 그 단어(Communist)를 사용한다. 그러나 마르크스주의, 공산주의는 동등한 빈곤을 의미하더라도 평등을 강조했다. 마오쩌둥 치하의 공산당은 고의로 계급투쟁을 추구하여 부유한 중국인뿐만 아니라 소득과 부에서 평균보다 약간 높은 '부유한 자'로 추정되는 소작농까지 죽였다. 덩샤오핑이 당을 '중국 특색 사회주의'로 이끌 때 그러한 것들은 사라졌었다. 어떤 사람들은 그 특징 중 하나가 불평등이라고 말한다. 그래서 중국 공산당은 진정한 공산주의자는 아니지만, 절대 권력을 획득하고 유지하는 방법에 대한 레닌의 개념을 따른다는 점에서 '레닌주의 정당'으로 남아 있다.* 그리고 공산당은 힘(권력)을 최우선시 하고 있다.

중국 공산당은 어떤 법의 지배도 받지 않으며, 어떠한 반대도 어떤 간섭과 어떤 반대적 의사표현도 받지 않는다. 그리고 공산당은 인민을 지속적이고 포괄적으로 감시한다. 이는 정치적 영역에 국한되지 않고, 예술, 종교, 철학 그리고 삶의 다른 모든 측면에서 당에 대한 지지를 강요한다. 예를 들어 정당하게 선출된 판첸 라마(Panchen Lama)를 납치한 후, 현 달라이 라마(Dalai Lama)가 중국 공산당 선택의 정통성을 인정하지 않았음에 불구하고 공산당은 후임을 판첸 라마로 교체했다. 이는 달라이 라마가 한때 국가원수였던 티베트에서 종교적 위계가 정치적 역할까지 하는 상황만 국한하는 것이 아니다. 중국은 정부(즉, 공산당)가 가톨릭교회의 사제를 지명하는 세계 유일의 국가이기도 하다. 또는 다른 예를 들어 책 번역과 같은 일상적인 것을 살펴보자. 2018년 미국이 중국산 일부 수입품에 관세를 부과하자 베이징은 미국산 도서의 번역을 모두 중단했다. 정책 발표나 다른 알림도 없었다. 그냥 전체 번역 프로세스가 중단되었다.[5]

공산당은 공산주의를 버리고 중국적 쇼비니즘(광신적 애국주의)과 중국의 고대 위대성 회복을 자신들의 존재 이유로 삼고 있다. 시진핑의 '중국몽'은 중국이 유라시아와 동남아 그리고 궁극적으로 전 세계를 지배하는 강대국이 되는 것이다. 앞을 가로막는 주요 장애물은 미국으로 보인다. 그러나 중국의 통치자들에게 미국이 제기하는 문제는 단순히 경쟁적인 강대국이 되는 것을 훨씬 넘는다. 미국의 건국 원칙과 현재 가치는 중국 공산당의 가치와 정반대이며 중국 공산당의 가치가 미국에 위협이 되는 것만큼이나 이 힘이 세계로 확산될 가능성이 있는 것도 중국과 연관된 위협이다. 공산당이

---

* 레닌주의: 러시아 볼셰비키 혁명의 지도자였던 블라디미르 일리치 레닌이 설명한 원리를 말한다. 『공산당 선언』에서 칼 마르크스와 프리드리히 엥겔스는 공산주의자와 그들의 당을 각국의 노동계급 정당들 가운데 가장 진보적이고 확고하며 다른 정당들에게 추진력을 제공하는 당으로 정의했다. 레닌의 사상도 이와 같은 개념에 바탕을 두었는데, 레닌에 의하면 공산주의자는 다음과 같이 설명된다. 첫째, 마르크스주의 원리에 입각하여 역사와 사회를 과학적으로 이해하고, 둘째, 자본주의 체제 전복과 사회주의 건설에 헌신하며, 셋째, 정권을 획득한 후에도 위의 변화를 성취하기 위해 매진하고, 넷째, 필요하다면 폭력을 포함한 어떤 수단을 써서라도 정권을 획득하려고 노력하는 지극히 헌신적인 지적 엘리트란 것이다. 레닌주의란 레닌의 사상으로 협의로 레닌에 의하여 러시아에 적용된 마르크스주의와 광의의 제국주의시대의 보편적 프롤레타리아혁명 이론을 말하지만, 특정적으로는 레닌의 『무엇을 이룰 것인가?』(1902)에 있어서 전개한 특이한 당(黨) 조직론을 가리킨다.

미국을 주적으로 여기는 것은 이러한 이유 때문이다. 미국이 취할 수 있는 어떤 자세도, 채택할 수 있는 어떤 정책도 그것에 대한 공산당의 인식은 바뀌지 않을 것이다. 이전 3장에서 언급한 바와 같이 '문서9'의 '이데올로기 영역의 현재 상태에 관한 코뮤니케'에서 중국 공산당 간부들은 '대중적 열정'을 불러일으킬 것과 동시에 다음과 같은 '거짓 트렌드'에 대항하여 '격렬한 투쟁'을 벌이도록 명령받는다.

1. 서구의 입헌민주주의 — 현 지도부를 약화시키려는 시도
2. 인권의 보편적 가치 — 당 지도부의 이론적 기반을 약화시키려는 시도
3. 시민사회 — 당의 사회적 기반을 해체하기 위한 '서방 내 반중 세력'의 정치적 도구
4. 신자유주의 — 중국의 기본 경제 체제를 바꾸기 위한 미국 주도의 노력
5. 서구의 저널리즘 사상 — 마르크스주의적 언론관을 공격하고 '우리의 이데올로기에 침투할 수 있도록 구멍을 뚫으려는' 시도

좋은 예는 중국의 홍콩 문제에 관한 간섭 가능성에 대한 현재 홍콩의 불안과 시위다. 홍콩 남성이 타이완에서 임신한 여자친구를 살해한 뒤 다시 홍콩으로 달아났다. 타이완 당국은 그를 홍콩에서 인도해 타이완에서 재판받게 하려고 했지만, 양 지역 정부가 범죄인 인도 조약을 맺고 있지 않아 그럴 수 없었다. 이 때문에 홍콩 정부는 전 세계적으로 홍콩이 그러한 협정을 맺지 않은 모든 사법권에 적용되는 일종의 범죄인 인도 절차를 체결하는 것을 고려하게 되었다. 그러나 그러한 조치는 필연적으로 홍콩이 중국의 특별행정구(SAR)이고 어떤 종류의 범죄인 인도 준비가 없는 중국 본토(중화인민공화국)에도 적용되어야 한다는 것이다.

2019년 2월 홍콩 최고경영자 캐리 람(Carrie Lam)이 홍콩 입법부에 일반 범죄인 인도 법안을 제출했고 2019년 3월 초 법안이 공개됐다. 시민들은 이 법안이 홍콩 시민들을 중국 본토로 인도하게 할 수 있다는 것을 알게 되자, 수백만 명이 매일 거리에서 행진과 시위를 벌였다. 결국 캐리 람은 법안을 철회하도록 강요받았을 뿐만 아니라, 사실상 모든 홍콩 투표구에서 자신의 정당이 선거에서 패배하는 현실에 직면하게 됐다. 가장 중요한 문제는 홍콩 주민들은 베이징이 그들 도시에 대한 통제를 강화함에 따라 상당한 자유를 잃을 것을 두려워한다는 것이다. 사실 베이징의 관심은 어떻게 세계 금융중심지로서의 가치를 희생하지 않고 홍콩을 통제할 수 있는가였다. 중국 정부는 성공적인 것처럼 보였지만, 이는 중국 내 다른 곳의 유사한 시위에 영감을 줄 수

도 있었다. 중국 정부는 이 의견 차이 해결이 매우 대립적이고 폭력 진압 없이는 해결할 수 없는 것이란 점을 알리기 위해 외부의 개입이 필요하진 않지만 시위를 미국의 '검은 손' 탓으로 돌리려고 노력했다. 공산당은 권력 확보 측면에서만 생각했기 때문에 미국의 어떤 제스처건 중국을 견제하고 궁극적으로 공산당 멸망을 위한 전략이 아닌 다른 어떤 것으로 받아들이거나 이해할 수 없었다. 중국 공산당은 홍콩 시민들이 그들 나름대로 불만이 합법적일 수 있다는 사실을 인식(인정)할 수조차 없었다.

중국은 고도로 중앙 집중화되고 조율된 사회로 당은 자유세계 정부나 정당보다 훨씬 더 광범위하고 더 깊이 있는 활동, 회의, 토론 및 소통의 통제범위를 스스로 인지하고 있다. 미국의 여러 주나 주요 도시들은 종종 중국의 도시와 지방, '자매' 관계를 맺고 있다. 미국 주 지사와 시장들은 자신이 중국의 이 자매 단체들을 방문할 때 워싱턴 당국과 여행을 조정하지 않고 종종 그들이 중국 상대편과 독립적이고 심지어 비밀스런 관계를 구축하고 있다고 가정하게 된다. 하지만 이것은 전혀 현실과 다르다.

만약 중국 정부가 원한다면 중국 정부는 지방 관리와 외국 대표자 사이의 대화를 몇 시간 안에 거의 모든 내용을 알 수 있다. 필자는 최근 텔레비전에서 한 미국 주지사가 중국에서 상대편 인사와 함께 훌륭한 관계를 구축하기 위해 워싱턴과 대화할 필요가 없다고 다소 겸손하게 말하는 것을 보았다. 그는 중국측 상대방이 그의 방문 전 과정을 중국 중앙 정부에 신중하게 브리핑할 것이라는 사실을 전혀 몰랐을 것으로 보인다.

당의 운영 방식은 홍콩에서 다시 생생하게 입증되고 있다. 2019년 9월 3일 월스트리트저널은 '홍콩과 중국에 대한 진실'이라는 제하 기사에서 클라우디아 로젯(Claudia Rosett)은 자신이 1989년 6월 3-4일간 텐안먼 광장에 참석했었다며, 홍콩의 시위는 중국 공산당 정권이 "사람들에게 말할 기회를 주기보다 사람들을 파괴하는 야만적이고 비인간적인 폭정"에서 나오는 정권의 속성이 바뀌지 않았음을 확신시켜줬다고 보도했다. 2019년 9월 4일자 뉴욕타임스 사설은 "1997년 베이징이 홍콩을 넘겨받았을 때 홍콩은 입법부와 행정장관의 자유 선거 약속이 지켜지기를 원한다."라고 강조했다. 이 신문은 이어 중국(당과 베이징 정부를 의미)이 "홍콩에 대한 많은 정보를 가지고 있지만, 홍콩 사람들을 이해하지 못했다."고 지적했다. 2019년 9월 5일 파이낸셜타임스는 '중국은 시위자들을 겨냥해서 소셜 미디어를 동원했다'라는 제목의 기사를 썼다. 이 모든 것에 대한 국제적 중요성은 다음날 파이낸셜타임스 헤드라인을 장식했는데, 이것은 '메르켈, 베이징에서 홍콩 딜레마에 직면'이었다. 이 사건은 앙겔라 메르켈 총리가 이끄는 독일 최고 경제 지도자의 방문에 관한 것이었지만, 언급된 딜레마는 민주주의 국가의 모든 정치 및 경제지도자들이 숙고할 필요가 있는 내용이었다. 언론의 자유와 민주 선거와 같은 핵심 자유에 대한 홍콩 젊은이들의 요구에 직면하여, 어떻게 메르켈과 서구 주요 민주주의를 대표하는 재계 지도자들이 홍콩 특별행정구에서 아무 일도 일어나지 않는 것처럼 중국 공산당 지도부와 거래할 수 있었을까? 이 질문은 2019년 9월 7일 파이낸셜타임스 사설에 의해서만 날카롭게 제기되었는데, 이 사설은 시진핑 주석의 연설[공산당의 초심(初心)을 잊지 않음]을 인용하며 당과 정부 지도자들에게 '지휘자와 전사'가 될 것을 권고한 최근의 내용에 주목했다.

분명히, 시 주석은 그와 그의 국가가 전쟁 중이고, 그 자신이 '지휘자와 전사'가 될 것을 고무하는 것을 넘어, 그는 고전적인 중국 전략을 사용하고 있는 것처럼 보였다. 그의 게임은 정복된 왕이 결국 쓰러지는 서양 체스와 같은 직접적인 대결이 아니다. 오히려 상대를 완전히 에워싸 움직이지 못하게 하는 것이 목적인 바둑을 두는 것이다. 이 전략의 핵심 요소는 중국의 법치 부재와 모든 것에 관한 최종 권한을 행사하는 공산당의 지위에 있다. 공산당에 있어 회피할 수 없는 규칙이나 합의는 없다는 것이다. 비공식적인 행정력 또는 '지도력'은 어떤 의미의 합의와 양해도 무력화할 수 있는 비밀 무기이다.

예를 들어, 중국은 WTO 가입과 함께 다양한 시장 개방 사업 관행에 동의했다. 이는 중국이 어떤 기업이든 쉽게 마음대로 주무를 수 있는 빈번한 '환경 검사', 건축법규 위반에 대한 조사, 설명되지 않은 허가 지연과 같은 조치들을 부과함으로써 실무를 쉽게 방해할 수 있다는 것을 의미한다. 중국에 진출한 회사는 법정에서 그러한 조치들과 싸우려고 하지 않을 것이고, 만약 그렇게 한다면 결코 이길 수 없을 것이다. 따라서 애플, 시스코, 제너럴 일렉트릭과 같은 글로벌 기업의 총수들은 사실상 베이징의 인질이라 할 수 있다. 그들이 미국 기업의 수장으로 인식될 수도 있지만, 그들은 워싱턴보다 베이징을 훨씬 더 두려워한다. 워싱턴에서 그들은 강력하며 변호사와 로비스트들의 군단으로 정부를 고소하고 이길 수 있는 능력이 있다. 그러나 베이징에선 결코 중국 정부를 고소하지 않는다. 왜냐하면 그들이 이기지 못할 뿐만 아니라 중국 정부가 보복할 수 있다는 점을 알기 때문이다.

기업들과 마찬가지로 인터넷과 미디어도 마찬가지이다. 모든 것은 정부와 당에 의해 통제된다. 당의 노선은 매일 주요 언론사로 보내져 국가와 세계에 전달된다. 홍콩에서 정부에 반대하는 시위와 같은 뉴스는 당의 견해를 반영하기 위해 봉쇄되거나 역으로 활용된다. 대규모 감시는 자유로운 세계 언론인들을 위협하는 데 사용되는 반면, 당 기관지들은 당의 지침 내에서만 보도한다. 따라서 홍콩에서 일어나고 있는 일에 대한 중국 본토의 인식은 세계의 나머지 국가들이 보는 것과 크게 상반된다. 빌 클린턴이 틀렸다는 것은 밝혀졌다. 중국인들은 인터넷이 젤리로 만들어졌든 아니든 간에 인터넷을 벽에 못 박을 수 있다는 것이다.

5G, 인공지능, 항공, 반도체 및 기타 핵심 산업에서 주도권을 차지하기 위해 노력하는 중국의 산업정책은 정치적 노력의 일부이다. 이용 가능한 수단을 통해 자유세계에서 기술을 짜내려는 중국의 광범위한 노력은 위대한 중국의 꿈을 실현하는 데 필수적이며, 미국이나 유럽연합과의 어떤 무역 협정도 그 정책과 전망을 바꾸지 못할 것이다.

이와 마찬가지로, 공기업(국유기업)의 궁극적인 소멸에 대한 많은 전문가의 이야기에도 불구하고 그것들은 사라지지 않고 있다. 오히려, 그들은 성장하고 있고 그것들은 현재 중국의 해외 경제 확장의 주요 수단으로서 역할을 하며 중국 GDP의 약 30%를 차지하고 있다.[6] 이러한 기업은 비즈니스 목표 외에도 두 가지 중요한 역할이 있다. 첫 번째는 중국 공산당에 자금을 지원하는 것이고, 두 번째는 대중국(Greate China) 전략의 도구가 되는 것이다. 따라서 베이징이 포르투갈을 궤도로 끌어들이기를 원한다면 포르투갈의 주요 발전 회사를 매입하기 위해 국유기업이 입찰을 할 수도 있다. 그리스의 경우에 베이징은 피레우스(Piraeus) 항구*를 관리하기 위해 국유기업 인수나 계약을 할 수도 있다. 중국의 일대일로 전략은 사실 국유기업을 기반으로 구축되는 것이다.

국유기업 외에도, 당의 강제력은 기업과 심지어 개인의 지출과 구매 결정을 효과적으로 유도할 수 있다. 만약 베이징이 싱가포르에 불만이 있다면, 학생들의 자금 지원에 의존하는 싱가포르 대학에 유학생 흐름을 신속하게 차단할 수 있다. 만약 호주의 중국에 대한 칭찬이 충분하지 않다면 베이징은 관광객들의 흐름을 막을 수 있다. 전 세계의 중국 학자들은 때때로 중국을 방문하기 위해 비자가 필요하다. 중국은 최근 부정적인 말을 하는 사람들에게 비자를 제한할 계획인 것으로 밝혀졌다.[7] 요컨대, 중국에 의존하는 어떤 기업, 국가, 사람들은 스스로가 강요의 대상이 될 수 있으며 의존도가 높을수록 강요의 가능성이 더 커진다. 이것은 '글로벌 공급망'의 큰 문제가 된다. 그 공급망의 상당 부분이 중국을 통해 운영되기 때문에 많은 기업과 국가들은 중국의 실질적인 강요에 취약하다.

---

* 피레우스는 아테네와 가까운 항구도시로 그리스와 유럽 최대의 여객항이다. BC 5세기에 아테네의 항구로 건설되었고 아테네와 이어지는 성벽도 축조되었다. 2015년 이전부터 피레우스의 주요 항구시설들을 중국정부가 그리스로부터 사려는 시도를 계속하고 있었다고 한다.

미국을 포위하고 대체하려는 중국의 글로벌 전략은 크게 두 가지로 나뉜다. 하나는 파이프라인, 항만 및 통신과 같은 기본 인프라에 대한 중국 국유기업들의 글로벌 투자로 촉진되는 일대일로 프로그램이다. 우리는 3장에서 이 투자의 범위와 영향을 살펴 보았다. 또 다른 것은 항공모함, 군함, 대함 미사일, 해안 경비함, 준군사적 해군부대 그리고 최신 미군 전투기의 복제품을 포함하는 대규모 군사력 증강이다. 또한 중국은 사이버 공간에 고도의 기술을 보유하고 있으며, 이를 무력화하기 위해 손을 내밀고 문자 그대로 다른 위성을 잡을 수 있는 '포획(grabber)' 위성을 포함한 많은 전략적 위성을 보유하고 있다. "2018년 기준으로 중국해군은 300척 이상으로 구성되어 있어 미 해군이 배치 가능한 전투력을 구성하는 290척보다 그 수가 더 많다."[8] 중국의 해상 민병대*를 고려할 때 중국 해군은 미국 해군보다 약 2배 많은 선박 보유가 가능하다.[9] 이것 중 많은 것들이 현대적이지는 않지만, 전체적인 힘(파워)은 빠르게 최첨단화 되고 있다.

우리가 본 바와 같이, 중국 해군과 공군인 PLAAF(People's Liberation Army Air Force, 중국 인민해방군 공군)는 남중국해를 실질적으로 장악했고, 현재 남태평양에서 비슷한 노력을 전개하고 있다. 또한 그들은 중국 정부가 남태평양과 인도양을 가로질러 지부티(Djibouti)**에 있는 그들의 기지에 이르는 항구들의 '진주목걸이'***라고 부르는

* 중국은 총 3개 해양 방위선을 주장하는데, 제1 도련선은 쿠릴열도에서 시작해 일본, 타이완, 필리핀, 믈라카 해협에 이르는 중국 본토 근해 주변 지역에 대한 안보 목적의 해상선이고, 제2 도련선은 오가사와라 제도, 괌, 사이판, 파푸아뉴기니 근해, 서태평양 연안 지대에 대한 장악 목적의 해상선이며, 제3 도련선은 알류샨 열도, 하와이, 뉴질랜드 일대, 서태평양 전역에 대한 장악 목적의 해상 전략선이다. 1949년 마오쩌둥은 건국 초부터 장제스의 국민당군의 공격을 막으면서 연안(沿岸) 어로조업과 해상민병(海上民兵)을 운영했었다. 즉 해군력 열세를 보강하는 수단으로 어민에게 해상민병 역할을 하게 한 것이다. 중국의 해상민병대는 무장을 숨긴 소형 선단을 말한다. 해상민병대는 처음에는 어업에 종사하다가 전시에 가끔 기뢰 제거 등에 투입됐으나 지금은 아예 정규군과 같이 훈련하고 준(準)해군으로 활동한다. 중국의 『신시대 국방백서』(2019)는 '전국 민병 규모를 정예화 및 간소화 한다'고 명시했을 뿐 민병(民兵)의 군종별 현황과 수치는 밝히지 않고 있는데, 앤드루 에릭슨 미 해군대학 교수는 중국 해상민병대를 '제3의 해양 군대'로 규정했다.

** 홍해에 인접한 동아프리카의 국가로 국토 면적은 약 23,200㎢이며 에티오피아, 소말리아 등 주변국과 연결된다. 평면 지형은 쿠웨이트와 비슷하며, 수도는 국명과 같은 지부티로 이곳에 지부티 인구의 60%가 거주한다.

*** 중국이 파키스탄·미얀마·방글라데시 등 인도양 주변국가에 대규모 항만을 건설하려는 전략을 말하는데, 진출 거점을 연결하면 마치 진주목걸이와 비슷하다는 의미에서 붙여졌다. 중국 컨설팅회사 부즈앨런해밀턴이 2005년 1월 미국국방부에 의뢰하여 작성한 '아시아에서의 에너지 미래보고서'에서 사용한 말로, 보고서에 따르면 중국은 중동에서부터 남중국해까지 해로를 따라 전략적 관계를 만들고 있으며, 이는 중국의 에너지 자원을 지키고 광범위한 안보 목적을 위해 방어·공격적 입지를 구축하는 방식으로 이뤄지고 있다고 설명하고

지역에 투자하고 있다. 중국은 1960년 소련과 결별한 이후 공식적인 동맹국이 없었다. 그러나 2019년 9월 인민해방군 공군과 러시아 공군은 한국의 독도 상공에서 협력하여 비행했다. 만약 이러한 협력이 러시아와 중국 사이의 군사 동맹으로 확대된다면 이는 중국이 이미 자유세계에 가하는 실질적인 위협을 강화하는 것이다.

중국은 공식적인 동맹국 대신에 국가와 지역의 큰 네트워크에 상당한 영향력을 가지고 있다. 캄보디아, 라오스, 몽골, 미얀마는 중국 자체의 거의 연장선 위에 있다. 말레이시아, 태국, 싱가포르는 중국에 상당히 의존하고 있으며, 점점 군사적인 가시권 아래에 있다. 인도는 중국에 대한 의존도가 낮고 중국의 인도양 해군 활동 증가를 의심하고 있지만, 파키스탄은 중국과 결속되어 있고, 사우디아라비아도 점점 더 그러해지고 있다. 중국은 실질적으로 사하라 사막 이남의 아프리카를 소유하고 있으며, 그곳에서 많은 독재자를 더 강력하게 만들고 있다. 유럽의 예에서 우리는 이미 국유기업이 어떻게 남부와 동부 유럽에서 중국의 영향력을 확산시켰는지 그리고 그 투자가 어떻게 유럽연합의 외교정책을 무력화시켰는지 알아보았다. 또한, 우리는 중국의 국유기업 투자, 중국 학생들의 흐름, 정치적 목적의 기부, 선전 관리를 통해 호주와 뉴질랜드에서 그 영향력을 어떻게 확장했는지와 그 방법을 알아보았다. 남미의 주요 국가들에 대한 중국의 투자와 구매도 광범위하고 더불어 증가하고 있다.

이 모든 전략은 언론의 자유를 억압하고, 권위주의를 촉진하며, 중국에 대한 잠재적인 비판을 억제하고, 동맹국들을 분열함으로써 미국을 포위한다는 공통된 주제를 내포한다. 미국이 완전하게 봉쇄되면 중국은 법보다는 강압으로 이끌어지는 새로운 권위주의적 글로벌 시스템을 만들 수 있을 것이다.

미국

정치적, 문화적, 철학적, 경제적으로 미국은 중국과 정반대이다. 미국은 주로 민간부문에 의해 운영되는 훨씬 더 완전한 자유시장 경제를 유지하고 있다. 정치는 자유선거에 기반을 둔 민주주의로 높은 수준의 공개적 토론이 허용될 뿐 아니라 또한 장려된다. 미국은 인종적, 사회적, 종교적, 정치적, 문화적, 철학적으로 매우 다양한 사회의 국가이다. 중앙 권력에 엄격한 제한을 가하고, 권력도 분산된 국가다. 중국에 비해 중앙정부의 힘이 상대적으로 떨어지는 실질적으로 중앙정부가 전체적으로 통제하기

있다. 여기서 파키스탄의 과다르, 방글라데시의 치타공, 미얀마의 벵골만 연안, 남중국해를 '진주목걸이의 진주'라고 칭하였다.

어려운 국가이다.

미국은 법의 지배를 받고 있는데 이것이 정의가 항상 행해진다는 것을 의미하는 것은 아니지만, 개인이 종종 법정에서 정부에 도전하고 이길 수 있다는 것을 의미한다. 이러한 일들은 중국에서는 일어나지 않는 일이다. 결과적으로 시민들과 기업들은 정부의 지시에 반대하고 저항할 수 있다. 정부도 언론과 공론화를 통제할 수는 없다. 언론의 자유는 헌법으로 보장되며, 높은 수준으로 보호된다. 인터넷은 통제되지 않을 뿐만 아니라 정부의 규제를 거의 받지 않는다. 이것에는 단점도 있지만, 미국은 확실히 매우 개방적인 대중의 광장이다.

또한, 미국은 베트남 전쟁, 이라크 침공 그리고 소위 테러와의 전쟁과 같은 국가들에 매우 도움되지 않는 실수를 많이 했다. 그러나 미국은 가끔 자체 조사를 진행했고 언론과 시민들도 그것을 조사하여 그들의 중대한 잘못에 관한 발견을 공개할 수 있도록 했다. 종종 이러한 확인이란 오류와 법과 절차와 과정에 대한 대중의 검증과 인정을 받는 것을 말한다.

미국 경제는 시장 환율로 중국보다 약 35% 더 크다. 코로나 바이러스 팬데믹이 시작되기 전에 중국 경제는 미국 경제의 두 배 이상 속도로 성장하고 있었다. 이 바이러스는 두 경제를 가파른 불황으로 몰아넣었지만, 장기적으로는 미국이 중국보다 더 잘 회복될 것 같다. 한편으로 중국은 미국보다 대외 수출 의존도가 훨씬 높은데, 이를 보면 세계 경제는 미국이나 중국 경제보다 더디게 회복될 가능성이 크다는 것이고, 중국도 영향을 받는다는 것이다. 게다가, 중국 인구의 급속한 고령화는 장기적인 경제 회복에 걸림돌이 될 것이다.* 그러함에도 미국 경제의 중대한 약점에 주목하는 것은 중요하다. 예를 들어, GDP의 약 21%에 해당하는 미국의 총저축률을 중국(45%), 일본(27%), 독일(27%)과 비교해 보면 그 내용을 알 수 있다.[10] 국내총생산(GDP)에서 차지하는 비중으로 미국의 국가채무는 100%가 넘었고, 코로나 팬데믹 이전에 완전 고용과 양호한 경제성장에도 불구하고 부채는 빠르게 증가했다. 코로나 바이러스의 영향으로 미국의 부채는 2차 세계대전 이후 볼 수 없었던 수준으로 증가할 수도 있다. 바이러스가 발생하기 전 미국의 투자율은 GDP의 약 21%로 OECD 국가 중에서 가장 낮은

---

* 역자가 판단하는 코로나 팬데믹 이후의 경기 회복은 바이든 정부시기의 정책과 시진핑 시기의 중국 정책과 그 결과를 지켜봐야 하는 상황이다. IMF의 전망치를 보면 중국의 경기 회복에 긍정적인 평가가 있다. 이는 세계 패권국 미국이 나서서 탈중국(decoupling) 하라고 기업에 독려하고 동맹국에 종용하다가 히로시마 G7 회의 이후 미국이 그 방향을 바꾸어 중국과 경제 관계를 탈동조화(decoupling)가 아닌 위험감소(de-risking)로 재정의하고 있다는 점에서 찾아볼 수 있다.

비율이었다. 게다가, 공항, 댐과 다리, 고속도로, 상수도 시스템, 철도, 전력망 등 미국의 인프라는 다른 선진국에 비해 열악하고 오랫동안 약화되어 왔다. 세계화와 왜곡된 세율의 영향은 빈부격차를 한층 심화시켰고 정치적 혼란으로 이어졌다. 일자리 창출 및 회복 전략의 일환으로 인프라에 대한 투자를 더 많이 자극했지만, 코로나 팬데믹의 영향은 이 중 어떤 것에도 도움이 되지 않을 수도 있다.

투자와 정부지출 위주의 중국 경제와 달리 미국 경제는 개인 소비가 주도한다. 미국의 민간 소비는 미국 GDP의 69%를 차지하는 반면 중국은 약 40%를 차지한다.[11] 앞서 언급한 바와 같이 전체적으로 미국 경제는 중국보다 약 1/3이 더 크며 1인당 소득(GDP)은 약 $65,000이다. 시장 환율로 환산하면 중국은 약 $10,000일뿐이다.[12] 미국은 국유기업이 거의 없다. 보잉과 제너럴 다이내믹스와 같은 방산 기업은 준주주소유 기업으로 판단할 수 있으며, 독립적인 연방준비제도에 의한 금리 설정 및 조정과 같은 거시경제 조치를 넘어서는 5개년 경제 계획이나 산업 또는 기술 목표 혹은 정부의 경제 조정 정책 같은 것은 없다. 정부의 예산과 지출 그리고 대통령과 미국 의회에 의한 세금은 확실히 국방 능력개선과 과학과 의학 발전과 같은 특정 분야를 목표로 하는 군사, 에너지, 보건 및 기타 프로그램에 들어가 있다. 그러나 이것들은 전체적인 국가 계획이나 목표는 아니다.

미국 기업들은 미국 정부 전략의 일환으로 해외나 국내에 투자하지도 않는다. 미국 기업은 정치적 기부 권리가 있어서 제안된 새로운 법률을 작성하고 확립된 법률을 제정하고 시행하는 것을 막기 위해 규제 기관 규칙 작성에 영향을 미칠 수 있다는 점에서 독특하고 독립적이다. 기업은 자금을 통해 워싱턴에서 막강한 영향력을 갖고 있고 대기업 총수들은 대통령과 각료들에게 쉽게 접근할 수 있다.

더구나 미국에 본사를 둔 글로벌 기업을 미국 기업으로 생각하는 것은 잘못이다. 그것들은 많은 나라와 이해가 연관되는 직원으로 구성되어 있고 이사회의 많은 구성원은 미국 시민이 아닐 경우도 있다. 이사회는 회사를 위해 유익하다고 생각하는 일을 한다고 해서 반드시 미국을 위해 좋은 일을 하는 것은 아니다. 과거에는 그러했고 또 항상 그렇지도 않았다. 수년간 비즈니스 라운드 테이블은 CEO의 주요 업무에 대한 지침을 발표했다. 거기에는 최고의 제품 만들기, 최고의 인력 유지, 기업이 위치한 지역사회 돌보기, 국민복지 기여, 그리고 마지막으로 주주들을 위한 이익환원 등이 포함되어 있다. 그러나 이러한 개념은 1990년대 중반 CEO의 직무를 주주들에 대한 수익 극대화로 정의했던 소위 '주주 가치'를 선호하면서 줄어들었다. 이들은 시장과 CEO에 대한 보상이 단기 수익률을 중심으로 강력하게 구성되기 때문에 일반적으로 단기적으로 수익을 극대화 하는데 중점을 두었다. 2019년 비즈니스 라운드 테이블은 그 자체를 뒤집고 오래된 지침을 재실행했지만, 거의 큰 영향을 주지 못한 것으로 보인다. 주주 가치는 직원, 고객, 지역사회 또는 국가에 미치는 영향과 관계없이 오늘날에도 지상 명령으로 남아 있다.

그러나 글로벌 기업들은 한 가지 중요한 곳에서 취약하다. 즉, 베이징에서는 정치적 영향력을 발휘할 수 없을 뿐만 아니라 관료들로부터 강요를 받는다. 이는 중국에는 좋지만 글로벌 기업에는 최적이 아닌 방식으로 작용할 수 있다. 이러한 상황이 생기는 중요한 원인은 중국의 기술 리더십 정책인 '중국제조 2025' 프로그램 때문이다. 현재 미국 정부는 산업적, 기술적 목표가 없기에 주주들의 이익 증대 외에는 어떤 것에도 기업이 노력하라고 지시할 여력이 거의 없다. 이와 다르게 냉전 동안 소련의 위협에 대응한 초기 정책과 프로그램 추진력 그리고 각종 위험을 무릅쓰고 새로운 벤처 자금을 지원하기 위한 강력한 미국의 인센티브 정책 때문에 미국의 첨단 기술 산업은 일반적으로 아직 세계 선두로 남아 있게 되었다. 그러나 기술 개발 및 과학 인프라에 대한 미국 정부의 지원이 감소하고, (자발적이거나 비자발적인 방법 그리고 사이버 절도를 통한) 중국으로의 기술 이전이 급증함에 따라 중국에 의해 미국의 리더십은 점점 더 큰 도전을 받고 있다.

명백하게 드러난 결함에도 미국은 여전히 세계 최대 경제를 유지하고 있고 미국 달러는 먼 미래에도 세계 기축 통화이자 가치 보유수단으로 남을 것 같다. 이것이 미국에 다른 어떤 나라도 범접할 수 없는 독특한 파워를 갖는 이유이다. 또한 미국은 독보적이며 종합적인 군사력을 보유하고 있는데, 미국의 국방비는 전 세계 국방비의 약 절반을 차지하며, 미군은 지난 20년 동안 지속해서 전 세계에서 전투를 벌여왔다. 11척의 주요 항공모함은 중국의 2척(현재 3~4척)*, 영국, 프랑스, 인도, 러시아가 각각 보유하고 있는 1척과 비교되는 부분이다. 또한, 미군은 약 150개국에 주둔하고 있다.

미국의 여러 동맹들국과의 상호방위조약은 매우 중요한 것이다. 약 30개국과 북대서양조약기구(NATO), 미·일상호방위조약, 한·미상호방위조약, 미·필리핀상호방위조

---

* 중국은 우크라이나에서 철강재료 목적으로 사들인 항모를 2012년 9월 개보수하여 중국의 첫 번째 항공모함을 진수했다. 이후 중국은 랴오닝함 개조 과정에서 배운 항모 건조 기술을 바탕으로 2019년 자체적으로 설계해 제작한 첫 국산 항모 '산둥함'을 취역시키는 데 성공했고, 앞으로 두 척을 더 건조할 예정이라 한다. 현재 세 번째 항모가 될 '푸젠함'을 중국 최초 전자식 캐터펄트 방식의 항공기 이착륙 시스템을 채택한 모델로 진수 준비중이라 한다.

약, 미·호주상호방위조약, 미·뉴질랜드상호방위조약 등이 그것이다. 아시아 태평양지역에서 중요한 것은 진주만에 본부를 두고, 서태평양, 남중국해, 남태평양, 인도양을 순찰하는 미국의 인도·태평양 사령부다. 이들은 아시아 태평양지역에서 부상하는 중국 해군과 공군에 맞서고 있는 미국과 그 동맹국들의 군대다.

아·태지역의 대부분 국가는 중국을 최대 수출 시장으로 보고 있지만, 이는 모든 경우에 맞는 사실은 아니다. 예를 들어, 말레이시아가 중국에 수출하는 많은 전자 부품들은 미국으로 재수출되는 제품에 들어간다. 그러므로 미국은 많은 나라에 있어 그들이 알고 있는 것보다 경제적으로 더욱 중요하다.

미국의 정치·경제 시스템이 외부에서 보면 무질서해 보일 수도 있고 어쩌면 시스템이 없는 것처럼 보일 수도 있지만, 44년에 걸쳐 소련과 냉전 기간 꾸준히 싸워 승리한 것은 미국이 그 동맹국들과 함께 갖고 있는 시스템이었음을 기억하는 것이 중요하다. 새롭고 유사한 도전은 아마도 과거와 유사한 지속적이고 조율된, 정교한 대응을 촉발할 수도 있다.

장기 전망

중국

향후 30년 정도 동안 중국 공산당이 이끄는 국가가 미국과 동맹국에게는 아마도 구소련보다 더 큰 도전이 될 것이라는 사실에 의심할 여지는 없다. 이 도전은 장기적으로도 심각한 문제에 직면해 있다. 많은 분석가는 2050년까지 중국 경제가 미국 경제보다 적어도 두 배가 될 것으로 예측한다. 문제는 이러한 예측이 중국의 현재 GDP를 2050년까지 복합 기준으로 약 6~6.5%의 현재 성장률을 복리로 계산하는 직접적인 예측인 경우라는 것이다. 하지만, 실제 경제는 그런 식으로 작동하지 않는다. 사실, 우리 모두 최근에 겪고 있는 전염병도 좋은 예다. 전염병이 유행하기 전 중국의 GDP 성장은 이미 상당히 둔화하고 있었다. 그래서 블룸버그는 곧 약 5%로 떨어질 것이라는 경제학자들의 예측을 인용했다.[13] 베이징 대학의 마이클 페티스(Michael Pettis)는 코로나 이전의 중국 경제 실질 성장률이 기껏해야 약 3% 정도일 것으로 추정한다고 했다. 팬데믹의 여파로 중국의 국내총생산이 이전으로 돌아가기까지는 꽤 시간이 걸릴 것이다. 지금까지 최고의 장기 예측은 프랑스 국제경제전망센터(CEPLII)가 내놓은 것으로, 2016년 10월 '세계 경제 지평선 2050 보고서'는 2050년까지 중국의 GDP가 현재의 14조 달러의 두 배가 넘는 약 31조 달러가 될 것으로 예측했다. 이는 2~2.5%의 복리 성장률을 의미하는데, 코로나로 중국이 직면하고 있는 엄청난 도전을 고려하면 확실히 높은 편이다.

코로나를 극복해도 가장 심각한 문제는 중국 인구의 고령화다. 중국의 노동력은 이미 줄어들고 있으며 총인구는 2029년 이후에 감소하기 시작할 것이다. 중국의 평균 연령은 이미 고령화와 인구 감소가 극적으로 진행되는 한국과 일본의 전철을 밟고 있다. 2050년까지 중국 인구는 약 13억 4천만 명으로 1억 명 이상 감소할 수 있다.

상황은 훨씬 더 악화될 수도 있다. 재러드 다이아몬드(Jared Diamond)는 2005년 저서 『붕괴(Collapse)』에서 황하에 매년 230일의 '물의 흐름이 없는' 날이 있다고 지적했다. 2008년 올림픽에서 허베이성과 산시성(山西省)의 물이 베이징으로 흘러 들어갔다. 2050년까지 티베트(Tibet) 빙하 물의 흐름은 3분의 2로 줄어들 것이고, 중국은 물이 매우 부족할 것이다. 이것은 상하이와 홍콩과 같은 도시 근처의 해수면 상승과 복합되는 문제이지만 광범위한 토양, 물, 대기 오염의 영향은 언급할 필요도 없이 섭씨 2도의 기온 상승이라는 현재 국제적 목표를 넘어서는 경우 홍콩과 상하이 시내의 상당 부분이 물에 잠기게 될 것이다. 섭씨 4도(현재 추세) 상승으로 두 도시는 완전히 물에 잠길 수 있다.[14]

미국

중국의 인구는 감소하는 반면, 미국의 인구는 유기적으로 그리고 이민을 통해 계속 증가할 것이다. 2050년까지 약 4억 5천만 명에 이를 수 있다. 캐나다와 멕시코의 인구(모두 공동 경제 지역의 구성원)를 더하면 총인구는 6억 2천만 명으로 중국의 절반에 조금 못 미칠 것이다. 그리고 미국 인구는 상당히 젊어질 것이다. 미국도 물과 기후 문제를 가지고 있지만, 아마도 중국의 문제와 같은 규모는 아닐 것이다.

미국의 GDP에 관한 2019년 3월 8일 블룸버그 보고서("중국이 미국의 GDP를 추월할 것인가?")에 따르면, 2050년 미국 GDP는 약 40조 달러로 중국의 35조 달러보다 훨씬 많고, 중국과 달리 젊은 인구가 여전히 많을 것으로 예상된다. 물론, 이는 팬데믹 이전의 예측이기에 아마도 중국에 낙관적인 편이었을 수 있다. 어쨌든, 중국이 연간 8~10%로 영원히 성장할 것이라는 수직적 계산에 근거한 이전의 예측과는 차이가 크다. 과거 중국의 성장이란 항상 부분적으로 과잉생산 능력 및 젊고 성장하는 노동력으로 혜택을 받았다. 위에서 언급한 바와 같이, 이러한 요소들은 이미 크게 변화하고 있다. 여기에 또 다른 요소도 추가되어야 한다. 미국, 캐나다, 멕시코는 사실상 단일 시장을 형성하기에, 이들 3개 국가를 합치면 2050년 총 GDP는 약 55조 달러가 된다.[15] 이는 미국 인구가 계속 증가하고 중국 인구보다 젊어질 것이라는 사실을 반영하는 것이다. 미국의 기술 개발도 강세를 유지할 것으로 예상되는 반면에 중국은 이미 손쉬운 '따라잡기'로 이익을 달성해왔기 때문에 앞으로 성장은 다소 둔화할 것으로 예상된다.

09

장문의 전보

우리 각자의 현실관은 단순히 양립할 수 없다.

-조지 케넌

2018년 3월 세계 자유 진영이 대 중국 포용과 결합에 잘못된 베팅을 했다는 내용이 이코노미스트지의 결론을 계기로 세 줄의 담론으로 등장했다. 그 내용은 기득권층, 디커플링 찬성론자 그리고 중도파의 의견으로 기술될 수 있다.

기득권층

긍정적이고 포용적인 찬성론자들과 지지자들은 최근 지나친 낙관과 느슨한 감시를 인정하면서도 기존 노력의 본질을 옹호하고 있다. 이들은 이제 관세를 부과하는 정도까지 무역 규범을 더 엄격하게 적용하면서 그간 해오던 것을 더 지속할 필요가 있다고 촉구한다. 주된 관심사는 중국을 소외시키지 않는 것으로, 그 큰 불만이 트럼프 대통령의 일방적인 관세 부과라는 것이다. 이들은 관세가 때때로 유용한 도구가 될 수 있다는 것을 인정하지만 그 도구의 사용은 동맹국들의 전폭적인 지원과 함께 다자간 이뤄져야 한다고 주장한다.

기득세력은 2019년 7월 3일 중국 관련 문제를 무역, 외교정책 학자들과 평론가들이 서명한 대통령에게 보내는 공개서한에서 자신들의 견해를 적극적으로 밝혔다. 서한은 "최근 몇 년간 중국의 문제있는 행동은 세계의 여러 나라에 심각한 도전을 유발했다."고 시작되는데, "미국의 단호하고 효과적인 대응이 필요하다."면서도 "현재 중국에 대한 접근방식은 근본적으로 역효과를 낸다."라고 덧붙였다. "우리는 중국이 경제의 적 또는 현존하는 국가안보의 위협이라고 믿지 않는다. …… 중국 지도자들의 견해는 확고하다. …… 중국 관리들과 여타 엘리트들은 서방과의 협력이 중국의 이익에 도움이 된다는 것을 알고 있다. 베이징에 대한 워싱턴의 적대적 입장은 그러한 목소리의 영향력을 약화시킬 것이다.[1] "요컨대, 그 주장이 (중국에 대한) 강경파가 책임을 지고 있는 것처럼 보이는 것으로, 이는 미국이 중국 내 친서방 목소리(이미 조용해진 것처럼 보임)를 더 약화할 수 있는 어떤 일도 해서는 안 된다는 것이다.

서한의 나머지 부분은 미국과 중국 경제를 디커플링하려는 노력이 양쪽 모두에게 비용이 많이 들고, 어떤 경우에도 중국을 효과적으로 그 성장을 둔화시킬 수 없다는 주장이다. (손실의 구체적 내용은 다루지 않았다). 또한 "미국이 동맹국에 중국을 경제·정치적으로 적으로 대하라고 압력을 가하면 동맹국들과의 관계가 약화되고, 결국 베이징이 아닌 다른 국가들로부터 미국이 고립되는 결과를 낳을 수 있다."고 했다. 어쨌든 베이징이 미국을 대체해 글로벌 리더가 될 것이라는 두려움은 과장된 것으로 "대부분의 다른 국가들은 그 결과에 관심도 없고, 심지어 베이징 자체도 그 목표가 필요하거나 실현 가능하다고 보는지 명확하지 않기 때문"이라는 것이다. 중국이 "21세기 중반까지 세계적 수준의 군사 강국이 되겠다는 목표를 세웠고", 중국의 "증가하는 군사력은 서태평양에서 오랫동안 지속되어 온 미국의 군사력 우위를 완전히 무효화 하지는 못하더라도 이미 그 힘이 잠식되고 있는 것"이 사실이라고 하더라도, 무제한 군비 경쟁을 벌일 이유가 없고 대신에 워싱턴은 '억지력'(지역 거부, 전략적 유연성, 미국 및 동맹국 영토에 대한 공격을 막을 수 있는 능력)을 유지하기 위해 동맹국과 협력해야 하며, "중국과 위기관리 체제를 강화해야 한다."고 서한에서 조언한다.

서한은 "중국이 세계 질서 내에서 서구 민주주의 규범의 역할 약화를 모색하고 있다."라고 인정하면서 마무리된다. 그러나 중국이 "수십년 동안 혜택을 받아온 세계 질서의 중요한 경제적 요소 등을 뒤집으려 하지는 않는다."라고 주장한다. 다시 말해, 중국은 민주주의와 관련된 요소들을 없애고 싶으며, "중국이 국제체제를 포용하는 것은 시스템 생존에 필수적인 것으로 미국은 중국이 새로운, 수정된 글로벌 체제에 참여하도록 장려해야 한다…… 중국의 역할에 대한 '제로 섬'적 접근은 중국이 기존 세계 체제로부터 벗어나도록 장려할 뿐이며 서구의 이익에 해를 끼칠 수 있는 분열된 세계 질서를 지원할 뿐이다."라고 했다.

이 말이 상반되게 들린다면, 실제 그렇기 때문이다. 주의를 기울여야 할 한 가지가 생략된 것이 있다. 어디에서도 학식이 높은 이들은 '중국 공산당'이라는 단어를 사용하지 않았다. 이들은 중국 관리들과 엘리트들의 목소리를 대변하지만, 중국 관리들과 엘리트들과 기업의 배후에 있는 중국 공산당은 그 내용에서 빠져 있다. 또한 이들은 중국이 제기하는 점점 더 많은 도전과 미국의 단호하고 효과적인 대응의 필요성에 대해 말하지만, 중국과 좋은 관계를 유지하는 것이 얼마나 중요한지를 강조하면서 대응은 어떻게 해야 하는지 구체적으로 설명하지 못하고 있다. 중국과 좋은 관계를 유지하면서 '단호하고 효과적'일 수 있는지 의문이 든다.

중국의 WTO 가입을 협상한 미국 무역대표부 출신 샬린 바셰프스키 대사는 기득권층의 강성인물 중 전형적 멤버다. 2019년 1월 13일 상하이에서 열린 미국상공회의소와의 미팅에서 그녀는 2001년 중국을 WTO에 가입시킨 것은 옳은 조치였으며 이제 중국은 이 기구의 필수 회원국이 되었다고 강조했다. 그러나 그녀는 중국이 그 조직에 합류한 후 '개혁과 개방의 의제'를 유지하는 데 실패했다고 언급했다. 2007년까지 그녀는 '개혁과 개방'이라는 익숙한 문구가 단지 '개혁'으로 단축되었다고도 말했다. '개방'을 하면서 어딘가에서 길을 잃었다는 것이다. 그녀는 또한 WTO에서 중국이 합의한 조치의 이행을 연기했다고 비난했다.

그녀는 중국이 여전히 "외국 다국적 기업에 대한 차별을 중단하고 국내 산업에 대한 보조금을 억제하며 강제적인 기술 이전과 지적 재산 도용을 중단해야 한다."라고 강조했다.[2] 이를 보장하기 위해 불이행시 미·중 간 합의된 감시 기준과 일정 및 징벌적 조치(관세 등)가 수반되어야 한다고 했다. 바셰프스키는 중국이 수년간 조치를 지연시키기 위한 전략적 경제대화로 알려진 일련의 고위급 회담을 이용해 왔는데, 이제는 트럼프 대통령의 당선과 미국의 중국에 대한 환멸 확대 등 역효과를 내고 있다고 했다.

그녀는 또한 조지 W. 부시 행정부와 오바마 행정부가 기술 이전과 국유기업의 행동에 대한 중국의 약속을 집행하기 위해 WTO 가입 의정서의 일부 조항에서 중국이 실행하지 않은 내용, 특히 정부가 상업적 결정에 직간접적으로 관여하는 것을 금지하는 규칙을 중국이 어긴 것에 대해 강하게 비판했다.

그러나 그녀는 양국 경제를 디커플링하자는 어떠한 제안도 강력하게 거부했다. 그녀는 그러한 움직임은 "고립주의의 위험한 망령과 실제 그리고 '이웃을 궁핍하게 만드는' 결과를 초래할 것"이라고 경고했다. "두 경제가 좀 더 공평하게 운영되는 것이 좋을 것이고, 특히 중국 경제가 국가 주도형 경제보다는 시장 기반형 경제를 견지한다면 더욱 좋을 것이다."라고 했다.

물론, 이것은 중국이 적절한 종류의 압력을 받는(스프가 너무 뜨겁지도 너무 차갑지도 않게, 골디락스가 말하는 것처럼 적당한) 상황에서 완전히 시장 기반 경제로 전환할 수 있다고 믿는 경우 가능한 것이다. 그러나 그녀도 '공산당'이라는 말은 입에 담지도 않았다.

하루 뒤(2019년 1월 14일) 로버트 죌릭 전 미국 무역대표부(바셰프스키가 중국에 관한 WTO 조항을 적절히 활용하지 못했다고 간접적으로 비난한) 대표는 사우스차이나모닝포스트에 "중국을 봉쇄할 수는 없다."며 "트럼프 행정부가 목표로 한다고 믿는 디커플링은 '매우 어려울 것'이라고 말했다."[3] 바셰프스키와 마찬가지로 죌릭은 중국 정부가 덜 개입할 필요가 있으며, 강제적인 기술 이전과 지적재산권 도용에 대한 책임을 져야 한다고 말했다. 그러나 그는 "자신이 밤새 이야기한 제반 문제의 유형을 바꾸지 말라면서 그 이유는 이것이 사람들이 투명한 규칙과 규범에서 상호 이익을 보게 되는 문제에 관한 것이기 때문이다."라고 했다. 물론 양측이 진정으로 의미 있는 합의에 도달하는 데 관심이 있다면 그것에는 무언인가 중요한 것이 있다. 그러나 바셰프스키가 전략적 경제 대화에 대한 그녀의 발언에서 시사했듯이, 죌릭은 중국과 상호 이익의 공유에 도달하는 데 수년이 걸렸으나 결국 실패했다. 사람들은 지적재산권과 국가 개입에 대해 무언가를 해야 한다고 끄덕였으나 그 뿐이었고, 진정한 목표는 그저 이제까지의 그 과정을 계속해야 하는 것에 대한 궁금증이다.

아마도 관련 기득세력의 입장을 가장 잘 요약한 것은 일부 사람들이 2019년 2월 제출한 아시아 소사이어티 태스크포스 보고서 "진로 수정: 효과적이고 적합한 대중정책"인데, 여기에서 "미국과 중국이 충돌 노선을 걷고 있다."며 "건설하는 데 수십 년이 걸렸던 친선의 기반이 빠르게 무너지고 있다."고 지적한 내용이다. 일각에서는 중국이 단순히 '도광양회(hiding and biding)'를 멈추기로 결정했다고 말하곤 한다. 태스크포스는 트럼프 행정부가 불공정한 중국 무역 행위에 대해 미국이 '밀어 붙이는' 것은 정당하다는 데 동의하면서도, "밀어 붙이는 것만으로는 전략이 아니다."라고 지적했다.

보고서는 행정부에 "관계의 공평성과 안정성을 회복할 수 있는 구체 조치들을 만들어 낼 것"을 주문하고 있다. 2018년 3월 22일 행정부가 중국 법령 등에 대한 조사 내용을 근거로 하는 무역법 301조를 발표하면서 그렇게 진행했다는 점을 생각하면 더욱 혼란스러울 따름이다. 그런데도, 태스크포스는 "결정적으로 중요한 양국 관계에서 회복할 수 없지만 피할 수는 있는 파탄에 대해 경고한다."고도 했다. 이를 회피하기 위해 보고서는 양국이 "우선순위 문제와 관련된 협상을 통한 해결책을 모색"하고 "관계가 궤도에서 더 이상 벗어나지 않도록 신중하게 가드레일을 설치해야 한다."고도 촉구했다.[4]

이러한 모호성은 보고서 전반에 걸쳐 지속된다. 한편으로 "우리의 두 경제가 깊게 얽혀있는 것을 분리하려는 노력은 매우 신중하게 진행되어야 한다."고 했다. 또 다른 한편으로는, "미국은 국가 안보와 이를 뒷받침하는 핵심 기술을 보호해야 한다."라고도 했다. 그러나 "무역과 투자에 대한 국가 안보 제한은 매우 선별적이어야 하며, 정책 입안자들은 미국 자체의 혁신 생태계를 포함하여 비용을 염두에 두어야 한다."라고도 했다. 게다가 "생산 체인의 붕괴는 세계 경제의 안정과 성장을 해칠 수 있다."면서 "미 우방국들이 소중한 양대 무역 파트너들 중에 편을 선택해야 한다고 믿는다면 미국의 동맹체제는 약화될 수 있다."고 했다.[5]

그러나 "중국의 최근 행동 중 많은 부분은 미국이 더 확고한 대응과 공정성과 상호주의에 대한 더 강한 주장을 할 필요가 있으며, 중국 지도자들이 이 도전에 건설적인 방식으로 기꺼이 응할 것이라는 보장은 없다."는 강력한 언급이 뒤따른다. 그리고는 입장을 후퇴하는 상황이 올 수도 있다고 했다. "미국은 과잉 반응으로 잃을 것이 과소 반응으로 잃을 것만큼 많다."라고 기술하고 있다.[6]

그러나 전반적으로 이 보고서는 중국을 상대적으로 심하게 때리고 있다. 보고서는 '중국의 중상주의적 첨단기술 수입대체 산업정책 추구'는 문제일 뿐만 아니라 핵심 기술 분야에 대해 중국 기업을 통제하기 위한 노력이라 생각했다. 게다가 아시아에서 힘과 영향력을 투사하려는 중국의 움직임과 중국 국내 권위주의 공고화는 미국의 강경한 대응을 불러 일으키고 필수적인 상호주의에 입각한 대우의 보장을 주장하게 될 것이라고 했다. 예를 들어, 미국은 "중국 기업들이 선진국 시장에서 누리는 것과 같은 접근성과 경쟁 조건을 중국도 글로벌 기업에게 제공하는 무역 및 투자 정책으로 채택하도록 압력을 가하라."며 "자유경쟁에 반하고 시장 왜곡적인 산업정책으로 드러나는 중국의 비용"을 높이고 중국이 2001년 WTO 가입에 필요했던 조치를 최종 실현하라고 요구했는데, 즉 기술 이전을 조건으로 하는 시장 진입을 중단하고 국유기업이 상업적 근거에서만 비즈니스 결정을 내릴 수 있도록 하는, 국유기업이 직간접적으로 중국 정부와 공산당의 영향을 받지 않도록 해야 한다는 내용이다.[7] [보고서에 중국 공산당(CCP)이 직접 언급된 것은 이번이 처음이다.] 태스크포스는 WTO에서 중국을 상대로 '무효 및 손해배상' 가능성까지 제기했다. 또한 중국이 실제 명목적인 무역부문 양보를 무효화 하기 위해 행동해 왔는데, 결과적으로 미국과 다른 나라들은 중국과 체결한 모든 무역 양보안을 철회하는 것도 정당화될 것이라고 주장했다.

물론, 태스크포스는 미국이 거기까지 갈 것이라고는 예상하지 못했다. 보고서의 경제 부분을 "중국이 공정한 경쟁의 규칙에 따라 행동하면서 야심 찬 목표를 추구하는 것은 여전히 가능하다."고 강조하면서 마무리했다.[8] 다시 말해, 태스크포스는 중국이 올바른 협상만으로 자유세계 표준의 완전한 채택 및 자유무역과 세계화 규범에 찬성하고, 중국 공산당이 전략적인 국유기업에 대한 국가의 지도와 함께 중국제조 2025 산업정책을 포기할 수 있고 포기할 것이라고 믿었다.

태스크포스는 남중국해와 서·남태평양의 군사 상황에 대해서는 낙관적으로 보지 못했다. 태스크포스는 미군과 동맹국 군대의 실질적인 강화와 배치를 요구했다.

한마디로 중국이 예상대로 변화하지 못해 기득권 세력은 흔들렸지만, 올바른 접근법만으로도 기대하는 경제적 진화가 일어날 수 있다고 믿었다. 기득권 세력은 특히 디커플링 비용이 엄청나게 많이 들고 지정학적으로 위험하다고 보기 때문에 그럴 것이라고 믿었다. 이것이 중국 외부에서 원래의 자유무역과 세계화 모델이 여전히 달성 가능하다는 믿음을 고수하는 이유다.

물론 이번 정책보고서는 코로나 팬데믹으로 중국 중심의 글로벌 공급망이 부분적으로 파괴되기 전에 이뤄진 것이다. 그러나 공급망을 옮기거나 재건하는 데 드는 비용이 엄청나게 높을 것이라 믿었던 사람들은 갑자기 공급망이 국제경제에 이미 부과한 숨겨진 산업 탄력성 비용도 부재하고 비상시 백업할 공급처도 없는 형태의 엄청나게 비싼 비용을 발견했다. 이러한 사실이 상황과 주장을 극적으로 바꾸어 놓았다.

디커플링 찬성파

팬데믹이 도래하기 전에 외교정책 기득권층은 디커플링이 트럼프 행정부와 관련된 불만을 품은 미국 내 대중국 매파 몇 명의 아이디어이며, 실제 실행된다면 관련된 모든 이들에게 엄청난 비용이 들게 할 것이라고 주장했다. 그러나 중요한 의미에서 디커플링은 처음부터 중국의 전략이었다. 중국 정부는 외국 기업들이 순전히 그들이 원하는 대로 하도록 중국에 들어오는 것을 결단코 허용하지 않았다. 처음에 중국은 일반적으로 외국 회사에 중국 파트너를 두고, 파트너에게 기술을 이전하고, 중국 기반 생산의 상당 부분을 수출할 것을 요구했다. 아주 합리적인 생각으로 중국은 이것이 결국 중국 회사들이 직접 생산할 수 있게 되고 아마도 외국 회사들의 가격을 낮출 수 있을 것이라는 것이었다. 앞서 지적했듯이, 중국은 GE의 제프 임멜트와 인텔의 앤디 그로브와 같은 외국 최고경영자들에게 중국에서 제품을 판매하고 싶다면 중국에서 최고의 제품을 생산해야 한다는 점을 분명히 했다.

인터넷의 도래는 중국 상황의 현실(중국과 자유세계 무역 협상가들 사이의 끝없는 고위급 회담의 어조와는 반대로)을 더 명확히 이해했어야만 했다. 세계무역기구(WTO)에 가입하기 훨씬 전인 1996년 1월 23일, 중국은 인터넷 검열과 중국의 인터넷과 세계의 다른 국가들 사이에 만리방화벽을 설치하기 위한 첫 단계로 컴퓨터 정보 네트워크 국제 접속 관리 임시 규정을 통과시켰다. 또한, 중국 정부는 구글, 아마존, 페이스북 또는 다른 비중국 기업이 중국 인터넷에서 검색을 가능하게 하는 것을 허용한 적이 없다. 이는 중국이 WTO에 가입하기 5년 전에 취해진 조치로 디커플링을 향한 주요한 준비단계였다. WTO 회원 가입은 중국 정부의 생각을 바꾸는 데 아무런 도움이 되지 않았다. 오히려 중국의 경제와 기술력이 발전하면서 만리방화벽에 대한 통제는 더욱 엄격해졌다.

오늘날 분석가들은 2015년 5월 리커창(Li Keqiang, 李克强) 총리가 발표한 '중국제조 2025' 정책 성명을 중국의 핵심 기술 및 산업 분야 자급자족 정책의 출범으로 본다. 그러나 '중국제조 2025'는 정책의 시작이 아니라 단지 가장 최근의 발전 단계를 나타낸다. 이 계획의 전신은 1949년으로 거슬러 올라가며, 특히 2006년 이후로 5개년 계획이 선구자가 되어왔다. 이때가 미·중 전략경제대화가 최고조에 달했을 때였다. 오늘날 시진핑 국가주석의 '중국 인민의 위대한 부흥' 계획의 실현은 필연적으로 다양한 중요 산업, 과학 및 개념분야에서 높은 수준의 자급자족과 심지어 배타성을 의미하는 것임에 틀림없다.

어떤 의미에서 (영미계 경제학자들의 관념) 이것은 비용이 많이 드는 접근법이기도 하다. 엄격하게 1달러 1센트까지 따지는 회계에 따르면, 구글이 중국으로 확장하는 것을 허용하는 것이 구글 클론으로 바이두(Baidu, 중국 최대 검색 엔진)를 만드는 것보다 비용이 덜 들 것이라는 판단 때문이라는 것이다. 그러나 비용과 이익을 보는 방법은 다양하다. 중국이 단순히 구글을 사용했다면 중국은 아마도 자체 개발을 통해 동일 수준의 검색 엔진 전문 지식에 빠르게 도달하지 못했을 것이다. 또한 중국 네티즌들에게 제시된 외부 정보를 통제할 수 있는 능력을 갖추지 못했을 것이다. 이와 같은 디커플링은 정말로 중국의 비용이었을까 아니면 중국의 투자일까? 어쨌든, 바이두는 이제 세계 2위의 검색 엔진이 되었고, 중국에서는 구글을 복제하는 데 사용한 비용에 대해 불평하는 사람이 아무도 없는 것 같다. 오히려 그렇게 하는 것이 잘했다는 자부심이 있다. 바이두가 특히 비용이 많이 들었다고 생각하는 중국인은 거의 없다.

2017년 트럼프 행정부가 집권한 이후 언론과 싱크탱크의 많은 이들은 디커플링 전략을 로버트 라이트하이저 미 무역대표부(USTR) 대표와 피터 나바로 대통령 자문위원탓으로 돌렸는데, 나바로의 2011년 저서 『중국에 의한 죽음(Death by China)』은 중국이 비중국 기업으로부터 지적 재산을 훔치고 차용하는 것을 묘사했다.[9] 그러나 필자와의 대화에서 두 사람은 디커플링 자체가 그 목적이 아니라 WTO 및 기타 협정에 따라 협의한대로 자유세계 국가 안보와 자유시장 권리의 방어라고 설명했다. 우리가 본 바와 같이, 바셰프스키는 중국이 2001년에 합의한 WTO 규정은 부분적으로 시행된 적조차 없다고 말한다. 라이트하이저는 목표는 단순히 중국과 협상을 타결짓는 것이며, 그로 인해 위반시 무거운 처벌을 부과하는 규칙이 적용되게 하는 것이라고 한다. 이러한 내용은 흥미로운 질문을 제기하게 되는데, 즉 중국이 커플링을 의도한 적이 있는지 그리고 진정한 자유시장 환경에서 살아남을 수 있는지에 대한 것이다.

나바로 장관은 행정부 안팎의 많은 사람이 점점 더 강화되는 커플링이 장기적으로 국가 안보에 미치는 영향에 대해 우려하고 있다고 했다. 예를 들어 2019년 9월 14일, 국제안보비확산국 수장인 크리스토퍼 애슐리 포드(Christopher Ashley Ford) 차관보는 '민감한 기술에 관한 다자행동회의'에서 행정부가 중국의 대표적인 5G 통신회사인 화웨이(Huawei)를 미국 상무부 '제재 리스트(Entity List)'에 올려 자국기업들과 거래에 제한을 둔 것을 거론했다. 포드는 2019년 1월 '영업비밀 절도'와 "미국의 국가 안보에 반하는 활동에 연루될 위험이 크다."는 이유로 제재 리스트에 올렸다고 언급했다. 그는 화웨이의 문제는 경제적 문제일 뿐만 아니라 국가 안보와도 깊은 관련성이 있다고 강조했다. 이 점은 더 광범위하게 적용되어 화웨이와 같은 중국의 기술 대기업은 기술 또는 무역 문제를 일으킬 뿐만 아니라, 지정학적 문제를 제기하고 있다는 것이다. 이들 기업은 공식적으로 민간기업으로 지정되었을지 모르나, 일반적으로 민간기업으로 이해되지도 않으며 전적으로 상업적인 이유로 의사결정을 내리지도 않는다는 것이다. 때때로 그들은 국가와 당의 일부로서 역할을 한다. 포드는 이어 영국 최고의 컴퓨터 전문가들은 화웨이의 새로운 5G 라인은 신경 쓸 것도 없이 4G 네트워크에 사용되는 화웨이 코딩 및 아키텍처로 인해 발생하는 영국 안보상 취약성은 판단하기 어려울 정도라고 설명했다. 예를 들어, 연구를 위해 영국 전문가들에게 제공된 코드는 화웨이의 라우터에 최종 설치된 코드와 일치하지도 않았다는 것이다. '나토 협력 사이버방어센터(NATO Cooperative Cyber Defense Center of Excellence)'가 "화웨이 5G 배치 문제는 더 넓은 지정학적 맥락에서 평가되어야 하며 5G 설치는 단순한 기술적 선택이 아닌 전략적 선택으로 인식될 필요가 있다."고 경고한 바 있다고 포드는 말한다.[10]

여기가 디커플링 시작점이다. 국가 안보의 중요성을 지닌 제품과 서비스는 콩(작물)과 같은 비용 편익 모델로 평가될 수 없다. 어떤 것들의 가치는 달러나 위안화 환율로 측정할 수도 없다. 디커플링 충돌(마찰)에 대한 가장 좋은 설명 중 하나는 전 호주 총리이자 중국 전문가(중국어 구사자)인 케빈 러드(Kevin Rudd)로부터 나왔다. 그는 2019년 6월 13일 오스트레일리아 로위 연구소(Lowy Institute) 연설에서 분리를 향한 미국의 첫걸음은 트럼프 행정부가 아니라 오바마 행정부의 '아시아로의 회귀(Pivot to Asia)' 정책에 의해 이루어졌다고 주장했다.

더 중요한 것은 인터넷의 분리가 두 나라의 정치 체제의 자연스러운 결과로 발생하고 있으며, 다른 나라들은 "점점 그사이의 사람이 살지 않는 땅에 갇히게 되었다."고 지적했다. 그는 알리페이, 위챗페이, 비자, 마스터카드와 같은 디지털 결제 시스템은 이미 세계를 다른 영향권으로 나누었고, 이러한 분열은 디지털 세계 경제에서 더 확장될 것이라고 주장했다.

이와 마찬가지로, "두 나라의 통신 시스템의 분리도 잘 진행되고 있다."는 것이다. 그러나 그는 이러한 디커플링이 필연적으로 글로벌 공급망 관리자들을 걱정하게 하고, 대체 공급망을 갖거나 공급망이 아예 없는 것이 더 안전할 수 있다는 생각을 들게 한다고 덧붙였다. 그리고 그는 이러한 것은 인공지능이 가능한 경제, 정치적 또는 전략적 영향을 고려하기 이전 단계라고 지적했다. 또 그는 "우리가 세계화 종말의 시작점에 있는가?"라고 의문을 제기했는데, 중요한 문제는 디커플링이 어디서 시작되었는지가 아니라 어디서 멈출 가능성이 있는가의 문제라고 했다.

중도파

일부 분석가들은 대중 정책이 기득권층의 수정된 '관여(engagement)' 관점과 세계적인 분열(디커플링)을 향해 증가되는 추세 사이 그 중간에 길이 있다고 생각한다. 커트 캠벨 전 국무부 차관보와 제이크 설리번 전 국무부 정책기획국장은 포린 어페어스 2019년 9월~10월호 기고를 통해 이른바 '파국 없는 경쟁'을 제안했다.[11] 그들은 기득권층 일부의 신냉전 사상이 실제 미중 관계를 반영하지 않았다면서, 과거 냉전을 '진정한 실존 투쟁'으로 보며 이뤄진 미국의 대소련 봉쇄정책은 결국 소련이 자기 무게 때문에 결국 붕괴할 것이라는 전제하에 이뤄진 것이라고 했다.

중국의 경우, 아무도 궁극적인 붕괴를 예측하지 못한다. 게다가 중국은 소련보다 훨씬 더 강력한 경쟁 상대이고 그 경쟁은 조금 더 현실적이다. 따라서 그들은 군사적, 경제적, 정치적 그리고 글로벌 거버넌스 측면에서 유리한 공존 조건을 확립하는 것이 가능할 수 있다고 결론을 내리고 있다. 게다가, 그들은 소련과 미국의 대립이 진정으로 세계적 사건이었지만, 미·중의 대립은 주로 남중국해와 동중국해, 타이완해협, 한반도에 국한되어 있다는 점에 주목했다.

캠벨과 설리번은 1972년 미·소 해상 사고 예방 협정과 같은 중국과의 광범위한 양자 협정을 요구하고 있다. 또한, 그들은 상호 신뢰를 얻기 위해 중국과 미국 관리들 사이 더 빈번한 회의와 교류도 요구하고 있다. 그들은 미국이 남중국해와 인도·태평양 지역에서 '실제 지배하지 않는 억지력(deterrence without dominance)' 방식의 접근법을 채택해야 한다고 주장한다. 항공모함과 같은 비싸고 허점이 있는 플랫폼에서 벗어나 크루즈 미사일, 잠수함 및 무인 항공기에 중점을 두어야 한다는 것이다.

경제와 무역에 눈을 돌리기 전까지 이 모든 것이 꽤 가능성 있어 보였다. 많은 학자들은 중국이 지경학을 경쟁의 주요 분야로 생각하고 선진 기술 산업에 막대한 투자를 함과 동시에 외부 기업과 제품에는 호혜적 대우를 불인정하고 있는 점에 주목한다. 그들은 이러한 구조적 불균형이 중국에 기반을 둔 공급망의 예전 자유무역 접근방식에 대한 확립을 약화시켰다고 설명한다. 그러나 의심스러운 단계(과정)도 있다. 이 상호주의 문제를 해결하려면 "중국이 전 세계 주요 시장에 완전하게 접근할 수 있도록 해야 하는데, 이는 중국 국내적으로 경제 개혁을 하려는 의지에 달려 있다."[12]는 것이다. 그러나 디커플링이 세계화를 파괴하는 것으로 보이는 상황을 촉발한 것은 중국이 시장 접근을 거부하면서 미국이 실제 상호주의를 강제하는 바로 둘 사이의 불가능한 공존때문이라는 것이다.

이것이 바로 트럼프 행정부가 지난 3년 동안 시도해온 것이다. 아마도 이러한 접근법은 동맹국들과 협력하면 더 잘 조화를 이룰 수 있었을 것이다.

그래서 중도(중간)란 정책은 더 좋은 매너로 동맹국과 관련 사항에 더 많은 관심을 기울이게 해야 한다는 결과로 트럼프에 의해 판명됐다. 그러나 그것도 현실적 실현 가능성에 관한 의문이 남는다. 중도파는 미국이 다양한 세계 시장에 대한 중국의 접근을 상당히 정밀하게 통제할 수 있다고 생각하며, 중국은 상당한 압력에서도 자유무역 게임을 할 수 있다고 계속 가정한다. 이와 같은 두 가지 가정은 모두 과거에도 잘못된 것으로 입증되었고 현재에도 상당히 의심이 많이 드는 내용이기 때문이다.

마지노 선

중국 공산당은 사실상 중국 생활의 모든 면을 통제하고 있다. 그 공산당의 존재는 자주 언급되진 않지만, 그것은 지속적이자 궁극적으로 항상 모든 것을 통제한다는 것이다. 따라서, 중국의 어떤 것도 보이는 그대로가 아니다. 예를 들어, 국가에 주석이 있지만 가장 강력한 행정부 권력은 중국 공산당 총서기이다. 신문과 웹사이트가 있지만, 중국 밖에서는 쉽게 접근할 수 있는 다양한 주제에 대한 정보를 고의로 삭제한다. 국유기업이든 민간기업이든 기업이 있지만, 손익을 따져 사업과 투자를 결정하지 않는 경우가 많다. 이 모든 조직에 스며든 것이 공산당이기 때문이다.

비록 중국 공산당이 스스로를 공산주의라고 부르지만, 그 주요 과정과 목적은 인권, 종교, 법에 의지하지 않고 자신이 통치하는 사회에 절대적인 권력을 갖는 것이라는 점에서 중국 공산당은 진정한 레닌주의 정당이다. 레닌주의 정당의 본질적인 조건은 목표를 달성하는 과정에서 권력에 대항하는 어떤 국가나 외부 단체나 내부의 이견에 대해 항상 투쟁해야 한다는 것이다. 반드시 격렬한 전쟁은 아닐 수 있지만, 영구적인 적대적 불신 상태가 될 수도 있다.

공산당의 목표 중 일부는 창당 이후 변화했지만, 많은 것들이 결코 변하지 않았다. 마오쩌둥주의 시대는 평등과 새로운 공산주의에 기반한 완전히 새로운 사회를 만드는 것에 중점을 두었다. 이러한 시대적 주안점은 마오쩌둥과 함께 사라졌다. 그러나 마오쩌둥 또한 "중국은 일어섰다."고 말했다. 쑨원, 장제스 그리고 다른 많은 사람과 마찬가지로 그도 중국이란 중앙 왕국이 고대의 영광을 되찾고 천하에 대한 통치를 회복할 미래를 상상했다. 그는 중국이 영국을 제치고 미국을 추월할 날을 예견했다. 태양 아래 중국의 정당한 위상을 향한 그러한 정책은 당의 최우선 목표가 되었고, 현재 이것은 '위대한 중국몽' 또는 '중국 인민의 위대한 부흥'으로 표현되고 있다.

그 꿈을 이루는 데 있어 가장 큰 외적 장애물은 인권, 법치주의, 언론의 자유, 개인주의, 사유재산, 개인 사업조직, 자유시장, 끊임없는 공론화라는 완전하게 상반된 개념을 가진 미국이라는 국가다. 중국 공산당에게 미국은 끊임없이 감시하고 통제해야 하는 위험한 적일 수밖에 없다. 공산당이 미국을 파괴할 필요는 없을지 모르지만, 공산당이 미국을 포위하고 그 전략을 산만하게 하고, 동맹국을 이탈시켜 미국이 약화되기를 바라며, 중국 정부가 다른 그룹들과 동맹을 맺기 위해 끊임없이 노력하는 것은 필수적이어야 한다는 것이다. 공산당은 힘의 균형과 세력의 상관관계에 따라 항상 필요한 정도의 수용을 할 준비는 되어 있지만, 본질적으로 상생의 개념을 믿지 않는다. 중국은 고대부터 계급사회였다는 것도 기억해야 한다. 평등의 개념은 이해하기 어렵다는 것이다. 한 사람은 나이가 많거나 젊거나 부유하거나 가난하거나 지위의 고저나 그 영향력이 크거나 작거나 혹은 더 강하거나 약하거나 둘 중 하나에 속해야 한다는 것이다.

중국은 미국과 동등하고 더 나아가 이를 능가하려는 노력에서 영국, 미국, 독일, 특히 일본과 한국을 포함하여 높은 수준의 경제발전을 이룬 다른 국가들의 사례를 주의 깊게 연구했다. 중국은 그것으로부터 산업화를 촉진하고 세계 생산 중심이 되기 위해 이들 모두가 보호주의와 중상주의 정책을 채택했다는 것을 알아차렸다. 당원들은 제조업, 규모의 경제, 기술 발전, 유지 가능한 산업의 꾸준한 발전의 중요성을 이해했다. 그들은 자유무역과 세계화라는 영국과 미국의 이상이 거짓 신(神, 믿음)이라는 것을 이해했고, 대신 싱가포르의 리콴유가 일본과 '동아시아 호랑이(동아시아 4마리 용)'를 연구하라는 조언에 주목했다.

그러나 그렇게 함으로써, 중국은 다른 국가들이 수출 주도의 성장정책을 추구하는 동안 외국 자본을 시장에서 배제하는 모델이 정확히 외국 기술을 복제할 수 없다는 것을 깨달았다. 중국은 아시아 다른 국가들이 그랬던 것처럼 자립적으로 산업화하기에는 너무도 후발주자였다. 그래서 미국과 여타 자유세계의 기술이 절실히 필요했고 기술을 빨리 습득할 수 있는 유일한 방법은 외국인 투자(FDI)를 장려하고 그 투자를 통해 확실히 기술을 가져오도록 하는 것이었다. 여기에 추가 투자에 필요한 자본을 축적하기 위해서는 무역 흑자를 내게 할 필요가 있었다. 하지만, 어떻게 통제력을 잃지 않고 외국 자본가들의 손에 그들 시장이 장악되지 않게 할 수 있었을까? 덩샤오핑은 창문을 열면서 파리 몇 마리를 기꺼이 들여보냈다. 그러나 국가와 사회 지배권을 포기하려는 의지는 결코 없었다.

공산당은 외국 기업들이 세계에서 가장 큰 시장이 될 수 있는 곳에 파고드는 대가로 기꺼이 큰 위험을 감수하고 그들의 사업에 비정상적이라 해도 중국 정부의 간섭을 받아들일 것으로 믿었다. 그래서 중국은 의식적으로 '커플링'이라고 부를 수 있는 전략을 채택한 것이다. 중국 기업과 합작, 기술 이전, 중국 기반 생산의 상당 부분을 수출해야 하는 요건 등 특정 조건을 외국 기업이 기꺼이 수용한다면 외국 악마가 들어오는 것을 허용할 뿐만 아니라 뇌물까지 줄 수 있다는 입장이었다. 만약 이를 멕시코가 제안했다면 그러한 조건에 불만을 품었을 자본가들이라도 중국의 조건을 받아들이기에는 조금도 지체할 필요가 없다는 그들의 생각이 중국 시장에서 드러났다. 이러한 것이 최근 역사이다.

이러한 일들은 공산당이 예상했던 것보다 훨씬 더 잘 진행됐다. 중국 정부는 미국 기업들의 정치적 파워와 미국의 정책 결정에서 고질적인 조율 능력 부족이 미국 기업들과 결합하는 상황에서 중국 내 인질을 만들고, 워싱턴에서 베이징 관련 로비를 할 수 있는 추가 이익도 얻었다. 중국은 법치주의가 없는 상황에서 기업이 정부를 법정에 세우고 승리할 수도 있는 미국과 같은 법치주의가 부재한 상황임에도 미국 CEO들이 미국보다 중국을 더 두려워하게 했다. 그리고 미국 투자 은행들은 약간의 중국 내 사업을 확보함으로써 월스트리트가 베이징의 주요 치어리더가 되게 했다.

세계무역기구(WTO) 가입은 샬린 바셰프스키와 같은 미국인들이 생각했던 것처럼 무역 목적이라기보다는 중국을 제조업 생산의 아웃소싱 지역으로 만들어 중국을 세계의 신규 작업장으로 만드는 중요한 움직임이었다. 물론 중국은 공산당의 엄격한 상업적 고려에 따라 운영되고 강제적 기술 이전이 뒤따르고 또한 국유기업과 같은 많은 복잡한 협력조건을 내걸었으나, 미국과 WTO가 실제로 관련 규정을 시행할 것 같지 않다는 점을 고려할 때 중국은 관련 협정을 지킬 의도가 없었다. 또한, 예상치 못한 사찰이나 다른 어려움을 암시하는 내용도 현지 당서기의 우호적인 전화로 모두 입을 다물 수 있게 하는데 어떤 외국인 CEO가 이러한 위반에 대해 불평하려 했겠는가? 게다가 WTO는 천천히 움직인다. 아마도 결국 중국은 비난받을 것이지만, 그때까지 어떤 위반을 저질렀든 간에 이미 지나간 일이 될 것이다. 기술은 이전되었을 것이고 그렇지 않다면 덤핑으로 외국 경쟁자를 파산시켰을 것이다.

이러한 상황 아래서 2009년부터 2016년까지 진행된 경제 및 전략 대화로 알려진 일련의 고위급 회의가 있었다. 미국은 결국 중국 경제가 시장화되고 정치가 자유화될 것이라 확신하고 공산당 정부에게 일하는 방법과 함정을 피하는 방법을 가르쳐줌으로써 중국이 이러한 서방의 노력에 호의와 지지를 보여주길 원했던 것으로 보인다. 만약 이 회의에서 중국의 부정행위나 질질 끄는 관습같은 것에 관한 제보가 있거나 누군가가 WTO에 제소했다면 당시 나쁜 분위기가 만들어졌을 것이다.

돌이켜보면, 미국과 다른 자유세계 협상가들이 정말로 중국이 WTO 가입 카드에 첨부된 조건들을 양심적으로 준수하리라고 믿었다고 생각할 수는 없다. 결국, 공산당이 모든 공기업의 수장들을 임명하기에, 자유세계 협상가들은 한 번 지명된 이 CEO들이 WTO를 만족시키기 위해 그들의 국유기업을 운영하면서 당의 고려 사항을 무시할 것이라고 생각했는지 알아볼 필요가 있다. 불가능한 일이었다.

또한, 중국은 인공지능, 반도체, 통신, 생명공학, 항공 및 기타 중요하다고 생각하는 모든 기술에서 리더십과 자급자족을 달성하기 위해 '중국제조 2025' 프로그램을 포기할 의도도 없었다. 미국의 무역 조치로 중국이 산업과 기술의 자율화 길로 더 빠르게 다가갈 것이라고 상상했던 것은 실수였다. 중국은 항상 '가능한 한 빨리'라고 하며 앞으로도 계속 그렇게 해 나갈 것이다. 중국의 자존심과 역사적 굴욕감을 높이 언급(선전)하는 것처럼, 이 흐름은 계속해서 엄청난 대중의 지지를 받을 것이다. 미국 경제학자들은 이 정책을 미국 정부가 '승패를 결정짓는' 비용이 많이 드는 문제로 보는 것에 비해 중국 경제학자들과 중국 대중들은 그것이 그들의 미래에 대한 공공 투자로 보고 있다. 중국인들은 미국이 시장 세력에 반하는 자에게 잔소리하고 중국이 '규칙에 기반하는 세계 질서의 책임 있는 이해당사자'가 되라는 것을 미국이 중국의 발전을 늦추려는 시도로 해석한다. 공산당이 치열한 경쟁 세상에서 다른 행위자의 '윈-윈' 해결책을 정말로 믿거나 진정으로 관대한 제스처를 취할 것이라고는 상상할 수 없다. 중국 공산당은 항상 숨겨진 의제를 생각할 수 있기 때문이다. 자유세계가 중국을 포용하려 할수록 중국은 더욱 의심을 갖고 방어적 태도를 보일 것이다.

그러나 중국은 디커플링에 비판을 하면서, 특히 미국의 교육, 연구, 미디어, 비즈니스 및 법률 기관에 대한 쉬운 접근을 유지하거나 심지어 커플링을 확장하려고 노력할 것이다. 이는 미국이 디커플링을 고수하는 동안 중국 스스로 그 자체를 통제하고 조율하는 것이 중국 자신에는 유리하기 때문이다. 이러한 이유의 일례로 최근 미국과 다른 외국 자산 관리자들은 중국 자산 펀드의 관리에 접근할 수 있게 되었다. 표면적으로 이것은 베이징에 의한 개방과 자유화의 사례로 보일 수 있거나 혹은 실제로 그럴 수도 있지만, 반대로 중국이 중국과 월가를 계속 연결해 월가를 베이징의 인질로 삼으려는 것이다. 게다가, 중국이 점점 더 기술, 산업 그리고 과학의 리더가 됨에 따라 그 관계는 우리가 지금 말하는 조합보다 점점 더 중국에 의존하는 방향으로 바뀔 것이다. 그리고 점차 중국이 지배적인 생산국이 되고 세계 나머지 국가들이 소비자가 됨에 따라 진정으로 공유된 노력의 결과로 디커플링이 진전될 것이다.

중국의 자유세계에 대한 어떠한 개방 감소도 베이징과 그 측근들을 '보호주의자', '인종차별주의자' 또는 '국수주의자'로 비난받을 수 있게 한다. 그러나 궁극적으로 공산당과 관련된 것이 너무 개방되거나 이와 많은 연관성이 있는 것들에 대한 중국 공산당의 우려를 이해하는 것이 중요하다. 예를 들어, 중국 학생들은 그들이 요금 전액을 내면 볼 수 있는 매우 매력적 혜택으로 미국과 자유세계 대학에 온다. 물론, 그들 대부분은 교육받을 학생들일 뿐이다. 일부는 그렇지 않지만, 이들 중 정보 요원을 골라내는 것은 쉽지 않다. 더 중요한 문제는 우리가 호주와 싱가포르 예에서 보았듯이 학생들이 '무기화'될 수 있다는 것인데, 이것은 베이징이 그들이 유학하는 것을 단순히 막을 수 있다는 것을 의미한다. 심지어 몇몇 꽤 중요한 대학들도 그렇게 된다면 심각한 재정적 어려움이 생길 것이다. 그리고 대부분 학생은 결백하지만, 중국 공산당이 현지 유학생을 활용해야 한다고 결정하면 학생에게 취약한 부분인 중국에 있는 가족을 활용하게 된다.

이것은 디커플링에 대한 추가 원인으로 이어진다. 자유세계 언론, 학계, 정치권에서 그것은 높은 손실 비용과 관련이 된다. 이러한 것들은 소비자, 공급망을 이동해야 할 수도 있는 기업과 일자리를 잃을 수도 있는 근로자 그리고 자산 시장 가격에 영향을 받는 투자자들에게 매우 중요한 관심 사항이다. 그러나 다른 관점도 고려되어야 한다. 현재 중국과 세계의 연결 구조는 자유로운 세계 가치를 적극적으로 고려하며, 중국을 자유로운 세계 질서에서 책임 있는 이해당사자가 되게 하기 위한 노력으로 중국에 오히려 자본과 기술을 공급하는 것이 아니라, 권위주의적이고 레닌주의적인 틀에서 세계 질서를 재구성하게 중국 공산당을 여러 방법으로 지원하는 일이 된다. 미국 기업들, 기술자들, 그리고 소비자들은 티베트의 티베트인들, 신장의 위구르인들 그리고 홍콩의 시위자들을 억압하는 공산당이란 거대한 기계에 원료를 공급하는 것과 같다. 그것은 노벨상 수상자들을 투옥하고 세계 언론에 거짓말을 하고 신용카드 소유자들과 정부 직원들의 계좌를 해킹하는 일에 수십억 달러를 소비하는 중국의 모습으로, 중국 정부는 통상적으로 미국과 동맹국들 사이 분열도 조장한다. 이것도 공산당이 투자하는 비용이기에 논의를 해볼 필요가 있는 것이다. 이전 세대 미국인들은 법의 지배, 동료 배심원에 의한 재판의 권리, 언론의 자유를 보호하기 위해 많은 희생을 했고 막대한 비용도 사용했다. 그럼, 이러한 것들은 이제 가치가 없는 것이란 말인가?

이상하게도 오늘날 토론은 중국을 통한 공급망 구축에 따른 비용과 이익 할당에 대해 전혀 논의하지 않는다. 그리고 그 공급망이 기본적으로 '윈-윈' 세계화를 대표하는 것은 당연한 것으로 여겨왔다. 사실, 스튜어트 패터슨(Stewart Patterson)이 그의 책 『중국, 무역과 권력(China, Trade and Power)』에서 주장했듯이, 세계화의 전반적 효과는 세계 경제를 1930년대의 대공황 이후 최악의 금융위기의 직전으로 몰고 간 거대한 디플레이션과 같은 압력이 가해지고 있는 것이다.

2001년과 2006년 사이 5백만 개 이상의 미국 일자리가 사라졌고, 동시에 유럽연합, 미국, 일본에서는 임금이 정체되었다. 20세기의 지난 30년간 5.3%의 비율로 증가했던 미국의 평균 가계 소득은 중국의 WTO 가입 이후 10년 동안 10% 감소했다. 같은 기간 동안 미국 기업 이익은 두 배로 증가했다. 분명히 중국 중심 공급망의 건설은 대기업과 월가에 큰 혜택이 되었지만, 일반 가정에는 그렇지 않았다.[13]

아마도 위에서 언급한 것처럼 가장 중요한 것은 코로나 등 전염병이 공급망에 수반되는 실제 문제로 이전에는 보이지 않았던 비즈니스 및 경제 비용의 일부를 표면화했다는 것이다. 공급망은 부서지기 쉽고 중복되지 않는다. 게다가 모든 실제 비용이 인식된 후에야 그것이 세계 경제를 운영하는 가장 저렴한 방법도 아니라는 것을 알게 한다. 처음에는 저렴하고 조직화되지 않은 준계약 노동이 글로벌 기업의 생산 일부를 개발도상국, 특히 중국으로 옮기는 주된 이유였다. 이후 중국은 자본 집약적으로 첨단기술 제품을 만드는 기업들이 중국 시장의 급속한 성장에 따라 저렴한 노동력뿐만 아니라 무상토지, 공공요금 인하, 자본보조금 등의 재정적 유인책에 따라 중국으로 관련 생산을 이전시키는데 공을 들였다. 1991년과 2018년 사이에 미국, 유럽 그리고 어느 정도 일본 제조업이 중국으로 이전해 수출 및 현재 우리가 알고 있는 글로벌 공급망의 큰 확장으로 이어지게 된 것은 이 같은 엄청난 유인책 때문이었다.

코로나가 발생하기 전부터 글로벌 체인의 약점과 변화가 뚜렷해지고 있었다. 중국의 노동력은 점점 더 비싸지고 있었고, 중국의 규제와 중국 공산당의 조치는 점점 더 불편하고 부담이 되었다. 반도체, 인공지능 등 핵심(타깃) 산업에서 지식재산권 도용과 중국 기업에 대한 정부 지원이 갈수록 심각한 이슈로 나타났다. 자동화는 비용 요소로서 저렴한 노동력을 점점 덜 중요하게 만들고 있다. 실제로, 일부 회사들은 중국에서의 생산을 인도네시아와 같은 저비용 노동력을 가진 곳으로 옮기기 시작했고, 심지어 산업공구 제조업체인 스탠리 블랙 앤 데커와 같은 기업은 중국으로부터 생산을 다시 미국으로 가져오기 시작했는데, 스탠리 블랙 앤 데커는 국내 시장에서 멀리 떨어진 곳에서 생산하는 데 따른 숨겨진 비용 산출이 이러한 움직임을 수익성 있게 만들었다고 말했다.

어떤 기업도 고려하지 않았지만, 지구상 모든 사회에서 매우 중요한 것은 지구 온난화 측면에서 공급망과 관련된 비용이다. 글로벌 체인은 필연적으로 항공과 해상 양쪽으로 많은 양의 운송을 동반하기 때문이다. 현재 중국 공급망 운송을 합치면 전 세계 온실가스 배출량의 약 6%를 차지한다. 또한, 높은 고도에서 항공기의 탄소 배출이 지구 온난화 증가에 강력한 영향을 미친다는 것은 일반적으로 알려진 사실이다. 글로벌 커뮤니티에서 이러한 배출량 비용은 계산할 수 없지만, 예를 들어 비즈니스 클래스로 뉴욕에서 도쿄까지 비행하는 단일 승객(화물)의 배출량을 상쇄할 수 있는 비용을 살펴보면 이해가 될 것인데, 그것은 톤당 약 34달러다.[14] 해상 운송의 경우 배출량 상쇄 비용은 톤당 45달러가 될 수 있다.[15] 이 숫자에 수십억 개의 항공 화물 운송의 컨테이너 수량을 곱하면 가격이 가파르다는 것을 바로 알 수 있다. 설상가상으로 그것은 매우 빠르게 증가하고 있다.

이 요소들 외에도 매우 중요한 세 가지 요소가 있다. 하나는 미국처럼 자유와 언론의 자유를 수호하는 주요 국가의 첨단기술 개발과 생산에 투자되는 엄청난 비용문제다. 지난 세기 동안 미국은 그러한 종류의 기술에서 지도국이 되고 유지하기 위해 모든 노력을 기울였다. 왜냐하면, 당시 미국은 그렇게 하지 않는 것이 자국과 여타 같은 가치관을 공유하는 국가들의 생존에 극도로 위험할 것이라고 것을 알고 있었기 때문이다. 기업이 수백만 달러 또는 심지어 수십억 달러를 더 벌 수 있도록, 이러한 종류의 리더십을 글로벌 공급망에 양보하는 것은 국가와 그 국가의 비전 측면에서 극도로 비용이 많이 드는 것으로 판명날 수 있다.

두 번째 요인은 핵심 기술의 최첨단 수준을 유지하기 위해서는 좋은 대학과 실험실을 갖추는 것만으로는 충분하지 않다는 것이다. 많은 기술이 공장이나 직장에서 진화하는 것이고 그것은 반복적인 과정을 통해 발전한다. 게다가 한 국가가 더 많은 산업을 수용할수록 더 많은 반복, 다양한 아이디어와 기술의 조합, 그리고 우연에 따른 성공과 그에 따른 기술 발전 잠재력이 향상되는 것이다. 경제학은 혁신을 위한 방정식이 있지 않지만, 우리는 다양한 기술과 생산 수단이 도움이 된다는 것을 알고 있다. 다시 한 번 얘기하지만, 당장 수백만 달러의 수익을 얻기 위해 중요한 것을 잃는 것은 궁극적으로 엄청난 손실을 수반한다.

마지막으로, 공급망의 실패 가능성에 대한 비용도 있다. 이것은 과거에는 전혀 고려되지 않았다. 애플, 시스코, GM과 같이 크고 정교한 글로벌 기업도 이를 고려하지 않았고, 미국, 독일, 일본, 영국과 같은 주요국가 정부들도 감안하지 않았다. 그러나 2020년 1월 중순 코로나 바이러스가 만연한 이후, 우리는 이전에 숨겨진 비용을 지불하기 시작했다. 그 비용은 엄청났고 앞으로도 그럴 것이다. 물론, 더 나은 방법이 있을 것이다.

사실, 더 나은 방법은 이미 진화하고 있다. 지난 몇 년 동안 세 가지 주요 이유로 세계 수출이 감소했다. 첫째, 중국이 점점 더 자급자족 경제가 되면서 국내 생산을 점점 더 많이 하고 있다는 것이다. 따라서 글로벌 공급망은 중국의 생산 기반과 소비자 사이의 직접적 연결고리로 점차 축소되고 있다는 것이다. 원인은 중국이 원자재는 계속 수입할 것이지만, 핵심 부품은 수입하지 않기 때문이다. 둘째 수백만 명의 육체 노동자들이 손으로 부품을 열심히 조립하는 공급망 구조에서 중국의 인기 있던 모습(장점)은 거짓이라는 것이다. 예를 들어, 중국에서 애플 아이폰의 조립은 고도로 자동화되어 있으며 중국에서 만들어진 거의 모든 것들도 마찬가지다.

중국의 인건비는 더 이상 낮지 않으며, 광범위한 제품군에 있어 점점 더 인건비는 공급망의 위치에 결정적인 요소가 아니라는 것이다. 훨씬 더 결정적인 요소는 수출 가격 경쟁력을 유지하는 관리 환율과 결합된 투자 보조금, 노조의 부재, 부가가치 있는 생산을 위한 환경, 보건 및 기타 규정의 부재가 그 요소일 것이다. 공급망 역할의 세 번째이자 가장 중요한 요소는 자동화, 인공지능 그리고 고객 가까이에서 저렴한 생산을 가능하게 하는 3-D 프린팅과 같은 기술의 조합이다. 값싼 노동력에 대한 국제사회의 탐색은 유행이 지나게 될 것이다.

위의 모든 것들은 이미 일어나고 있고 앞으로도 계속해서 일어날 것이며 의심할 여지 없이 전염병의 여파로 그 속도가 더욱 빨라질 것이다. 미국 지도자들이 중국을 변화시킬 수 없다는 것을 이해해야 한다. 그들은 중앙의 지도와 조정 없이는 시장 지향적인 경제를 발전시키기 위해 정부를 설득하거나 유인하지 않을 것이다. 그들 힘으로 중국이 군사력을 확장하거나 글로벌 권위주의 질서를 만들려고 하는 시도를 막을 수도 없다. 그들이 중국이 미국처럼 되기를 바라거나 미국이 어떻게든 그렇게 하도록 강요할 수 있다고 생각한 것은 어리석은 일이라는 것을 알아야 한다. 만약 미국이 텐안먼 광장 학살을 계기로 결정적으로 행동했거나 중국의 WTO 협정을 준수하도록 강제했다면 오늘날 상황은 달라질 수 있었을 것이다. 그러나 이미 지난 일이고 바꿀 수도 없다.

오늘날 미국이 할 수 있는 유일한 일은 베이징이 제기하는 도전의 엄청난 범위와 그 속내, 힘을 인식하고 자체 정책과 체제, 조정 능력, 그리고 어떤 일이 닥치더라도 감당할 동맹체제를 만드는 것이다. 전문가들은 모두 중국이 소련이 그랬던 것처럼 무너지지 않을 것이라고 말한다. 그들이 아마도 옳을 수 있지만, 그들 중 누구도 소련의 붕괴를 예측하지는 못했다. 확실히, 장기적으로, 중국은 벅찬 문제에 직면할 것이다. 그러나 우리는 그것에 기대어 향후 30년 내 우리와 동맹국들의 자유를 보존할 수는 없다. 우리는 과거 결정적 순간에 그랬던 것처럼 도전이 무엇인지 인식하고 상황을 직시하기 위해 정신을 바짝 차려야 한다.

10

중국을 위한 계획

자유무역에 대한 요구는 버릇없는 아이가 우는 것처럼 쓸모가 없다. 현재 존재하지 않고 존재한 적도 없다.

-헨리 클레이

손자는 유명하게도 제자들에게 "상대방(적)을 알아야 한다."고 충고한다. 그러나 그러기 전에 도전자가 있다는 것을 인식할 필요가 있다. 오늘날 미국과 자유세계 나머지 국가들은 중국이 제기하는 도전의 본질을 완전하게 인식하지 못하고 있다. 내가 글을 쓰는 오늘, 신문들은 농구팀 휴스턴 로키츠(Houston Rockets)의 매니저 조셉 모레이(Joseph Morey)가 "자유를 위해 싸워라, 홍콩과 함께 일어서라."라며 홍콩 내 반중국 시위대를 지지하는 트윗을 철회했다는 기사를 싣고 있다.[1] 이번 철회는 베이징과 타이완 출신 캐나다 시민인, 브루클린 넷츠(Brooklyn Nets)의 소유주 조셉 차이(Joseph Tsai)의 비난 소동 이후 이루어졌다. 차이는 이것이 모레이가 미국 프로농구(NBA)의 중국 사업에 해가 되기 때문이라 주장했다. 명예롭게도 NBA 회장인 애덤 실버(Adam Silver)는 모레이(휴스턴 로키츠 단장)가 미국인으로서 원하는 대로 말할 권리가 있다고 확인해주었으나, 어쨌든 트윗을 삭제했다. 그가 다시는 홍콩이나 중국에 대해 트윗하지 않을 것이라 확신할 수 있다.

트윗과 관련 중국 공산당의 반응은 미국과 자유세계의 중국에 대한 도전에 감춰

진 근본 속성을 가볍게 드러낸 촌철살인으로 주의를 집중시켰다. 경쟁(중국과 미국의)은 무역, 세계화, 기술 도용, 투자 및 기타 활동을 대상으로 이뤄진다. 그러나 그것들은 모두 부수적인 것으로 언론의 자유, 법치, 민주주의에 대항하여 싸우는 권위주의(전체주의, 독재)가 본체다.

지난 40년간 자유세계는 중국을 경제적으로 포용하고 세계화의 완전한 파트너로 환영하는 것이 상호 경제적 이익을 창출할 뿐만 아니라 중국을 철학적(사상적)·정치적으로 자유화할 것이라는 확신에 따른 행동 때문이었다. 아무도 중국이 완전하게 민주화 될 것이라고 예상하지 않았지만, 대부분의 자유세계 분석가들과 지도자들은 중국이 그 방향으로 진화할 것을 기대했다.

이코노미스트지가 2018년 3월에 분명히 밝혔듯이, 이것은 잘못된 희망이었다. 실제로 미 외교협회(CFR) 중국 전문가인 엘리자베스 이코노미(Elizabeth Economy)는 그녀의 책『제3차 혁명(The Third Revolution)』에서 중국이 최근 몇 년 동안 더 부유하고 강력해짐에 따라 덜 자유롭고 더 중앙 집권적이고 더 권위주의적이 되었다고 말한다.[2] 안락한 중간지대가 없다는 것도 분명하다. 중국에 더 많이 투자하고 생산할수록 중국 공산당이 지배하는 생산기계에 더 많은 자원을 투입하면서 투자자는 당의 강요에 인질이 되는 것이다. 미국과 자유세계가 이 방향으로 계속 표류할 수는 없다는 것이 이제 자명하다.

당신이 이 글을 읽을 때쯤이면 미국은 2020년 11월 대통령을 선출했을 것이다. 대통령이 가장 먼저 해야 할 일은 취임사로 국가와 자유세계에 대한 경종으로 받아들여 중국의 도전을 알리는 일일 것이다. 대통령(조 바이든이나 도널드 트럼프가 될 것이다)은 미국과 자유세계가 직면한 가장 어렵고 위험한 외부 도전에 관해 이야기하고, 이것을 설명하고 강조해야 한다. 국가의 이익과 자유의 이익이 글로벌 기업과 투자은행가들의 이익을 능가한다는 점을 분명히 해야 하며, 소련과의 냉전은 이제 다가오는 본시합을 위한 몸풀기 게임에 불과했다는 것을 설명해야 한다.

이 연설(이 책의 후기에 있는 제안)은 다음과 같은 계획을 제시해야 할 것이다.

중국을 현실적으로 다루는 방법을 논의함에 있어 우리는 중국이 어떻게 행동에 동의할 수 있거나 혹은 그렇지 않을 수도 있는지에 대해 우리 자신에게 정직해야 한다고 말해야 한다. 20년 이상 동안 미국의 정치 지도자들과 외교정책 엘리트들은 소위 '긍정적 관여'를 주장해왔다. 실제로, 이것은 앞으로 중국이 나아갈 최선의 길은 미국과 자유세계에서 우리처럼 되기 위해 정부 개입 방식을 포기하는 것임을 중국 정부에 설득하기 위해 끝없는 고위급 회의와 회담으로 노력하는 것임을 의미했다. 이코노미스트지가 매우 잘 지적했듯이 이 접근법은 효과가 없었고 앞으로도 효과가 없을 것이다. 그러므로 우리는 두 가지 진실을 받아들여야 한다.

첫째, 우리는 대화와 설득을 통해서만 중국 공산당이나 그 정책을 바꾸려하지 않아야 한다는 것이다. 둘째, 중국의 제도와 정책은 궁극적으로 우리와 나머지 자유세계에 해롭다는 것이다. 따라서 우리는 중국이 우리에게 부과할 가능성이 큰 비용을 상쇄하고 예방할 수 있는 정책을 채택하고 관련 조치를 해야 한다. 그렇게 함으로써, 우리는 중국이나 중국 국민에 대한 반감이 없다는 사실을 모든 관계자에게 분명히 알려야 한다. 실제로, 우리는 자신의 행동 중 일부를 언급하여 유명하게 된 마이클 코를레오네(Michael Corleone, 영화 『대부』 등장인물)의 대사를 돌아봐야 한다. “개인적인 것이 아니다. 단지 비즈니스일 따름이다.” 사실, 우리는 베이징의 정책을 너무 칭찬한 나머지 베이징처럼 행동하고 중국인들과 같이 되었다고 할 수 있다.

상호주의

중국의 폐쇄적인 성격과 결합된 미국 사회의 개방성은 중국으로 하여금 일반적으로 자유세계 가치, 특히 미국의 경제, 기술, 군사력을 훼손하는 방식으로 미국의 개방성을 착취해왔다. 이러한 중국의 역동성을 상쇄하기 위해 우리는 상호주의라는 간단한 원칙을 채택해야 한다.

뉴욕타임스가 중국에서 배포될 수 없다면 차이나데일리가 미국에서 유통되도록 해서는 안 된다. 아마존이 중국 시장에서 제한적이라면 알리바바도 미국 시장에서 마찬가지로 제한적이어야 한다. 만약 GE가 항공전자 부문을 중국 국영 AVIC(Aviation Industry Corporation of China)와 합작회사로 옮겨야 한다면, 워싱턴은 AVIC가 국가 소유권(중국 정부 소유)을 포기하고 보잉, 에어버스와 함께 계획된 새로운 항공기 공동 개발, 생산, 판매 사업(회사)으로 변화하지 않는 한 그 움직임을 중단시켜야 할 것이다. 미국의 대학, 비영리 단체, 종교 단체들이 중국에서 제한받는 것처럼 공자학원과 중국 학생 및 학자 협회도 미국에서 제한되거나 금지되어야 할 것이다.

2019년 10월, 트럼프 행정부는 모든 중국 외교관들이 미국의 지방 관리들이나 국가 관리들 또는 교육 및 연구 기관들과 만나기 전에 국무부에 통지하도록 요구하는 정책을 채택했다. 이는 미국 외교관들이 중국 국내를 여행하거나 현지 관리들과 학계

인사들을 만나기 전에 중국 정부로부터 허가받아야 한다는 중국의 오랜 요구에 대한 대응이었다. 미국의 룰은 중국의 정책만큼 제약적이지는 않지만, 올바른 방향으로 나아가는 단계이며 그러한 조치가 심화되면 미국의 정책이 본질적으로 중국의 정책을 역으로 반영하는 거울로 여겨질 것이다.

미국에서 활동하기를 원하는 중국 기업은 중국에서 활동하기를 원하는 자유세계 기업에게도 중국 내 장애물을 제거해야 한다. 이는 여타 비시장경제국가에서 온 기업들에게도 적용되어야 한다. 중국과 여타 비시장경제권의 모든 투자자들은 소유 구조, 투자자와 의사결정자의 현재 공산당과의 정치적 제휴, 자금 출처에 대한 자세한 데이터를 제공해야 한다. 중국이 소유한 출판물, 교육 프로그램, 문화 교류 운영 및 원고 기고자는 자금조달 출처와 중국 공산당 및 중국 정부와의 관계를 공개해야 한다. 공개 사항은 다음과 같은 내용이 있어야 한다. "우리는 중국 공산당 통일전선공작부의 자금을 지원받고 연계되어 있다."라고! 공자학원, 중국유학생·학자연합회 등 미국 대중에게 중국을 소개하는 일에 종사하는 다른 모든 단체에게도 동일한 규칙이 적용되어야 한다. 이러한 그룹에 적용되도록 미국의 외국인 에이전트 등록법을 업그레이드해야 한다. 공자학원 등 종교계, 학계, 과학계 단체에 대한 예외 조항을 포함하고 있는 현행법은 선전과 영향력 등을 모두 포함시키도록 확대되어야 한다.

또 중국과 광범위한 거래를 하는 기업·단체 대표들이 공개석상에서 중국이나 미·중 관계를 논의할 때마다 이를 공개하도록 해야 한다. 예를 들어, 미국 상공회의소와 비즈니스 라운드 테이블의 수장들은 종종 자신들이 '미국 업계의 목소리'를 대변한다. 그러나 많은 회원사가 중국에 단단히 묶여 있고, 중국의 압력에 취약하다. 그들이 의회에서 증언할 때 그들은 반드시 미국에 최선인 것을 제시하지는 않는다. 그들은 종종 미국 정치인들에게 합법적으로 무제한 정치기부를 하기에, 중국은 워싱턴을 통제하는 반면에 중국에서는 통제를 받는 상황에서 그들 사업을 위해 과연 무엇이 최선인지 생각한다. 그래서 이들 기업도 일반인 대상 증언, 연설 또는 글을 쓸 때 정치적 기부와 중국과의 관계를 완전하게 공개하도록 요구해야 한다.

최근 뉴스(2019년 10월 15일)가 좋은 예다. 애플은 홍콩 시위자들이 홍콩 경찰을 추적하기 위해 사용하던 앱을 앱스토어에서 삭제했다.[3] 베이징은 애플에 앱을 없애고 싶다고 제안했고, 베이징의 바람은 팀 쿡 애플 최고경영자(CEO)의 명령으로 드러났다.

대중들은 쿡이 중국에 대해 말할 때, 애플사의 광범위한 생산 활동 때문에 그가 베이징에 인질로 있다는 것을 알아야 한다. 쿡만이 그러한 처지에 있는 것도 아니다.

구글(여러분이 기억할지도 모르지만, "악을 행하지 마세요."라는 모토를 가진)도 최근 홍콩 시위 운동을 다룬 '우리 시대의 혁명'이라는 이름의 게임을 플레이 스토어에서 삭제한 것으로 드러났다. 그러한 사례는 계속되고 있다. 메르세데스 벤츠, 델타 항공, 갭(GAP), 액티비전 블리자드, 메드트로닉, 메리어트 그리고 많은 기업들은 제품 라인과 직원들의 행동 또는 그들의 상업적 메시지가 중국 공산당 노선에 맞지 않는다는 이유로 광고나 웹사이트를 바꾸거나 사과했다.

이런 단체들이 중국에 대해 말할 때마다 모든 것이 대중에게 알려져야 하고, 미국과 다른 자유세계 정부들은 기업이 중국 정부가 표현의 자유를 가로 막는 간섭에 순응할 때는 거액의 벌금을 부과함으로써 언론의 자유에 대한 중국의 간섭(지시)에 순순히 따르는 것을 막아야 한다.

공급망 전환

우리가 보았듯이, 제조업을 위한 글로벌 공급망은 지난 30년 동안 중국을 중심으로 형성되었다. 이러한 상황은 값싼 중국 노동력, 글로벌 기업의 중국 시장 진출 열망, 글로벌 제조업체의 생산 기지 해외이전, 생산 기술 교차 수정, 글로벌 유통 채널을 통한 빠른 배송을 고려한 긴밀한 연계 등과 합쳐지면서 이뤄졌다. 미국과 다른 자유세계 국가들은 이 공급망에 따라 자유세계 기업들간 의존도를 크게 줄여 나갔다.

우리는 많은 경우에 공급망 건설이 중대하고 비용이 많이 드는 사업일 것이라는 것을 알고 있었다. 그러나 전염병의 여파로 CEO들은 공급망을 전환하지 않는 비용과 전환하는데 따른 비용을 비교하여 다시 생각해야 하는 현실에 부딪쳤다. 트럼프 행정부가 중국산 수입품에 관세를 부과한 것은 독일 등이 지난 몇 년간 로봇 등 일부 핵심 산업에 대해 중국 투자를 제한하기 위해 시작한 조치처럼 중국 중심의 공급망에 투자하는 것이 위험 없는 것이 아니란 사실을 보여준다. 그런데도 애플, 시스코와 같은 많은 회사는 중국과 비슷한 숙련된 노동력과 대량 생산 시설이 다른 곳에 존재하지 않기에 그들의 생산 기지를 중국 밖으로 옮기는 것은 본질적으로 불가능할 것이라고 주장했다.

물론, 코로나 바이러스의 발생은 이러한 주장들을 약화시키기 시작했다. 폭스콘(Foxconn, 대부분의 애플 제품의 실제 제조업체)은 질병을 억제하기 위한 강력한 검역 조치에 직면하여 중국 인력을 업무에 복귀시킬 수 없었다. 바이러스는 불가능한 일이 결국 그렇게 어렵지 않을 수도 있다는 것을 보여주고 있다.

많은 자유세계 기업들은 이제 중국에서의 제조업에 대한 과도한 의존이 심각한 취약점임을 이해하고 있으며, 적어도 미래의 생산을 다른 지역으로 옮기려고 미리 노력하고 있다. 물론, 이것은 특히 산업 관련 기술이 특화된 분야에서 훈련된 인력에 의존하는 자본·기술 집약적 산업에 있어서는 쉽지도 않고 저렴하지도 않을 수 있다. 그래서 미국 정부는 두 가지 방법으로 미국 기업들을 돕겠다고 제안해야 한다. 그것은 회사들이 그들의 사업 일부를 미국으로 다시 이전하는 것을 돕기 위해 세금 인센티브와 독점금지법의 일시적인 완화, 근로자 교육의 자금 조달 그리고 심지어 근로자 재배치를 제공할 수 있도록 하는 것 등이다. 또는 신중하게 분석해 본 결과 현실적 가능성이 없는 것으로 밝혀진다면, 워싱턴은 인도, 인도네시아, 필리핀, 멕시코, 중미 등지로 생산 기지를 옮기는 것을 돕기 위해 소개를 할 수도 있고 심지어 재정적으로 인센티브를 제공할 수 있다.

미 상무부는 크게 영향을 받는 업종별로 정책을 분석하고 수립해야 한다. 애플은 이 부서의 주요 대상이자 협력자일 수 있다. 다른 기업들에게도 중요한 모델이 될 수 있다. 나는 애플의 최고경영자 팀 쿡이 중국에서 쉽게 채용할 수 있는 기술자와 숙련된 노동자 수를 미국에서 찾을 수 없다면서 반대할 가능성이 크다는 것을 알고 있다. 내 대답은 쿡이 처음 중국에 갔을 때도 그들을 그곳에서 찾을 수 없었다는 것이다. 그는 당시 인력 수요와 많은 훈련과 기술 향상을 제공했다. 그러나 한꺼번에 중국을 떠날 필요는 없다. 그는 미국 노동자들에게 훈련과 기술 향상을 제공하면서 점진적으로 해나갈 수 있다. 하지만 미국으로 돌아올 필요조차도 없다. 인도, 멕시코, 그리고 다른 곳에 많은 엔지니어가 있다. 그는 버뮤다, 아일랜드, 바하마, 싱가포르와 같은 전 세계의 조세 회피처에 수천억 달러를 쓰고 있다. 그는 '싱가포르 슬링', '더치 샌드위치', '더블 아이리쉬'와 같은 화려한 조세 회피에 관여되어 있다. 그는 중국에 대한 완전한 의존의 대가를 맛보았기 때문에 그중 일부로 이번 조치를 지지하고 새로운 공급망의 안전을 보장받기 위해 사용할 수도 있을 것이다. 나는 이것이 미국의 독점적인 과정일 필요는 없다는 것을 강조하고 싶다.

독일과 일본과 같은 국가들도 같은 질문에 직면할 것이고, 또한 중국은 미국과 다른 회사들을 끌어들이기를 원할 것이다. 실제로, 일본은 이미 중국에서 일본으로 생산 시설 전환에 보조금을 지급하는 프로그램을 발표했다. 마찬가지로 독일은 국가가 기업을 인수하거나 외부(외국의) 이익으로부터 과도하게 영향을 받는 것을 막기 위해 국가가 기업에 투자하는 제도를 허용하는 법안을 통과시켰다. 글로벌 공급망을 이동함으로써 중국의 강요로부터 스스로 보호하거나 심지어 생산시설을 소비자에게 더 가까이 이전함으로써 그 경쟁의 종료를 앞당기는 데 국가 간에 상당한 수준의 자유로운 협력과 조정이 있어야 한다. 이러한 추세는 기존에 대규모 생산 시설에서만 만들 수 있었던 품목을 현지에서 생산한 후 시장에 출하할 수 있는 새로운 3D 프린팅 기능 때문에 가능해졌다.

물론 많은 기업은 국내 시장 공급을 위해 중국에서 계속 생산을 원할 것이다. 그들이 중요한 국가 안보 기술을 이전하거나 중국의 권위주의 모델 개발을 구체적으로 돕지만 않는다면 자유롭게 그렇게 해야 한다. 스타벅스와 KFC가 중국에서 커피와 프라이드 치킨을 잘 판매할 수 있다면 훨씬 더 좋을 것이다. 반면에 구글이 미 국방부와 협력이 확실히 꺼림칙하다면 구글이 PLA(중국인민해방군)와 협력하는 것도 이상한 일이다.

우리가 살펴 보았듯이, 중국에 대한 과다한 의존에 따른 잠재적 비용은 상당할 수 있다. 바이러스가 등장하기 전부터 우리는 홍콩의 시위자들을 지지하는 모레이의 트윗에서 그것을 보았다. 베이징은 화가 나서 즉시 NBA에 그를 해고할 것을 요구했다. NBA는 수익성 높은 사업을 해온 중국에서 NBA 게임의 모든 방송을 중단했지만, NBA는 그를 해고하는 것을 거부했다. 이 글을 쓰는 시점에서 대부분의 NBA 게임은 여전히 중국에서 방송되지 않고 있으며 영어 해설을 심하게 검열받고 있다. 이 글을 쓰는 동안 모든 휴스턴 로키츠 게임은 금지된 상태로 남아있다.[4]

이 중 어떤 것도 놀랄 일이 아니다. 우리는 마닐라가 중국을 짜증나게 하는 순간 필리핀 바나나가 어떻게 상하이 부두에서 썩도록 내버려 두었는지에 이미 주목했다. 그리고 우리는 한국의 롯데가 미국의 미사일 탐지 시스템이 한국에 설치되었을 때 어떻게 중국에서 사업을 잃었는지 보았다. 애플과 같은 고도로 생산망이 결합된 회사들은 지속적인 기술 도난이나 강제 기술 이전에 직면해 있을 뿐 아니라, 또한 모레이와 같은 발언으로 이것이 '바이 차이나' 캠페인의 핑계로 사용될 위험에 처해 있다.

'중국 제조 2025' 구상의 대상이 되는 업계와 생산망이 결합된 회사는 중국이 세계 시장에서 이런 문제를 상쇄하기 위해 모든 수단을 동원할 것이라는 내용을 알고 있다. 그러나 가장 크고 가장 근본적인 비용은 언론의 자유, 법치주의에서 살 권리 그리고 궁극적으로 회사 자존심(정체성)의 상실문제다. 중국기업들은 그들이 이미 당의 도구이고 더 그렇게 되어 갈 것도 우리는 알고 있다.

과연 중국 내 생산이 말레이시아, 인도, 멕시코, 심지어 미국, 유럽연합 또는 일본으로 옮기는 것보다 비용이 더 낮은가? 물론, 대답은 법치주의와 언론의 자유를 얼마나 중요하게 여기느냐에 달려 있다. 대다수의 자유세계 시민들은 중국 공산당이 통제하고 독재체제(전체주의)의 중국에 결합된 채 남아있는 비용에 비해 공급망을 이동하는 비용이 미미하다고 답할 것이다. 중국에 의존할수록 당의 지시에 영향을 더 많이 받는다는 것을 우리는 안다. 문제는 '만약'이 아니라 "얼마나 빠른가?"이다.

우리는 세기의 전환기에 커플링을 촉진했던 많은 사람들의 부인에도 불구하고, 미국과 중국 경제를 합병하기로 한 원래 결정의 강력한 전제는 이 커플링이 중국을 시장화하고 자유화시킬 수 있다는 기대에 있었다는 것을 기억해야 한다. 생산망의 결합이 미국의 기술, 경제적 생산성과 혁신적인 힘 또는 기본적인 자유를 희생시킬 것이라는 생각은 없었다. 그러나 공산주의 중국에 더 많이 의존할수록 더 많은 권리와 자산을 잃을 수 있다. 중국에는 법치가 없기에 기업은 숨겨진 압력과 강요에 끊임없이 취약하다. 이것을 이해하기 위해서는 부유한 중국인들이 그들의 돈, 그들 자신 그리고 그들의 아이들을 중국 밖으로 보내려는 노력만 보면 알 수 있다. 실제로 베이징이 홍콩에 영향을 미치는 법안을 통과시키자마자 홍콩에서 밴쿠버, 샌프란시스코, 런던 및 다른 자유세계 중심지로 이탈이 시작되었다.

게다가 중국과 사업을 하는 사람들은 중국이 종종 약속을 이행하는 것이 느리다는 것을 알고 있다. 예를 들어, 18년이 지난 후에도 WTO는 중국이 시장 접근의 조건으로 기술 이전을 요구하는 것을 제한하고 지적 재산 도난과 위반을 자제하고 생산 및 수출 보조금을 크게 줄이고 외국 영화 배급을 자유화하는 등의 WTO 가입 초기 약속을 아직 이행하지 않는 것 등에 대한 개선을 요구하고 있다. WTO 정부 조달협정에서는 국유기업이 상업 외적 고려에 따라 구매하도록 요구하는 행위 금지와 외국 은행에 내국인 대우를 확대하거나 외국 생산자에게 통신 시장을 개방하거나 국내 생산자에게 유리하도록 기술 표준 조작을 중단하는 등의 내용과 같은 것들이 있다.

이러한 족적을 볼 때, 미국과 중국 경제는 정반대의 기본 가치를 기반으로 하기에 긴밀한 결합이 평화롭고 상호 이익이 되는 관계로 이어지지 않을 것이란 결론을 벗어날 수 없다. 오히려, 긴장과 갈등이 증가하는 (최근 몇 년 동안 분명해졌듯이) 결과를 초래할 가능성이 크다. 중국내 사업과 투자 합의는 국가 안보와 미국 시민들과 여타 자유세계 국가들의 기본적인 자유와 더욱 상충될 것이다.

한 가지 놀라운 예는 미국에서 널리 사용되는 의약품 원료와 많은 의료 장비 중

상당수가 현재 중국에서 생산되고 있다는 것이다. 다시 한 번, 전염병을 통해 왜 이러한 현상은 미국이 현명한 판단을 하지 않았고 경제적으로도 건전하지 않은지 보여주고 있다. 첫째, 이는 미국이 전략적 취약성을 드러냈고, 둘째, 의약품 생산과 저장 및 배송에 대한 중국의 규제가 놀라울 정도로 느슨하다는 사실이었다. 중국에서는 오염된 약물로 인한 심각한 피해 사례가 많다. 미국이 의약품과 그 재료를 중국에 그렇게 의존하는 것은 위험하다는 것이다.

우리는 2010년 중국이 여러 전자 제품의 생산에 필수적인 희토류 수출을 갑자기 제한한 것을 기억해야 한다. 당시 중국은 일본의 센카쿠 열도 문제에 이의를 제기하고 있었고 많은 이들은 중국이 일본을 징계하는 방법으로 희토류 수출을 제한했다고 믿고 있다. 물론, 이러한 움직임은 미국과 유럽의 특정 전자 제품 제조업체에도 피해를 주었다. 결국, 중국은 2014년 WTO의 비난에 규제를 철폐했지만, 미국과 다른 자유세계 국가들이 당시 세계 생산량의 97%를 차지했던 중국을 벗어나 외부에서 희토류 생산에 새로운 투자를 시작하기 전까지는 지속되었다. 희토류를 중국에 지나치게 의존하는 것이 위험했던 것처럼 의약품과 타 중요 제품과 재료를 중국에 과도하게 의존하는 것도 위험하다.

과거 워싱턴은 푸에르토리코에서 생산된 의약품에 세금 혜택을 부여했는데, 당시 많은 제약회사가 그곳에 공장을 지었다. 1996년에 이러한 인센티브가 중단된 이후 생산의 많은 부분이 중국으로 이주했다. 회사가 미국 제조 표준의 적용을 받는 푸에르토리코나 멕시코, 필리핀 또는 일부 지정학적 분쟁이나 게임 전략에 따라 약물 생산이 보류될 가능성이 없는 다른 곳에서 다시 생산하는 편이 더 나을 수 있다.

앞서 지적했듯이 공급망을 한꺼번에 움직일 수 없고, 감정적으로 해서는 안 된다. 오히려 미 무역대표나 상무장관이 중국 카운터파트를 만나 반도체, 인공지능 등 핵심기술의 선두주자로 발돋움하려는 중국의 노력을 미국이 이해하고 있다는 점을 설명해야 한다. 그러나 또한 양국은 미국도 비슷한 목표를 가지고 있기에 중국이 해왔던 것 같은 방식으로 경쟁할 것임을 지적해야 한다. 그리고 미국 관리들은 경쟁 방법을 더 잘 이해하도록 해준 중국에 감사도 해야 한다. 마찰 가능성을 예견할 수 있듯이 진정시킬 방법도 사전에 발견할 수 있어야 한다. 전쟁을 하는 것이 목적이 아니라는 라파엘 나달(Rafael Nadal)이나 로저 페더러(Roger Federer)와 같은 테니스 챔피언들처럼 자신의 능력을 최대한 발휘하여 경기를 하는 것이 목표라는 점도 강조해야 한다.

중국 펀드와 회계감사를 받지 않는 중국 기업에 미국 자금 유입 불허

중국은 최근 자산 펀드 운용사의 외국인 지분에 대한 모든 상한선을 해제하기로 정했는데, 이는 월가가 오랫동안 바라던 조치다. 그러나 여기서도 미국 금융 회사와 미국 시민들의 이해관계는 엇갈린다. 미국과 중국 시장은 이미 위험하게 연결되어 있다. 현재까지 미국의 각종 증권거래소에는 시가 약 1조 1,000억 달러 규모의 중국 기업 159개 회사가 상장돼 있다. 알리바바만 해도 약 4,000억 달러의 가치가 있다. 그러나 중국은 이들 기업이 미국 기업과 같은 방식으로 회계감사를 받는 것을 허용하지 않는다. 예를 들어, 중국 당국에 따르면 미회계감독위원회(PB-CAOB)가 '국가 기밀'을 폭로할 위험이 있기에 PB-CAOB는 미국 거래소에 상장된 중국 기업의 장부를 감사할 수 없다고 한다. 그러나 회계 및 기타 부정행위가 이들 회사 중 일부에서 발생한 것으로 널리 알려져 있다.[5]

이런 내용은 지원해서는 안 되는 상황이다. 미국 상장기업과 같은 수준의 감사를 받지 않는 미국 거래소 상장 중국 기업은 모두 상장 폐지해야 한다. 게다가 미 의회는 마르코 루비오(Marco Rubio) 상원의원이 제안하고 있는, 어떤 종류의 중국 자산에도 어떠한 공적 또는 사적 연기금의 투자를 불법화하는 법안을 통과시켜야 한다.

미국 자산운용사들이 더 많은 중국 펀드를 소유하고 관리할 것이라는 점에 대해서도 이 펀드들이 완전한 국제 회계 투명성의 대상이 될 때까지 중단시켜야 한다. 중국 펀드는 본질적으로 중국 공산당 자금을 포함하고 있기에 공산당의 영향을 받는다. 2019년 8월, 마르코 루비오 상원의원과 잔 섀힌(Jeanne Shaheen) 상원의원은 연방 퇴직 저축 투자 위원회(FRTIB, 연방 직원들의 퇴직금을 관리하는 기구) 의장인 마이클 케네디(Michael Kennedy)에게 서한을 보내 중국 투자 비중을 높이고 있는 인덱스 펀드(index fund)에 중국이 500억 달러 이상을 투자하기로 한 결정을 번복할 것을 요청했다. 물론 이는 펀드가 본질적으로 중국 기업에 투자하고 있다는 것을 의미했고, 그중 일부는 인민해방군 및 스파이 활동 그리고 미국의 이익에 반하는 다른 활동과 관련이 있었기 때문이다.

월가의 자산 관리자들이 중국 펀드를 소유하고 관리하는 역할이 커지면 중국의 관리를 더 많이 받게 될 것이다. 이는 미국의 이익에 완전히 반하는 것으로 워싱턴 당국에 의해 금지되어야 한다.

WTO에 무효화 · 침해 소송 제기

WTO(세계무역기구) 규정은 회원들이 무역과 산업정책을 광범위하게 위반하는 여타 회원국들에 대해 공식적으로 불만을 제기할 수 있게 되어 있다. WTO의 기본 원칙은 제공하도록 되어 있는 이익 관련 자료에 관한 문제로 자격을 무효화할 수 있다. 미국은 유럽연합, 일본 그리고 여타 자유시장 국가들이 중국을 상대로 공동으로 그러한 소송을 제기하도록 설득하는 노력을 해야 한다. 그러나 그들이 거절하더라도 미국은 홀로라도 해야 한다. 중국 당 · 국가가 법에 따라 행동한다고 주장하면서 주요 자유무역 원칙을 위반함에 따라 WTO는 점점 더 우스갯소리를 하는 기구가 되고 있다.

미국이 승소할 경우, 중국은 정책을 대폭 바꾸거나 WTO에서 탈퇴해야 한다. 미국이 패배하더라도 여전히 체제 개혁에 대한 지지를 창출할 수도 있다. 패배는 미국이 이 기구를 탈퇴하여 중국과 다른 중상주의 국가들의 정책 제약으로부터 자유로운 결정을 내리고, 정당한 행위를 하게 할 수 있다.

민주적인 세계화 기구

어쨌든 미국이 민주적 세계화기구(DGO: Democratic Globalization Organization) 창설 운동을 주도하는 것이 현명할 것이다.

1995년 WTO의 창설은 더 나은 규칙과 질서로 이어지게 되어 있었지만, 4가지 주요 이유로 실패했다. 첫째, 환율 조작과 만성적인 무역 불균형이 해결된 적이 없기 때문이다. 둘째는 1990년대 중반까지 확립된 세계화는 WTO가 구축한 국제 무역 개념과는 상당히 다른 것이었다. 세계화는 국경을 초월한 투자, 기술 흐름 및 산업정책에 관한 것으로 지배적 신고전주의 국제 무역 독트린 하에서는 발생하지 않을 것이라 가정했기 때문이다. WTO는 지적 재산을 보호하고 특정 보조금을 규율하기 위해 일부 피상적인 조치를 했지만, 국경을 넘는 투자 흐름과 보조금에 관한 규칙을 제정하지 못했다. 세 번째 이유는 효과적인 거버넌스 체계를 구축하지 못했기 때문이다. WTO 결정은 164개 회원국의 합의에 따라 이루어지기에, 이는 실질적인 결정, 지침, 효과적 관리가 부재함을 의미한다. 마지막으로 중국의 WTO 가입은 효과가 없을 것이라는 점은 어느 정도 예상했었다. 중국 경제는 WTO가 설계한 서구식 시스템인 자유시장으로 진화하기보다는 공산당이 완전하게 장악한 기업과 국가 이익의 독특한 융합체로 변해

왔다. 보조금, 시장 보호, 행정 지도 및 기타 정부 개입은 도처에 있지만 이것들은 관찰하고 측정하기 어렵다. 따라서 WTO처럼 일을 결단하기 어려운 외부 기관에 의해 위반 현상이 규율되는 것은 더욱 어렵다. 중국이 서명한 WTO 의무 이행을 강제하는데 실패한 지 거의 20년 동안, 중국 문제는 의도하지 않은 것이라고 가장해 온 WTO는 스스로 비효율적 체제가 되었다. 특히, 두 번째로 큰 회원국의 기본 원칙이 최대 회원국의 기본 정책, 기구 창립 원칙과 상당히 상충하기 때문에 더 이상 의미있는 자유무역을 보장할 수는 없다. WTO는 단순히 정치적으로 유도되고 있으며 강압적인 무역, 투자 및 산업정책을 처리할 방법이 없는데, 이는 IMF가 만성적인 통화 저평가 혹은 고평가 문제와 만성적인 무역 흑자 및 적자 문제를 다룰 수 없는 것과 마찬가지다.

이러한 상황을 고려할 때 미국은 새로운 기구, 즉 민주적 세계화 기구의 설립을 주도해야 한다. 구성원들도 법치에 의해 운영되는 민주 정부들을 포함해야 할 것이다. DGO(민주적 세계화 기구)의 활동 범위는 무역, 투자, 데이터 전송 및 저장, 독점 금지 규제, 지적재산권 보호, 자본 및 기술 흐름 감독, 모든 종류의 보조금(무역, 투자 및 R&D) 감시 및 사이버 운영을 포함해야 할 것이다. 주요 창립 회원국은 미국, 캐나다, 멕시코, 유럽연합, 영국, 일본, 한국, 호주, 인도, 브라질, 남아프리카 공화국, 나이지리아가 될 것이다. 이 기구는 투표에 기초하여 의사결정을 내리는 체제가 되어야 할 것이다. 경제 대국과 인구 대국들은 더 큰 비중을 가져야 한다. 분쟁 해결 메커니즘은 임시직으로 회원국에서 파견할 파트타임 패널리스트보다는 상주 전문 무역 변호사와 경제학자들에 의해 운영되어야 한다. DGO는 회원국 간의 분쟁을 해결하는 것 외에도 높은 관세, 쿼터, 심지어 비민주적이고 법치주의가 아닌 국가로부터 모든 상품과 서비스 수입에 대한 전면적인 금지를 부과할 수 있는 권한을 가져야 한다. 또한 전체 무역수지에서 만성 흑자나 적자를 내는 국가가 없는 균형 무역을 목표로 해야 할 것이다.

무역법의 최대한 적용 – 자체 발의

통화 저평가와 함께 생산 및 수출 보조금은 모두 수출 시장, 특히 미국 시장에서 제품의 덤핑으로 이어지는 경향이 있는데, 이는 시장 진입이 가장 쉽기 때문이다. 이는 세계무역기구(WTO) 규정뿐만 아니라 미국 법에 따라 덤핑이 금지되고 상계관세 부과로 이어질 수 있다. 그러나 이러한 규칙들이 일반적으로 시행되는 방식에는 문제가 있다. 그래서 회사는 일반적으로 불만 사항의 수정 가능성을 초기에 평가하는 상무부에 불만을 제기해야 한다. 그리고 만약 그것이 실행이 가능한 것으로 밝혀지면 그 부처는 몇 달이 걸릴 수 있는 조사에 착수할 것이다. 만약 상무부가 긍정적인 결론을 내린다면, 그 결과를 독립적인 국제무역위원회에 제출하는데, 위원회는 고소인에게 손해가 되고 그 손해가 소비자에게 상계관세를 부과하는 비용을 감당할 수 있을 정도로 크다고 판단할 수도 있고 그렇지 않을 수도 있다. 그러나 이 모든 과정이 오랜 시간이 걸릴 수 있으며, 이 기간 중 덤핑이 계속될 수도 있다.

그리고 최종 판단이 내려지기도 전에 불만을 제기한 당사자는 사업에서 쫓겨날 수 있다. 2014년 태양 전지판의 경우가 그러했다. 중국 생산자들은 많은 보조금을 받았고 생산 비용에 훨씬 못 미치는 가격으로 미국 시장에 패널을 덤핑하고 있었다. 미국 제조사 솔라월드가 반덤핑 소송을 제기해 승소했지만 오랜 기간 덤핑으로 너무 약해져 법정에서 승소한 지 얼마 되지 않아 폐업할 수밖에 없었다.

미국 반덤핑법에 따르면 상무장관은 민간기업으로부터 먼저 제소받지 않고도 소송을 제기할 수 있는 권한을 갖고 있다. 역사적으로 상무부 장관들이 이런 일을 한 적이 거의 없었지만 전례가 없지는 않다. '메이드 인 차이나' 목표 달성을 추구하는 중국 정부 프로그램과 통화 관리 정책의 특성으로 볼 때 우리는 중국 수출에 상당한 보조금이 있다는 것을 알고 있다. 그런 점에서 새 상무부는 중국산 다양한 수입품에 대한 반덤핑 조치를 체계적으로 시작해야 할 것이다.

마찬가지로, 미 외국인 투자 위원회(CFIUS)는 미국 시장에 대한 중국 투자 규제를 확대하고 강화해야 할 것이다. 현재 작성된 바와 같이 이 규칙은 국가 안보에 중요하다고 간주되는 기술 또는 핵심 활성화 기술과 연관이 있다. 여기에 공식 또는 비공식적으로 외국 기업의 국내 기업 기술 이전을 강요하는 국가에 대한 수출 또는 투자 금지가 추가되어야 한다.

이러한 조치는 자유무역의 상호성을 기초로 WTO의 요구 사항을 보다 명확하게 하기 위한 제안과 함께 이루어져야 한다. 또한 모든 중국 투자는 궁극적으로 공산당의 영향을 받으며, 미국에서는 투자가 정치적 영향을 받는다는 경향이 있다는 것도 명심해야 한다. 1980년대에 일본 자동차 회사들은 일본과의 무역 문제에 관해 주지사와 의회 의원들에게 영향을 미치기 위해 가능한 한 많은 주에 대미 투자를 분산시키는 등 용의주도했다. 적어도 일본은 미국의 동맹국이다. 중국은 확실히 그렇지 않기에 미국 정치에서 중국의 영향력 강화는 외국인 투자 위원회(CFIUS)에 의해 심각하게 제한되어야 한다. 기본적으로 허용되는 유일한 중국 투자는 미국 국채에 한해야 한다. 조쉬 로긴(Josh Rogin)이 워싱턴 포스트 칼럼에서 언급했듯이, "중국은 모든 미국인에 대한 레버리지를 구축하고 있다."고 전했다.[6]

중국 유학생들 관리

미국 대학의 중국인 학생들에 대한 문제는 신중하게 고려되어야 한다. 우선, 매년 오는 36만 명의 중국인 유학생 대부분이 미국에 개개인으로는 위협이 되지 않는다는 것을 확인한다. 하지만 나는 이미 그들 중 일부는 결백하지 않으며 그들은 중국으로부터의 압력에 취약하다는 것을 언급했다. 하지만 더 중요한 점은 전체적으로 유학생들이 많은 등록금과 숙식비를 지불하고 있어 심지어 일부 상위권 학교들도 상당히 그들에게 의존하고 있다는 사실이다. 이는 학생들이 베이징에 의해 무기화될 수 있음을 의미한다. 또한, 그들이 일부 교수나 일부 교육 방식에 대해 이의를 제기하고 또 거기에 대한 변화가 없다면 학생으로 생기는 수입이 사라질 수 있다는 것을 관련 기관에 분명히 경고할 수도 있다. 어쨌든, 미국 대학에 외국인 학생들이 오는 것은 유익한 일이지만, 그들이 특정 지역이나 국가로부터 올 필요는 없다. 만약 중국인 학생들이 모두 떠난다면 인도, 유럽, 아프리카, 라틴 아메리카, 중동, 그리고 다른 외국인 학생들로 대체될 것이다. 어쨌든 중국 유학생이 많은 학교에는 예상치 못한 중국의 위험한 흐름을 차단할 수 있는 대비를 미리 해야 할 것이다.

둘째, 학생들은 신중하게 조사되어야 한다. 중국 학생들 대부분은 중국 정부 또는 중국 공산당(CCP)과 연결되어 있다. 일단 중국 학생들이 미국에 오면 그대로 내버려두지 말고 미국을 잘 이해할 수 있게 세미나에 참석하게 해야 한다. 그들은 미국인의 권리와 법치에 대해 배워야 하며, 미국 체제가 어떻게 작동하는지에 대해 제대로 이해하게 할 필요가 있다. 특히 표현의 자유에 대한 의미를 배우게 하여야 한다. 중국인 학생들끼리의 거주 공간을 제공할 것이 아니라 타국 학생들과 함께 거주 공간을 할당해야 한다. 간단히 말해서 그들이 대학 공동체에서 분리되는 것을 막아야 한다.

특히, 이공계 첨단 대학원에 중국인 유학생을 입학시키는 것과 중국인이 주류를 이루는 수업을 피하게 하는 데 많은 주의를 기울일 필요가 있다. 물론, 이러한 학생들은 기술 분야에서 난이도가 높은 대학원 과정을 유지하길 원하는 대학에는 매력이 있다. 그 이유는 중국 학생들은 똑똑하고 수업료를 모두 지불하고 있기 때문이다. 하지만 그것은 미국의 건전성에 위협이 될 수 있다. 그들을 배제해서는 안 되지만 그들을 지켜 볼 필요는 있다. 그들이 미국 교육제도의 강력한 세력이 되게 해서는 안 되며,

우리는 똑똑한 인도인, 똑똑한 일본인 그리고 똑똑한 다른 나라 학생들도 받아들일 수 있도록 학교 외국 학생의 다양화를 시도해야 한다.

자유세계 인프라 개발팀

우리는 중국의 권위주의 체제가 경제력뿐만 아니라 외교·군사적 영향력도 확장하고 있음을 보아왔다. 일대일로 계획, 대규모 현대화 및 군비 증강, 특히 군사 시설을 건설 중인 남중국해 섬과 암초에 대한 광범위한 주장은 중국이 모든 국제적 권력(파워)을 장악하고 있음을 보여주는 지표다. 중국은 환경적으로나 정치적으로 어떻게 발전할 것인지에 대한 국제 외교정책 수립이 잘못되었을 뿐만 아니라, 중국의 군사·지정학적 야망도 잘못되었다는 것이 입증되었다. 그래서 미국과 자유세계는 이에 대응해야 한다.

이 대응의 첫걸음은 미국과 자유세계 정부가 주요 국가들을 대상으로 한 협력적이고 경쟁력 있는 인프라 개발 프로그램을 연구하는 협력 프로그램이라고 할 수 있다. 많은 중국 관련 프로젝트에서 수반되었던 부패 혐의 없이 또 수혜 국가를 큰 부채로 몰아넣지 않고 달성해야 한다. 일본의 아베 총리는 아시아의 미래를 위한 핵심 요소로 '질 좋은 인프라' 정책을 추진해 왔다. 전후 일본의 개발 원조에 대한 접근은 중국의 일대일로 개념을 앞섰다. '안행(雁行) 패러다임(Flying Geese Paradigm)'*에서 알 수 있듯이, 일본의 아시아에 대한 인프라 투자는 새로운 기러기들이 다시 날 수 있게 할 것이다. 2016년 말, 일본은 2020년까지 아시아 인프라 투자를 1,160억 달러로 더 늘리겠다고 발표했다. 중국은 아시아에 580억 달러의 직접투자 기여에 그친 것에 비해 일본은 2,600억 달러의 투자를 했다.[7]

2018년 10월, 트럼프 대통령은 개발 촉진을 위한 투자 활용 향상(The Better Utilization Investments Leading to Development: BUILD) 법안에 서명했다. 이 법은 새로운 개발금융공사(Development Financial Corporation)에서 미국의 개발금융 능력을 개혁하고 강화하는 것을 목적으로 하는 법이다. 새로운 개발금융공사가 문을 연 것이다. 2019년 10월, 미국에 600억 달러의 새로운 개발 자금이 지급되었다. 이는 중국의 규모에 비해 크게 못 미치지만, 질적으로 본다면 일본 등 자유세계 국가들과 합쳐 생각하면 그 의미가 크다.

현재 미국은 일본, 유럽연합, 호주, 한국과 긴밀히 협력하여 주요 국가들을 위한

---

* 기러기떼가 하늘을 날 때 선두를 따라 무리가 'V'자형을 그리며 날아가듯 일본을 따라 동아시아 국가들이 발전해간다는 패러다임을 말한다.

공동 투자 및 경제 개발프로그램을 만들어야 한다. 이 프로그램은 미국의 동맹국이자, 일본 개발 원조의 오랜 수혜자이자 아시아 개발 은행의 본거지인 필리핀부터 시작해야 한다. 중국에서 남중국해를 건너 믈라카 해협(Malacca Strait) 바로 북쪽에 위치한 이 나라의 위치는 수빅 만(Subic Bay)이라는 거대한 천연 항구와 함께 매우 전략적이다. 그리고 필리핀은 경제발전이 절박하게 요구되고 있다.

따라서 미국은 2040년까지 필리핀 현대화를 위해 아시아개발은행과 함께 미국, EU, 일본, 한국, 호주 등과 개발 인프라 은행 컨소시엄을 만들어야 한다. 이 프로젝트는 중국으로부터 덜 위험한 국가로 공급망 생산 이전을 목표로 하는 프로그램과 연계될 수 있다. 여기에는 진정한 고속 인터넷(100% 광섬유) 설치, 도로 시스템 업그레이드 및 확장 그리고 클라크 공군기지에서 마닐라로 가는 고속철도, 마닐라 지하철 시스템 구축, 풍력 및 태양광 발전 투자, 수빅 만의 조선 능력의 재개발과 고속철도의 중심지가 되는 지역과의 연결도 포함된다. 이 프로젝트 전체는 약 1,000억 달러의 비용이 들 수 있으며, 필리핀이 중국으로 넘어가는 것을 막는 한편 동남아시아에서 자유세계 가치의 거점을 만들어 낼 수 있는 것이다. 물론, 이는 많은 유사한 프로젝트 중 첫 번째에 불과하다.

공해와 동맹 강화

미국과 그 자유세계 동맹국들이 상업과 안보의 목적으로 남중국해와 주변 해역을 안전하게 항행(통항)하는 것은 매우 바람직하며 유익한 일이다. 적어도 중국이 이 바다를 완전하게 지배하지 않도록 해야 한다. 남중국해의 여러 섬과 암초에 대한 중국의 활주로 및 군사 시설 건설에 자유세계는 실질적인 대응으로 답해야 한다.

첫걸음은 필리핀, 말레이시아, 인도네시아, 베트남 해역에서 어부들을 괴롭히는 것과 싸우는 '어민 보호 선단'을 창설하는 것이다. 이 선단은 일본, 미국, 프랑스(프랑스령 섬 전체가 남태평양에 있다는 점에 유의해야 함.) 및 호주 선박의 지원을 받아 이들 국가의 해군과 해안 경비대 선박을 중심으로 구성해야 한다. 이는 또한 남중국해와 남태평양에서의 불법적이고 환경적으로 유해한 준설작업 방지도 포함해야 한다.

필요한 조치의 기본은 베트남과 상호 지원 협정의 확대와 함께 일본, 필리핀, 호주, 인도와의 동맹 활성화와 이를 강화하는 것이다. 이들 동맹 중 일부는 오랫동안 정식 명칭에서 언급된 상호주의와는 거리가 먼 방식으로 운영되고 있다는 것을 이해해야 한다. 사실, 동맹의 핵심은 미국이다. 이제 워싱턴은 자체 능력을 강화해야 할 뿐만 아니라, 그렇게 하는 조건으로 다른 국가들도 파워(힘)를 강화할 수 있다고 주장해야 한다. 이같은 상황은 실질적으로 어느 정도 이미 진행되고 있는 상황이다. 미국은 일본과 군사력 강화 조치를 했을 뿐만 아니라, 베트남, 필리핀, 인도와 같은 다른 나라들과도 더욱 긴밀히 협력하고 있다. 일본의 국내총생산(GDP)의 1%가 아닌 2%를 국방비로 쓰겠다는 다짐은 지속되어야 한다. 그리고 현재 호주와 인도도 군사력과 협력을 강화하기 위한 행동을 취하고 있다.

동맹국들이 제 역할을 한다면 미 해군은 대서양이나 지중해에서 싱가포르로 항공모함 전단을 옮겨 이 지역에 주둔시켜야 한다. 이와 함께 중국이 중거리 대함 순항미사일과 탄도미사일을 증강하고 항모용 무인 함재기, 무인 잠수함, 극초음속 타격무기 등을 크게 사용하는 것에 대해서도 미 국방부는 철저하게 준비해야 한다. 미군은 인도네시아, 말레이시아, 베트남 등과도 합동훈련을 실시해 반(反)접근 방어망을 구축해야 한다. 여기에는 무엇보다도 감시 무인기, 기뢰, 대함 미사일, 고속 공격 미사일, 이동식 방공 능력 등이 포함될 것이다. 일본, 호주, 인도도 이러한 연합 훈련에 포함되어야 한다. 이 동맹국들은 우방국이 소유하거나 관리하는 특정 섬들에 관한 지원도 제공해야 한다. 일부 남사군도는 베트남이 점령하고 있고, 티투 섬(Thitu Island)은 필리핀이 소유하고 있다. 남중국해 아래 쪽에 있는 나투나 군도(Natunas Island)는 인도네시아에 속하며 이 곳은 연합군의 주둔지로 이상적인 장소가 될 것이다.

마지막 고려 사항은 타이완이다. 만약 PLA가 이곳을 점령하게 된다면 그 전략적 위치는 일본, 한국, 필리핀 그리고 나머지 지역의 방어를 크게 복잡하게 만들 것이다. 미국은 타이완의 지도자들이 중국이 섬을 침략하기 매우 어렵고 비용이 많이 드는 스위스와 같은 나라로 만들도록 격려하고 도와야 한다.

현재 민간 컨설팅 회사에 근무하고 있는 전직 미군 구성원들은 타이완 정부의 방위 시스템 설계, 방어 훈련, 산악 및 해안 지역의 시설 위치 및 건설에 도움을 주기 위해 계속 노력할 필요가 있다. 이들은 또한 중국이 타이완을 침략하는 데 비용이 너무 많이 들기 때문에, 결코 그렇게 하는 것을 고려하지 않도록 지연 효과를 갖는 무기와 기술에 대해 조언도 할 수 있을 것이다.

11

미국을 위한 계획

이기는 것이 전부는 아니다. 그게 유일한 거다.
- UCLA 축구 코치 '레드' 샌더스

문제의 또 다른 주요 부분(실제로 중국보다 더 큰)은 지난 50년 동안 경제, 산업, 기술 경쟁력을 지속적으로 상실한 미국이다. 다른 나라들이 제2차 세계대전에서 회복하고 한국, 싱가포르, 중국과 같은 과거 후진국들이 발전의 길로 진입한 것은 어느 정도 불가피하고 심지어 바람직했다고 본다. 그러나 미국의 리더십 상실은 대부분 잘못된, 때로는 단기 지향적이고 조율되지 않은, 그리고 종종 편협하고 심지어 이기적인 정부, 기업, 군사 및 학술 정책에서 비롯되었다. 간단히 말해 미국인들은 독일, 일본, 한국 또는 중국인들만큼 게임을 잘하지 못하고 있다. 그러므로 가장 중요한 단계는 미국의 국력을 끌어올리는 것이다.

시장 접근세

미국 국력 쇠락의 중요한 원인은 지난 75년 동안 대부분 달러화의 고질적인 과대평가였다. 이 문제를 해결하기 위해 미국은 새로운 생산 설비가 직접투자가 아닌 경우 해외에서 들어오는 모든 자본 투자에 대해 시장 접근세(MAC: Market Access Charge)*

* 시장 접근 요금(세)이란 투자가, 투기자, 거래 외부인, 조작자에게 불리하게 순수입을 줄이려

를 부과해야 한다. 이 요금은 '0'에서부터 다양할 것이며 미국 무역 적자와 그 추세에 따라 4% 또는 5%로 조정되어야 한다. 이는 과대평가된 달러화를 상쇄하는 효과를 가져와 수입을 다소 줄이고, 보다 균형 잡힌 무역 상황을 확립하는 한편 수출 증대를 촉진하는 등 자극이 될 것이다.

동시에 미국의 고용을 확대하고 해외 채권자들에 대한 미국의 부채 증가를 막아야 한다. 미국 무역 적자의 가장 큰 부분이 중국이기 때문에 MAC는 중국의 대미 수출을 줄이고 미국의 대중 수출에 영향을 미치며, 중국 투자자들이 안전하고 유동적인 미국 자본 시장에 접근할 수 있는 특권에 적당한 대가를 치르게 하는 역할을 한다. 현재 시장 접근세가 3%로 설정되면 연간 약 100억~150억 달러의 수익을 창출할 수 있으며, 이는 미국 인프라 갱신 자금 또는 미국 기술과 미국 기반의 고급 제품 및 서비스 생산을 강화하는 프로그램에 사용될 수 있다.

아마도 더 중요한 것은 시장 접근세가 수입과 실업을 줄이면서 미국의 수출, 일자리 창출 및 재정 수입을 개선할 수 있다는 것이다.

시장 접근세는 태미 볼드윈(Tammy Baldwin) 상원의원과 조시 홀리(Josh Hawley) 상원의원이 발의했다. 이것은 의회에서 채택되어 가능한 한 빨리 시행되어야 한다. 그것은 미국뿐 아니라 국제법상 완벽하게 합법적이며, WTO의 규칙이나 다른 협정에 위배되지 않는다. 단번에 시행할 수 있고 반드시 해야 한다. 우리는 이 법안이 1944년 브레튼 우즈 회의(the Bretton Woods system)에서 계획되어 제2차 세계대전 후에 확립된 자유무역 질서의 정신에 완전하게 부합한다는 사실을 강조해야 한다. 이 회의의 핵심 인물인 유명한 경제학자 존 메이나드 케인스(John Maynard Keynes)는 무역은 시간이 지남에 따라 국별 균형을 맞춰야 하며 만성적인 흑자는 만성적인 적자만큼이나 나쁘다고 강조했다. 나는 케인스가 오늘날 살아있다면 시장 접근세를 강력히 지지했을 것으로 생각한다.

부가가치세 부과

거의 모든 국가가 부가가치세(VAT)를 운영하고 있다. 이는 판매세와 비슷하지만 수출품에는 환급된다. 미국이 부가가치세가 없다는 것은 세계 시장에서 미국 경제를 불리하게 만든다. 미국에 수출되는 상품에 부가세가 미리 부과되기 때문에 미국 주 정

는, 시장에 접근하는 외국 상품의 수요를 줄이고 국내 시장을 보호하는 장치다.

부가 수출국의 부가세에 상응하는 판매세를 부과하지 않을 경우 미국 시장에서는 수출국 시장보다 낮은 가격에 판매되는 경향이 있다. 반면 타국으로 수출되는 미국 상품에는 소매가격에 VAT가 붙어 소매가격이 오른다. 미국은 세금 환급이 없기에 해외 부가세 추가는 해외 시장에서 미국 수출품의 판매를 억제하는 경향이 있다. 미국은 VAT를 도입함으로써 미국의 무역 적자와 재정적자를 모두 줄이면서 공정한 경쟁의 장을 마련할 수 있다.

위대한 부흥

중국의 도전에 대처하기 위해 미국은 세계에서 가장 경쟁력 있는 경제를 유지하는 데 전념해야 한다. 독일이나 중국에서도 'Industry 4.0' 및 '중국 제조 2025' 프로그램이 실시되는 것처럼, 미국도 모든 핵심 기술, 인프라 및 고부가가치 분야에서 세계 리더십에 전념하는 포괄적인 미국 회복 프로그램을 시작해야 한다. 이 프로그램은 장기적인 국가 안보의 기본이고 미국이 남북전쟁 이후에 맞닥뜨린 가장 큰 도전에 대한 대응책으로 도입되어야 한다. 이것은 미국 정부 내에서 그리고 정부, 기업, 학계, 노동계, 주 정부 등 지방정부 조직 간에 포괄적이고 강력하게 조정되도록 설계되어 만들어져야 한다.

그 중심에는 1958년 9월 스푸트니크(Sputnik)의 여파로 법으로 제정된 국방교육법안(National Defense Education Act) 같은 것이 있어야 한다. 그것은 다양한 분야의 학생들에게 막대한 장학금 지원을 제공했었다. 나도 이 자금으로 도쿄의 동서센터와 게이오대학에서 일본어를 공부했다. 특히, 이공계 학생들에게는 소련의 기술력을 따라잡고 극복하는 목표에 도움을 주었다. 오늘날 중국은 미국보다 4~5배 많은 이공계 학위를 수여하고 있다. 물론 인구는 중국이 약 미국의 4배인 것은 맞지만, 미국은 이공계 졸업생 배출에서 대부분 선진국에 비해 뒤처져 있는 상황이라는 것이다. 워싱턴은 스푸트니크* 이후 했던 일을 다시 해야 한다. 게다가 미국은 유럽, 인도, 일본 그리고 다른 곳에서 온 학생들이 미국 대학과 단과대학에서 이공계 학위를 취득하는 것을 편리하게 해야 한다. 한 가지 아이디어는 미국 학생이 아닌 학생에게 수여하는 모든 기술 박사 학위자에 영주권을 부여하는 것이다.

* (구)소련이 우주개발을 위해 세계 최초로 인공위성을 띄우는 일련의 프로젝트를 말한다.

국가경제안보위원회

우선 국가경제위원회(NEC)와 국가안전보장회의(NSC)가 하나로 합쳐져야 한다. 즉 국가경제안보위원회(the National Economic and Security Council: NESC)라고 부르는 것을 말한다. 너무 오랫동안, 미국의 국가 안보 정책은 산업, 금융, 기술 그리고 경제 문제에 큰 관심 없이 군사적이고 외교적 이슈에만 초점을 맞춰왔다. 그러나 그러한 문제들은 이제 좁은 군사·외교 문제보다 종합적 국가 안보가 더욱 중요해졌다는 것에 주의를 기울어야 한다. 그리고 이 위원회의 수장은 매우 폭넓은 글로벌 경험과 비즈니스, 경제 및 국제 문제에 대한 식견을 가진 사람이어야 한다.

경쟁력부(部)

또 하나의 주요 조치는 상무부, 에너지부, 운수부, NASA(National Air and Space Administration) 및 국방고등연구프로젝트청(DARPA: Defense Advanced Research Projects Agency, 인터넷, 반도체 산업, 관계형 데이터베이스, 애플 상품 개발 원조) 기능을 합병하는 것이다. 미국의 주요 기술과 산업에서 미국과 자유세계의 리더십을 달성하고 미국의 인프라를 현재 최고 수준으로 격상시키는 것을 주요 임무로 하는 '새로운 경쟁력 부(Department of Competitiveness)'로 전환하는 것이다. 예를 들어, 진정한 고속철도 서비스(시속 200마일)는 보스턴, 뉴욕, 워싱턴 DC 사이뿐만 아니라 휴스턴－오스틴, 뉴욕－시카고, 샌프란시스코－로스앤젤레스 등 교통량이 많은 다른 지역에도 구축되어야 한다. 통신망은 전국 모든 지역에서 완전히 광섬유화 되어야 한다. 인프라 업그레이드 자금의 대부분은 시장 접근세에서 조달하며 새로운 인프라 은행과 연계하여 광범위한 인프라 프로젝트에 자금을 조달할 수 있어야 한다. 현재의 패니 매(Fannie Mae)는 미국 연방저당권협회(FNMA: Federal National Mortgage Association)의 약칭이다.* 미국 주택 구입 희망자들이 금융기관에서 대출을 쉽게 받을 수 있도록 금융기관에 자금을 대주는 정부지원기업(GSE, government－sponsored enterprise)으로 미국의 2대 모기지 업체 중 하나다. 이곳이 모기지 매입을 통해 주택건설을 지원하는 것 외에 '인프라 은행'으로 변모할 수 있게 해야 한다.

---

* 미국 연방저당권협회(FNMA: Federal National Mortgage Association)의 약칭이다. 미국 주택 구입 희망자들이 금융기관에서 대출을 쉽게 받을 수 있도록 금융기관에 자금을 대주는 정부 지원기업(GSE: government－sponsored enterprise)으로 미국의 2대 모기지 업체 중 하나다.

새 부처는 미국 정부의 연구개발(R&D) 지출을 GDP의 2%인 약 4,500억 달러로 늘릴 수 있는 충분한 자금을 관리할 수 있게 될 것이다. 더불어 민간 산업 지출과 함께 미국의 총 R&D 자금도 증가하게 될 것이다.

미국은 GDP의 약 4%를 R&D 분야에 투자하고 있기에 미국은 의심할 것 없이 세계 선두주자다. 여기에 경쟁력부는 주요 획기적인 프로젝트에 대한 투자 인센티브와 벤처 자금을 지원하고 다른 기업이 제공하는 투자 인센티브에 대한 시너지 효과를 위해 국방고등연구프로젝트청(DARPA)과 국립표준기술연구소(NIST, the National Institute of Standard and Technology)에 대한 자금 지원을 대폭 늘려야 한다.

5G의 우드로 윌슨식 사례

이것이 어떻게 작동하는지를 보여주는 구체적인 예는 5G 통신 시스템의 공급이다. 저자는 이 기술의 개발과 도입을 중국의 화웨이가 주도하고 있는 것으로 보고 있다. 중국은 가능한 한 많은 국가에서 화웨이 시스템을 판매 및 설치하기 위해 할 수 있는 모든 것을 하고 있다. 이는 미국과 다른 자유시장 국가에게 국가 안보 위험과 기술 위험을 동시에 일으킨다. 현 시점에서는 이 부분에 어떠한 미국 기업도 지원하고 있지 않다. 시스코는 어찌 된 일인지 기회를 놓쳤다. 루슨트는 프랑스의 알카텔에 매각되어 혁신적인 재능을 잃은 것 같다. 핀란드의 노키아와 스웨덴의 에릭슨은 이 기술을 보유하고 있지만, 중국 정부가 화웨이에게 제공하는 보조금과 같은 자금을 주지 않아 화웨이와 경쟁하는 데 어려움이 있다.

이런 상황에서 미국 경쟁력부는 우드로 윌슨과 프랭클린 델라노 루스벨트 대통령이 영국 마르코니사에 대항하기 위해 어떻게 RCA*를 설립했는지 점검하여 미국을 전신과 라디오 보급의 선두주자로 만들었는지를 기억해야 한다. 노키아, 에릭슨, 시스코 및 관련 기술을 보유한 다른 회사의 CEO들을 불러 모으고 (재정적으로 그리고 규제를 통해) 화웨이를 능가한다는 목표로 하는 합작회사를 지원하겠다고 선언해야 한다. 이 사업을 지원할 뿐 아니라 화웨이를 미국 시장에서 배제하고, 중국으로부터 받는 보조금을 상쇄하기 위해 필요한 모든 자금을 지원하겠다는 점을 분명히 해야 한다. 그런

* RCA(Radio Corporation of America)는 1986년 제너럴 일렉트릭에 인수된 미국의 전기·전자 업체로 미국 내에서 라디오와 텔레비전을 보급한 기업이다. 컬러 텔레비전의 개발 후 흑백 텔레비전 기술을 일본으로 이전하여 일본 텔레비전 발전이 이뤄지게 된다. 이 기업은 전세계 대표적 무선통신설비회사이기도 하며, 미래 무선통신의 기반을 만든 회사이다.

다음, 다른 주요 산업에서도 비슷한 조치를 해야 한다. 물론 미국은 일본, 독일, 프랑스, 스웨덴, 핀란드, 영국, 호주, 한국, 이탈리아와 같은 동맹국 정부와 기업을 포함한 협력과 그들의 공헌을 촉구해야 할 것이다.

중국산(Made in China)에 대한 대응

5G 프로그램 외에도 미국은 로봇, 인공지능, 반도체, 바이오 기술, 항공, 우주 연구, 해저 탐사 및 채굴과 같은 첨단 기술 산업을 주도하기 위해 동맹국들과 함께 자체 프로그램을 추진해야 한다. 그리고 우리가 알고 있는 새로운 기술들은 인류 미래의 열쇠가 될 것이다. 뉴욕의 척 슈머(Chuck Schumer) 상원의원과 인디애나 주의 토드 영(Todd Young) 상원의원은 미국의 미래 기술 리더십을 확보하기 위해 1,000억 달러의 기금으로 국립과학재단(National Science Foundation)을 개편할 것을 제안했다. 이런 종류의 법안과 프로그램은 채택돼야 한다.[1]

싱가포르와 아일랜드 사례 활용

경쟁력부는 그 활동의 모델로서 싱가포르의 경제개발위원회(EDB)나 아일랜드 개발청(IDA)과 같은 기관들을 주의 깊게 살펴봐야 한다. 이 기관들은 자국 경제 및 다른 주요 국가의 경제 분석을 광범위하게 수행하고 있다. 그들의 목표는 자국의 경제 생산의 양과 질적 가치를 높이는 것이며 이를 통해 기술과 부가가치가 지속하여 더 높은 위치에 이르도록 이끌고 있다. 예를 들어 인텔과 같은 기업을 발견하면 투자와 확장에 관한 생각으로 접근하고, 제조 시설이나 연구소를 자국 내에 배치하는 매력적인 거래를 제안해야 할 것이다. 그들은 투자, 기술을 그들의 경제에 접목하기 위해 기본적으로 10년 동안 무료로 토지를 세금 없이 제공하거나 공공자원을 반값에 제공할 수 있어야 할 것이다.

중국도 같은 일을 하고 있다. 중국에 투자하지 않으면 중국에서의 판매가 잘되지 않을지도 모른다는 설득(강요)도 추가되어 있다. 경쟁력부는 이와 같은 중국의 정책을 상쇄하고 극복할 수 있어야 한다. 미국 경제를 비롯한 선진국 경제를 꼼꼼하게 지속적으로 연구하여 다양한 기술 발전 상황을 파악하고 주요 산업과 시장 역학 관계 및 다양한 지역에서 발생하는 비용과 이들 지역에서 기업이 받는 인센티브를 파악해야 한다. 해외와 비교하여 미국의 제품 개발 및 생산을 위한 생산성이 높은 장소 발굴 등 미국을 저비용 생산기지로 만들기 위해 무엇을 할 수 있는지 잘 알아야 한다. 부처 일부는 벤처 투자가들과 조율하며, 그들이 국가의 이익을 고려하는 벤처 투자가로서 생각할 수 있게 해야 한다.

부의 창출과 뒤따르는 양질의 일자리

경쟁력부의 주요 목표는 부의 창출이어야 한다. 경제 복지는 종종 일자리(고용)로 해석된다. 정치 지도자들은 항상 좋은 일자리를 만들고 싶다고 말하지만, 우리에게 꼭 필요한 것은 아니다. 물론 좋은 일자리도 좋지만 진짜 필요한 것은 부의 창출이다. 어렸을 때 나는 아버지와 함께 제철소를 방문하곤 했다. 많은 기계가 달그락달그락 소리를 내며 증기를 내뿜고 녹은 강철의 빨간 액체가 공장 안을 돌고 수백 명에서 수천 명의 남자들이 힘찬 수작업을 하는 모습은 매우 흥미로웠다.

제철소 근무는 당시에 좋은 직업이었다. 하지만 오늘날 제철소에는 증기도 안나고 덜컹거리는 소리도 없다. 내부에 있는 소수 사람은 제철소 바닥에서가 아니라 제어실에서 제철소를 가동하는 컴퓨터와 다른 전자 장비를 조작하고 있다. 대부분의 일자리는 사라졌지만 창출된 가치는 내가 어렸을 때보다 훨씬 커졌고 남은 소수 노동자의 생산성은 예전 노동자들의 생산성을 훨씬 웃돈다. 오늘날 이 제철소에서 더 많은 부가 창출되고 있다.

반도체 제조 시설은 약 80억 달러가 들지만, 직원 수는 600명에서 1,000명에 불과하다. 이는 예를 들어 섬유 공장보다 훨씬 적은 숫자다. 이 제품은 매우 비싼 가격에 팔리고 엄청난 부를 창출하는 반면 인건비는 생산 원가의 3~4%에 불과하다. 하지만 그 노동은 매우 좋은 보수를 받는다. 주지사는 직물 공장보다는 자신의 주에 반도체 공장을 두는 것이 훨씬 낫다. 왜냐하면 직물 공장보다 훨씬 적은 일자리로 매우 좋은 임금에 제품이 훨씬 더 많은 이윤을 내기에 더 많은 세수를 창출하기 때문이다.

지난 40년 동안, 생산의 오프쇼어링은 미국과 다른 글로벌 기업들에 일반적인 관행이 되었다. 예를 들어, 포드는 시간당 30달러의 노동력으로 북미에서 자동차를 만들었으나 현재 멕시코나 중국에서 시간당 3달러의 노동력으로 자동차를 만들 수 있다. 포드는 자동차를 만드는 기술을 가지고 있으며 그것을 실행에 옮기기 위해 선택한 세계 어디에나 생산라인을 배치할 수 있다. 만약 자동차를 만드는 데 있어 노동력이 많이 든다면 포드는 북미보다 멕시코나 중국에서 만드는 것이 더 나을 것이다.

북미 노동자들은 그들에게 독특한 마법을 더할 수 있지만 오늘날에는 그렇지 않다. 그러나 생산을 자동화하고 근로자 수를 상당히 줄일 수 있다면 생산지역 간의 비용 비교는 자본 비용, 시장 근접성, 세금 및 세금 공제 효과 및 기타 요인으로 귀결되게 된다.

반도체로 돌아가 보자. 인건비는 공장을 어디에 둘지 결정하는 데 중요한 요소가 아니다. 미국은 반도체 칩 생산 경험이 있는 노동자와 최첨단 팹(fab)을 보유하고 있기에 여러 가지 상황에 따라 여러 지역이 저비용, 고품질, 생산성 높은 세계 반도체 칩 생산지가 될 수 있다. 예를 들어, 미국이 설계한 칩 생산에 있어 미국은 임금이 높아 한국과 타이완이 경쟁력이 더 있었다. 그러나 제조업 생산이 점점 자동화되고 새로운 기술이 적절한 규모의 경제를 달성하기 위해서는 막대한 양의 생산이 필요하기에 미국 현지에서의 생산도 비용 효율적일 뿐만 아니라 시장 서비스, 기술 능력 향상 및 부의 창출에 바람직하다는 것이다.

제조업 국내 복귀 – 제조업을 GDP의 16%로

경쟁력부의 또 다른 주요 과제는 생산 시설의 '국내 복귀(reshoring)'를 극대화해야 한다는 것이다. 이것은 어떤 종류의 부의 생산에도 적용되어야 하지만, 제조업에 확실히 적용되어야 한다. 그 이유가 무엇일까? 제조업(광범위하게 정의)은 역사상 가장 큰 부의 생산 원천이기 때문이다. 이는 농업이나 이발, 암 수술과는 달리 제조업은 규모의 경제를 누리기 때문이다. 더 많은 유닛을 만들수록 유닛당 생산 원가는 낮아지지만 모두 같은 가격에 판매할 수 있는 것이다. 규모의 경제는 생산성을 크게 향상시킬 수 있는 것이다. 1975년 미국 GDP 대비 제조업 비중은 약 21%였으나 오늘날에는 11%이다. 우리는 이미 독일, 일본, 이탈리아 그리고 다른 나라들이 약 22%라는 것을 안다. 물론 미국 경제는 다른 나라들보다 더 다양하기는 하다. 그러나 부의 창출을 위한 제조업의 중요성을 고려하면 미국의 제조업(광의적으로 정의)을 GDP의 16% 이상으로 끌어올리도록 노력해야 한다.

제조 지원에 초점

제조업을 지원하기 위해 국립과학재단의 국가로봇공학계획(National Robotics Initiative)에 대한 자금 지원을 연간 최소 6억 달러로 늘려야 한다. 미국 제조 프로그램(Manufacturing USA) 따라 10개의 새로운 국영 및 민간 기관을 설립하고, 10년간 투자 세액 공제 혜택을 제공해야 한다. 적어도 20개의 대학이 그들의 프로그램에 대한 연방정부의 지원을 받을 자격이 있는 '제조 대학'으로 지정되어야 한다. 이와 함께 국방부의 국방 제조 기술 프로그램을 획기적으로 확대해 옛 방산기지를 완전하게 재건해야 한다. 오늘날 임시 R&D 세액 공제는 영구적이어야 하며, 인력 훈련에 대한 지출도 포함해야 한다. 새로운 투자 세액 공제도 필요하며 소프트웨어 투자가 포함돼야 한다.

경쟁력부를 신설하는 것 외에 미 의회도 의회 예산처와 유사한 의회 경쟁력실(Congressional Competitiveness Office: CCO)을 두어야 한다. 의회예산국(Congressional Budget Office: CBO)과 마찬가지로 의회 경쟁력실은 다양한 법안과 기타 제안들이 미국의 경쟁력에 어떤 영향을 미칠지 평가하는 데 초점을 맞춘 비당파적 기구가 되어야 한다. 그것은 미국과 다른 나라의 경쟁력에 대한 권위있고 공정한 평가기구로 지식의 보고가 될 것이다.

저축 – 투자 – R&D – 인프라

부의 창출이란 게임 이름과 같다. 어느 정도의 부를 거의 균등하게 나누지 않고는 나라가 안전할 수 없다. 인프라 산업과 생산 산업 모두에서 투자 없이 부를 창출할 수 없고, 저축 없는 투자를 하기 어렵다. 한 나라가 더 발전하기 위해서는 단순히 다른 나라로부터 기존 기술을 흡수하는 것은 능력을 떨어트릴 뿐이기에 연구개발에 대한 지출은 필수적이다. 이 모든 조치에 대해 미국은 현재 형편없이 대처하고 있다. 2017년(데이터를 이용할 수 있는 가장 최근 연도)의 순 국가별 저축률은 아래와 같다. 2016년 미국은 GDP의 2.9%로 2015년의 4.1%보다 낮아졌는데, 1960년대에는 12%였다.[2] 이것을 약 11%인 독일, 17%인 한국, 약 6.6%인 EU지역, 약 6%인 일본 그리고 45%인 중국과 비교해 보라.[3]

투자도 마찬가지다. 일본의 GDP 대비 투자는 2017년(데이터를 이용할 수 있는 마지막 해)에 약 24%였다. 2018년에는 캐나다 23%, 프랑스 23.46%, 독일 21.3%, 미국 20.6%였다. 중국은 약 45%였다.[4] 1984년, 미국의 비율은 25%였고 약간의 우여곡절이 있었지만 그 이후로 꾸준히 떨어졌다.

R&D 지출은 한국이 GDP 대비 4.3%로 세계 1위, 일본이 3.4%, 독일이 2.9%, 미국이 2.7% 순이다. 중국은 2%이지만 매우 빠르게 상승하고 있다.[5] 역사적으로 미국의 R&D 지출은 1960년대에 2.8%를 기록했고, 1970년대에 2.2% 이하로 떨어졌다가 1980년대에 2.6%로 다시 올라갔다. 그러다 1990년대와 2000년대 초에 2.3~2.5%로 떨어졌다가 마침내 약 2.8%로 되돌아왔다. 그러나 1960년대 이후 미국의 지출은 극적으로 변했다. 이것이 1960년대와 1970년대 미국 정부의 모습이다. 이 비율은 1960년대 약 1.8%에서 오늘날 약 0.6%로 꾸준히 떨어졌으며 기업 지출로 대체되었다.[6] 대부분 다른 국가에서는 정부가 차지하는 비율이 훨씬 높다.

인프라 상황은 더욱 어둡다. 2017년 보고서에서 미국 토목 기술자 협회는 미국 인프라에 다음과 같은 등급을 부여했다. 'D'. 이는 "대부분 표준 이하이며, 심각한 악화를 나타내며 사고가 날 위험이 크다."는 것을 의미한다. 보고서는 '인프라 격차'를 해소하는 데 드는 비용이 2025년까지 약 1조 5천억 달러에 달할 것으로 전망했다. 세계경제포럼은 2016년 경쟁력 보고서에서 미국을 인프라 품질에서 2002년 5위에서 크게 떨어진 세계 10위로 선정했으며, 프랑스, 독일, 일본과 같은 국가에 크게 뒤졌다. 놀랄 것도 없이 대부분 주요 국가의 인프라 투자는 미국보다 상당히 높았다.

의료 서비스를 필수 인프라의 일부로 간주할 경우, 미국은 더 형편없다. 미국인들은 다른 선진국 국민보다 두 배 이상 많은 의료비를 지불하고 있고(GDP의 18%, 대개 평균 8%), 그 결과는 더 나쁘다. 예를 들어 CIA 팩트북에 따르면 출생 때 기대수명을 기준으로 미국이 78.11세로 50위며 일본 82.2세, 캐나다 81.1세, 한국 78.7세다.[7]

2019년 6월 25일 발표된 미국 의회예산국(CBO) 장기 예산 전망은 상황을 더욱 어둡게 할 뿐이다. 지출은 수익보다 빠른 속도로 계속 증가하고 있다는 것이다. 2049년까지 현재 국내총생산(GDP)의 78%인 연방 채무는 144%가 될 것이다. 현재 GDP의 21%인 연방 지출은 2049년에 28%에 달할 것이지만, 연방의 수입은 19.5%만 증가할 것이다. 연간 적자는 현재의 4.2%에서 8.7%로 두 배 이상 증가할 것이다.[8] 그 결과 대부분 주요 신탁기금은 부실로 치닫게 될 것이다. 도로연금급여보장공단 다중고용 기금, 메디케어병원보험, 사회보장장애보험, 사회보장노령생존자보험 신탁기금은 재정안정을 위한 조치가 없으면 13년 안에 모두 소진된다고 한다. 현재 종료 예정인 일부 프로그램의 확장은 상황을 더욱 악화시킬 뿐이다. 사실, 이 늘어나는 부채는 1인당 소득 증가를 약 9,000달러 감소시키고 이자 지급을 증가시키며 금리 상승에 압력을 주어 정부가 경기 침체에 대응할 수 있는 능력을 감소시키며, 재정 위기의 위험을 증가시켜 미래 세대에 과도한 부담을 줄 것이다.

추세의 반전

이러한 추세가 반전되지 않는다면 미국은 단순히 중국과 경쟁할 수 없을 것이다. 의료에 관해서는 프랑스, 독일, 캐나다, 호주, 싱가포르 등 워싱턴이 선택할 수 있는 모델이 많다. 그 중 어느 것이든 현재의 미국 시스템보다 나을 것이다. 전반적 요점은 미국 정부가 신탁기금의 건전성을 유지하고, 연구, 인프라 및 부의 생산 능력 확대에 대한 지출 증가를 가능하게 하는 재정의 지속가능성이 가능하게 하는 것이다. 이러면 정부 세입의 증가가 있을 것인데, 이는 곧 세금 증가를 의미한다. 극심한 경제적 불평등이 민주주의를 위협하고 미국이 이미 선진국 중에서 가장 불평등한 소득 분배를 하고 있다는 것을 고려하면 과세의 증가분은 빈곤층, 중산층보다 부유층에 더 집중되어야 한다. 미국 조세 구조의 역사적 추이를 보면 추악한 그림이 드러난다. 지난 70년 동안 가장 부유한 미국인들이 가장 낮은 세금을 내게 되었다. 1950년대에는 95~100분의 1의 소득자가 소득의 30~70%를 세금으로 납부 했는데, 1978년에는 30~45%로 감소했고, 현재는 21~28%이다. 소득 상위 소득자는 10번째 백분위 수에 있는 소득자보다 상대적으로 적게 세금을 납부하는 것이다.[9]

새로운 제도는 소득 분배의 상위 1%에 해당하는 계층에는 70%, 상위 5%에 속하는 계층에는 50%의 한계 세율을 부과하게 될 것이다. 이것이 극단적으로 들릴지 모르지만, 이는 1960년대에 존재했던 비율보다 적은 것이다. 자본이익, 이월이자 및 부유층에게만 제공되는 기타 종류의 소득은 경상소득으로 과세해야 할 것이다. 마지막으로 과세소득에서 주택담보대출 이자를 공제하는 것은 주택산업과 중산층 및 상류층에 대한 보조금에 불과하므로 중단하여야 할 것이다.

법인세도 재검토해야 한다. 여기서는 두 가지 선택지가 있다. 하나는 단순히 미국 기업들의 글로벌 수익에 과세하는 이전 모델로 돌아가야 하는 것이지만, 실제로 외국에 낸 세금에 대해 공제하는 것도 문제이다. 이것이 전체의 약 21%가 될 것이다. 이 새로운 세법은 미국 기업이 다른 나라(아일랜드나 싱가포르 등)에 재합병되는 것과 같은 '반전'을 방지하는 강력한 규칙에 따라야 하며, 상대적으로 세율이 낮고 기업 의무도 덜 엄격하게 해야 한다. 두 번째 선택지는 현재 미국 주 정부가 전국적으로 하는 일을 글로벌 기반으로 해야 한다는 것이다. 즉, 매출액 혹은 매출액과 고용액 중 하나로 해외 법인세를 나누는 것이다. 따라서 예를 들어 미국 제약회사의 의약품 판매 이익은 푸에르토리코에서 제조하더라도 미국에 의해 세금이 매겨져야 한다는 것이다. 예를 들어, 프랑스는 구글이 프랑스에서 판매한 유로 매출에 세금을 부과하는 것과 같다.

신생 주식회사 미국

미국에서 가장 정치, 경제적으로 강력한 세력은 매우 부유한 거대 기업들이다. 예를 들어 애플은 다양한 국가에서 벌어들인 2,520억 달러의 소득에 의존하고 있지만, 아일랜드, 싱가포르, 케이만 제도, 건지와 맨 섬과 같은 조세 회피처에 숨어 있다.[10] '싱가포르 슬링'과 '더블 아이리시'*와 같은 화려한 회계전략을 사용하여 현금을 국가의 과세 대상이 되기 전에 '안전' 장소로 이동시킨다.

하지만 돈은 권력 방정식의 세 부분 중 하나에 불과하다. 두 번째 부분은 회사의 이익을 증진하기 위해 미국 정치 지도자들에게 정치 기부금이나 로비스트들에게 자금을 지급하는 데 관한 어떠한 제한도 없는 것도 문제다. 이 공식의 세 번째는 독립 법원에서 미국 정부를 고소할 수 있는 회사의 권리인데, 이는 승소하는 경우 정부가 회사에 불이익을 줄 수 있는 조치를 막을 수 있는 권리이다. 대법원의 시민권 사건에 대한 해석에 따르면, 회사는 사실상 미국 시민권과 같은 권리를 갖는다. 그러므로 그것은 다양한 방법으로 정치에 영향을 미치는 곳에 원하는 만큼 자금을 쓸 수 있다는 것이다. 하지만, 사실 그 회사는 일반 시민들보다 부유하고 효과적인 생명력을 가지고 있기에 초법적 시민이라 할 수 있다. 제너럴 일렉트릭은 127년이 되었고, 여전히 잘 돌아가고 있다. 포드 자동차는 116년이 되었고 아직도 건재하다. 일반 시민들과 달리 이들 기업은 워싱턴 DC에 상설 사무실을 두고 전직 고위 공직자, 하원 의원, 의회 직원 중에서 직원을 모집하고 있다. 그들은 일반 시민들보다 훨씬 더 많은 정부 활동에 대한 지식과 영향력을 가지고 있다. 미국의 약값이 다른 나라보다 몇 배나 비싼 이유는 미국의 제약 및 의료회사 로비 때문이다. 미국 자동차들이 세계에서 휘발유 갤런당 가장 짧은 주행 마일을 갖게 되는 이유는 자동차 산업 로비 때문이다. 휘발유에 옥수수 기반 에탄올이 함유되어 효율을 떨어뜨리는 이유는 농장 로비 때문이다. 사실상 산업에 초점을 맞춘 로비가 정치인들을 매수하고 법이 만들어진다.

---

* 싱가포르와 아일랜드를 이용한 조세 회피와 절세를 의미한다.

나는 앞에서 주주의 수익 증대가 CEO의 유일한 책임이라는 태도를 보여온 미 대기업 최고 경영자 협회(Business Round Table)가 25년만에 예전 형태로 되돌아갔다고 말했다. 그것은 이제 CEO들에게 좋은 제품을 생산하고 근로자, 기업, 국가 및 주주들을 돌볼 것을 요구하고 있다. 그러나 하버드, 와튼, 스탠퍼드 같은 주요 경영대학원 학생들이 50년 동안 '주주들을 위한 이익'의 중요성을 철저히 배웠음에도 최고 경영자 협회에서 바뀐 마음이 많은 이사들의 경영문화에 영향을 미칠지는 분명하지 않다.

사실 기업은 그냥 설립할 수 없다. 그것은 미국의 주 정부로부터 허가를 받아야 한다. 이 회사를 등록 법인화 함으로써 주 정부는 이 회사에 매우 가치 있는 것, 즉 유한 책임을 부여한다. 주주는 회사의 부채에 대해 개인적으로 책임지지 않는데 자본에 대한 보증 없이 투자자를 찾을 수 있는 기업은 거의 없을 것이다. 주 정부는 그 대가로 기업의 활동이 지역사회에 이익이 될 것으로 예상하기에 이러한 선물을 주는 것이다. 그런데 주 정부가 혜택을 주지 않기에 기업들은 조세 회피 목적으로 아일랜드나 케이만 제도에 현금을 보관하는 것이다. 또한 주 정부가 해주는 것이 없기 때문에 기업들은 정치인을 매수, 시중 약 값을 바가지 수준으로 유지할 수 있도록 조치를 취할 수 있는 것이다. 이상하게도 그러한 일이 일어나고 있다.

그러므로 그 기업들은 인가를 다시 받을 필요가 있다. 매출액이 10억 달러를 넘고 사업의 15%를 해외에서 창출하는 기업은 주 정부 허가와 더불어 경쟁력부로부터 연방 차원의 인가를 받도록 해야 한다. 이 규정은 캐나다와 같은 논리를 채택하여, 기업은 시민의 정치적 권리를 가진 살아있는 개인이나 미국 시민이 아님을 명시해야 할 것이다. 회사는 어떠한 종류의 정치기부나 광고도 할 수 없으며, 전직 고위 공직자를 로비스트나 임원으로 고용하는 것도 허용되지 않으며, 주 정부와 연방정부를 고소할 권리로만 그 특권을 제한해야 할 것이다. 다시 말해, 기업이 시민보다 더 큰 권리를 갖지 못하게 하는 것이다. 또한, 독일의 회사와 유사한 이중 이사회 구조를 갖게 해야 할 것이다. 회사의 주요 임원으로 구성된 경영진과 일부 임원으로 구성된 감독위원회를 설치하는데 그중 절반 이상은 회사 직원과 일반 국민의 대표가 차지해야 할 것이다. 또, 언론과 종교의 자유와 인종적 평등에 관한 미국 국민의 권리에 반하는 외국 정부의 요구에 굴복하면 엄중한 처벌을 받게해야 한다. 외국 정부가 자국민에게 폭압적인 권력을 행사하는 것을 돕는 어떤 기업도 미국 정부에 의해 해산되게 해야하는 것이다.

새로운 미국 노동 운동

미국의 노동조합은 노조 가입 비율이 높은 다른 자유세계 선진 국가들의 노동조합과 비교해 볼 때 엄청난 힘을 가지고 있다. 미국 노동조합이 가진 힘은 독점의 힘이다. 예를 들어, 미국자동차노동자연합은 포드, GM, 크라이슬러의 모든 노동자를 포함한다. 노조는 계약 협상 시 한 회사만 파업할 수 있고, 다른 회사에 근무하는 노조원들은 파업 중인 동료 조합원들에게 보상금을 지급한다. 회사가 거래하지(협상하지) 않을 수 없는 상황인 것이다. 그래서 이런 거래가 성사되면 다른 회사로 확대된다. 이 제도는 독일, 일본, 한국, 멕시코의 경쟁 자동차 회사들보다 더 높은 인건비로 미국 자동차 산업을 무너뜨렸다. 물론 일본과 독일의 생산자들도 미국에 공장을 열었지만, 대부분 노조 인력은 없다. 어떤 면에서는 미국의 노조 시스템은 스스로 불리하게 작용하는 것이다.

일본에는 산업별 노동조합이 없다. 그곳의 모든 조합은 회사 조합이다. 도요타 자동차 제조 노조와 닛산 자동차 제조 조합이 있는데, 이들은 서로 다른 조직이다. 핵심 임원을 제외한 모든 직원이 노조의 회원이다. 그들은 임원들(대부분 노조원 출신)과 대부분 최고 경영진으로 구성된 회사 이사회와 협상한다.

독일에는 산업 전반에 걸친 노조가 있지만, 한 산업의 모든 노조와 회사는 단체로 교섭한다. 자동차 업계 협상에서 벤츠, 폭스바겐(VW), BMW 임원들은 협상 테이블 한쪽에 노조 대표들은 다른 쪽에 앉는다. 노조가 파업에 들어간다면 모든 회사를 상대로 한 파업이어야 한다.

어느 쪽이든 미국 시스템보다 우수하기에, 미국은 그중 하나를 채택해야 한다.

요약하자면, 미국인들과 특히 그들의 지도자들은 자신들이 제2차 세계대전과 냉전으로부터 물려받은 유산을 너무 오랫동안 끌고 내려왔다는 것을 깨달아야 할 때이다. 이제 그들은 다시 한 번 치열한 경쟁과 끊임없이 변화하는 힘의 균형이 존재하는 현실 세계로 돌아와야 한다. 이 세계는 오류의 여지가 거의 없다. 세계 최대 경제 대국, 세계 기축 통화 발행국 그리고 세계 각처에 최첨단 미군 기지를 유지하고 있는 장점이 우리(미국인들)를 쇠퇴로부터 구제하고 우리 아들과 딸들의 독립과 자유를 보장하기에 충분하지가 않다. 우리는 더 이상 변명을 할 수가 없다. 우리는 우리의 경쟁력을 더욱 높여야 한다.

후기: 내가 써본 대통령 국정연설

미국 국민 여러분, 자유세계 시민 여러분, 오늘 밤 제가 여러분께 세계의 근본적인 현실을 설명하고 그에 따른 대처 방안을 발표할 수 있도록 시간을 내주신데 대해 감사드립니다. 30여 년 전 소련이 붕괴하고 중국이 '중국 특색 사회주의(중국적 특수성을 가진 사회주의)'로 묘사된 자본주의 길로 접어든 후 우리와 동맹국들은 의도적으로 자기기만처럼 보이는 일에 관여했습니다.

우리는 '역사의 끝'에 다다랐다고 생각했습니다. 경제발전은 모든 나라가 자유시장경제, 자유무역 그리고 자유 법치 민주주의를 채택하도록 이끌었습니다. 우리는 자유무역이 항상 그리고 어디에서나 상생의 제안이라고 믿었습니다. 심지어 우리 경제학자들은 어떤 일방적인 자유무역도 무역을 하지 않는 것보다 낫다고 말해왔습니다. 우리는 중국 전문가들로부터 중국 공산당이 중국 경제와 사회에 대한 철권 장악을 해제하고 있으며 이러한 느슨함은 계속될 것이라고 들었습니다. '중국 특색 사회주의'라는 당의 원칙은 기업가적 자본주의의 완곡한 표현일 뿐이라고 위선자들은 우리에게 확신시켰습니다. 우리는 세계가 평평하다고 생각했습니다. 모든 세계 시장이 하나의 공동 시장으로 합쳐지고 모든 혜택이 공유된다고 생각했습니다. 우리의 최고 경영진과 월스트리트의 지도자들은 우리에게 중국은 그들뿐만 아니라 모든 미국인에게 엘도라도(El Dorado, 황금의 나라)라고 말했습니다. 그들은 우리에게 이 이야기를 들려주는 데 많은 투자를 했습니다.

우리는 모든 것을 믿고 그것에 따라 행동했습니다. 우리는 중국이 WTO, IMF, 그리고 우리 시장에 진출하는 것을 환영했습니다. 델은 기업에 투자를 장려해 미국에서 중국으로 보내진 생산기지입니다. 우리 지도자들은 이것이 미국과 자유세계 소비자들뿐만 아니라 서비스 산업에서 더 높은 임금의 일자리를 찾는 근로자들에게도 좋을 것이라고 직접 말했습니다. 그 결과, 금세기 첫 10년간 5백만 개의 고액 연봉 미국 제조업 일자리가 중국으로 옮겨졌습니다.

사실 우리가 믿었던 것 중 어느 것도 사실이 아니었습니다. 랄프 고모리와 윌리엄 보몰은 2001년 초 자유무역이 항상 서로에게 도움이 되는 것은 아니라는 것을 증명했습니다. 적어도 상생만큼이나 자주 그리고 어쩌면 더 자주 제로섬 게임이 될 수도 있습니다. 게다가 세상은 여전히 둥글고 들쭉날쭉합니다. 경제이론, 정책 및 이해관계가 매우 상이한 국가들은 경제 측정 모델의 가상 세계가 아닌 현실 세계에서 상호작용합니다. 그리고 중국은 우리의 1990년대 전망과 전혀 일치하지 않습니다.

2015년 중국 정부가 거의 모든 하이테크 산업에서 독주를 목표로 하는 '중국 제조 2025' 프로그램을 발표했을 때, 중국은 우리 같은 자유무역 게임을 할 의사가 없다는 것을 분명히 해야 했었습니다. 오늘날 중국이 고도의 국가 주도경제에 전념하고 있다는 것은 매우 명백합니다. 이 경제는 중국 공산당의 사고방식으로 스며들어 정부의 개입, 보조금, 진정한 시장정보의 억제에 의존하고 있습니다.

더욱 중요한 것은 중국 공산당이 중국 경제를 세계 정상급으로 만드는 것 이상의 일에 전념하고 있다는 사실입니다. 중국의 긴 역사 대부분은 중앙 왕조(왕국)이었습니다. 세계에서 가장 크고 선진화된 경제일 뿐만 아니라 가장 강력한 국가의 황실을 향해 주변 속국들은 조공을 해야만 했습니다. 그 지배자는 '하늘 아래 모든 것'에 대한 권위를 가진 하늘의 아들(皇帝)이었습니다. 한마디로 중국은 '바'[Ba, 패(覇)], 즉 위대한 패권국이었다는 것입니다.

이 위상을 회복하는 것이 시진핑 주석의 위대한 중국인의 꿈, 즉 위대한 중국인의 자존심 회복이란 목표입니다. 중국은 세계에서 가장 인구가 많은 국가이자 고대 문명국가입니다. 거기에는 풍부하고 자랑스러운 역사가 있습니다. 이 꿈을 실현하려는 중국의 노력이 중국의 실질적인 언론 자유와 종교 자유, 소수 민족 존중 그리고 다양한 철학을 가진 체제에서 법치하에 움직인다면 위협적이지 않을 것입니다. 중국인 자체는 우리나 그 누구에게도 위협이 되지 않을 수 있습니다.

하지만, 중국인들은 중국을 운영하지만 다른 영향력은 없습니다.(정치적 영향력이 없음) 중국 공산당이 국가를 경영하는 것입니다. 그 위의 어떤 힘도 인식되지 못하고 그 아래로 어떠한 이견도 용납되지 않습니다. 그것은 지배구조 내에 있는 사람에게 종교적 열정으로 주입하는 당론 외에는 어떤 것도 용납할 수 없다는 것입니다. 또한, 중국 지도부는 야망을 중국 내로 제한하지 않고 있습니다. 그것은 그 힘과 영향력을 전세계로 확장하고 모든 진보된 기술을 사용하여 조지 오웰의 1984년 빅 브라더와 동등하게 될 권위주의적 질서의 세계적 지배력을 확립하고자 하는 것입니다.

자세히 살펴보면 그것이 거의 매일매일 실현되고 있음을 알 수 있습니다. 그들은 이 목적을 달성하려 합니다. 자유세계 항공사들은 '타이베이행(타이완 타이베이행)' 항공편의 이름을 바꾸라는 베이징의 명령에 모두 고개를 숙였습니다. 과거에 항공편이 예를 들어 '샌프란시스코행-타이베이, 타이완행'으로 등록되었다가 지금은 샌프란시스코-타이베이행으로 되었습니다. 이제 그들은 중국의 반대와 상하이와 베이징과 같은 중국 도시로의 비행을 중단시키겠다는 암묵적인 위협에 대응하여 '타이완(Taiwan)'을 생략했습니다. 유나이티드 항공과 다른 모든 자유세계 항공사가 타이완행 항공편을 예매하려 했을 때 있었던 일입니다. 다임러 벤츠가 달라이 라마의 말을 인용한 것에 대해 중국에 사과할 때 있던 내용도 같은 것입니다. 그러나 이러한 것은 중국에서는 알려지지도 않습니다. 여러분 대부분이 알다시피 중국의 인터넷은 검열되고 있습니다. 구글 검색은 할 수 없습니다. 달라이 라마, '1989년 6월 4일' 혹은 수천 개의 민감한 주제 중 하나를 찾으려 해도 아무것도 찾을 수 없을 것입니다. 중국 공산당과 그 국가의 세력이 확장되면서 중국과 무역으로 밀접한 국가의 인터넷도 검열할 것을 요구할 것이라 상상하는 것은 어려운 것이 아닙니다. 이 당정국가와 그 원칙은 미국과 자유세계가 직면한 가장 큰 위협입니다.

미국은 아직 244살밖에 되지 않은 젊은 나라입니다. 하지만, 중국만큼 오래된 서양 문명의 최서단 확장판이라고 볼 수 있습니다. 고대 수메르인들과 함무라비의 최초로 알려진 법전으로부터 페르시아, 이집트, 그리스, 로마 제국, 르네상스, 유럽 기술의 진화, 계몽주의 그리고 미국의 건립과 발전을 통해 이 문명은 법의 지배, 사상과 언론의 자유 그리고 신념의 자유, 열린 정치적 의사결정 및 진실로 고대 문명을 대표하는 국가로서 자신의 가치에 완벽히 헌신하는 미국은 이곳과 비슷한 가치를 지닌 다른 모든 국가와 협력하여 중국 공산당이 제기하는 위협에 맞서야 합니다.

이러한 과정은 쉽지 않을 것이고, 매우 오래 갈 수도 있습니다. 하지만 걸어야 하고 그러기 위해서 우리 자신과 해외에 있는 친구들과 더 강한 단결의 길을 찾아야 합니다. 미국에 본사를 둔 기업 CEO들은 무엇이 미국에 좋을지 그리고 어떤 것이 주주나 회사의 주가에 좋을지 생각해야 합니다. 월가 은행장들은 제대로 감사(감독)할 수 없는 중국 기업의 주식을 파는 것이 얼마나 현명한 일인지 생각해봐야 할 것입니다. 경제학자들은 소비자들을 위한 낮은 가격에 너무 집중하는 것을 멈추고 우리나라가 어떻게 더 많은 그리고 더 높은 품질의 부를 생산할 수 있을지에 대해 생각할 필요가 있습니다. 그들은 자유무역에 대한 그들이 선호하는 결론을 정당화하기 위해 계량경제학 모델에 '동화' 같은 가정을 하는 것을 중단해야 합니다. 미국 대학이 그들의 주된 업무가 미국인들을 교육하고 모든 분야에서 최고의 사상가(사상의 자유)를 유지하는 것이라는 것을 기억해야 합니다. 이들 대학의 총장은 자신이 글로벌 CEO라고 생각하며 자원(학생)을 몰아넣지 말고 캠퍼스를 자신들 가치의 약속을 지키는 곳으로 지켜줘야 합니다.

우리는 중국을 주로 저렴한 제품의 공급원으로 생각하지 말고, 우리 자신과 우리의 가치를 점점 더 위협하고 있는 기계(중국)에 영양분을 공급하고 있는 대상이 아닌지 의심하기 시작해야 합니다. 우리는 우리가 옛날 냉전과 비슷한 상황에 있다는 것을 인식해야 합니다. 우리는 물론 날씨가 덥든 춥든 전쟁을 원하지 않습니다. 그러나 우리는 중국 '당과 국가(당정국가, 독재국가)'가 사실상 우리와 전쟁 중인 것처럼 행동해왔다는 사실을 이해해야 합니다. 그리고 그의 변화에 따라 대응해야 합니다.

좋은 소식은 우리가 이것을 전에 해 본 적이 있다는 것입니다. 우리는 남북전쟁의 고난을 극복했고, 우리 동맹국들과 함께 제2차 세계대전과 냉전에서 승리했습니다. 우리가 단결하고 서로 우리의 근본적인 가치를 위해 헌신한다면 이 도전에 성공적으로 대처할 수 있을 것입니다.

감사합니다.

Notes

서론

1 Francis Fukuyama, *The End of History and the Last Man* (1992; repr., London: Free Press, 2006).

2 U.S. embassy cable 176535, June 4, 1989, Wikileaks.

3 Eamonn Fingleton, *In the Jaws of the Dragon* (New York: St. Martin's, 2008), 190.

4 Robert Zoellick, "Wither China: From Membership to Responsibility?" Remarks to the National Committee on U.S.–China Relations, New York City, September 21, 2005, https://2001 2009.state.gov/s/d/former/zoellick/rem/53682.htm.

5 Office of the United States Trade Representative, "U.S.–China Trade Facts," accessed March 22, 2018, https://ustr.gov/countries regions/china–mongolia–taiwan, peoples–republic–china, Robert E. Scott and Zane Mokhiber, *The China Toll Deepens* (Washington, DC: Economic Policy Institute, 2018)

6 Marites Danguilan Vitug, *Rock Solid: How the Philippines Won Its Maritime Care against China* (Bughaw, Philippines: Ateneo de Manila University Press, 2018), 7.

7 Ronsevert Ganan Almong, "It's Official: Xi Breaks Non–militarization Promise in Spratlys," *Diplomat*, December 16, 2016.

8 "Counterfeit Air Force," *Popular Mechanics*, September 19, 2018.

9 David Pilling "No One Is Immune from Beijing's Gravity Machine," *Financial Times,* December 11, 2003.

10 Clive Hamilton, *Silent Invasion* (Melbourne: Hardie Grant, 2018), x.

11 위의 책., 2

12 위의 책., 2–3.

13 위의 책., 3.

14 "Junketeer Wants EU to Drop Unanimity," Radio Free Europe, September 12, 2018.

15 Pei Li and Adam Jourdan, "Mercedes–Benz Apologizes to Chinese for Quoting Dalai Lama, Reuters, February 6, 2018,
https://www.reuters.com/article/us–mercedes–benz–china–gaffe–idUSKBN1FQ1FJ

16 Mervyn Piesse, "Australia–China Trade Dispute: Has Australia Become Too Reliant on the Chinese Market?" *Future Directions International,* May 20, 2020.

17 Kurt Campbell, "The China Reckoning," *Foreign Affairs,* March/April 2018.

18 Josephine Ma, "Coronavirus: China's First Confirmed Covid–19 Case Traced Back to November 17," *South China Morning Post,* March 13, 2020.

PART 01 적을 알라

CHAPTER 01 '중국몽(中國夢)'의 기원

1 Steven Mosher, *Bully of Asia* (Washington, DC: Regnery, 2017), 34.

2 Orville Schell and John Delury, *China's Long March to the 21st Century* (New York: Random House, 2013), 20.

3 Zhengyuan Fu, *Autocratic Tradition and Chinese Politics* (Cambridge: Cambridge University Press, 1993).

4 Mosher, *Bully of Asia,* 11.

5 위의 책., 48.

6 Orville Schell and John Delury, *Wealth and Power* (New York: Random House, Caution 2013), 17.

7 위의 책., 52, 53.

8 위의 책., 17.

9 위의 책., 25.

10 위의 책., 27.

11 위의 책., 117.

12 위의 책., 131.

13 위의 책., 186.

14 위의 책., 167.

15 위의 책., 210, 211.

16 위의 책., 202, 204.

17 Mao Zedong speech, September 21, 1949, Beijing, Chinese People's Consultative Congress.

CHAPTER 02 신과 같은 공산당

1 Orville Schell and John Delury, *Wealth and Power* (New York: Random House, 2013), 179.

2 Jung Chang and Jon Halliday, *Mao: The Unknown Story* (New York: Knopf, 2005), 243.

3 위의 책., 262.

4 위의 책., 320.

5 위의 책., 295.

6 위의 책., 296.

7 위의 책., 361.

8 U.S. embassy cable 176535, June 4, 1989, Wikileaks.

9 Kerry Brown, *China's Dream* (Medford, MA: Polity, 2018), 59.

10 위의 책.

11 David Barboza, "Billions in Hidden Riches for Family of Chinese Leader," *New York*

Times, October 25, 2012.

12 Brown, *China's Dream,* 61.

13 위의 책.

14 Richard McGregor, *The Party* (London: Allen Lane, 2010), xx, xxi.

15 위의 책., 12, 13.

16 위의 책., 22.

17 위의 책., 24.

18 위의 책., 33.

19 위의 책., 41.

20 위의 책.

21 Peter Hartcher, "In China the Party Always Starts at the Top," June 8, 2010, Leader, www.theleader.com.au/story/88663/in–china–the–party–always–starts–at–the–top/.

22 McGregor, *The Party,* 42, 50, 56.

23 위의 책., 73.

24 위의 책., 75.

25 "Why Has China's Anti–corruption Rating Barely Budged Despite Thousands of Arrests?" *South China Morning Post,* February 23, 2018.

26 Nicholas Kristoff, "China Takes on the Role of Enemy Number I for the West," *New York Times,* September 22, 1991.

27 Fabrice de Pierrebourg and Michel Juneau–Katsuya, *Nest of Spies: The Startling Truth about Foreign Agents in Canada* (New York: Harper Collins, 2009), 160–62.

28 Anne–Marie Brady, "Magic Weapons: China's Political Influence Activities under Xi Jinping" (paper presented at the conference "The Corrosion of Democracy under China's Global Influence," Arlington, VA, September 16–17, 2017); James Kynge, "China Market Opens to Overseas Investors," *Financial Times,* May 30, 2018; James Kynge, Lucy Hornby, and Jamil Anderlini, "Inside China's Secret 'Magic Weapon' for Worldwide Influence," *Financial Times,* October 26, 2017, https://www.ft.com/content/fb2b3934 bo04–11e7 beba 5521c713abf4.

29 David Shambaugh, "China's Soft Power Push: The Search for Respect," *Foreign Affairs,* July 2015, https://www.foreignaffairs.com/articles/china/2015–06–16/ china–s–soft–power–push.

30 "Chinese Government Gave Money to Georgetown Student Group," *Foreign Policy,* February 14, 2018.

31 Eric Fish, "Caught in a Crossfire: Chinese Students Abroad and the Battle for Their Hearts," Supchina, January 18, 2018, https://supchina.com/2018/01/18/caught–in–a–crossfire–chinese–students–abroad–and–the–battle–for–their–hearts/.

32 Alexander Bowe, US–China Economic and Security Review Commission Report: *China's Overseas United Front Work: Background and Implications for the United States,* 12, August 24, 2018, https://www.uscc.gov/sites/default/files/Research/China%27s%20Overseas%20United%20Fron

t%20Work%20–%20Background%20and%20Implications%20for%20US_final_0.pdf

33 *Chinese Influence and American Interests* (Stanford: Stanford University, Hoover Institute, 2018), 1, 4, 5.

34 위의 책., 72.

35 Clive Hamilton, *Silent Invasion* (Melbourne: Hardie Grant, 2018), 1.

36 위의 책., 2.

37 Jonathan Manthorpe, *Claws of the Panda: Beijing's Campaign of Influence and Intimidation in Canada* (Toronto: Cormorant Books, 2019,), 40.

38 Hamilton, *Silent Invasion*, 2, 3.

39 Kynge, Hornby, and Anderlini, "Inside China's Secret 'Magic Weapon' for Worldwide Influence."

CHAPTER 03 전략

1 John Garnaut, "Engineers of the Soul," *Sinocism,* January 16, 2019.

2 위의 글.

3 위의 글.

4 위의 글. quoting Xi Jinping at an Australian government seminar in August 2017.

5 위의 글.

6 Verna Yu, "Veteran Chinese Journalist Gao Yu 'Had No Choice' but to Confess Guilt Before Early Release from Prison, Legal Experts Say," *South China Morning Post,* November 28, 2015.

7 Garnaut, "Engineers of the Soul."

8 위의 글.

9 Henry Sanderson and Michael Forsythe, *China's Superbank: Debt, Oil and Influence–How China Development Bank Is Rewriting the Rules of Finance* (Singapore: Bloomberg, 2013).

10 Henry He, *Dictionary of the Political Thought of the People's Republic of China* (New York: Routledge, 2016), 287.

11 "Historical GDP of China," Wikipedia, accessed May 10, 2020, wikipedia.org/wiki/Historical GDP of China.

12 Jim McGrath, *Heartbeat* (New York: Scribner, 2001), 295–96 (speech by George H. W. Bush at Texas A&M University).

13 Congressional Research Service, "China's Economic Rise: History, Trends, Challenges, and Implications for the United States," 7, updated June 25, 2019, p. 7, www.everycrsreport.cm.

14 U.S. Department of Commerce, "Sources and Uses of Gross Savings, 1929–1970," series F552–65, p. 217.

15 https://medium.com/breakthrough program–supply chain–logistics/the–state–of play in supply chain–and–logistics. Data from *Trading Economics.* Chart from GS–Vlabs. *Trading Economics*는 평균 시급 임금을 주 45시간 근무와 1년 48주 근무를 가정하여 연간

임금으로 환산했다. 보고된 중국의 연간 평균 제조업 임금은 1978년부터 2017년까지 연평균 환율로 중국 위안화에서 미 달러화로 환산한 수치다.

16 Congressional Research Service, "China's Economic Rise," 20.

17 Robert E. Scott and Zane Mokhiber, *The China Toll Deepens* (Washington, DC: Economic Policy Institute, 2018).

18 *U.S.-China Bilateral Trade Agreement and the Accession of China to the WTO: Hearing before the House of Representatives Committee on Ways and Means,* 106th Cong., 2nd sess., February 16, 2000.

19 Richard McGregor, *The Party* (London: Allen Lane, 2010), 43.

20 Andrew Szamosszegi and Cole Kyle, "An Analysis of State-Owned Enterprises and State Capitalism in China," U.S.-China Economic and Security Review Commission, Capital Trade Study, October 26, 2011, p 10, 16.

21 *OECD Investment News,* March 2008.

22 "China 2006-2010 Outbound Overseas Direct Investment Totals 216.6 Bln USD," Ministry of Commerce, Xinhua.net, December 27, 2010, http://www.fdi. gov.cn/.

23 2010 Statistical Bulletin of China's Outward Foreign Direct Investment, 79, mofcom. gov.cn/hzs/accessory/.

24 Thilo Hancmann and Mikko Huotari, Rhodium Group Report-New Record Year for Chinese Outbound Investment in Europe, February 16, 2016; "China 2015 FDI Rises 6.4 Pct Despite Cooling Economy," Reuters, January 14, 2016, https://www.reuters.com/article/china-economy-foreign-investment-idUSBON14Voo P20160114.

25 Echo Huang, "Chinese Foreign Direct Investment (FDI) in the US Rocketed to $45.6 Billion in 2016," "Who Is Great Again?" Chinese Investment in the US Skyrocketed Last Year," Quartz(QZ.com), January 3, 2017.

26 "Djibouti China Naval Base," Global Security.org newsletter, February 6, 2018.

27 Tom Cotton and John Cornyn, "Keep the Chinese Government Away from 5G Technology," *Washington Post,* April 1, 2019.

28 Jan van der Made, "RFI: How Scary Is the Chinese Belt and Road Initiative?" March 4, 2019, Rfi/en/asia/pacific/20190402/-china's-belt-and-road-expose.

29 Philip Olterman, "Germany's China City: How Duisburg Became Xi Jinping's Gateway to Europe," *South China Morning Post,* August 9, 2018.

30 "Portugal: A China-Friendly EU Nation Driven by Need," March 12, 2019, www. dw.com-.

31 Andre Tartar, Mira Rojanasakul and Jeremy Scott Diamond,: "How China Is Buying Its Way into Europe," *Bloomberg,* April 23, 2018.

32 Latin America Newsletters, Emerging Market Investors Association, "Panama Region: Rail Revival or Pipe Dream?" July 12, 2018, www.emia.org.

33 Miranda Green, "Solar Company Puts Hold on $20M US Investment Following New Tariff," *The Hill,* January 26, 2018.

34 2017 USTR Report to Congress on China's WTO Compliance.

35 위의 글.

36 Karishma Vaswani, "Huawei: The Story of a Controversial Company," BBC, March 6, 2019.

37 William Holstein, *The New Art of War* (New York: Brick Tower, 2019), 41.

38 위의 책., 39.

39 Alex Hollings, "Counterfeit Air Power: Meet China's Copycat Air Force," *Popular Mechanics,* September 19, 2018.

CHAPTER 04 위협

1 Adrian Zenz, Jamestown Foundation, China Brief, Internal Security, March 12, 2018.

2 Bill Gertz, "Chinese Spy Who Defected Tells All," *Washington Times,* March 19, 2009.

3 Chris Buckley and Paul Moser, "How China Uses High Tech Surveillance to Subdue Minorities," *New York Times,* May 22, 2019.

4 Javier Hernandez, "We're Almost Extinct," *New York Times,* July 12, 2019.

5 위의 글.

6 Colin Clark, "A Chinese Military That Is Active Everywhere': DIA China Military Power Report," Breaking Defense, January 16, 2019, https://breakingdefense.com/2019/01/a-chinese-military-that-is-active-everywhere-dia-china-military-power-report/.

7 State Council Information Office of the People's Republic of China, Beijing, "China's Military Strategy," May 2015.

8 Laura Zhou, "China Sends Troops to Military Base in Djibouti, Widening Reach across Indian Ocean," *South China Morning Post,* July 13, 2017.

9 Steven Lee Myers, "With Ships and Missiles, China Is Ready to Challenge U.S. Navy in Pacific," *New York Times,* August 29, 2018.

10 Hugh White, "Australia Must Prepare for Chinese Military Base in South Pacific," *Guardian,* July 14, 2019.

11 "Taiwan's Exports to Mainland up 6.3 Percent in 2018," Xinhua, January 7, 2019, www.xinhuanet.com.

12 "How Much Trade Transits the South China Sea?" ChinaPower, accessed June 3, 2020, Chinapower.csis.org/much trade-transits-south-china-sca.

13 Humphrey Hawksley, *Asian Waters* (New York: Overlook, 2018), 50.

14 위의 책., 68.

15 위의 책., 69.

16 위의 책.

17 "Timeline: The Philippines-China Maritime Dispute," Rappler, July 12, 2016, https://www.rappler.com/world/regions/asia-pacific/139392-timeline west philippine-sea-dispute.

18 "Timeline of the South China Sea Dispute," Wikipedia, accessed May 10, 2020, en.wikipedia.org/wiki/Timeline_of_the_South_China Sea dispute.

19 재인용.

20 Felicia Schwartz, "U.S. and China Conclude Annual Talks amid Tension," *Wall Street Journal,* June 23, 2015.

21 Michael T. Klare, "The United States Is Already at War with China," *Nation,* February 18, 2019.

22 Uptin Saiid, "Here's Why the South China Sea Is highly Contested," CNBC, February 7, 2018, https://www.cnbc.com/2018/02/07/heres-why-the-south-china-sea-is-highly-contested.html.

23 Daqing Yang, "Was There a 'Tacit Agreement' between China and Japan in 1972?" Wilson Center, March 27, 2017, www.wilsoncenter.org/blog-post/was-there-tacit-agreement-between-china-and-japan-1972.

24 Holly Ellyat, "Xi Calls Putin Best Friend," CNBC, June 6, 2019.

25 Jamei Tarabay, "As China Looms, Australia's Military Refocuses on Pacific Neighbors," *New York Times,* June 11, 2019.

26 Ewen Levick, "China Using Its South China Sea Strategy in the South Pacific?" RealClear Defense, June 18, 2019, www.realcleardefense.com/article/2019/06/18/is_china_using_its_south_china_sea_strategy_in_the_south_pacific_114509.html.

27 재인용.

28 Hannah Beech, "China Throttles River," *New York Times,* April 14, 2020, A19.

29 재인용.

30 Ben Sharples, "Australian Coal Diverted from China," *Bloomberg,* March 19, 2019.

31 Farah Master, "Empty Hotels, Idle Boats: What Happens When a Pacific Island Upsets China," Reuters, August 19, 2018, https://www.reuters.com/article/us-pacific-china-palau-insight-idUSKBN1L4036.

32 Diego Torres, "Why the West Treats China with Kid Gloves," *Politico,* June 22, 2017.

33 Edwad Wong, "Mongolia, with Deep Ties to Dalai Lama, Turns from Him toward China,: *New York Times,* December 30, 2016.

34 "Norway, China Normalize Ties After Nobel Peace Prize Row," Reuters, December 19, 2016, www.reuters.com/article/us-norway-china/norway-china-normalize-ties-after-nobel-peace-prize-row-idUSKBN1480R4.

35 Josh Rogin, "How China Forces American Companies to Do Its Political Biding," *Washington Post,* January 21, 2018.

36 Amy Qin and Audrey Carsen, "How China Controls Hollywood Scripts," *New York Times,* November 9, 2018.

37 Clive Hamilton, *Silent Invasion* (Melbourne: Hardie Grant, 2018), 25.

38 James Jiann Hua To, *Qiaowu: Extra-territorial Politics for the Overseas Chinese* (Leiden: Koninklijke Brill, 2014).

39 Hamilton, *Silent Invasion,* 32.

40 재인용., 33.

41 재인용., 40.

42 재인용., 43.

43 재인용., 57.

44 재인용., 66, 94.

45 재인용., 72.

46 재인용., 74.

47 재인용., 77.

48 "Australia, NZ Face China's Influence," Council on Foreign Relations, December 2017, www.cfr.org.

49 Luke Henriques Gomes, "Nearly 80 Per Cent of Foreign Political Donations Cone from China, Data Shows," New Daily, updated December 12, 2017, thennewdaily.com.au/news/national/2017/12/10/chinese-donations-australia/.

50 재인용.

51 Hamilton, *Silent Invasion,* 84.

52 재인용., 85.

53 재인용., 111, 112.

54 재인용., 159.

55 재인용., 196, 197.

56 Daniel Hurst, "Australia Hails Global Support of Call for Investigation," *Telegraph,* May 18, 2020.

57 Elias Visontay, "After Barley What Next?" *Guardian,* May 19, 2020.

58 Jonathan Manthorpe, *Claws of the Panda: Beijing's Campaign of Influence and Intimidation in Canada,* (Toronto: Cormorant Books, 2019), 6.

59 재인용., 13, 16.

60 재인용., 157, 158.

61 재인용., 194.

62 재인용., 219, 220.

63 Hoover Institution, *Chinese Influence and American Intersts,* (Stanford: Hoover Institution Press, 2018),4.

64 재인용.

65 Heather Somerville, "Technology News," Reuters, January 6, 2019, www.reuters.com

66 Hoover Institution, *Chinese Influence and American Interests, 5.*

67 재인용., 71-72.

68 "쓸모있는 바보"라는 문구는 1958년 1월에 이 문구를 처음 사용했으며 일부 이탈리아 기독교 민주당원들은 사회 운동가인 Danilo Dolci(다닐로 돌시)를 공산주의 대의에 "쓸모있는 바보"로 간주한다고 했다. 그 이후로 정기 간행물에서 반복 사용되었다. en.wikipedia.org/wiki/Useful idiot 를 참조하십시오.

PART 02 나를 알면(知己)

CHAPTER 05 미국은 어떻게 부국이 되었나

1 Ha-Joon Chang, *Bad Samaritians: The Myth of Free Trade and the Secret of Capitalism* (New York: Bloomsbury, 2007), 44.

2 E. J. Hobsbawm, *Industry and Empire; From 1750 to the Present Day* (London: Penguin, 1990), 48.

3 Alfred E. Eckes Jr. *Opening America's Market: U.S. Foreign Trade Policy since 1776* (Chapel Hill: University of North Carolina Press),2

4 재인용., 15.

5 재인용., 16.

6 재인용., 19.

7 재인용., 20.

8 재인용., 17

9 재인용., 21.

10 재인용., 30.

11 Timothy J. Botti, *Envy of the World: A History of the U.S. Economy and Big Business* (New York: Algora, 2006), 92.

12 Doron Ben-Atar, *Trade Secrets* (New Haven: Yale University Press, 2004).

13 Louis D. Johnston and Samuel H. Williamson, "What Was the U.S. GDP Then?" Measuring Worth, accessed 3 June 2020, http://www.measureingworth.org/usgdp/.

14 Hobsbawm, *Industry and Empire,* 115.

15 Richard Franklin Bensel, *The Political Economy of American Industrialization, 1877-1900* (Cambridge: Cambridge University Press, 2000), 295.

16 Hobsbawm, *Industry and Empire.*

17 Aaron L. Friedberg, *The Weary Titan: Britain and the Experience of Relative Decline, 1895-1905* (Princeton: Princeton University Press, 1989), 26; Paul Kenndy, *The Rise and Fall of the Great Powers: Economic Change and Military Conflict from 1500-2000* (New York: Random House, 1988), 202.

18 Alfred E. Eckes Jr. and Thomas W. Zeiler, *Globalization and the American Century* (New York: Cambridge University Press, 2003).

19 재인용., 45.

20 Robert Cohen, *America's Industrial Policy Successes: The Forgotten Histroy of Picking Winners and Losers,* Economic Policy Institute Study Series (1990-91), 16.

21 Eckes and Zeiler, *Globalization and the American Century,* 50.

22 재인용., 51,

23 Kennedy, *The Rise and Fall of the Great Powers,* 282.

24 재인용., 329.

25 Eckes and Zeiler, *Globalization and the American Century,* 109.

26 Clyde Prestowitz, *The Betrayal of American Prosperity* (New York: Free Press, 2010), 72.

CHAPTER 06 거짓 신

1 Trading Economics, "U.S. GDP Annual Growth Rate," www.Tradingeconomics.com/United−states/gdp−growth−annual; Stanford University, "U.S. Median Household Income, 1950−1990," https://web.stanford.edu/class/polisci I 20a/immigaration/Median%20Household%20Income.pdf.

2 Bureau of Economic Analysis, U.S. Department of Commerce, "Gross Domestic Product by Industry Accounts, 1947−2008, www. bea.gov/industry/gpotables/gpo−list.cfm; Bureau of Labor Statistics, "manufacturing as Perccent of GDP, 1900−2018"; Bureau of Labor Statistics, "U.S. Manufacturing Employment, 1960−2012," www.data.bls.gov/timesseries/ces3000000001; Bureau of Labor statistics, "Productivity Change in Non−farm Business Sector, 1947−2018," www.bls.govopubnonfarm−business−sector−la.

3 Bureau of Labor Statistics, "Union Affiliation of Employed Wage and Salaried Workers by Occupation and Industry," www.bls.govuuion2.nro.htm.

4 Alfred E. Eckes Jr. *Opening America's Market: U.S. Foreign Trade Policy since 1776* (Chapel Hill: University of North Carolina Press, 1995), 161.

5 재인용., 158.

6 William Beaver, "Volkswagen's American Assembly Plant: Fahrvergnugen Was Not Enough," *Business Horizons,* November/December, 1992.

7 "Number of TV Households in America," Television History−The First 75 Years, http://www.tvhistory.tv/Annual_TV_Households50−78.jpg.

8 Eckes, *Opening America's Market,* 177, 179.

9 Brian Reinbold and Yi Wen, "Historical U.S. Trade Deficit," Economic Research, Federal Reserve Bank of St. Louis, May 17, 2019, https://research,stlouisfed.org/publications/economic−synopses/2019/05/17/historical−u−strade−deficits.

10 James McBride and Andrew Chatzky, "The US Trade Deficit: How Much Does It Matter?" Council on Foreign Relations, last updated March 8, 2019, https://www. dfr.org/backgrounder/us−trade−deficit−how−much−does−it−matter.

11 Alfred E. Eckes Jr. and Thomas W. Zeiler, *Globalization and the American Century* (New York: Cambridge University Press, 2003), 169.

12 Sertac Kayar, "Dollar Eases vs. Major Currencies After Trump's Tariff," Reuters, November 17, 2017.

13 Bureau of the Census, Department of Commerce, "Trade Deficit: Twenty Billion and Climbing," Census.gov foreign trade.

14 "U.S.−Japan Trade Accord," *Los Angeles Times,* June 21, 1995.

15 Clyde Prestowitz, *The Betrayal of American Prosperity* (New York: Free Press, 2010), 89.

16 Paul Krugman, *Strategic Trade Policy and International Economics* (Cambridge, MA: MIT Press, 1986).

17 Paul Krugman, "Is free Trade Passe?" *Journal of Economic Perspectives* Ⅰ, no. 2 (1987): 132.

18 Ha-Joon Chang, *Bad Samaritans: The Myth of Free Trade and the secret of Capitalism* (New York: Bloomsbury, 2007).

19 Laura Tyson, *Who's Bashing Whom? Trade confilcting in High Technology Industries* (Washington, DC: Peterson Institute, 1992).

20 Ralph Gomory and William Baumol, *Global Trade and Conflicting National Interests* (Cambridge, MA: MIT Press, 2001).

21 "How the West Got China Wrong," *Economist,* March 1, 2018

CHAPTER 07 예언가, 대기업 총수, 점쟁이

1 John Pomfret, *The Beautiful Country and the Middle Kingdom* (New York: Picardo, 2016), 43.

2 Anand Giridharadas, "JFK Faced India-China Dilemma," *New York Times,* August 26, 2005.

3 richard Nixon, "Asia After Vietnam," *Foreign Affairs,* October 1967.

4 Pomfret, *The Beautiful Country and the Middle Kingdom,* 444.

5 재인용., 452.

6 재인용., 453.

7 재인용., 450.

8 재인용., 449.

9 재인용., 455.

10 재인용., 464.

11 재인용., 467.

12 재인용., 478.

13 재인용., 479.

14 재인용., 480.

15 재인용., 486.

16 Kimberly Amadeo, "U.S,. Trade Deficit with China and Why It's So High-The Real Reason Why American Jobs Are Going to China," *Balance,* February 26, 2020, www.thebalance,.com/u-s-china-trade-deficit-cause-effects-and-solutions-3306277.

17 Pomfret, *The Beautiful Country and the Middle Kingdom,* 498.

18 재인용., 502.

19 재인용., 509.

20 Seth Faison, "Persistent Mystery: How Many Died in 1989." *New York Times,* June 4, 1999.

21 Pomfret, *The Beautiful Country and the Middle Kingdom,* 515.

22 재인용., 518.

23 President debate, *C-span,* October 15, 1992.
24 Pomfret, *The Beautiful Country and the Middle Kingdom,* 538.
25 Willaim Safire, "The Biggest Vote," *New York Times,* May 18, 2000.
26 William Clintion, *My Life* (New York: Knopf, 2004)
27 "All Politics," CNN, June 11, 1998.
28 "Clinton's Words on China: Trade Is the Smart Thing," *New York Times,* March 9, 2000.
29 Pomfret, *The Beautiful Country and the Middle Kingdom,* 569.
30 재인용., 570.
31 James Mann, *The China Fantasy* (New York: Penguin Books, 2007), 62, 63.
32 Pomfret, *The Beautiful Country and the Middle Kingdom,* 571.
33 Thomas Friedman, *The Lexus and the Olive Tree* (New York: Farrar, Straus and Giroux, 1999), 69, 71.
34 재인용., 154, 336-37.
35 Pomfret, *The Beautiful Country and the Middle Kingdom,* 557.
36 Sandy Berger, "Foreign Policy for a Global Age," *Foreign Affairs,* November/ December 2000.
37 Mann, *The China Fantasy,* 60-61.
38 Pomfret, *The Beautiful Country and the Middle Kingdom,* 592.
39 Gary J. Schmitt, "China Dream," *American Interest,* February 7, 2019.
40 "Unstoppable Momentum toward Democracy," *Telegraph,* September 7, 2005, 1.
41 Robert Zoellick address to the National Committee on US-China Relations. New York City, September 21, 2005.
42 Mann, *The China Fantasy,* 35-37.
43 Robert E. Scott, *The China Toll* (Washington, DC: Economic Policy Institute, 2012).
44 Mark Landler, *Alter Egos* (Raleigh, NC: TwoMorrow's Publishing, 2016).
45 Pomfret, *The Beautiful Country and the Middle Kingdom,* 624.
46 재인용., 625.
47 "How the West Got China Wrong," *Economist,* March 1, 2018.

PART 03 백전불태(白戰不殆)

CHAPTER 08 형세

1 Paul Krugman, *Pop Internationalism* (Cambridge, MA: MIT Press 2009).
2 Alan Beattie, "Supply Chain Disruption," *Financial Times,* May 28, 2020.
3 Bret Stephens, "China and the Rhineland Moment," *New York Times,* May 30, 2020.
4 Jamie Smyth, "China-Australia War of Words Unnerves Business," *Financial Times,* May 27, 2020.
5 Lin Qiqing and Paul Mozur, "China Blocks American Books as Trade War Simmers," *New*

York Times, December 27, 2019.

6 Zoey Ye Zhang, "China's SOE Reforms: What the Latest Round of Reforms Mean for the Market," China Briefing, May 29, 2019, https://www.china-briefing. com/news/chinas-soe-reform-process/.

7 "Beijing Plans to Restrict Visas for US Visitors with 'Anti-China' Links," CNBC, October 9, 2019, www.cnbc.com/2019/10/10/beijing-to-restrict-visas-for-us-visitors with-anti-china-links.html.

8 Center for Strategic and International Studies, last updated May 14, 2020, Chinapower.csis.org/china-naval-modernization/.

9 Gregory Poling, "China's Hidden Navy: The Evidence Shows That Supposed Fishing Boats around Contested Islands Are Part of an Extensive Maritime Militia," *Foreign Policy,* June 25, 2019.

10 See data provided by the CEIC: www.ceicdata.com/en/indicator/united-states/gross-savings-rate; www.ceicdata.com/en/indicator/china/gross-savings-rate; www. ceicdata.com/en/indicator/japan/gross-savings-rate; www.ceicdata.com/en/indicator/ germany/gross-savings-rate.

11 www.theglobaleconomy.com/USA/household_consumption/;tradingeconomics.com/china/household-final-consumption-expenditure-etc-percent-of-gdp-wb-data.html.

12 "Comparing United States and China by Economy," Statistics Times, August 2, 2019, http://statisticstimes.com/economy/united-states-vs-china-economy.php.

13 "China Seen Heading for Sub 6% Economic Growth," *Bloomberg,* September 2, 2019.

14 Li Jing, "Rising Sea Levels Set to Displace 45 Million People in Hong Kong, Shanghai and Tianjin if Earth Warms 4 Degrees from Climate Change," *South China Morning Post,* November 9, 2015.

15 Global Security Review, April 2018.

CHAPTER 09 장문의 전보

1 M. Taylor Fravel, J. Stapleton Roy, Michael D. Swaine, Susan A. Thornton, and Ezra Vogel, "China Is Not an Enemy," *Washington Post,* July 3, 2019.

2 "On Trade Reform and Future of Relations." interview with Charlene Barshef sky, *Insight: Journal of the American Chamber of Commerce of Shanghai,* January/February 2019.

3 "You Can't Contain China," *South China Morning Post,* January 14, 2019.

4 Asia Society, Task Force on U.S.-China Policy, "Course Correction: Toward an Effective and Sustainable China Policy," 7, February 12, 2019.

5 재인용., 8.

6 재인용.

7 재인용., 18.

8 재인용., 23.

9 Peter Navarro and Greg Autry, *Death by China: Confronting the Dragon-A Global Call to Action* (Upper Saddle River, NJ: Prentice Hall, 2011).

10 Dr. Christopher Ashley Ford, assistant secretary, Bureau of International Security and

Nonproliferation, remarks made at the Multilateral Action on Sensitive Tech nologies (MAST) Conference, "Huawei and Its Siblings, the Chinese Tech Giants: National Security and Foreign Policy Implications," Loy Henderson Auditorium, U.S. Department of State, Washington, DC, September 11, 2019.

11 Kurt M. Campbell and Jake Sullivan, "Competition without Catastrophe: How America Can Both Challenge and Coexist with China," *Foreign Affairs,* September/October 2019.

12 재인용., 105.

13 Stewart Paterson, *China, Trade and Power* (London: London Publishing Partnership, 2018), 84, 86–87.

14 See Sustainable Travel International, https://sustainabletravel.org/.

15 See EnergySage, Energysage.com.

CHAPTER 10 중국을 위한 계획

1 "Houston Rockets GM Morey Deletes Tweet about Hong Kong," CNBC, October 6, 2019.

2 Elizabeth Economy, *The Third Revolution–Xi Jinping and the New Chinese State* (Oxford: Oxford University Press, 2018).

3 "Apple Accedes to China's Despotic Demands," *Washington Post,* October 15, 2019.

4 "The NBA's New Normal in China," *Wall Street Journal,* October 25, 2019.

5 Chistopher Balding, "One Good Reason to Delist Chinese Companies," *Bloomberg,* October 7, 2019.

6 Josh Rogin, "China Building Financial Leverage over All Americans," *Washington Post,* October 10, 2019.

7 Tobias Harris, " 'Quality Infrastructure': Japan's Robust Challenge to China's Belt and Road," War on the Rocks and the Stimson Center, April 9, 2019, https://warontherocks.com/2019/04/quality–infrastructure–japans–robust–challenge–to chinas–belt–and–road/.

CHAPTER 11 미국을 위한 계획

1 Jeffrey Mervis, "U.S. Lawmakers Unveil Bold Program," *Science,* May 26, 2020, I.

2 See OECD savings rate data, 2015, at https://data.oecd.org/.

3 See OECD savings rate comparison data, 2017, at https://data.oecd.org/;data at GlobalEconomy.com, by country.

4 See China investment data at GlobalEconomy.com.

5 http://uis.unesco.org/ 참조.

6 On R&D, *see American Institute of Physics Bulletin,* November, 2016.

7 For life expectancy, see CIA, The World Factbook, https://www.cia.gov/library/ publications/the–world–factbook/rankorder/2102rank.html.

8 For federal spending and debt, see Congressional Budget Office, "Updated Bud get Projections, 2019–2029," May 2, 2019, https://www.cbo.gov/publication/55151.

9 "The Rich Really Pay Lower Taxes," *New York Times,* October 7, 2019.

10 "Apple's Cash Mountain," *Irish Times,* October 11, 2019.

감사의 말씀

나는 시간과 기억과 통찰력을 아낌없이 제공해준 전 세계 많은 사람에게 많은 빚을 지고 있습니다.

나는 이 사람들과 관련된 목록에 먼저 내 아내 캐롤(Carol)이 있다고 생각합니다. 그녀는 나에게 많은 집안일과 가족에 대한 책임을 덜어주었을 뿐만 아니라, 이상적인 연구원, 편집자이자 관리자이자 저의 정신적 동반자이기도 합니다.

우선 처음에 이 책을 제작하겠다는 아이디어를 낸 스미스 리처드슨(Smith Richardson) 재단의 앨런 송(Allan Song)에도 깊이 감사드립니다. 2018년 2월 그의 첫 전화는 우리의 토론으로 이어졌고 제가 제안하게 되었습니다. 그리고 결국 스미스 리차드슨 재단은 책 저술을 지원하며 지원금도 제공하였습니다. 더불어 누코르 스틸(Nucor Steel)의 전 CEO인 댄 디미코(Dan Dimicco) 씨의 친절한 추천에도 감사합니다.

또한 수석 연구원인 조엘 피슐(Joel Fischl)에도 깊은 감사를 드립니다. 미국 상무부 전업 해외상무관으로 중국어를 잘 구사하며 상하이, 베이징, 홍콩, 도쿄, 마닐라에서 20년 이상의 경력을 쌓은 그는 직무 범위를 넘어 관련 연락처를 파헤쳐 저에게 도움을 주었습니다. 나의 오랜 친구와 전문가들 그리고 찾기 힘든 정보를 화내지 않고 착실하게 찾아주었는데, 그의 방대한 네트워크와 지식 그리고 아주 통쾌한 유머 감각은 내가 각종 어려움을 극복하는 데 큰 도움이 되었습니다.

그리고 오랜 시간 지칠 줄 모르고 저의 비서로 홍보와 정치적 상황을 분석해주던 케이트 브라운(Kate Brown)에게 특별한 감사를 드립니다.

친한 친구이자 정책전문가인 팻 멀로이(Pat Mulloy) 전 상무부 차관보와 만다린 캐피탈 CEO (Mandarin Capital CEO) 알베르토 포르키엘리(Alberto Forchielli), 번영하는 미국을 위한 연합 (Coalition for a Prosperous America)의 동료 제프 페리(Jeff Ferry), 정보산업혁신재단(Information Industry and Innovation Foundation) 회장 롭 앳킨슨(Rob Atkinson), 전 재무부 차관보 조지 타일러(George Tyler) 그리고 웨셀(Wessel Group) 그룹 회장 마이크 웨셀(Mike Wessel)은 모두 저에게 관련 정보 제공과 사람 소개 그리고 비평 및

아이디어와 격려를 해준 분들입니다. 또한 오랜 친구이자 전 대학 룸메이트이자 토론 파트너인 윌리엄 크리스트(William Krist)에게도 감사드립니다.

조지 워싱턴 대학(George Washington University)의 데이비드 샴보(David Shambaugh) 교수는 매우 고무적으로 시간도 아끼지 않고 저의 생각과 연구 방향을 인도해주는 역할을 해주었습니다. 중국과의 국방 및 외교 정책 문제에 대해 아낌없이 조언한 데니스 블레어(Dennis Blair) 제독에게도 똑같은 감사를 드립니다. 클레어몬트 맥케나 칼리지(Claremont McKenna Colleges)의 페이민신(Minxin Pei) 교수는 중국 공산당을 이해하고 분석하는 방법에 대해 적극적으로 훌륭한 가르침을 주었습니다. 마찬가지로 나의 오랜 친구인 채스 프리먼(Chas Freeman) 대사는 지난 50년의 경험으로 미·중 역사에 대한 지식과 인맥을 포함한 역사적 관점과 더불어 내부자 이야기도 아주 많이 해주었습니다. 스테이플턴 로이(Stapleton Roy) 대사도 그의 통찰과 전망을 나에게 나눠줬습니다. 나는 나의 오랜 친구 장정(Jung Chang)에게도 감사의 말을 전합니다. 오래전 그녀의 저서 야생 백조(Wild Swans: 영화는 '송가 왕조'로 탄생) 때문에 나의 중국에 관한 연구가 시작되었습니다. 그의 마오쩌둥 일대기 연구는 완벽한 것이었습니다. 전 국방부 장관의 아시아 담당 특별 보좌관이자 백 년의 마라톤(The Hundred Year Marathon)의 저자인 마이클 필스버리(Michael Pillsbury)는 그의 시간과 관찰력을 아낌없이 저와 공유했고, 성 김(Sung Y. Kim) 주필리핀 미국 대사도 마찬가지였습니다. 이전에 베이징 파이낸셜 타임스에서 일했고 현재는 시드니 로위 연구소(Lowey Institute)의 연구원인 리차드 맥그리거(Richard McGregor는)씨는 중국 공산당과 주요 지도자들의 사고방식에 관한 엄청난 통찰력을 제공해주었습니다. 또한 그는 시간에 대해 매우 관대했습니다. 오랜 친구인 로버트 라이트하이저(Robert Lighthizer) 미 무역대표부 대표는 미국 상무부의 리차드 맥코맥(Richard McCormack)과 마찬가지로 최고 무역 협상가로서의 경력에서 얻은 통찰력을 저에게 제공해주었습니다.

오랜 친구로 중국 전문가이자 차이나 판타지(The China Fantasy) 저자인 제임스 만(James Mann)과 월스트리트 저널의 나의 절친한 친구인 밥 데이비스(Bob Davis)도 마찬가지로 격려와 도움을 주었습니다. 전 국무부 차관보이자 현 아시아 그룹 회장인 커트 캠벨(Kurt Camp Bell)과 신미국안보센터(Center for a New American Security) 소장인 엘리 래트너(Ely Rattner)도 시간을 아끼지 않고 많은 도움을 주었습니다. 또한 미국 상공회의소의 짐 워터맨(Jim Waterman)으로부터 도움도 많이 받았습니다. 오랜 친구이자 동업자인 수잔 로치포드(Susan Rochford)는 친절하게 목차(제목) 가(假) 대본(스크립트)을 읽고 좋은 제안을 많이 해주었으며, 로스앤젤레스 타임즈의 돈 리(Don Lee)도 그랬습니다. 미국의 전망(American Prospect)의 밥 커트너(Bob Kuttner)는 그의 오랜 친구이자 고문이며 창립 편집자인 베테랑 무역 협상가 모린 스미스(Maureen Smith)와 같이 저에게 지속적인 지원과 편집 지도를 해주었습니다. 나는 또한 내 집 주인이자 일본 연구자인 민디 코틀러(Mindy Kotler)에게도 감사드립니다. 동서센터(East West Center)의 데니 로이(Denny Roy)와 찰스 모리슨(Charles Morrison)은 저에게 가치 있는 지속적인 조언과 비평을 해 주었기에 감사드립니다. 랄프 코사(Ralph Cossa)와 후근 제독 로버트 지리(Robert Girrier)도 많은 시간을 내서 조언에 해주었습니다. 저는 반도체 산업 협회 회장인 존 네이퍼(John Neuffer)와 미국 상무부 중국 및 몽골 부차관보인 앨런 털리(Alan Turley)에게도 책을 쓰면 큰 빚을 졌습니다. 가브칼 드레곤 경제학(GaveKal Dragon Economics)의 아서 크뢰버(Arthur Kroeber) 회장도 시간을 내 많은 제안을 해주었습니다. 미국 주재 유럽 연합 사절단의 벤 칼라이너(Ben Carliner)는 번영하는 미국을 위한 연합의 제프 페리(Jeff Ferry)와 마찬가지로 평소에 많은 도움을 주었습니다.

나는 홍콩에서 현대 중국에 대한 이해가 뛰어난 파이낸셜 타임스 특파원 자밀 안덜리니(Jamil Anderlini)에게도 많은 빚을 졌습니다. 옥스퍼드 이코노믹스(Oxford Economics)의 루이스 쿠이스(Louis Kuijs)는 중국 경제 전략에 대한 깊은 지식을 아낌없이 저에게 공유했습니다. 저의 오랜 친구이자 자유 홍콩 지지자였던 전 최고 공무원 안손 찬(Anson Chan), 통합민주당 창립자 마틴 리(Martin Lee), 빈과일보(Apple Daily) 창립자이자 발행인인 지미 라이(Jimmy Lai)는 오랜 경험에서 나온 통찰력으로 도움을 주었습니다. 슬프게도 마틴과 지미는 2019년 8월 민주시위에 참여한 혐의로 최근 중국 공산당 신임 감독 하의 홍콩 경찰에 체포되었습니다. 홍보를 지원하고 귀중한 정보 및 분석 소스를 갖고 있던 그의 비서실장인 캐스린 다이오드(Kathryn Diode)도 저에게 큰 도움이 되었습니다. 짐 커닝햄(Jim Cunningham) 선임 해외상무관은 시간을 내서 많은 자료 분석을 도와주었습니다. 또한 친절하고 유익한 리셉션으로 저를 환영해 주신 주홍콩 미국상공회의소 회원님들께 감사드립니다.

나는 상하이에서 뉴욕 타임스(New York Times) 특파원 키스 브래드셔(Keith Bradsher)와 APCO Worldwide 회장이자 최고의 중국 전문가인 짐 맥그리거(Jim McGregor)에게도 큰 빚을 졌습니다. 상하이 주재 미국 영사관의 주요 상업 책임자인 조나단 하이머(Jonathan Heimer)와 총영사 션 스타인(Sean Stein)으로부터도 많은 도움을 받았습니다.

베이징의 니콜라스 샤퓌(Nicolas Chapuis) 중국 주재 EU대사에 감사드립니다. 저의 오랜 친구이자 북경대학교 교수인 마이클 페티스(Michael Pettis), 블룸버그 특파원 마이클 슈만(Michael Schuman), 이코노미스트 데이비드 레니(David Rennie) 지국장, 파이낸셜 타임스(Financial Times) 톰 미첼(Tom Mitchell) 지국장에게도 많은 빚을 졌습니다. 또한 나는 자신의 안전상의 이유로 이 책에 언급되지 않도록 요청한 중국 내 많은 사람에게 큰 빚을 졌습니다. 그들에게 한없는 나의 감사를 표합니다.

스탠리 카오(Stanley Kao) 주미 대만 대표는 타이베이에서의 회의를 주선하고 조사 방향을 제안하는 데 많은 도움을 주었습니다. 타이베이에서의 레이몬드 F. 그린(Raymond F. Green) 대만 미국 연구소 부소장과 윌리엄 스탠튼(William Stanton) 전 소장의 통찰력과 제안에도 감사드립니다. 조언과 통찰을 주신 조셉 우(Joseph Wu) 타이완 외무장관, 케티 첸(Ketty Chen) 대만민주재단 부회장, 첸밍즈(Chen Ming-chi) 중국대륙사무국 차관에게도 감사드립니다. 파이낸셜 타임스 대만 특파원 캐서린 힐레(Kathrin Hille)에게도 감사드립니다. 샤루 셜리 린(Syaru Shirley Lin) 교수와 그녀의 남편인 버지니아 대학교 교수 해리 하딩(Harry Harding)은 실질적인 논평과 더불어 내가 적합한 사람들을 만나는 데 큰 도움을 주었습니다.

마닐라에서 필리핀 외교부 장관 테오도로 L. 록신(Teodoro L. Locsin)과 엔리케 A. 마날로(Enrique A. Manalo) 외교부 차관, Asia Pacific Pathways to Progress의 루치오 블랑코 피틀로(Lucio Blanco Pitlo)와 및 전 재무 차관 로미 베르나르도(Romy Bernardo)의 조언과 지혜를 얻을 수 있었던 것을 감사하게 생각합니다. 마닐라에서 많은 회의와 여행을 주선한 에바 안토니오(Eva Antonio)에게도 대단히 감사합니다. 젊은 기자 그레그 얀(Gregg Yan)은 남중국해의 피해를 이해하는 데 큰 도움이 되었습니다. 저널리스트이자 작가인 마리테스 비투그(Marites Vitug)는 필리핀의 현재 상황을 분석하는 데 큰 도움이 되었습니다.

싱가포르에서는 외교부 최고위 관료인 빌라하리 카우시칸(Bilahari Kauskan)과 대사이자 오랜 총리 보좌관으로 재직한 토미 고(Tommy Koh)에도 많은 빚을 졌습니다. 또한 S. 라자라트남 대학교(S. Rajaratnam University) 부총장인 옹켕용(Ong Keng Yong)의 통찰력과 경험 공유에 감사드립니다.

도쿄에서 나는 인터뷰를 준비하고 수행하는 데 나와 긴밀히 협력한 친구이자 분석가인 히로미 무라카미(Hiromi Murakami)에게 많은 빚을 졌습니다. Canon Global Institute의 쿠니히코 미야케(Kunihiko Miyake)는 미일 관계의 선도적 연구가로 시간을 내서 많은 조언을 해주었습니다. 도요 가쿠엔 대학(Toyo Gakuen University)의 교수이자 중국 역사 및 정치 전문가인 주젠롱(Jianrong Zhu)도 마찬가지였습니다. 사사카와 평화재단의 오바라 본지(Bonji Obara) 전 국방부 관계자가 동아시아 안보 상황에 가장 큰 도움을 주었다. 제 친구인 다나카 노부오(Nobuo Tanaka) 사사카와 평화재단 이사장과 리차드 구(Richard Koo) 일본 최고 경제학자가 분석과 조언으로 큰 도움을 주었습니다. 또한 나는 우미오 오츠카(Umio Otsuka) 제독과 전 New York Times 도쿄 특파원 마틴 패클러(Martin Fackler)가 시간을 내어 조언해준 데 깊이 감사합니다. 도쿄대 교수인 다카하라 아키오(Akio Takahara)는 중국정치에 대한 많은 분석을 제공했으며, 일본 연구소, 조지 워싱턴 대학교, 우드로 윌슨 센터의 우준화(Junhua Wu)는 중국 공산당 활동에 대한 분석으로 큰 도움을 주었습니다. 은퇴한 저명한 일본 외교관이자 오랜 친구인 히토시 다나카(Hitoshi Tanaka)는 자기 경험에서 나오는 깊은 통찰력을 공유했습니다. 도쿄대학의 류 사하시(Ryo Sahashi) 교수는 GRIPS 기관의 나루시게 미치시타(Narushige Michishita) 교수와 마찬가지로 시간을 내서 그의 연구를 공유했습니다. 깊은 통찰력을 제공한 사사카와 평화재단(Sasakawa Peace Foundation)의 동료 주네로 와타나베(Tsuneo Watanabe)와 일본연구재단(Japan Research Institute)의 우준화에게 다시 한번 감사드립니다.

마지막으로 호주에서 많은 친구와 조언을 받을 수 있었던 것도 행운이었습니다. 나를 위한 미팅을 조직하는 데 도움을 주고 조언해 준 오랜 이웃이자 친구인 마틴 아담스(Martin Adams)에게 깊이 감사드립니다. RMIT 대학에서 부총장 앤드류 매킨타이어(Andrew MacIntyre)가 아주 많은 도움을 주었고, 호주의 다양한 시각을 배울 수 있는 점심 식사도 주선해 주었습니다. 호주 아시아 소사이어티 CEO인 필립 이바노프(Philip Ivanov)는 친절하게도 호주·중국 관계에 대한 많은 분석을 제공해 주었고, 저를 위해 몇 차례의 훌륭한 회의도 주선해 주었습니다. 중국의 호주 정치 및 사회 침투에 관한 책인 조용한 침략(Silent Invasion)의 저자인 클라이브 해밀턴(Clive Hamilton)은 시간을 내서 깊은 분석을 아낌없이 제공해주었습니다. 저는 전 중국 특파원이자 Fairfax News의 아시아 편집장인 존 가넛(John Garnaut)이 귀중한 분석과 더불어 시간을 내주신 것에 감사드립니다. 시드니 모닝 헤럴드(Sydney Morning Herald)의 피터 하처(Peter Hartcher)는 지속적이고 독창적인 정보를 갖고 있었는데, 이에 감사하게 생각합니다. Stokes Australian Capital Equity의 자문위원회 회장이자 오랫동안 중국에서 근무한 워릭 스미스(Warwick Smith)는 많은 시간을 내서 조언해주었습니다. 전략 포럼(Strategic

Forum)의 로스 배비지(Ross Babbage) 회장은 깊은 통찰력과 귀중한 역사적 지식을 가르쳐주었습니다. 깊은 통찰력과 제안을 해 주신 호주 전략 정책 연구소(Australian Strategic Policy Institute)의 전무이사인 피터 제닝스(Peter Jennings)에게도 감사드립니다.

유럽에서는 프랑스 국제관계연구소의 중국 연구 책임자인 앨리스 에크만(Alice Ekman)과 독일 국제안보연구소 소장인 폴커 페르테스(Volker Perthes)의 통찰력과 도움에 감사드립니다. 워싱턴 DC에 있는 독일 대사관의 로버트 플라타(Robert Plachta)와 데이비드 윌켄스(David Wilkens)는 독일에서 회의를 주선하는 데 많은 도움을 주었습니다. 저는 페드로 벨라스코 마르틴스(Pedro Velasco Martins)와 세실리아 말름스트룀(Cecilia Malmström) 유럽연합(EU) 무역 담당 집행위원께서 EU가 중국을 전략적 경쟁국으로 인식하게 된 것에 대해 설명해 주신 것에 감사드립니다. 독일 산업 협회의 디터 켐프(Dieter Kempf) 회장에게도 큰 도움을 받았습니다. 또한, 제 유럽 일정을 짜는 데 도움을 준 워싱턴 DC의 EU 대사관 벤 칼라이너(Ben Carliner)에게도 감사드립니다.

Dear Korean readers,

The Korean translation of my book 'The World Turned Over: America, China, and the Struggle for Global Leadership' has been published. This book recognizes that China's growth poses a threat to America and its global leadership and presents a strategic approach for how the free world, including the United States, should deal with its relationship with China.

Recently, the trade dispute between the United States and China has been receiving attention. However, the book proposes a strategy for China that is more sophisticated than narrow trade issues. China is not becoming more economically or politically free but rather is moving in a more authoritarian and trade-oriented direction. We must consider this and find ways to be fair and helpful to each other. It should not benefit one party and harm the other. Fair rules must be applied to everyone and fair competition must occur.

This book explores China's challenge and America's response from a neutral perspective, excluding political bias or radical rhetoric. China's growth and external expansion raise important questions about how we should respond. This book will be a starting point for finding the answer to this question.

I hope that this book will provide you with a deeper understanding of the relationship between China and the United States and provide an opportunity to consider new strategies for global leadership.

I would like to thank the translator for translating the book and the publisher and foundation for publishing it. I am pleased that it will be made available to the Korean audience. Good luck to everyone and the book.

Clyde Prestowitz

President of The Economic Strategy Institute

사랑하는 한국 독자 여러분,

저의 저서 '거꾸로 된 세계: 미국과 중국, 그리고 글로벌 리더십을 위한 투쟁'의 한국어 번역본이 출판되었습니다. 이 책은 중국의 성장이 미국과 미국의 글로벌 리더십에 위협이 된다는 점을 인식하고, 미국을 포함한 자유세계가 중국과의 관계를 어떻게 해 나가야 하는지에 대한 전략적 접근 방식을 제시한 것입니다.

최근 미국과 중국의 무역갈등이 주목받고 있습니다. 그러나 이 책은 협소한 무역문제보다 더 정교한 중국 전략을 제시한 것입니다. 중국은 경제적으로나 정치적으로 더 자유로워지는 것이 아니라 오히려 더 권위적이며 무역 위주의 중상주의로 나아가고 있습니다. 우리는 이런 것을 고려하여 공정하고 서로에게 도움이 되는 방법을 찾아야 합니다. 어느 한 쪽에만 이익이 되고 다른 쪽에는 해가 되어서는 안 됩니다. 모든 사람에게 공정한 규칙이 적용되어야 하며 공정한 경쟁이 이루어져야 합니다.

이 책은 정치적 편견이나 급진적인 수사를 배제하면서 중립적 관점에서 중국의 도전과 미국의 대응을 탐구한 것입니다. 중국의 성장과 대외 확장전략은 우리가 어떻게 대응해야 하는지에 대한 중요한 질문을 제기합니다. 이 책은 여러분이 이 질문에 대한 답을 찾는 출발점이 될 것입니다.

이 책이 여러분에게 중국과 미국의 관계에 대한 더 깊은 이해를 제공하고, 글로벌 리더십을 위한 새로운 전략을 고찰하는 기회가 되기를 바랍니다.

책을 번역해주신 번역가님과 출판해주신 출판사 및 재단에 감사의 말씀을 전하고 싶습니다. 제 저서를 한국 독자들에게도 선보이게 돼 기쁩니다. 여러분 모두와 번역된 책에 행운을 빕니다.

클라이드 프레스토위츠
경제전략연구소장

색인

(ㅈ)

(ㅊ)

(ㅋ)

(ㅌ)

(ㅍ)

(ㅎ)

(기타)

역자 후기

저자 클라이드 프레스토위츠(Clyde V. Prestowitz Jr.)는 현재 80세초로 레이건 행정부 당시 외교관과 상무부장관 고문을 역임했고, 현재 경제전략연구소(Economic Strategy Institute)의 소장으로 지금도 왕성한 활동을 하고 있다. 저자는 책에서 미국과 중국의 체제대결을 기반으로 하는 과거와 현재 상황을 조명하고 있는데, 무역과 금융을 포함하여 국제공급망을 기초로 세계와 중국 사이에 벌어졌던 역사와 현실을 투사하고 있다. 즉, 현재 국제사회에서 중국이 왜 위협적인가라는 문제와 미·중 갈등의 핵심 원인을 다루고 있다. 그 중에서 중국 공산당의 경제와 대외전략을 세세하게 고찰하며, 현재 미국의 대중전략이 변화하고 있는 이유를 자세하게 설명한다.

저자는 많은 전문가들이 1990년대 소련이 붕괴하고 신자유주의에 소련도 동참하는 미국 체제의 승리를 확신했고 중국도 그런 방향으로 나갈 것이라 기대했다고 한다. 특히, 2001년 중국의 WTO 가입을 허용하며 중국의 교역과 투자가 늘어나면 중국의 시장경제화와 국영기업의 변화가 이어질 것이라는 확신도 있었다고 한다. 하지만 현재 공산당을 핵심으로 하는 중국은 상당수 주요 기업을 국유화했고 주요 기업이나 국영기업의 CEO를 지명하고 통화의 가치를 관리하며 기업과 개인 데이터는 경제 및 정치적 목적으로 통제를 위해 수집되며, 국제 무역도 전략적 목적으로 언제라도 무기화될 수 있는 상황으로 바뀌었다는 것이다. 결국 저자는 이런 공산당 발전 방향이 미·중 관계가 원만하던 시기 미국이 예측했던 것과 다르다는 것을 부각하고 있다. 그래서 미국의 국내외 정치 대외전략인 인도·태평양전략으로 중국을 포위, 압박하는 것이 필연적인 면이 있다고 판단하고 있다. 과거 미국의 미래에 대한 예측이 틀렸다는 것이다. 그리고 현재 미국의 대중전략은 미국이 동맹국들 위시하여 세계 각지의 국가들이 같이 협력해야 한다고 주장한다. 또 다른 시점에서 저자는 중국이 근 40여 년간 만들어낸 경제적 발전과 세계 시장에서 중국의 역할을 관련 국가들이 당분간 빨리 대체하기는 힘들다고 보고 있다. 이러한 국제관계의 복잡한 현황에 대해 저자는 중국이라는 특수한 당정국가 시스템과 국가자본주의에 대해 국제사회가 어떻게 대응해야 하는지 말하고 있다. 그러나 개혁·개방 정책을 기초로 미국과 국제사회와 연결되어 경제 및 관련 영향력을 확대하고 있는 중국의 변화를 단순하게 예측하기는 쉽지 않다는 것이다.

저자가 소개하는 중국의 역사와 정책 그리고 미국의 정책과 기업가들의 활동은 미국의 대중국 정책 흐름을 이해하는데 생생한 감흥을 준다. 일부 내용은 일반 연구자가 접근해서 찾아내기 어려운 내용도 있어 전문가들에게도 도움이 된다고 본다. 번역과정에서 이러한 내용을 보다 자세히 이해하기 위해 본문 행간을 더 자세히 이해할 수 있도록 역자 각주를 첨부하였다.

국제사회에서 적과 친구의 의미는 국가의 생존과 국가이익에 의해 결정된다고 한다. 이런 측면에서 국가 생존 전략이란 변화하는 국제정세에 대한 정확한 판단과 세밀한 계산 그리고 강한 국내 정치 리더십과 국가 외교력에 의해 나온다고 할 수 있다. 물론, 국가 지도부의 경제 및 안보를 포함하는 건설적 정치 행위는 국가생존과 발전의 필수조건이다. 이런 측면에서 현재 국제정세를 이해하는데 클라이드 프레스토위츠의 연구 결과물은 적지 않은 도움이 될 것이다. 이러한 저자의 결과물을 한국 독자가 '미국이 보는 중국'이라는 주제로 이해하고 '한국이 보는 미국과 중국'에 대한 시야를 확보할 수 있으면 좋겠다. 즉, 번역하며 수정하는 과정에서 발견한 많은 중국의 단점이 역으로 현대사에서 중국의 장점으로 보이는 부분이 있기 때문이다.

국제정치경제 측면에서 중국의 모든 행위가 세계에 나쁜 영향을 미쳤다고 판단하는 것은 반드시 옳지만은 않다. 중국의 발전 과정이 국제사회에 긍정적인 역할을 한 부분도 있기 때문이다. 책을 번역하면서 중국 정치연구에 항상 참신한 국제정치적 시각으로 한국의 입장을 설명하던 연세대학교 한석희 교수와 세계 경제와 중국 실물경제와 관련된 해박한 지식을 제공한 동덕여자대학교 왕윤종 교수에게 특별한 감사 인사를 전한다. 더불어 미국과 중국 그리고 동아시아 세계에 해박한 지식과 경험을 갖고 항상 각국의 장단점을 객관적으로 볼 수 있는 시각을 주신 동아시아문화센터 노재헌 원장님께 깊은 감사를 드린다. 또한 반복되는 토론과 번역 그리고 수정과정에서 서로를 격려하며 함께 끝까지 노력해 준 번역자 강익현, 김병규 선생님께도 감사드린다. 또한, 이 영어 교재로 수업을 하는데 참가해주었던 단국대 정외과 학생들에게도 감사한다. 더불어 반복되는 수정작업에도 끝까지 도움을 주신 박영사 편집담당 장유나 차장님을 포함한 모든 관련자 및 나에게 이 책 번역을 의뢰해 주신 장규식 차장님께도 깊은 감사를 드린다. 끝으로 한중비전포럼과 한일비전포럼에 참가 기회를 주신 한반도 평화만들기 재단 홍석현 이사장님께 깊은 감사를 드린다.

역자를 대표하여 김진호 씀

중판 발행 감사의 글

김진호(단국대학교 정치외교학과 교수 · 대만 중앙연구원 정치연구소 방문학자)

2024년 초 책을 번역 출판하고 출간된 책 내용을 자세히 다시 살펴보았다. 책이 번역되고 제작되는 동안 여러 차례 수정과 보완을 했지만 역시 부족한 점이 많았다. 처음부터 다시 살피며 독자 입장으로 이 책 내용을 자세히 살펴보았다. 원본과 번역본을 대조하며 행간의 내용을 자세히 살피고 독자가 제대로 이해할 수 있는지 검토했다. 본문의 괄호( ) 안에 독자 이해를 도울 내용을 보충하고 또 역주를 보완하는 작업을 했다. 오탈자도 수정하며 가독성을 높이기 위한 문장 수정도 했다.

출판된 책을 다시 검토하며 중판을 찍는 이유는 이 책이 세계정치경제와 국제관계 특히 미중관계에 관심이 있는 분들에게 그 내용을 정확하게 전달해야 한다는 필요성이 있기 때문이다. 그래서 초판을 읽으신 분들의 의견도 꼼꼼히 챙기며 작업하다 보니 작업 시간도 오래 걸렸다. 이 과정에서 새로운 보완 중판에 축하 글을 써주실 분들께도 연락했다. 항상 주위에서 학문에 정진하는 학자의 태도를 몸소 실천하시는 '지성과 지식의 향로'이신 김학준 단국대학교 석좌교수님(전 동아일보사 회장)께 부탁을 드렸다. 부족한 번역 책이지만 좋은 글을 써주셔서 마음의 큰 빚을 지게 됐다. 그리고 '세력전이 이론' 및 한국의 중견국 전략을 꾸준히 한국에 알리신 김우상 연세대학교 교수(전 호주대사), 항상 미국, 일본, 중국의 관계와 한반도를 연관해 연구하며 열정을 실천하는 행동하는 학자 진창수 세종연구소 수석연구위원 그리고 한반도와 북한 문제를 중심으로 국제정치를 꾸준히 연구하는 박인휘 이화여대 교수(전 한국국제정치학회 회장)께 글을 부탁했다. 모두 흔쾌히 좋은 글을 보내주셨다. 이분들에게도 또 빚을 지게 되었다. 더불어 미국에 있는 원저자에게 번역 소식 및 중판 인쇄를 알리며 축하의 글을 받았다. 미국에 있는 원저자와는 아시아에서 조만간 만나 더 많은 대화를 하자고 했다. 번역을 같이한 동료들과도 그 진행 상황을 공유하며 서로 더 열심히 수정과 보완 작업을 할 수 있었다. 항상 이들에게 감사한다.

초판이 나온 이후 많은 분이 책을 구매해 주셨다. 적게는 1~2권 많게는 50~100권을 구매해 주셔서 이렇게 다시 중판을 찍을 수 있게 되었다. 그분들이 아니었으면 더 좋은 책으로 다시 나올 수 없었을 것이다. 진심으로 감사드린다.

그리고 책을 읽고 많은 분들이 추천의 말을 전해주셨다. 이분들에게 감사하는 마음으로 이번 중판을 인쇄하면서 그분들의 추천을 책 뒤에 넣었다. 이분들이 이 책에 다시 세상에 나오도록 힘을 보태준 분들이다.

이번 중판 출간의 목적은 책 내용을 더 알리기 위함도 있지만, 한국 교육기관에서 이 책을 교재로 쓸 수 있도록 내용을 더 정확하고 자세하게 전하기 위해서이다. 특히, 국제정치정치, 국제관계와 미중관계 그리고 중국이라는 주제를 공부하는 데 이 책이 좋은 교재가 될 수 있다고 생각한다. 이 책이 젊은이들이 국제사회에서 강대국과 대한민국의 현재를 정확하게 이해하여 미래를 잘 준비할 수 있는 배움의 도구가 되었으면 좋겠다. 책의 번역과 수정 그리고 편집 및 수정의 모든 과정에 책임을 다해 일해준 모든 분에게 진심으로 감사한다. 특히, 이처럼 좋은 책을 집필해서 많은 것을 배울 수 있게 해준 저자 클라이드 V. 프레스토위츠 주니어께 깊은 감사를 드린다. 또한, 항상 좋은 서적을 번역하여 한국 사회에 보급해 주는 한국해양전략연구소에 감사하며, 정성스럽게 수정작업을 해준 박영사 담당자들에게 감사드린다. 더불어 이 책을 읽어주신 모든 분께 다시 한 번 감사의 말씀을 올린다.

중국과 동아시아 국제관계를 연구하는 학자로서 중국을 적으로 가정하고 이 책을 번역한 것은 아니다. 단지, 한국 입장에서 미중 교류에 관여했던 미국 학자가 어떻게 양국 관계를 보았는지 이해하려고 이 책을 읽고 번역하고 다시 수정을 한 것이다. 동아시아의 평화와 발전은 역내 모든 국가와 시민에 중요한 현실이기에 이 책을 '은감불원'하되, 독자 입장에서 여러 각도로 국제관계를 생각해 보는 기회가 되었으면 좋겠다.

국가의 발전에는 국력이 중요하고 국력은 군방 안보와 경제력이 중요하다. 그리고 이런 안보와 경제의 중심에는 인문사회와 과학기술 인재가 매우 중요하다고 생각한다. 어려운 사회 환경에서도 심성이 가정, 사회, 국가를 사랑하며 열정으로 사회와 국가를 위하여 일했던 모든 가장들에게 감사하는 마음으로 국가 사랑과 지식 보급이란 말과 행위로 보답하고 싶다.

추천의 글

미중 패권 경쟁에서 해양의 중요성과 이어도를 포함한 한국의 해양 안보도 다시 한 번 생각하게 하는 좋은 책이다.

– 고경민(제주국제평화센터 센터장)

산업발전과 국력을 통한 강대국의 길이 어떤 것인지 잘 이해할 수 있는 좋은 책이다. 미중 마찰에 철저한 준비가 필요할 것으로 보인다.

– 김태인(K그룹 회장)

무역 입국의 시대에 살아온 세대에게 무역과 산업 그리고 국력이 어떤 것인지 잘 설명해주는 책이다. 공감하는 바가 크다.

– 김태훈(전 주대만 대우상사 지사장)

자유민주주의의 수호와 국방과 안보 그리고 국가와 국제관계가 어떤 관계인지 저자의 경험과 판단을 책 내용으로 확인할 수 있다.

– 김사옥(대만 한인사회 원로)

중화권서 공부한 김 교수가 미국 학자의 미중관계 연구를 한국인이 이해하기 쉽게 주석을 달며 잘 번역한 책이다.

– 김석우(서울시립대학 교수 · 전 한국국제정치학회 회장)

중국의 발전과 국제사회의 변화에서 한국이 어떠한 선택을 해야 하며, 국제관계를 어떻게 관리해야 하는지 생각하게 하는 책이다.

– 김종록(한중최고지도자아카데미 회장)

정치경제와 행정이 어떤 연관이 있으며 국가정책에서 국내와 국제세계의 관계를 잘 이해할 수 있는 책이다.

– 김형수(단국대학교 행정학과 교수 · 한국동북아연구학회 회장)

무역을 통한 외화획득이 어떻게 국가 경제를 부유하게 하는지 잘 설명해주며 한국이 무역을 강조했던 이유를 잘 이해할 수 있다.

– 곽홍신(전 주대만 SK네트워크 지사장)

첨단산업에서 과학기술의 중요성을 잘 설명해주는 책이다. 인재, 과학기술, 첨단산업이 국가경쟁력이라는 것을 확실히 알 수 있다.

– 권 복(전 주대만 LG디스플레이 대표)

양안 관계를 포함한 중국 대외정책뿐만 아니라 미중관계의 본질을 이해하는 데 도움이 많이 되는 책이다.

– 남광규(고려대 아세아문제연구원 통일과 국제평화센터장)

중국의 발전과정과 현재 미중 마찰의 핵심이 무엇인지 정확하게 이해할 수 있는 좋은 책이다. 미중관계와 국제경제를 이해하는데 좋은 교재이다.

– 남은영(동국대학교 교수)

중국의 변화를 이해하며 동시에 미국 입장으로 이러한 변화를 분석할 수 있는 다각적 시각을 이해하게 한다.

– 박경필(북경대학교 박사 · 전 한국보훈복지의료공단 상임감사)

세계가 왜 항상 시끄럽게 마찰하는지 이해할 수 있는 사실에 기초한 좋은 책이다. 음악과 세계 평화가 왜 더 필요한지 이해할 수 있다.

– 박수웅 (세향오케스트라 이사장)

대외정책에서 강대국인 미국이 왜 인재와 과학기술, 군사력, 정보력과 경제력을 강조하는지 자세히 이해할 수 있는 좋은 책이다.

– 박희열(㈜로다 대표이사)

책이 일반인이 읽기에 어려운 내용이지만 모르는 것을 찾으며 읽으니 국제정치와 경제에 관한 충분한 공부가 되었고 신문 읽기가 편해졌다.

– 손진경(에스엠소토리 이사)

국제관계에서 미중관계를 주제로 안보와 경제를 논리적으로 설명하는 내용이 대학 교재로 활용하기에 적당하다고 본다.

– 유호근(청주대학교 교수 · 전 한국보훈학회 회장)

30여 년에 걸친 중국 발전의 실제 영향력이 미중 마찰의 원인이라는 현실에 주목할 필요가 있다.

– 이강원(전 주칭다오대한민국총영사관 영사 · 전국동포총연합회 고문)

무역과 물류 그리고 에너지 안보가 국가 안보와 경제발전에 얼마나 중요한지 생각하게 된다. 국가 발전에 경제안보가 중시되는 이유다.

– 이경섭(전 LG상사 대만 법인장)

미중의 국제무대에서 대립은 가치관과 규정, 규율에도 영향을 미친다는 점에서 국제법에 관한 관심도 더해질 것으로 보인다.

– 이금규(법무법인 도시 대표 변호사)

중국의 변화와 발전에서 신에너지 특히 배터리와 이와 관련된 사업을 중심으로 나타나는 갈등도 더 자세히 볼 필요도 있을 것이다.

– 이병길(㈜케이모빌리티 대표이사)

국제관계에서 강대국 관계와 패권 경쟁의 역사와 현실을 이해할 수 있는 책이다. 미국의 패권국 면모와 그 전략을 이해할 수 있다.

– 이성우(경기연구원 연구위원)

미국이 왜 동아시아 국제관계에 관심을 두는지 미국의 국익과 세계정치가 어떤 관계인지 잘 이해할 수 있는 미국적 분석이 있는 책이다.

– 이승현(국회입법조사처 조사관)

국가안보가 어떤 영역으로 확장되는지 이해할 수 있는 책이다. 군사력, 과학기술, 정보, 경제, 가치관 등 종합안보가 필요한 것 같다.

– 이영재(정치학 박사 · 전 공군대령)

대학에서 교재로 쓰면 많은 도움이 될 좋은 내용이 많아서 좋다.

– 이채린(단국대학교 영문학과 졸업생)

제조업의 발전이 다른 산업에 나비효과를 이루던 '부자 되려는 생업' 뒤의 중국 정부(공산당)가 생각난다.

– 임광석(전 중국 투자 회사 운영 대표 · 산동대학교 박사과정 수학)

미국과 중국의 대립에서 사이버 공간과 인터넷 플랫폼에서의 경쟁도 심각하다는 사실은 우리의 사이버 안보 중요성을 강조하는 것 같다.

– 임동성(㈜두온네트웍스 대표이사)

국제사회에서 언론과 방송도 마찰과 전쟁의 단계로 들어섰다는 것은 방송에도 국가이익을 고려하는 안보가 필요하다는 것을 일깨운다.

– 정미숙(KBS 19기 성우)

국제사회 평화와 발전의 기초에 산업발전과 안보력 그리고 국가경쟁력이 왜 중요한지 알 수 있다. 일독을 권한다.

– 정영순(한국학중앙연구원 교수 · 한국평화연구학회 회장)

기독교와 민주주의에 근거한 국제사회의 가치관 공유와 동맹의 역할 그리고 사회주의의 국가의 정체성과 위협을 잘 이해할 수 있는 좋은 책이다.

– 조득환(광림교회 장로)

왜 대한민국에 군대가 존재하고 있는지 산업발전과 국방의 관계를 국제관계를 통해 잘 이해할 수 있는 좋은 내용이 많다.

– 조정호(대한민국 재향군인회 대만지회장)

한미관계와 한중관계에서 한국이 어떤 정책을 통하며 국방력과 산업경쟁력을 높여야 하는지 잘 설명한 책이다.

– 조현규(전 주중국 무관 · 주대만 무관 · 신한대학교 교수)

수출과 해외 플랜트 산업이 국가 외화획득 이외에 국가 이미지 개선과 대외네트워크 형성과 국방에 왜 중요한지 이해할 수 있었다.

– 채동원(전 주대만 대림건설 지사장)

국제사회에서 국가안보와 동맹이 왜 중요한지 잘 설명하고 있다. 전통 안보와 경제 안보를 이해할 수 있는 책이다.

– 최세환(전 육군 소장 · 전 88 COUNTRY CLUB 대표)

미중관계를 종합적으로 이해할 수 있는 좋은 교과서이다.

– 최세환(타이완 문화대학 교수)

패권 경쟁에서 경제 안보의 중요성을 잘 설명한 책이다. 왜 중국이 경제발전으로 강대국으로 변화며 위협적으로 되었는지 알 수 있는 책이다.

– 최필수(세종대학교 교수)

국제정치경제와 강대국 국제관계 및 미중관계의 현황을 이해할 수 있는 좋은 책이다. 대학생 학습에 도움이 될 것이다.

– 홍석훈(국립창원대학교 국제관계학과 교수 · 학과장)

미중관계의 구조적 역사와 현황을 분석한 저자의 본문을 보석을 가공하듯 잘 번역하여 독자들의 가독성을 높인 좋은 번역서이다.

– 홍성기(㈜레몬다이아몬드 회장)

대한민국의 민주주의와 평화를 위해 국제정세를 제대로 이해하는데 시의적절한 지식을 제공하는 좋은 책이다.

– 황희재(민주평통 동남아북부협의회 회장)

*초판에 추천 글을 써주신 박광진, 송성국, 이상수, 이창주, 주우철, 최영진, 홍광훈 선생님께 다시 한 번 감사드립니다.

– 번역자 일동(강익현, 김병규, 김진호)

역자 소개

강익현

한국외국어대학교 학사

미국 컬럼비아대학교 국제대학원 석사

단국대학교 정치외교학과 박사과정 수료

주미국 대한민국 대사관 1등 서기관

주짐바브웨 대한민국 대사관 1등 서기관

주싱가포르 대한민국 대사관 공사참사관

(현) 한국장학재단 대학생 멘토링 담당

김병규

동국대학교 학사

Adelphi University 이중언어학(Bilingual Edu and Special Edu) 석사

동아대학교 국제통상학 박사과정 수료, 동국대학교 북한학과 박사

US Army 제대(Panama 파병)

미국 서북미한인회 사무총장(Seattle, USA), 전 16, 17기 민주평통자문위원

금강산국제그룹 기획실 차장과 주북한 평화자동차 총괄이사

한국평화연구학회 기획위원회 총괄이사

(현) 한미동맹강화운동본부 총재, 세계평화교류연구소 연구소장

김진호

단국대학교 중어중문학과 학사

타이완(대만) 국어일보 어학원과 홍콩 중문대학 신아어언연습소 수학

홍콩 주해대학 중국문사연구소 석사 및 마카오 동아(마카오)대학 MMS 수학

중국 북경대학 국제관계학원 박사(법학박사)

타이완 정치대학 방문학자, 홍콩 주해대학 교환교수, 중국 선전대학 방문학자 역임

한국정치학회 부회장, 한국국제정치학회 부회장, 한국평화연구학회 회장 등 역임

(전) ㈜범양사 수출부 과장, LG건설 대만 법인장(지사장)

(현) 단국대학교 정치외교학과 교수 겸 홍콩 아주주간(亞洲週刊) 특약기자

한국해양전략연구소 총서 104
거꾸로 된 세계

초판발행 2024년 1월 5일
중판발행 2024년 3월 30일

지은이 Clyde Prestowitz
옮긴이 강익현 · 김병규 · 김진호
펴낸이 안종만 · 안상준

편 집 장유나
기획/마케팅 장규식
표지디자인 이수빈
제 작 고철민 · 조영환

펴낸곳 (주) 박영사
서울특별시 금천구 가산디지털2로 53, 210호(가산동, 한라시그마밸리)
등록 1959. 3. 11. 제300-1959-1호(倫)
전 화 02)733-6771
f a x 02)736-4818
e-mail pys@pybook.co.kr
homepage www.pybook.co.kr
ISBN 979-11-303-1795-3 93340

정 가 20,000원